LITERATURA
HISPANOAMERICANA: DEL MODERNISMO A NUESTROS DÍAS

FILOLOGÍA

ESPASA CALPE

JOAQUÍN MARCO

LITERATURA
HISPANOAMERICANA: DEL MODERNISMO A NUESTROS DÍAS

COLECCIÓN AUSTRAL
ESPASA CALPE

© *Joaquín Marco, 1987*
© *De esta edición castellana: Espasa-Calpe, S. A., Madrid, 1987*

—

Diseño de cubierta: Enric Satué

—

Depósito legal: M. 34.795 — 1987
ISBN 84 — 239 — 1817 — 3

Impreso en España
Printed in Spain

Talleres gráficos de la Editorial Espasa-Calpe, S. A.
Carretera de Irún, km. 12,200. 28049 Madrid

ÍNDICE

Justificación 13

I. Literatura latinoamericana en España: tres calas históricas 15

    El modernismo 17
    Las vanguardias y la guerra civil española 23
    El mal llamado *boom* 34

II. Tres novelas «ejemplares» 45

    Don Segundo Sombra, de Ricardo Güiraldes 47
    Doña Bárbara, de Rómulo Gallegos 55
    El espacio, el tiempo, la Naturaleza 56
    Doña Bárbara 58
    Personajes y simbología 60
    Historia y folclore 62
    Estructura narrativa y rasgos estilísticos 64
    El señor Presidente, de Miguel Ángel Asturias 67
    El señor Presidente: los orígenes de una novela 67
    Tiempo y contrastes 70
    El dictador y la dictadura 74
    Entre cárceles y tortura 77
    El amor y la vida 78

III. Pablo Neruda 83

    Pablo Neruda y España (1927-1973) 85
    La poesía española en 1927. Primeros contactos de Pablo Neruda en España 85
    Pablo Neruda y Federico García Lorca 89

	Juan Ramón Jiménez y *Caballo Verde para la Poesía* ..	92
	Pablo Neruda y la generación de los años veinte......	95
	Pablo Neruda y los poetas jóvenes españoles: Miguel Hernández	98
	La guerra civil española y el II Congreso Internacional de Escritores Antifascistas	105
	Neruda y la España franquista.....................	109
	Confieso que he vivido (1974)	116
	«Poesía póstuma» (1973-1974)	123
	«Elementos románticos» en la poesía póstuma de Pablo Neruda..	130
IV.	DE LA VANGUARDIA A BORGES	149
	Carlos Oquendo de Amat	151
	César Vallejo...	156
	Jorge Luis Borges.....................................	161
	El libro de arena (1977)............................	172
	Los conjurados (1985)	176
V.	LA LIBERACIÓN DE LA PALABRA..........................	181
	Juan Carlos Onetti	183
	Los relatos (1975)	183
	Dejemos hablar al viento (1979)	198
	José Lezama Lima, *Oppiano Licario* (1977) y *Fragmentos a su imán* (1978)	202
	Julio Cortázar: un escritor para la esperanza	207
	Libro de Manuel (1973)...............................	210
	Octaedro (1974)......................................	217
	Un tal Lucas (1979)	221
	José Donoso	236
	El obsceno pájaro de la noche (1970)...................	236
	La misteriosa desaparición de la marquesita de Loria (1980)	242
	El Jardín de al lado (1981)	246
	Cuatro para Delfina (1982)	250
	Octavio Paz...	254
	«Hacia una teoría de la composición poética en Octavio Paz. De la palabra al poema»....................	254
	El ogro filantrópico (1979)	267
	Álvaro Mutis	271
	Summa de Maqroll, el Gaviero (1973)	271
	Ernesto Sábato.......................................	278
	Sobre héroes y tumbas (1961, 1978)	278
	Gabriel García Márquez...............................	295

       Cien años de soledad (1967) 295
       La increíble y triste historia de la cándida Eréndida y de su abuela desalmada (1972)...................... 347
       El olor de la guayaba (1982) 353
       Crónica de una muerte anunciada (1981)............... 356
   Augusto Roa Bastos 361
       Yo el supremo (1974) 361
   Mario Vargas Llosa 367
       Veinte años después 367
       Los cachorros (1967) 373
       Conversación en la catedral (1969) 380
       García Márquez: historia de un deicidio (1968) 385
       Pantaleón y las visitadoras (1973) 392
       La tía Julia y el escribidor (1977) 397
       La guerra del fin del mundo (1981) 402
   Guillermo Cabrera Infante................................ 407
       La Habana para un infante difunto (1979) 407
   Augusto Monterroso..................................... 412
       Lo demás es silencio (1978) 412

VI. Nuevas formas, viejos ámbitos 419

   Nicanor Parra... 421
       «Antipoemas» (1972) 421
   Reinaldo Arenas 428
       Cantando en el pozo (1965, 1982) 428
   Homero Aridjis... 432
       Mirándola dormir (1964) *y Noche de independencia* (1977).. 432
   Manuel Puig 440
       Pubis angelical (1979) 440
   Jorge Edwards 444
       Persona non grata (1973) 444
       Los convidados de piedra (1978)....................... 449
   Alfredo Bryce Echenique................................. 454
       La vida exagerada de Martín Romaña (1981) 454
   Heberto Padilla 459
       En mi jardín pastan los héroes (1981) 459
   Enrique Lihn 464
       El arte de la palabra (1980) 464
   Mauricio Wacquez 469
       Frente a un hombre armado (1981) 469

«Para los europeos América del Sur es un hombre de bigotes, con guitarra y un revólver —dijo el médico, riendo sobre el periódico—. No entienden el problema.»

GABRIEL GARCÍA MÁRQUEZ, *El coronel no tiene quien le escriba.*

JUSTIFICACIÓN

Como escribiera Vladimir Nabokov, «después del derecho a crear, es el derecho a criticar el don más valioso que la libertad de pensamiento y de expresión puede ofrecer». Pero la crítica es un acto posterior al conocimiento. Pese al interés que hoy, por motivos no siempre exclusivamente literarios, despierta la literatura latinoamericana; ésta sigue siendo todavía y en gran medida, una desconocida. Comencé a escribir sobre este fenómeno casi al tiempo que la nueva literatura de América parecía brotar, a ojos de los indocumentados, por generación espontánea. El descubrimiento de sus principales textos coincidió con los cambios de gusto de los lectores. Y desde España, en la capital de lo que vino a denominarse *boom,* colaboré modestamente a la difusión y a la comprensión del fenómeno.

Aparecen aquí reunidos y modificados algunos textos y lecturas de literatura latinoamericana. Fueron antes ponencias en congresos, capítulos, prólogos, estudios o reseñas. Estas páginas no pretenden ser un «curso» ni una historia literaria, pero se han estructurado de forma que puedan resultar útiles en su conjunto.

I

LITERATURA LATINOAMERICANA EN ESPAÑA: TRES CALAS HISTÓRICAS

El modernismo

El Modernismo constituye el primer movimiento estético que rompe una tradición: el cambio estético llega desde América a España. Aunque pueden percibirse también los signos de una transformación que se opera en el seno de la propia literatura española, entre las supervivencias del movimiento romántico hasta finales del siglo XIX, el claro predominio de la prosa sobre la poesía y los factores sociales e ideológicos entorpecen en España la profundidad del cambio. A partir del Modernismo la literatura en lengua castellana no podría seguir ajena a cuanto sucedía en los cenáculos literarios latinoamericanos. Se plantean aquí tres calas históricas que pueden venir a ejemplificar la inversión de un proceso.

Tratar de establecer las coordenadas en las que se ha movido la relación entre las literaturas latinoamericanas y la española puede parecer un tópico fácil. Hemos oído hablar constantemente de los vínculos entre la «madre patria» y los jóvenes países americanos sin que ello nos repugnara excesivamente. Ha sido utilizado —y lo es todavía— con finalidades políticas. Difícilmente podrán eliminarse los intereses que subyacen en tales relaciones. Pero últimamente viene también repitiéndose en ciertos sectores (y ya dentro del ámbito literario) que no existen diferencias importantes entre la literatura que se escribe en España, en castellano, y las que se originan en la América Latina de habla española. Hay quien dice que hay, entre la literatura mexicana y la española, la misma diferencia que puede establecerse entre la andaluza y la aragonesa. El tema es complejo y aquí lo vamos a apuntar solamente.

Una literatura no es sólo una realidad artística que opera sobre la lengua. La literatura es ante todo forma lingüística, pero ésta arrastra consigo el contenido cultural del autor y el del medio en que se formó, con el que generalmente se identifica. Los escritores del exilio español en América realizaron una literatura en función del país que habían abandonado; de idéntico modo a como los latinoamericanos residentes en España han conferido a sus obras matices nacionales y éstos se integran en la cultura de aquellos países que de mejor o peor grado abandonaron. Otro problema distinto es clarificar la influencia de qué zona española (de las Españas diversas que hoy asoman, cual el Guadiana, nuevamente) ha influido sobre qué zona americana. Porque naturalmente durante muchos años los historiadores han tratado de España como si esta parte de la península ibérica formara una unidad compacta y respondiera a unas identidades culturales uniformes.

Tales consideraciones pueden parecer gratuitas a la hora de apuntar la presencia de la literatura latinoamericana en España, pero veremos, en las pocas calas que me voy a permitir esbozar, que no lo son tanto. Depende de la actitud inicial que tomemos para incidir en uno u otro aspecto. Se ha venido considerando, por ejemplo, el modernismo finisecular como el primer movimiento de respuesta, ya plenamente americano, a la influencia colonial de la literatura española. En efecto, Rubén Darío y los modernistas rechazan, con matizaciones que ahora no son del caso, a fines del siglo XIX los modelos literarios españoles entonces en boga, en especial la poesía de la Restauración

(Campoamor, Núñez de Arce, Manuel del Palacio, etc.). Prefieren —y era lógico que así fuera— la poesía francesa, que desde el parnasianismo había alcanzado ya el simbolismo. Generalmente se habla de la presencia de Rubén Darío en España como factor determinante del cambio hacia el modernismo que se opera también en la poesía española.

Pocas veces se alude, sin embargo, a la anterior presencia de José Martí. Los padres del poeta y líder de la independencia cubana eran españoles. Mariano Martí y Navarro era natural de Valencia y su madre, Leonor Pérez y Cabrera, de Santa Cruz de Tenerife. José Martí pasa en España dos años, entre los cuatro y los seis, pero esta estancia no tendrá significación. En cambio, cuando es deportado en 1871, a los dieciocho años, a la metrópoli (Cuba era aún colonia española) publica a poco de llegar, en España, *El presidio político en Cuba,* de indudable valor testimonial; estudia derecho en la Universidad Central de Madrid y en 1873 traslada su matrícula a Zaragoza. Se graduará al año siguiente en Derecho y en Filosofía y Letras.

La estancia de Martí en España había de ser decisiva en su formación. Vive en los albores de la proclamación de la I República Española y dedicará precisamente al cambio político un folleto titulado *La república española ante la revolución cubana*. A sus veinte años escribe: «Engendrado por las ideas republicanas entendió el pueblo cubano que su honra andaba mal con el gobierno que le negaba el derecho de tenerla. Y como no la tenía, y como sentía su potente necesidad, fue a buscarla en el sacrificio y en el martirio, allí donde han solido ir a encontrarla los republicanos españoles. Yo apartaría con ira mis ojos de los republicanos mezquinos y suicidas que negasen a aquel pueblo vejado, agarrotado, oprimido, esquilmado, vencido, el derecho de insurrección por tantas insurrecciones de la República española sancionado. Vendida estaba Cuba a la ambición de sus dominadores; vendida estaba a la explotación de sus tiranos. Así lo ha dicho muchas veces la República proclamada. De tiranos los ha acusado muchas veces la República triunfante. Ella me oye; ella me defienda» [1].

Las relaciones entre España y Cuba eran difíciles, aquélla pasaba por potencia colonial. Y los colonizadores contemplaban cómo su hacienda se mostraba ya incapaz de atender las necesidades de una guerra insurreccional, complicada además por la interior carlista que les impedía tener las manos libres. Martí esperaba de la joven República española lo que ésta fue incapaz de dar siquiera a sus propios conciudadanos. Pero a diferencia de lo que ocurrirá en otras circunstancias de la emigración latinoamericana, vemos cómo Martí, hijo de españoles, se siente vinculado a las fuerzas progresistas españolas. El descubrimiento del krausismo marcará su pensamiento juvenil. No es aquí mi propósito historiar, desde fines del siglo XIX, las relaciones —complejas relaciones intelectuales y políticas— que han producido una curiosa muestra de vinculación entre los países de América y España. Pero quería antes de adentrarme en tiempos más próximos a nosotros, señalar la presencia en España de algunos forjadores de la independencia y de la nueva literatura, como Martí.

El caso de Rubén Darío es más conocido. España será para el poeta nicaragüense el puente hacia Europa. No es Rubén el primer modernista, aunque sí el más significativo. Su obra llegará antes que su persona. Con frecuencia se cita el año de 1888, fecha de la publicación de su libro *Azul,* como el comienzo de un modernismo de escuela. Darío visitó por vez primera España en 1892 poco antes de que se celebrara en Sitges la «Primera Festa Modernista». Juan

---

[1] José Martí, *Obras completas,* I, pág. 30, La Habana, 1975.

Valera, quien había dedicado al poeta dos de sus *Cartas americanas,* le ofreció una recepción en su residencia. Su biógrafo Edelberto Torres resume así la velada: «Darío lee *Estival,* uno de sus poemas de *Azul,* el anfitrión lee *La canción del oro,* del mismo libro, y luego Manuel del Palacio, el duque de Almenara Alta, don Narciso Campillo, don José Alcalá Galiano, don Luis Vidart participan en el homenaje leyendo algo propio, y lo mismo hacen los hispanoamericanos don Leónidas Pallarés, delegado del Ecuador, y don Isaac Arias Argáez, de Colombia. Valera lo presenta con términos de encomio al conde de las Navas. La fiesta dura hasta las dos y media de la madrugada, transcurriendo entre versos, prosas y charlas...»[2]. Poco antes Darío había conocido a Marcelino Menéndez y Pelayo y poco después entablará amistad con Salvador Rueda, el modernista andaluz, devoto ya de la nueva escuela.

Podríamos recordar a propósito de Rubén Darío en España una crónica del guatemalteco Enrique Gómez Carrillo, discípulo de Darío y cronista de la vida parisina, que lleva por título «Una visita a Rubén Darío» y que se halla en el *Tercer libro de las crónicas* (1921). Gómez Carrillo describe una visita a Rubén, quien se encontraba entonces en Palma de Mallorca aquejado, según el cronista, de una «neurastenia»: «en una atmósfera azul azul —azul arriba y azul abajo— en una atmósfera de esmalte etéreo, destácanse, al pie de las colinas, entre la playa y el bosque, los blancos *chalets* del Terreno... La casita de Rubén Darío es una de las más lindas. Tiene un jardincillo, tiene una fuente, tiene una terraza, tiene un ciprés. Y cuando yo llego, para completar la impresión de cuento oriental, tiene también, apoyada en una ventana, una silueta rubia, soñadora e indolente». Rubén le cuenta unos miste-

---

[2] Cit. en Joaquín Marco, «El modernismo en Cataluña», en *Nueva literatura en España y América,* págs. 37-38, Barcelona, 1972.

riosos ataques que se concretan en un fuerte dolor en la nuca y el inmediato desvanecimiento. Se queja el poeta de las críticas adversas que se prodigan en Madrid y le muestra el manuscrito de *El canto errante* (que sería publicado en 1907). Gómez Carrillo se sorprende de que Rubén no haya escrito nada sobre lo que denomina «esta tierra idílica»:

>—¿Nada le ha inspirado a Ud. Palma?
>Rubén me contempla con sus ojos muy abiertos, como espantado de mi pregunta. Luego, con indiferencia, murmuraba:
>—Nada.
>—¡Oh, gran herejía de gran poeta! ¡Oh, injusticia increíble! ¡Oh insensibilidad delincuente! ¡Nada este paisaje de estampa japonesa tan deliciosamente estrecho en su copa de cristal azul! ¡Nada estos montes de pinos que esponja al sol sus ramas oscuras! ¡Nada esos almendros floridos que por el menor soplo de brisas cubren el llano con una alfombra de pétalos blancos!... [3]

Concluye Gómez Carrillo señalando que Rubén no posee alma de pintor. Sus paisajes, dice, son paisajes del alma, recordando tal vez a Juan Ramón Jiménez. Pero algún rasgo de estas tierras hallaremos en la obra de Darío; por ejemplo, el excelente poema dedicado a Valldemosa de su libro *Canto a la Argentina,* publicado en 1914, aunque corresponde a aquellos días en que fuera visitado por Gómez Carrillo. Darío sintetiza en este texto muy bien la significación isleña y aún alcanza a señalar los ecos de la música popular:

>El oír que del campo cercano llegan unas
>notas de evocadora melopea africana
>que canta una payesa recogiendo aceitunas.

---

[3] Enrique Gómez Carrillo, *Tercer libro de las Crónicas,* Madrid, 1921.

La presencia de Martí y de Darío en España representa, ya a fines del pasado siglo, dos formas de aproximación a lo que era la cultura española, bien distintas de anteriores fórmulas coloniales. Desde una actitud de independencia frente a lo español, Rubén Darío viene a catapultar su obra desde Europa, más cerca de su ideal parisino (no del madrileño), en tanto que Martí se relaciona en su primer exilio con el pensamiento político progresista español que daba como fruto la I República.

Las vanguardias y la guerra civil española

Pero, si nos situamos en otras coordenadas temporales más próximas, París sigue siendo el principal núcleo y Madrid o Barcelona (esta última principalmente en la plástica) constituyen anclajes propicios. Vamos a pasar por alto experiencias que no deberían ser desdeñables, como la novela de Joaquín Edwards Bello, *El chileno en Madrid* (publicada en 1928), antecedente familiar de otro latinoamericano que permaneció también algún tiempo en Barcelona, Jorge Edwards. *El chileno en Madrid* es una correcta novela de costumbres. También su protagonista «salió de Chile buscando el olvido, huyendo de la tiranía de los rostros conocidos» [4].

Muchos de los intelectuales latinoamericanos de la vanguardia histórica vinieron a España buscando un horizonte más amplio para sus estéticas. Nunca se había dado hasta entonces en la América Latina una circunstancia semejante, en la que un grupo de escritores se planteara —significativamente en Europa (en París y en Madrid)— un cambio tan renovador. La es-

---

[4] Joaquín Edwards Bello, *El chileno en Madrid,* págs. 195-196, Santiago, Concepción, 1928.

tancia en Europa de Ricardo Güiraldes, Vicente Huidobro, Jorge Luis Borges, Pablo Neruda, Raúl González Tuñón, César Vallejo, Alejo Carpentier, Miguel Ángel Asturias, etc., supone a la vez una «nueva sensibilidad» y una «nueva comprensión», tal y como se indicaba en aquel significativo manifiesto de la revista *Martín Fierro* en 1924, redactado por Oliverio Girondo. Los escritores latinoamericanos descubren la llamada de lo nuevo en sus respectivos países, pero como sucedió con el modernismo, necesitan estar físicamente en Europa, tal vez y remedando la frase del personaje de Edwards antes citado para «huir de las tiranías de las estéticas conocidas». Dos momentos clave señalaremos en sus relaciones con la cultura española. Por una parte, su convivencia con el grupo de poetas de la generación de los años veinte. La nueva estética permite relacionar a Huidobro y Borges con Gerardo Diego y Juan Larrea. A este último, a través de su revista efímera, aunque significativa, *Favorables París Poemas,* con César Vallejo y hasta con Pablo Neruda. Éste es íntimo amigo de Rafael Alberti, de Federico García Lorca, de Vicente Aleixandre, de Miguel Hernández. El entramado de relaciones personales se confunde con el de relaciones estéticas. Colaboran en las mismas revistas, como había sucedido ya desde el modernismo. Se les abren las páginas de *La Nación* de Buenos Aires a los españoles, al tiempo que la *Revista de Occidente,* llevada de la mano de Ortega y Gasset, a los latinoamericanos. La efervescencia se mantiene entre los años 1925 y 1936.

Otro momento crucial corresponde a la guerra civil española. Alrededor de 1931 se inicia, especialmente en el ámbito de la poesía, un movimiento de rápida politización. Corresponde al período inmediatamente anterior a la proclamación de la II República española y se radicaliza en 1934, tras la revolución de octubre y la represión derechista subsiguiente. Emilio Prados,

Rafael Alberti, María Teresa León, César Arconada, Ramón J. Sender, etc., plantean una estética revolucionaria en sus contenidos. Dejamos ahora a un lado la afectividad formal de tal transformación. El argentino Raúl González Tuñón escribirá entonces *La rosa blindada,* publicado en 1936; Pablo Neruda lanzará su manifiesto *Para una poesía sin pureza,* contra el simbolismo representado por la «poesía pura» juanramoniana. Y todo ello confluirá posteriormente en el apoyo a la causa republicana.

¿Influirá la literatura española sobre estos «fundadores de la nueva poesía latinoamericana», como los ha denominado Saúl Yurkievich? Sin duda alguna. Pablo Neruda, por ejemplo, ya desde su retiro consular en Java iniciará su epistolario con Rafael Alberti para conseguir publicar en España su nuevo libro *Residencia en la tierra.* Años después lo logrará a través de José Bergamín. Neruda era un poeta bien conocido en su país, Chile, desde la publicación de sus *Veinte poemas de amor,* pero la evolución de su obra hacia su personal tratamiento del surrealismo había originado críticas negativas. El clima de renovación que percibió en su primer viaje a España lo inclinará a acercar su obra a experiencias semejantes realizadas por poetas españoles. Los poetas que ensayan fórmulas surrealistas en España —salvo la excepción del malagueño José María Hinojosa en su libro *La flor de California*— no constituyen una escuela o cenáculo surrealista al estilo francés, sino que emplean sólo recursos expresivos propios del surrealismo (especialmente la liberación del verso y el tratamiento de las imágenes) sin caer en el automatismo ni en la teorización (aunque como se pregunta Vicente Aleixandre ¿quién fue en verdad un poeta surrealista totalmente automático?). La fórmula de Alberti en *Sobre los ángeles,* escrito en una etapa depresiva, la de Federico García Lorca en *Poeta en Nueva York* o la de Luis Cernuda en *Los pla-*

ceres prohibidos, por señalar algunos ejemplos, coincidirán con algunos de los planteamientos nerudianos.

La larga y hasta erudita discusión sobre la procedencia de señalar aspectos surrealistas en esta etapa de la obra de Neruda no viene ahora al caso. Cualquier lector que conozca medianamente el surrealismo francés percibirá sus ecos en Neruda, cuando no las fuentes comunes: Rimbaud o el conde de Lautréamont. Conviene dejar claro, sin embargo, para evitar confusiones, que Neruda no viene a Europa a aprender el surrealismo, como no viene a Europa para integrarse en la poesía española, sino a participar, en un momento dado, en estéticas comunes. Neruda, que en sus memorias no peca precisamente de una exagerada generosidad, reconoce que debe a Rafael Alberti su actitud comprometida; su adscripción al partido comunista, que se realizará años tarde en Chile, deriva en parte de su observación de la guerra civil española y de su decepción ante el anarquismo. El paso de Neruda por España no dejó de influir también sobre los poetas españoles. Su amistad con Miguel Hernández hizo que éste abandonara su primitiva adscripción al grupo católico de los hermanos Sijé en Orihuela y se inclinara hacia una actitud laica y abriera las compuertas de su poesía, encerrada hasta entonces en las rígidas formas del soneto y de la métrica heredada de Calderón.

La participación en los movimientos de la vanguardia por parte de Vicente Huidobro es más patente. «En mis primeros años —escribe el poeta en *Vientos contrarios*—, toda mi vida artística se resume en una escala de ambiciones. A los diecisiete años me dije: debo ser el primer poeta de mi lengua. Después a medida que corría el tiempo mis ambiciones fueron subiendo y me dije: es preciso ser el primer poeta del siglo.» Cuando Huidobro se instala en París en 1916 participa ya en la revista *Sic*, orientada por Pierre-

Albert Birot, en la que colaboraban Apollinaire (allí publicó sus *Calligrammes*) y Pierre Reverdy; ocasionalmente Breton y Aragon. En marzo de 1917 pasó a *Nord-Sud,* orientada por el propio Apollinaire. Pero Huidobro no aprendió tampoco el «creacionismo» en París. Antes de su viaje a Francia dio ya una conferencia creacionista en Buenos Aires, aunque en París encontró las afinidades electivas. Allí no sólo se hablaba de cubismo. Se vivía el cubismo. Su amistad con Pablo Picasso, con Juan Gris, con Francis Picabia le abrió un nuevo horizonte. Cuando en 1921 fue a Madrid a dictar una conferencia sobre la poesía, Huidobro no iba a aprender sino a despertar conciencias afines. Había conectado ya con Juan Larrea, con Joan Miró, con Gerardo Diego. Trabajaba desde 1919 en su obra máxima *Altazor,* que publicó en 1931. Señalemos que no es casualidad que en 1929 diera a luz su versión del *Mio Cid Campeador,* libro que, desde luego, no le servirá para mostrar sus actitudes renovadoras, pero que aquí patentiza el propósito de indicar, cuando menos, una cierta atracción hacia lo español.

El combate de Huidobro por la vanguardia transcurre por toda Europa. Charlas en teatros de Alemania, reuniones casi clandestinas en Irlanda, incursiones en Suecia. «¿Cuántas veces salimos expulsados por la policía?», señalará más tarde. Atacará al surrealismo, proclamando el supranacionalismo. Escribe en francés, un idioma poético en el que se refugiará también el español Juan Larrea. Cuando Guillermo de Torre publique en Madrid sus *Literaturas europeas de vanguardia,* arremeterá injustamente contra Huidobro. El ultraísmo apenas si puede diferenciarse del creacionismo por él auspiciado. La polémica entre Huidobro y de Torre finalizará con la rectificación de este último en su libro dedicado a Guillaume Apollinaire, pero consigue despertar algunas de las mejores páginas del incansable polemista que fue Vicente Huidobro.

Los escritores de la vanguardia combaten por la novedad. Ser nuevo es entonces más importante que ser profundo o sincero o brillante. Con ser nuevo se consigue a la vez pasar a un primer plano y crear escuela, aunque ésta dure bien poco. Las vanguardias europeas de entreguerra son fugaces, combativas, juveniles, audaces, atractivas. Y lo son especialmente para los ambiciosos jóvenes que llegan del otro lado del Atlántico. Gómez de la Serna, tan atento siempre a lo «nuevo» y a los «ismos», retrató a aquel Jorge Luis Borges que apenas acababa de cumplir los dieciocho años: «huraño, remoto, indócil, sólo de vez en cuando soltaba una poesía que era pájaro exótico y de lujo en los cielos del día». Guillermo de Torre, quien sería más tarde su cuñado, referirá su encuentro: «Época: la primavera de 1920 —cuando Georgie (según la designación familiar) no hacía mucho que había reunido los dos guarismos últimos en su edad y a mí aún me faltaba uno para alcanzarlos; lugar: el ombligo de Madrid, la mismísima Puerta del Sol. Allí en un hotel que aún subsiste —entre las calles del Carmen y Preciados— se hospedaba, tras vivir un invierno en Sevilla y antes de pasar otra temporada en Mallorca, el muy incipiente escritor, junto con su padre, su madre, la abuela, una hermana»[5]. Quien hace las presentaciones es el poeta andaluz Pedro Garfias. En el fondo del encuentro se halla el ultraísmo y su revista sevillana *Grecia*. Pero tras el telón de dicho movimiento descubriremos a un escritor también sevillano, afincado ya en Madrid, Rafael Cansinos Assens, el autor de *La nueva literatura,* el traductor de *Las mil y una noches,* ultraísta también y favorecedor del joven poeta argentino. Borges colaborará en las revistas del movimiento: en *Ultra, Tableros.*

[5] Guillermo de Torre, «Para la prehistoria ultraísta de Borges» (1964), en Jaime Alazraki, *Jorge Luis Borges,* págs. 84-85, Madrid, 1976.

Fervor de Buenos Aires fue el primer libro editado por el creador argentino, puesto que sus primeros tanteos fueron desechados y hoy los hemos reconstruido parcialmente gracias a las investigaciones de Carlos Meneses [6]. El ultraísmo, que, según Borges, propende a «la formación de una mitología emocional y variable», correspondería al «transformismo en literatura». ¿Aparece todo ello en *Fervor de Buenos Aires?* Aquel lejano libro de 1923 coincidía también con *Hélices,* de Guillermo de Torre. Ambos participaban en idénticos entusiasmos y, al margen de calidades o de apreciaciones, los caminos estéticos posteriores son bien diferentes. El paso de Borges por España tendrá una significación de «prehistoria» en su obra, puesto que su primer libro de relatos no será publicado hasta 1935. Pero, ¿podríamos explicar a Borges sin esta primera etapa tan vinculada a los fervores por la vanguardia y a sus contactos españoles?

César Vallejo llega a España en 1926 en «jira de buena voluntad por la vida», según indicará en una de sus crónicas para la revista *Mundial.* «Desde las costas cantábricas —añade— desde donde escribo estas palabras, vislumbro los horizontes españoles poseído de no sé qué emoción inédita y entrañable. Voy a mi tierra, sin duda. Vuelvo a mi América Hispana, reencarnada, por el amor del verbo que salva las distancias en el suelo castellano, siete veces clavado por los clavos de todas las aventuras colónidas» [7]. Pero no será solamente la lengua común lo que ha de atraerlo a España. El año anterior había conocido ya a Juan Larrea, quien se convertirá en su confidente y amigo. Las dificultades económicas de Vallejo —antes y des-

---

[6] Carlos Meneses, *Poesía juvenil de Jorge Luis Borges,* Barcelona, 1978.

[7] Cit. en Ángel Flores, *Aproximaciones a César Vallejo,* I, página. 60, Nueva York, 1971.

pués de su matrimonio con Georgette— van a ser una constante en el epistolario vellejiano. También el poeta deseará publicar en España. En 1930 a través de Gerardo Diego conseguirá editar *Trilce,* en contacto ya con José Bergamín. Pero hay otra razón fundamental en el interés de Vallejo por España que queda patente en el mencionado artículo del 1 de enero del *Mundial.* «Esta noche, al reanudar mi viaje a Madrid, siento no sé qué emoción inédita y entrañable, me han dicho que sólo España y Rusia conservan su pureza primitiva, la pureza de gesta de América.» Aprovecha aquí la ocasión para reprocharle a Huidobro la excesiva importancia que confiere a la inteligencia. Vallejo opta por la sensibilidad. El poeta peruano vivirá emocionadamente la proclamación de la República. Ya en octubre de 1931 realizará un viaje a la Unión Soviética. En Madrid publicará *Tungsteno* una novela «social» de corte semejante a las que proliferan bajo los cánones del «realismo socialista», aunque emparentada en la veta de la narrativa indigenista y fruto del viaje será su libro testimonial *Rusia en 1931: reflexiones al pie del Kremlin,* que alcanzará tres ediciones en cuatro meses, editado por la madrileña editorial Ulises.

Pero Vallejo no era un observador superficial de la vida española. En 1932, en enero, escribe a su amigo Juan Larrea: «Madrid es insoportable para vivir aquí. De paso, pasa y hasta es encantador. Pero para hacer algo y para vivir, ni se vive, ni se hace nada.» Y, al tiempo, reflexiona sobre su politización: «En cuanto a lo político, he ido a ello por el propio peso de las cosas y no ha estado en mis manos evitarlo. Tú me comprendes, Juan. Se vive y la vida se le entra a uno con formas que, casi siempre, nos toman por sorpresa. Sin embargo pienso que la política no ha matado totalmente lo que era yo antes. He cambiado, seguramente, pero soy quizá el mismo. Comparto mi vida entre la inquietud política y social y mi inquietud introspectiva y personal y mía para adentro»[8]. Vallejo se identifica con la trayectoria política de España. Interviene en las células del «partido marxista español», califica de nuevo rey Niceto I al presidente Niceto Alcalá Zamora y de «dictador» al «general Azaña» (Manuel Azaña). Se interesa por el sol, por la paella valenciana —que dice se hace cada vez peor— y se sorprende por la terrible miseria que descubre a su alrededor. Algo de razón tiene Vallejo al describir el ambiente intelectual madrileño como improductivo. A su regreso a París comenzará —ya en 1932— *Poemas humanos,* y el año de 1936, iniciada la guerra civil española, será el de mayor productividad poética vallejiana.

El trauma de la guerra civil dará como fruto algunos grandes libros de poetas latinoamericanos. En primer lugar, sin lugar a dudas, situaremos precisamente el de César Vallejo, *España, aparta de mí este cáliz.* A comienzos de la contienda el poeta realizó un viaje por Cataluña con misiones informativas. Trabajó en Francia en la creación de los comités de defensa de la República y sintió profundamente la tragedia. Los quince poemas que integran el libro corresponden a la intencionalidad de su discurso en el Congreso de Escritores de Valencia y Madrid de 1937: «en la mayoría de los casos los escritores no tenemos heroicidad, no tenemos espíritu de sacrificio». España, como en los poemas de Neruda, aparece aquí personificada como una madre doliente:

>   ¡Niños del mundo, está
>   la madre España con su vientre a cuestas;
>   está nuestra maestra con sus férulas,
>   está madre y maestra,
>   cruz y madera, porque os dio la altura,
>   vértigo y división y suma, niños;
>   está con ella, padres procesales!

---

[8] *Ibídem,* pág. 116.

> Si cae —digo, es un decir— si cae
> España, de la tierra para abajo,
> niños, ¡cómo vais a dejar de crecer!

Vallejo no llegó a corregir los poemas que integrarían éste, su último libro, porque murió el poeta de extraña enfermedad en un París extraño, como proféticamente nos había ya anunciado.

España en el corazón, de Pablo Neruda, se inició con un primer poema, *Canto a las madres de los milicianos muertos,* publicado anónimamente en *El Mono Azul,* la revista que dirigía Rafael Alberti y, posiblemente, fue una de las causas de su destitución como cónsul en Madrid. En noviembre de 1937 es editado el libro en Santiago de Chile y al año siguiente en España, por obra de Manuel Altolaguirre, con tipógrafos soldados. Poco después se publicó en Francia, en versión francesa prologado por Louis Aragon. Conocida es la labor del poeta chileno en favor de los exiliados españoles, tras ser designado cónsul para la emigración española en París, en 1939, por el gobierno de Chile.

Menos conocido fue el libro *La muerte en Madrid,* publicado en 1939, del argentino Raúl González Tuñón (nacido en 1905). Ya aludimos a sus poemas dedicados a la revolución de octubre, *La rosa blindada.* La temática de este libro testimonial, pues González Tuñón permaneció en España durante la guerra, es semejante a la de Neruda. El primer poema del libro, *Descubrimiento de España,* refleja también el entrañamiento del poeta, la personificación de España en forma materna:

Un día viniendo del Sur,
del sur de la Madre Patria a ella, de la muerte de mis padres,
encontré de pronto la música, la luz que me arrebataron
    casualmente,
una niñita llegó y dijo: El agua.

Y después el agua del país y el pan.
Madre, madre.
Un día viniendo del Sur,
vine a dar al país de donde había salido antes de nacer
cuando mi madre adolescente me soñaba en el fondo del
    transatlántico
y una niñita llegó y dijo: El fuego.
Y después el fuego del país y el amor.
Querida, querida.

Desde el día 2 al día 13 de julio de 1937 se celebra en Valencia —con breve visita a los frentes de Madrid— el II Congreso Internacional de Escritores Antifascistas. La presencia de escritores latinoamericanos era nutrida y calificada. Los argentinos Córdova Iturburu, Raúl González Tuñón, Pablo Rojas Paz; el costarricense Vicente Sáenz; los cubanos Alejo Carpentier, Leonardo Fernández Sánchez, Nicolás Guillén, Juan Marinello, Félix Pita Rodríguez; los chilenos Vicente Huidobro, Pablo Neruda, Alberto Romero; los mexicanos Juan de la Cabada, José Chavez, Fernando Gamboa, José Mancisidor, Gabriel Lubio, Carlos Pellicer, Octavio Paz, Silvestre Revueltas y Blanca Lydia Trejo, y el peruano, César Vallejo. El Congreso se convirtió posteriormente en mítica político-literaria. Neruda lo recoge ampliamente en sus *Memorias* y es sólo comparable, en cuanto a popularidad literaria, a la alcanzada por las Brigadas Internacionales, que aparecen todavía como uno de los temas de la novela de Alejo Carpentier *La consagración de la primavera,* publicada en 1978. A las experiencias españolas correspondientes al Congreso responde también la serie poemática de Octavio Paz reunida en *Libertad bajo palabra*. Precisamente en la última edición de sus poemas, Paz publica la *Elegía a un compañero muerto en el frente de Aragón,* que había sido suprimida en la edición de 1968 [9]. Le parece, sin embargo, «tributario

---
[9] Octavio Paz, *Poemas (1935-1975),* pág. 666, Barcelona, 1979.

de una retórica que repruebo», aunque responde «a una convicción que se llamó España».

No voy a insistir en el impacto que causó la guerra civil en la intelectualidad internacional, y tanto más en la latinoamericana, ligada a la cultura española por los lazos más profundos que las meras convicciones políticas.

El mal llamado «boom»

Es evidente, por lo que hemos dicho hasta ahora, que cuando empieza a hablarse de *boom* de la novela latinoamericana en España, alrededor de 1963-1965, nadie hubiera debido ya sorprenderse de que la presencia de escritores latinoamericanos resultara natural, lógica e incluso conveniente. Por otro lado resulta completamente falsa la idea de que tales novelistas se forjan en España y tienden a desplazar a los escritores españoles. En todo caso sería éste un fenómeno de sociología literaria bien extraño. Los novelistas que conforman la «nueva novela latinoamericana» —no disponemos todavía de un distanciamiento crítico que nos permita identificarla de otro modo— nacen como tales alrededor de los años cincuenta y el fenómeno de renovación en el ámbito de dicha novela tiene unos precedentes muy claros. Hemos podido citar, al tratar del fenómeno de las vanguardias, a Miguel Ángel Asturias (cuya inicial formación francesa es evidente), así como la de Alejo Carpentier o el anglófilo Borges narrador, distinto y a la vez identificable en algunos aspectos, con el poeta de sus comienzos.

Pero, durante los años cuarenta y cincuenta, una serie de razones impedían que la presencia de los novelistas latinoamericanos y de su obra fueran posibles en España. El país disfrutaba entonces de un no muy plácido franquismo; por lo menos para buena parte de los mismos escritores nacionales. Una institución denominada eufemísticamente «Servicio de Orientación Bibliográfica» velaba por la moral, la salud mental y la sana ideología política que coordinaba entonces el poder político franquista, lo que no sucedía en los países donde se publicaron la mayoría de las novelas de los jóvenes escritores: Argentina y México.

Cuando en 1963, Mario Vargas Llosa consiguió el Premio Biblioteca Breve instituido por la Editorial Seix-Barral, que vino precedido por otra publicación y otro premio barcelonés a su libro de relatos *Los jefes* (1959), se emprende una operación literaria de carácter eminentemente editorial. La posibilidad de promocionar en Europa la novela española del «realismo social» había resultado casi un fracaso y, en este caso, Barcelona —cabeza de la edición en lengua castellana— podía ofrecer como sustitución una serie de novelistas que se hallaban en una órbita ya consolidada en América. Vargas Llosa publicó su novela en España, pero repitiendo un fenómeno que hemos mostrado ya en el modernismo, puesto que *La ciudad y los perros* fue escrita en Francia. La capacidad crítica del novelista peruano le permitió interesarse por la novela catalana de caballerías *Tirant lo Blanch* (como Carpentier) pero dedicó un libro a Flaubert, autor que considera como «modelo». Y si de un lado resulta atractivo para alguna editorial comercial emprender la difusión de la novela latinoamericana en Europa, de otro advertimos también una operación política cultural por parte de las autoridades del entonces llamado Ministerio de Información y Turismo. La política opusdeística y europeizante permitió algún malabarismo que no hubiera sido tolerado a escritores españoles. Al fin y al cabo, el colegio militar «Leoncio Prado» no puede confundirse con una academia militar española. Carlos Barral, el editor de la novela, ha reflejado suficientemente en sus memorias las presiones y los tira y afloja a los que se vio sometido.

No siempre las disposiciones de la censura se mostraron favorables. *Tres tristes tigres* (premiada en 1964 y publicada en 1968), de Cabrera Infante, o la narrativa del argentino Néstor Sánchez no planteó problemas, aunque *Cambio de piel,* Premio Biblioteca Breve en 1967, de Carlos Fuentes, fue prohibida en España. Conviene recordar, sin embargo, que el mencionado Premio Biblioteca Breve, instituido por la firma Seix-Barral, fue otorgado diez veces y cinco de ellas a escritores latinoamericanos. Pero, visto con suficiente perspectiva, el *boom* no fue otra cosa que el fenómeno de la difusión de una novela formalmente más libre y más imaginativa cuyo banco de pruebas había estado en América. Como José Donoso señala divertidamente los *capos* de *mafia* de dicho *boom* eran Cortázar, Fuentes, García Márquez y Vargas Llosa [10]. Pero, de ellos, sólo Vargas Llosa aparece claramente vinculado a la edición española. Borges, Rulfo, Carpentier, Onetti, Lezama Lima no pueden ser identificados con el grupo anterior cuya afinidad es también discutible.

No vamos a plantear aquí el problema de la existencia de un fenómeno sociológico editorial cuya raíz literaria no parece suficientemente justificada. La presencia de escritores latinoamericanos en España se acentuará tras el derrocamiento de los regímenes políticos más o menos liberales, principalmente del Cono Sur y Centroamérica. Pero para todos ellos la literatura española contemporánea apenas si es perceptible. Dejando a un lado las casi siempre provocativas referencias de

---

[10] José Donoso, *Historia personal del «boom»,* 119 págs., Barcelona, 1972.

J. L. Borges al respecto, cabe señalar lo que dice el nada sospechoso Julio Cortázar: «se advertirá que no nombro a prosistas españoles, sólo utilizados por mí en casos de insomnio, con la excepción de *La Celestina* y *La Dorotea*»[11]. Hay que precisar que Cortázar alude claramente a «prosistas» y no a poetas, puesto que a él se debe una muy interesante antología de la poesía amorosa de Pedro Salinas, autor mencionado, asimismo, en una lista de preferencias, de las que se halla ausente también, curiosamente, el *Quijote*. Las influencias francesas, inglesas y norteamericanas por el contrario no se disimulan. Y, lógicamente, Cortázar se siente vinculado a la tradición argentina propia: Macedonio Fernández, J. L. Borges, R. Arlt, R. E. Molinari e incluso no desdeña la de Leopoldo Marechal.

En un momento dado, las editoriales barcelonesas y los buenos oficios de la agente literaria Carmen Balcells, hacen coincidir en Barcelona a una serie importante de novelistas nuevos. Gabriel García Márquez, por ejemplo, se instaló en 1968, poco después de haber publicado *Cien años en soledad* en Buenos Aires. Durante este período barcelonés escribe *El otoño del Patriarca* (1975), que publicará inicialmente en España y simultáneamente en editoriales latinoamericanas. Algunos de los rasgos del protagonista-dictador forman parte del conocimiento directo y cotidiano de lo que supuso el franquismo y que el novelista colombiano pudo identificar durante su estancia. José Donoso llegó a Barcelona ya publicada su novela *El lugar sin límites* (1967), que sigue siendo todavía hoy su mejor novela. Cuando apareció *El obsceno pájaro de la noche* (1970) la novela iba acompañada de unas significativas palabras de C. Barral en las que se afirmaba que dicha obra le aseguraba «un puesto definitivo

---

[11] Rita Guibert, *Siete voces*, 307 págs., México, 1974.

a la cabeza de la generación de narradores que hoy constituye la vanguardia de la novela en lengua española».

El paralelismo y la «nostalgia» de la vanguardia no parecen aquí casuales. Pero a diferencia de lo que sucedió con los poetas de la generación latinoamericana vanguardista, el panorama cultural español no podía ser más enteco. La novela del llamado «realismo crítico» de fines de los años cincuenta había constituido un fracaso estético y el público y la crítica eran conscientes de ello (otra cosa fue su raíz moral, su valor testimonial o su eficacia política —que tampoco la tuvo según la manifiesta intencionalidad de sus propios autores—). La novela española podía ofrecer en estos años algunos nombres aislados de mayor interés por cuanto suponen la elaboración de un lenguaje narrativo formulado en unas condiciones penosas de trabajo. C. J. Cela, M. Delibes, Ana María Matute, R. Sánchez Ferlosio, I. Aldecoa. J. Fernández Santos, G. Torrente Ballester o L. Martín Santos, etc., dejando a un lado la narrativa del exilio, de poca incidencia en aquel momento. Pero dichos novelistas pueden agruparse alrededor del Premio Nadal, tan significativo a la hora de enjuiciar la novela del período. Presentan, en conjunto, escasas innovaciones estéticas, desde perspectivas formales, y su obra aparece vinculada a los narradores norteamericanos de la década de los años cuarenta o deriva de ciertas formas procedentes de la técnica del «nouveau roman» francés.

Prácticamente no existe ahora vinculación entre los novelistas latinoamericanos y la novela española. Juan Goytisolo aparece como el más afín al grupo, exiliado voluntariamente desde 1956 y difundido internacionalmente a través de sus traducciones en la editorial Gallimard, y así como sus hermanos Luis (n. en 1935), también novelista, y José Agustín, poeta vinculado a través de los premios Casa de las Américas de La Habana a la poesía latinoamericana; Juan García Hortelano, novelista que procede también del Premio Biblioteca Breve (e incluso del internacional Formentor); Juan Marsé, otro Biblioteca Breve.

Cabe apuntar por tanto las vinculaciones —en el terreno de las relaciones personales más que literarias— del cenáculo barcelonés que gira entonces alrededor del poeta y editor Carlos Barral, quien en dos ocasiones emprenderá la aventura de descubrir una «novela española» joven sin éxito. Por consiguiente, no se ofrece, desde España, una alternativa a la presencia cada vez más insistente de la «nueva ola» procedente de Latinoamérica y, aunque aferrada en sus esencias nacionales, universalistas por vocación, deseosa de convertirse en la punta de lanza de la renovación formal de la prosa en castellano. La breve experiencia de la revista *Libre,* de escasa duración, constituye un ejemplo de colaboración entre algunos escritores españoles y latinoamericanos. Los novelistas latinoamericanos aparecen en los premios y editoriales españoles y reciben una crítica de apoyo.

Todo ello debe conjugarse con la aparición de un fenómeno político que interesa en mayor o menor grado a latinoamericanos y españoles: la revolución cubana. La experiencia castrista interesó en Europa y los novelistas de la «nueva novela» la arroparon cuidadosamente. No podía explicarse el éxito en ciertos sectores de la literatura latinoamericana ignorando lo que significó la existencia del régimen de Fidel Castro. Pero los novelistas latinoamericanos —y algunos grandes poetas— que empiezan a publicarse en España en la década de los años sesenta son autores en su mayoría ya consagrados. Cortázar, por ejemplo, publica después de divulgarse la edición de su *Rayuela.* En 1969, Carlos Fuentes polemiza desde su ensayo titulado *La nueva novela hispanoamericana.*

Trata de demostrar allí que el escritor latinoamericano se muestra radical ante su pasado literario e inventa un lenguaje. Pero ¿es ello cierto? La verdad es que la novela latinoamericana sería inexplicable sin los poetas de la vanguardia que operan radicalmente sobre el lenguaje: Huidobro, Neruda, Vallejo. Lezama Lima viene a ser en *Paradiso* (1966) un poeta que noveliza un mundo prácticamente verbal e interior. Los jóvenes de entonces, Manuel Puig, Severo Sarduy, Cabrera Infante, José Agustín, evidentemente parten también hacia su fabulación del lenguaje.

Cuando Fuentes precisa que «los latinoamericanos —repitiendo una afirmación de Paz— son hoy contemporáneos de todos los hombres» viene a decirnos que su deseo «universalista» los entronca con los grandes maestros de siempre. Pero no es fácil romper las barreras de la lengua, aunque éste es el afán de todos ellos. Proyectarse hacia Europa es descubrir la todavía desconocida e inquietante imagen de América Latina, aunque de una América Latina literaria que ha vivido prácticamente en un exilio permanente. La significación de dicho exilio supone para cada escritor una experiencia diversa. Desde el punto de vista estrictamente literario la obra de Onetti, por ejemplo, *Dejemos hablar al viento* (1979), permanece ligada al mundo personal y definido por el narrador en *El astillero* (1961). A diferencia de lo que ocurrió con la experiencia de Ramón del Valle-Inclán, quien trasladó a *Tirano Banderas* (1926) su anterior experiencia mexicana, los novelistas latinoamericanos han permanecido por lo general impermeables al contacto con España. Su atención ha seguido estando fija en sus países de origen.

Voy a referirme muy de paso a los rechazos que la nueva novela alcanzó en España, donde algunos de los novelistas se sintieron postergados. La presencia de la novela latinoamericana vino a alterar, sin duda, las precarias relaciones entre los editores y los autores. La capacidad editorial española de hecho se inclinó hacia los autores latinoamericanos siguiendo las preferencias del público. Y comportó también problemas que en el futuro habrá que abordar críticamente. Por ejemplo, el Premio de la Crítica de novela se otorgó indistintamente a autores españoles o latinoamericanos que habían publicado en España. La presencia por tanto, de escritores latinoamericanos se hace sentir considerablemente y la competencia de los escritores españoles entre sí viene perjudicada en público y publicidad por la edición de obras de autores latinoamericanos. Pero las relaciones entre los escritores españoles y latinoamericanos se han mantenido dentro de una gran corrección salvo excepciones. Alfonso Grosso, por ejemplo, tras publicar una novela de inspiración y tratamiento semejantes a los de García Márquez, como *Inés Just Coming* (1968), repudió violentamente la novela latinoamericana, arremetió contra los grandes e indiscutibles jóvenes maestros, y Eduardo Blanco Amor calificó a dichos novelistas de «auténtica mafia» siguiendo, también la terminología de algún crítico mexicano. Pero todo ello puede interesar a un sociólogo de la literatura; nada tiene que ver con la auténtica creación.

Los novelistas españoles no imitaron la nueva novela latinoamericana. Tampoco sería justo decir que el vendaval pasó sin dejar huellas. El aprecio por la imaginación, el afán por el descubrimiento de un lenguaje creativo, el cuidado de la estructura, la valoración de lo nuevo que la novela latinoamericana comportaba, vinieron a influir, acelerándolo, en el proceso que cada escritor llevaba en sí, en su obra. Y la evolución de los textos de Cela, de Torrente Ballester, de Goytisolo, de Delibes, de Marsé o de García Hortelano, por poner sólo unos nombres significativos, puede entenderse con mayor propiedad señalando también las diferencias en sus etapas creativas, si al mismo tiempo y paralelamente valoramos la aportación de la nueva novela latinoamericana. No cabe duda de que Torrente o Cela conocían o pudieron conocer a Joyce posiblemente antes que el propio Lezama Lima. En todo caso, poco importa. La novela de la generación que surgió inmediatamente tras la posguerra española no se mostró permeable a la novela de la generación perdida norteamericana hasta la década de los cincuenta. Y, aunque podemos citar algunos nombres de escritores españoles «imaginativos», en los que se valora la fabulación por sí misma —como en la obra del gallego Álvaro Cunqueiro, por ejemplo— ésta no posee entonces la decantación necesaria para convertirse en un «modelo» literario autónomo.

Podemos estimar que, pasado el instante de efervescencia y sorpresa (inexplicable salvo por razones de una crítica ignorante de cuanto sucede más allá de lo que resulta simple rutina), cabe preguntarse ya qué ha pasado y qué ha significado y sigue significando todavía para la cultura española la inserción en sus catálogos de edición de la «nueva novela» —y en menor grado de la nueva poesía— latinoamericana. Un reproche fácil podría hacerse a los maestros latinoamericanos o a buena parte de ellos. Aun viviendo o pasando largas temporadas en España, pocos se han mostrado interesados en el mundo que les rodeaba. La mayoría de los escritores latinoamericanos que han vivido y siguen viviendo en España se han sentido siempre en un más o menos cómodo exilio. No se han integrado ni siquiera a tiempo parcial en la cultura española, contrariamente a lo que sucediera con aquellos españoles que buscaron el exilio en los países de América tras la guerra civil. Las razones son múltiples y pueden ser observadas desde diversos puntos de vista. La cultura española se mostró poco permeable, pero hay que apuntar también que ésta carecía, a diferencia de lo que sucedía algunos decenios antes, de la infraestructura necesaria (revistas, periódicos con acento cultural, instituciones, etc.) y pese a ello supo dar soporte crítico y editorial a los nuevos libros que han ido produciéndose.

II

TRES NOVELAS «EJEMPLARES»

«DON SEGUNDO SOMBRA», DE RICARDO GÜIRALDES

En el volumen sexto de la edición española de las *Obras* de Ricardo Güiraldes, publicadas por Espasa-Calpe en 1934, se publica la novela *Don Segundo Sombra*. Allí figura una fotografía de su autor vestido de gaucho. Responde a la inquietud sentida desde comienzos de siglo por algunos grupos de la sociedad bonaerense quienes parecían identificarse con un grupo social ya en vías de extinción: el gaucho. A fines del siglo XVIII los viajeros que recorren Argentina describen la exótica figura del nómada de la Pampa. El naturalista inglés Charles Darwin los retrata con simpatía, aunque considera que pecan de sanguinarios en los duelos a cuchillo. La literatura gauchesca que se desarrolla en torno al «más macho de los oficios», en palabras de Don Segundo, nace como una forma de expresión oral en verso a comienzos del siglo XIX. En la segunda mitad del siglo el ferrocarril atraviesa ya la Pampa y con el progreso (aparición del telégrafo, del frigorífico, explotación agrícola del suelo, etc.), se inicia la rápida decadencia del gaucho. Cuando José Hernández escribe en 1872 la primera parte de *El gaucho Martín Fierro,* el poema épico nacional de Argentina, los gauchos, que habían colaborado en la guerra de la Independencia en Argentina, son casi un recuerdo. Poetas como Bartolomé Hidalgo, Hilario Ascasubi o Estanislao del Campo tratarán de forjar el «mito» literario gauchesco, como uno de los elementos diferenciadores de «lo argentino».

Ricardo Güiraldes, nacido en Buenos Aires en 1886 y muerto en París en 1927, procedía de una familia de notables hacendados. Su bisabuelo, Manuel José de Guerrico, fue amigo del general San Martín y el mismo Sarmiento, el autor de *Facundo o Civilización y Barbarie,* pronunció su discurso fúnebre, en el que elogiaba sus actividades como benefactor cultural y promotor de las artes. El padre de Ricardo Güiraldes mantuvo la tradición ilustrada familiar y el escritor pasó su primera infancia en Europa, donde aprendió francés, que habló y escribió como el castellano, y los rudimentos de alemán. Parte de su niñez y de su adolescencia transcurrió en la estancia familiar de «La Porteña», donde descubriría el paisaje que más tarde recrearía literariamente en sus relatos y novelas. Y allí conoció a Segundo Ramírez, personaje real que inspiraría su novela. Tras algunos intentos fracasados de cursar una carrera universitaria, viajó por Europa y Asia en 1910. Regresó a Buenos Aires en 1912, iniciando la publicación en diversas revistas de algunos relatos que más tarde formarían el volumen *Cuentos de muerte y de sangre,* publicado en 1915, año en el que vio la luz su libro *El cencerro de cristal.* Güiraldes contaba ya entonces con el aprecio literario de Leopoldo Lugones. En 1916 realizó un viaje por el Caribe que dio como fruto la novela *Xaimaca,* escrita ya en 1919, aunque la revisó repetidamente y la publicó en 1923. Su primera novela editada sería *Raucho* (1917), cuya acción discurre en la Pampa y en París. Un viaje a la capital de Francia y del mundo intelectual del momento, en 1919, le puso en contacto con la «nueva» literatura francesa. Allí intimó con Valéry Larbaud, con quien sostendría una extensa correspondencia. En 1921 recorrió el norte del país, recogiendo material para su idea, tratada muy sumariamente en su relato *Al rescoldo,* en el que aparecía ya la figura de Don Segundo Sombra, de escribir una novela que reflejara el lenguaje y la vida «idílica» del gaucho. En 1922 regresó a Europa, viviendo en París y en Pollensa (Mallorca). En sus últimos años se inclinó hacia el espiritualismo oriental y la teosofía. En 1924 fundó la revista *Proa,* de intencionalidad vanguardista, en colaboración con Jorge Luis Borges, Brandán Caraffa y Pablo Rojas Paz. En marzo de 1926, según reza la última página de la novela *Don Segundo Sombra,* había finalizado la redacción, imprimiéndose en el mes de julio. Puso fin a la novela encontrándose ya gravemente enfermo, aquejado de un cáncer de ganglios, durante su última estancia en Francia.

La redacción de *Don Segundo Sombra* duró aproximadamente siete años, aunque dicha redacción fuera interrumpida por sus viajes y por la redacción de otras obras. No se trata, por consiguiente, de una obra improvisada. Responde a una inquietud que coincide con el nacionalismo literario de una generación de escritores latinoamericanos que alcanza a varios países. Con dicha novela busca su autor no sólo recrear un modo de vida «idílico» —el de los gauchos— situado ya en un pasado del que sólo restan vestigios, sino definir a un héroe y, fundamentalmente, recrear una lengua que será captada poéticamente. Don Segundo es un «modelo», un espejo, en el que se mira Fabio Cáceres, hijo ilegítimo, cuya infancia junto a dos tías solteronas muestra un cierto paralelismo con *Huckelberry Finn,* de Mark Twain. Jorge Luis Borges señala también que «en cuanto a la fábula, a la historia, es fácil comprobar en ella el influjo del *Kim* de Kipling». El aprendizaje de Fabio modelará un carácter. La sensibilidad del joven se expresará, en una narración que adopta el punto de vista de la confesión y la primera persona, con recursos propios de la poesía vanguardista, en la que priva la imagen: «Y había tantas estrellas, que se me caían en los ojos como lágrimas que debieran llorar para adentro» (cap. XIX). Lejos del realismo costumbrista, en ocasiones la novela utiliza los temas en forma artística que descubrimos en los novelistas norteamericanos que nos transmiten la conquista de las praderas del Far West o de venezolanos que captan la vida de los llanos. La captura y doma del caballo salvaje, la conducción del ganado, las peleas de gallos, el rodeo, la lucha a cuchillo son temas casi tradicionales en esta clase de narraciones. Pero, a diferencia de los realistas puros, los personajes de Güiraldes disponen de una peculiar sensibilidad: «Miseria es eso de andar con el corazón zozobrando en el pecho y la memoria extraviada en un pozo de tristeza, pensando en la injusticia del destino, como si éste debiera ocuparse de los caprichos de cada uno. El buen paisano olvida flojeras, hincha el lomo a los sinsabores y endereza a la suerte que le aguarda, con toda confianza puesta en su coraje» (cap. XIX).

La crítica ha observado en Don Segundo Sombra su marcado carácter estoico. Como el héroe de la «picaresca» española del Siglo de Oro, Fabio Cáceres recurre al amparo y a la experiencia de Don Segundo, quien, no sin dureza, le enseña los recursos del oficio, aunque su educación va más lejos hasta imbuirle una filosofía de la existencia: «Ya has corrido mundo y te has hecho hombre, mejor que hombre, gaucho. El que sabe de los males de esta tierra, por haberlos vivido, se ha templado para domarlos» (cap. XXVII). Y el muchacho, convertido ya en hombre, sentirá muy dentro de sí la comunión con el mundo vivido y, cuando se decide a abandonar la vida gauchesca por la literatura, influido por Raucho, confesará: «Me fui, como quien se desangra.» Podremos observar, a lo largo de la novela, la lenta preparación para alcanzar una vida más rica, más intensa, en la que el paisaje, el hombre en la naturaleza y la cultura viven armoniosamente y no entran en conflicto. Las huellas del pensamiento oriental, al que Güiraldes se aficionó, como apuntábamos, en sus últimos años son evidentes.

La estructura narrativa es muy simple. La novela discurre a través de pequeñas escenas conducidas a través de un hilo argumental muy tenue. El novelista recurre a los métodos de la novela psicológica para definir los caracteres. Sus personajes responden a modos de vida. *Don Segundo Sombra* sitúa en una forma moderna, la de la novela, la épica gauchesca. Sin renunciar a la tradición, Güiraldes opta por civilizar el tema adecuándolo al tiempo en que le tocó vivir. Su narración, como experiencia novelística, no es ciertamente original. Comparada con la novela occidental de su misma época las innovacines técnicas son prácticamente nulas. La vertiente costumbrista, sin embargo, ofrece páginas de gran belleza. Inscribe el novelista formas populares en la novela, como las coplas de los *payadores* del capítulo XI o los relatos orales del capítulo siguiente. La introducción de tales elementos folclóricos es resabio costumbrista, pero al mismo tiempo permite a su autor adentrarse en la poesía y la filosofía popular, adecuadas ambas al sabor de la Pampa, con su peculiar fauna y las sustanciosas formas de brujería. Este paisaje mágico, cuya inspiración se prolonga a través de Borges, se describe con pinceladas precisas. No podemos aquí obviar la atracción que la pintura ejerció sobre Güiraldes, aunque tan sólo a través de la palabra podía el escritor alcanzar definiciones tan sugestivas como: «En la pampa las impresiones son rápidas, espasmódicas, para luego borrarse en la amplitud del ambiente, sin dejar huella» (cap. VIII). Tales descripciones se realizan a través del observador. El paisaje se humaniza.

El gaucho se manifiesta a través de las formas cotidianas del trabajo, la conducción de las reses. En el capítulo VIII se nos ofrece una enumeración de las funciones del gaucho: «Cornear, enlazar, pialar, domar, correr como la gente en el rodeo, hacer riendas, bozales y cabestros, lonjear, sacar tientos, echar botones, esquilar, tusar, bolear, curar el mal del vaso, el aba, los hormigueros...» Endurecerse en la tarea cotidiana supone también curtir las manos («por haberme excedido en los tirones tenía desgarradas las manos, de las cuales la izquierda me sangraba abundantemente» (cap. IX)) y olvidar el dolor corporal que aqueja tras las interminables cabalgadas, sufrir la sed y el calor y el frío de las acampadas o la lluvia ante la que los gauchos se manifiestan impertérritos. El hombre se encuentra en permanente lucha con el medio, intentando dominarle o, al menos, adaptarse a sus condiciones.

No es, pues, extraño que un cierto fatalismo guíe la conducta de los personajes. Don Segundo Sombra le muestra «de la vida la resistencia y la entereza en la lucha, el fatalismo en aceptar sin rezongos lo sucedido, la fuerza moral ante las aventuras sentimentales, la desconfianza ante las mujeres y la bebida, la prudencia entre los forasteros la fe en los amigos» (cap. X). Éste es un código de conducta harto elemental. En una sociedad masculina, rural y primitiva no parece poder identificar las complejidades anímicas urbanas. Pero la vida del gaucho, vista por Güiraldes, aparece atravesada por vetas sentimentales y poéticas. Durante el breve idilio con Aurora. Fabio Cáceres de pronto se siente triste (cap. VI). Intenta justificarse y observa sus «sentimientos nostálgicos». Son, en parte, fruto de los amores adolescentes, descritos como «idilio». Sin embargo, la mujer va a jugar un papel muy secundario en la narración. Aparece en los períodos de descanso, casi como distracción. Una fuerte y popular misoginia invade la novela. Las músicas de los bailes, valses, polcas o mazurcas, triunfos, prados o morochas acompañan la «fiesta» que ocupa casi por entero el capítulo XI. Respecto a la mujer, el gaucho no debe dejarse «ablandar por esas querencias» (cap. XIX). Valora ante todo su propia libertad. Pero el nuevo gaucho Fabio Cáceres sabe también luchar por la mujer con el cuchillo (cap. XIX). Marca la frente de Numa, su enemigo, y sólo consigue que Paula se vaya definitivamente con aquél.

Uno de los ejes fundamentales de *Don Segundo Sombra* es la relación que se establece entre «el padrino» o maestro —iniciador en términos más precisos— y el discípulo. Para éste «sólo don Segundo me daba la impresión de escapar a esa ley fatal, que nos cacheteaba a antojo, haciéndonos bailar al compás de su voluntad» (cap. XXIX). Fabio Cáceres se interroga profundamente sobre el papel del azar en la vida humana. Sus reflexiones le llevan hasta concluir —en el hilo de las cavilaciones sobre la pampa y su significado— en el papel de la muerte. Don Segundo, según su discípulo, reflexionaba al hilo de que «cuando todos estaban de ida hacia la muerte, él venía de vuelta». La perfección del modelo no se pone en duda. Don Segundo figurará como el ideal inalcanzable: «¡Quién fuera como él!» El discípulo sufre por todo; el maestro permanece inmutable. El fatalismo se encarna en Don Segundo, más cercano a las esencias que desaparecen, a los mitos tradicionales orientales, ajenos a toda idea de progreso: en tanto que su discípulo parece más próximo a la complejidad del alma occidental. Figuran también destellos de dolor en las últimas páginas de Don Segundo, más atento ya el narrador en sus últimos capítulos a la vida interior que a la mera descripción costumbrista, cercana a la novela de aventuras, de su intención primera.

La novela concluye con rasgos intelectuales y autobiográficos. El lector dispone del análisis de unos personajes pampeanos y, por ende, argentinos. Pero la argentinidad de *Don Segundo Sombra* trasciende el localismo, como observó certeramente Jorge Luis Borges. Sin la asimilación de elementos ingleses, norteamericanos y franceses la novela no sería lo que es ahora. Sin la pátina culturalista interpuesta por la personalidad de Güiraldes nada sería en ella como es. Ni siquiera lo que constituye su mayor acierto, la recreación del lenguaje dialectal, tan vivo y significativo. Al margen de su autenticidad, la lengua de Güiraldes es la del creador. Escapa con brillantez del castellano narrativo decimonónico y consigue diálogos de gran belleza, renovadores en el ámbito expresivo. No pretende situarse en el ámbito localista, sino que enriquece la lengua con aportaciones propias. Al castellano de los maestros realistas que peca de adocenado en ocasiones, opone una lengua viva. Y, en definitiva, ésta puede ser la parcela más original de uno de los clásicos americanos.

«DOÑA BÁRBARA», DE RÓMULO GALLEGOS

La primera edición de *Doña Bárbara,* de Rómulo Gallegos, se publicó en Barcelona (España), en la Editorial Araluce en 1929. Se reeditó con éxito en 1930, 1931, 1932, 1937, 1940, etc. La primera edición americana es la argentina de 1941. En septiembre de 1929, un jurado integrado por novelistas y críticos españoles (Pérez de Ayala, Miró, «Andrenio», Díez-Canedo, Sainz Rodríguez y Ricardo Baeza) la consideró «el mejor libro del mes». Se convirtió inmediatamente en el exponente máximo de la novela venezolana. Junto a *La Vorágine* (1924), del colombiano José Eustaquio Rivera (1889-1928) y *Don Segundo Sombra* (1926), del argentino Ricardo Güiraldes integra la trilogía de la novela nacional, rural o de la tierra, como algunos críticos la han calificado. Si *La Vorágine* es la novela de la selva y *Don Segundo Sombra* del gaucho y la pampa argentina, *Doña Bárbara* representa al «llano» venezolano. La Naturaleza americana parece indomable. Las criaturas novelescas son sus víctimas. Sus trayectorias vitales figuran indisolublemente ligadas a la vida rural, al paisaje y al subdesarrollo. La permanente dialéctica entre Civilización y Barvarie había sido reflejada por el argentino Domingo F. Sarmiento en una obra biográfica cuyo enunciado es ya significativo: *Civilización y Barbarie. Vida de Juan Facundo Quiroga y aspecto, físico, costumbres y hábitos de la República Argentina* (1845). Aquel gaucho malo (Juan Facundo Quiroga) guerreó con el presidente Rivadavia, símbolo de la civilización. Rómulo Gallegos escribió su novela en pleno *gomecismo*. Así se designa el largo período (del 24 de noviembre de 1908 hasta el 17 de diciembre de 1935) en el que gobierna el país un dictador populista, Juan Vicente Gómez, bajo el Tema «Paz, Unión y Trabajo». El dictador designará su mandato como «Reahabilitación», pero su gobierno fue tiránico. Hacia 1936, el analfabetismo alcanzaba en Venezuela el 90 por 100 de una población de crecimiento lento. Dos millones y medio de kilómetros cuadrados eran ocupados, según el censo de 1936, por 3.400.000 habitantes. El marco histórico y la situación sociopolítica venezolana permiten entender más fácilmente los simbolismos de *Doña Bárbara* (el nombre de la protagonista debe ponerse en relación con la *barbarie* a la que aludía Sarmiento). Sin embargo, sería un error crítico entender *Doña Bárbara* únicamente como una requisitoria contra las circunstancias. La novela funciona como un ente autonómico y autosuficiente.

El espacio, el tiempo, la Naturaleza

El llano venezolano está cruzado por el río Orinoco y sus afluentes. Los ríos no son únicamente vías de comunicación, sino que encuadran la acción narrativa. La novela se inicia cuando Santos Luzardo remonta el río Arauca y finaliza cuando doña Bárbara se adentra y se pierde misteriosamente en el tremedal. Alguien, entonces, cree ver «un bongo que bajaba por el Arauca» y en el que se adivinó a una mujer. También Arturo Cova y sus compañeros desaparecen en la selva al final de *La Vorágine*. La naturaleza devora a sus criaturas. *Doña Bárbara* se sitúa en la región venezolana de Apure. Conocemos los orígenes del héroe positivo Santos Luzardo (de «alma cimarrona»). Su abuelo era Evaristo Luzardo, un «bárbaro» y su padre José Luzardo mató a su hijo Félix y se suicidó posteriormente. Acompañado de su madre Asunción, Santos Luzardo se trasladó a Caracas a los catorce años, cuando la guerra hispano-norteamericana. A los dieciocho años empezó a estudiar la carrera de Derecho. Al finalizar sus estudios volverá a la hacienda paterna. El tiempo histórico de la novela puede situarse, pues, a comienzos de la década de los años veinte.

Junto a la familia Luzardo describe Gallegos a los Barquero. Doña Bárbara no es originaria de la región. Procede «¡de más allá del Cemaviche, de más allá del Cinaruco, de más allá del Meta! De más lejos que más nunca...» El río Meta constituye frontera con Colombia. Su padre era el patrón de una embarcación que comerciaba en aguardiente y especias «desde Ciudad Bolívar hasta Río Negro». A través de un característico «salto atrás» conocemos los orígenes de la compleja psicología de la «devoradora de hombres». Su propio padre pretendía venderla al turco —en realidad un sirio allí afincado— por veinte onzas. Pero es violada por los marineros. Convive con los indígenas y aprende de los brujos «su tenebrosa sabiduría». Y más tarde conoce a Lorenzo Barquero, hijo de don Sebastián, educado en Caracas, de quien tendrá una hija, Marisela. Lorenzo Barquero iniciará su definitiva decadencia, víctima de su mujer, coincidiendo con la muerte de José Luzardo. Pasará a ser un «infra-hombre». El hecho puede, pues, fecharse en 1898. Tras la tragedia, los Luzardo (madre e hijo) abandonan su hacienda en manos de mayordomos. Altamira y El Miedo son haciendas colindantes, en las que el ganado campa en libertad. La llanura, pese al abandono, ofrece un «grandioso marco». El habitante de «el Llano bárbaro» tiene que luchar con las fuerzas naturales. En el capítulo XII de la segunda parte, Gallegos describe la llegada de las lluvias invernales. Con ellas acuden los caimanes que proceden del Orinoco y las aves: «los patos salvajes, las corocoras, las chusmitas, las cotúas, los gavanes y los gallitos azules, que no habían emigrado, acudían a saludar a las viajeras...». Las aguas son, en ocasiones, las auténticas protagonistas. La vida del llano gira en torno a los ciclos naturales. El novelista se sirve de descripciones en las que los efectos líricos conducen a una íntima visión del paisaje. El entramado simbólico es complejo. El llano simboliza Venezuela: «¡Propicia para el esfuerzo como lo fue para la hazaña, tierra de horizontes abiertos donde una raza buena, ama, sufre y espera.» En esta tierra habitan los nuevos centauros. No son ya los personajes rubenianos, recuperados de la mitología helénica. Los centauros aquí relinchan por la llanura e incluso se escuchan en la misma capital, Caracas. Porque el centauro está forjado con «la sangre de Luzardo».

Doña Bárbara

La gran aportación de Rómulo Gallegos a la novela venezolana y latinoamericana de su época es la conformación de un complejo retrato femenino, el de Doña Bárbara. Para su elaboración se sirve el narrador no sólo de los métodos utilizados por la novela psicológica, sino de otros recursos que confieren profundidad a una figura compleja, símbolo en ocasiones de los sustratos de la tierra. No es, contra el método costumbrista, un personaje tallado en tan solo uno o dos planos; sino que desde la mera descripción física ofrece una caracterización que contrasta con el resto de los personajes. Santos Luzardo o Marisela son personajes que podemos descubrir en las novelas realistas. Doña Bárbara, por el contrario, aparece desde el inicio de la narración con fórmulas originales: «el imponente aspecto de marimacho le imprimía un sello original a su hermosura: algo de salvaje, bello y terrible a la vez». Adivinamos en este ser, que domina el medio en el que habita y transforma las voluntades de cuantos la rodean, el símbolo de una Venezuela salvaje. El narrador es consciente de su peculiar atractivo. Su psicología profunda escapa a lo racional y humano: «en su espíritu, hechicería y creencias religiosas, conjuros y oraciones, todo estaba revuelto y confundido en una sola masa de superstición». El valor novelístico de esta figura dispone de un tiempo narrativo propio. Doña Bárbara se transforma a medida que avanza la narración. Es capaz de sentir amor y odio; de asesinar y de renunciar. Para describir los efectos de la presencia de Santos Luzardo —el revulsivo de la acción novelesca—, Gallegos recurre a relatarnos el cambio operado en el atuendo «de la mujerona». Se femeiniza o recurre a sus artes hechiceriles (como otra Celestina) invocando al «Socio», en una escena que supone un claro anticipo de la novela mágica, tan característica de la narrativa latinoamericana.

Doña Bárbara es también el símbolo del cacique local. Se inscribe en una tradición que se manifiesta en España y América Latina como consecuencia de una estructura social semejante. Para imponer su voluntad se sirve de la violencia y de la superstición que anidan en las almas sencillas de la peonada y hasta en su propia hija. Pero Doña Bárbara no sólo es un agente, sino también una víctima de las circunstancias. En un análisis psicológico brillante el novelista adivina en la figura un alma desdoblada: «de lo que era ella y de lo que anhelaba ser — lo que tal vez habría sido si el tajo del *Sapo* no troncha la vida de Asdrúbal... Y no se podía decir cuándo interrogaba ella y replicaba "el Socio", por ella misma no sabía dónde había perdido el camino». Rómulo Gallegos sabe escapar de este modo aquí de la tantas veces denostada, por elemental, mecánica naturalista.

Personajes y simbología

La figura de Doña Bárbara domina el conjunto de la narración. Los demás personajes se perfilan en función de sus movimientos. Frente a su complejidad, Santos Luzardo o Marisela resultan de una considerable simplicidad. Rómulo Gallegos se esfuerza en seguir los cánones de la novela realista y simbólica al perfilar en Santos Luzardo la figura de un héroe positivo, símbolo de la civilización que pretende acabar con la corrupción que emana de El Miedo. Y para ello se sirve de Marisela «alma de la raza», la hija de Doña Bárbara, joven sencilla que es educada por el abogado. Comienza por lavarle la cara y descubrir en ella la belleza de lo natural. El simbolismo antinacionalista de Míster Danger, el extranjero que dice haber comprado a Marisela refuerza la intencionalidad didáctica del narrador. La relación que se establece entre Santos Luzardo y Marisela es la del amor, capaz de transformarla en un ser distinto: una «nueva Marisela». La evolución de la atracción de Santos Luzardo por Marisela sigue los cánones de la «novela idílica». La figura masculina actúa como un Pigmalión. Hasta la tercera parte del relato (cap. II) Marisela no toma conciencia de ser hija de *la Dañera*. El análisis del amor materno y filial constituye otra de las vetas explotadas por el narrador. También la complejidad amorosa de Doña Bárbara como «devoradora de hombres», permite ofrecer otra faz de la pasión. Lorenzo Barquero se convierte en un alcohólico porque sigue enamorado todavía de aquella «linda Barbarita» que conoció. La capacidad destructiva de Doña Bárbara, que Gallegos caracteriza también desde la óptica de su xenofobia, es completada con la rapacidad de Míster Danger, un claro símbolo del anticolonialismo que anidaba en el pensamiento de Gallegos. Dicho personaje se sirve del dinero como un arma para alcanzar a Marisela (la joven Venezuela) y del alcohol para degradar al padre. Marisela evolucionará aleccionada por Santos Luzardo (el papel de la educación adquiere relevancia no sólo en la relación entre ambos personajes, sino en el sustrato simbólico en el que subyacen) y el abogado acabará enamorado de su criatura porque ya es parte de sí mismo, imagen reflejada en su espejo. Rómulo Gallegos se ha servido no sólo de «personajes símbolos», sino también de «situaciones simbólicas». Parecen claras —y hasta en algún caso tradicionales— acciones como la doma del caballo especialmente en el episodio de la Catira (la rubia) cuyo apelativo servirá de inspiración a la novela «venezolana» de Camilo José Cela del mismo título, *La Catira,* publicada en 1955; cuando Santos Luzardo le lava el rostro a Marisela y descubre así su belleza oculta y la captura de la miel (enamoramiento). El narrador ofrece con lealtad sus símbolos y establece un significado guiño con el lector. Con extrema claridad se permiten así los varios niveles de lectura que se desean. Profundizar en el sistema simbólico supone tan sólo participar en su concepción novelística o compartir la ideología didáctico-liberal del autor. Una vez más el paralelismo entre Gallegos y Pérez Galdós, acertadamente calificado por uno de sus críticos como «cruzado liberal», resulta oportuna. Por otra parte conviene tener presente la atracción que ejercen en el sistema novelesco las figuras femeninas. La evolución psicológica de Marisela aparece interrelacionada con la de su madre. Ambas compiten con desiguales recursos por el mismo hombre. Pero éste resulta un mero catalizador.

Historia y folclore

Sería percibir sólo un sector de la novela el valorar únicamente en ella los elementos psicológicos. Las características que la convirtieron en la obra representativa de la literatura venezolana y en una de las «fundadoras» de la actual narrativa hispanoamericana escapan a la trama y a la anécdota. *Doña Bárbara* es una obra autóctona y su arte combina la invención con las referencias al folclore llanero al que Gallegos dedicará posteriormente otra novela: *Cantaclaro* (1934). Algunas de las fórmulas de la hechicería (ensalmos, conjuros u oraciones) que practica Doña Bárbara formarían parte por derecho propio del mundo folclórico. Pero particularmente significativo al respecto es el capítulo IX de la segunda parte, donde el narrador describe el nacimiento de la poesía improvisada (coplas, décimas y corridos) y principalmente los cuentos populares. Aquí transcribe con fidelidad y con recursos de folclorista, la literatura popular. Su integracion en la novela puede parecer artificiosa; pero Gallegos busca, mediante tales elementos, adentrarse en lo que entiende por nacional y autóctono, lo que parece diferenciar las identidades americanas. Hoy sabemos que en muchos casos es el lenguaje el máximo recurso diferenciador porque esquemas, anécdotas, temas y funciones coinciden ampliamente en el seno de culturas bien diferentes. Pero los cuentos folclóricos pueden convertirse también en centros narrativos. Así ocurre con el relato de *Pajarote* cuando narra cómo escapó del fusilamiento. La crueldad del oficial que creyó sus palabras y prefirió entregarlo a la voracidad de los caimanes culmina con una reflexión sobre la naruraleza violenta del llanero: «—Y tú, ¿por qué estabas alzado? —pregunta Carmelito—. Por descansar de la brega con la cimarronera y porque ya las totumas estaban llenas, de tanta paz que había habido, y era hora de repartir los centavos.» Junto a la poesía y al relato oral describe también el novelista los bailes populares al son del arpista, el «maraquero» y los «cantadores»: «los bailadores no se mueven de un palmo de tierra, marcando el compás con la cintura». La utilización del folclore en la novela puede rastrearse en las formas costumbristas del Romanticismo y coadyuva además a la búsqueda de la «identidad nacional» y a la exposición de elementos exóticos.

Al margen de las alusiones de *Pajarote,* antes mencionadas, figuran en *Doña Bárbara* muy escasas referencias a la estructura política venezolana. En cambio, Gallegos prefiere profundizar en los resultados sociales del poder. La vida venezolana parece aquí inscrita en parámetros de violencia que van del asesinato al expolio. El primer capítulo de la segunda parte es un fiel reflejo de la corrupción administrativa. Santos Luzardo, abogado que conoce las leyes que los propios latifundistas se forjaron, demuesrtra hasta qué punto ni siquiera tales leyes parecen cumplirse. Los retratos del coronel, que actúa paradójicamente de jefe civil, y de su ayudante el licenciado Mujiquita le permiten al autor describir los efectos del caciquismo sobre la administración, la arbitrariedad de una justicia al servicio de Doña Bárbara. Ésta, significativamente, aparece calificada en forma elusiva como integrante de las fuerzas retardatarias de la prosperidad del Llano». En ello radica la didáctica política de la narración.

Estructura narrativa y rasgos estilísticos

Doña Bárbara aparece dividida en tres partes de parecida extensión. La primera y segunda están a su vez divididas en trece capítulos; la tercera, pese a ser más breve, en quince. Cada uno es titulado según el contenido del mismo. La narración está constituida, por consiguiente, por cuarenta y una unidades, aunque cada una de ellas puede a su vez subdividirse aunque manteniendo la cohesión espacio-temporal. Cada parte de la novela responde a una situación argumental que mantiene una línea temporal. La primera parte arranca con el viaje de Santos Luzardo por el Arauca camino de sus posesiones. En ella se trata del «aprendizaje» de Santos, su adaptación al llano. En este aspecto coincide con *Don Segundo Sombra*. La segunda constituye el auténtico «nudo» de la narración: el enfrentamiento entre el abogado y Doña Bárbara. En la tercera o desenlace se describe la progresiva victoria de Santos Luzardo, capaz de derrotar a la vez al caciquismo de Doña Bárbara, a la avidez de tierras de Míster Danger y a la ignorancia de Marisela.

Los recursos técnicos de los que se sirve el narrador son múltiples, aunque *Doña Bárbara* aparece tradicionalmente calificada de realista. Pero el término resulta críticamente ambiguo. Sería erróneo intentar establecer un correlato entre la realidad y el texto de la novela. Su verosimilitud interna es un artificio. En gran medida el realismo que se aprecia en la novela responde a las abundantes descripciones mediante las que Gallegos ofrece una personal y poética visión del paisaje. Los rasgos costumbristas coadyuvan en el planteamiento realista de la narración.

Gallegos distingue entre la narración en tercera persona (como creador omnisciente) y el diálogo, muy abundante a lo largo de la novela y expresado mediante un lenguaje directo, coloquial, pleno de formas dialectales. Como novelista psicológico es capaz de definir la intencionalidad de los personajes: «la trastornaba la idea de llegar a ser amada por aquel hombre que no tenía nada de común con los que había conocido: ni la sensualidad repugnante que desde el primer momento vio en las miradas de Lorenzo Barquero, ni la masculinidad brutal de los otros...». En este sentido el papel del novelista se acerca al del analista. Gallegos profundiza y racionaliza las intencionalidades y el comportamiento de los personajes. Deja tan sólo en una inquietante zona sombría las relaciones entre Doña Bárbara y el «Socio». Aquí y allá pueden espigarse algunos rasgos naturalistas entre los que destaca el condicionamiento racial: «¿Qué le estará pasando a la señora que ya no llega por aquí, como enantes, cuando se le revolvían las sangres del blanco y de la india, esponjada y gritona como una chenchena?» Alude el novelista también a los rasgos de las «razas inferiores» y como tales «crueles y sombrías» en contraste con los pobladores del Llano.

Técnicamente la evolución del relato es lineal incluso en la temporalidad. Sin embargo, se sirve de un primitivo salto atrás prefaulkleriano. Gracias a él conocemos el pasado de los personajes. El monólogo aparece introducido con fórmulas como «se dijo». Las transformaciones de los personajes se aclaran para que no queden resquicios de duda al lector: «Ya no era la muchacha despreocupada y ávida de fe, una copla en los labios a toda hora, indiferente ante el espectáculo de aquella repugnante y dolorosa miseria física y moral, ajena a las tormentas de aquel espíritu...» Pero podemos descubrir también técnicas más modernas como cuando se nos ofrece el retrato indirecto de Doña Bárbara a través del diálogo con el palanquero en las primeras páginas de la novela.

Pese a los recursos narrativos tradicionales *Doña*

Bárbara supone un hito en la evolución de la novela latinoamericana. Constituye un episodio épico de la transformación y conquista del Llano desde una perspectiva progresista. La Naturaleza americana domina aunque no logra doblegar la voluntad de sus pobladores. Es uno de los más brillantes análisis psicológicos de un alma compleja sacudida por el amor, el odio, la sed de poder y la venganza; un ser dominador y diabólico. Pasó a ejemplificar la vieja Venezuela de la violencia y el miedo.

«EL SEÑOR PRESIDENTE», DE MIGUEL ÁNGEL ASTURIAS

«EL SEÑOR PRESIDENTE»: LOS ORÍGENES DE UNA NOVELA

La primera edición de *El Señor Presidente,* de Miguel Ángel Asturias, se publicó en México en 1946. Cuando el novelista llegó a la capital argentina el 19 de enero de 1948, llevaba consigo un ejemplar de aquella edición mexicana publicada a su costa (Costa-Amic) que había pasado casi desapercibida y una carta de recomendación de su amigo, el poeta Pablo Neruda, para el editor argentino Gonzalo Losada. Poco después, según él mismo confesó, apareció la primera edición argentina de la novela que alcanzaría rápidamente enorme difusión. *El Señor Presidente* se inscribe en la ya extensa tradición de la novela latinoamericana de la dictadura que se inicia con *Tirano Banderas,* de Ramón María del Valle-Inclán, y tiene como posteriores hitos referenciales *El otoño del patriarca,* de Gabriel García Márquez, y *Yo, el Supremo,* de Augusto Roa Bastos. Tales novelas no deben ser consideradas como un mero retrato del sistema dictatorial, sino que poseen entidad artística autónoma. Son, en efecto, mundos literarios inspirados por la corrupción, los abusos de la autoridad política y el terror que ha caracterizado algunos regímenes latinoamericanos y que, aun hoy, persiste en algunas sociedades.

El Señor Presidente se inspira en los recuerdos de la adolescencia de Miguel Ángel Asturias, quien, como estudiante, participó directamente en la lucha pacífica contra la dictadura de Estrada Cabrera (1857-1924), uno de los contados casos en los que el dictador derrocado, desposeído de los honores, murió en el país. La idea de la novela surgió en París a raíz de las conversaciones mantenidas con César Vallejo y Arturo Uslar-Pietri y en 1928 la novela estaba casi terminada, pero su autor llega a reescribirla hasta casi diecinueve veces. El mismo proceso creativo la aleja de la novela-documento o del testimonio. Asturias busca las causas profundas de la dictadura. El relato crece en un París creativo sacudido por el fervor surrealista y por la pasión del lenguaje, la «dimensión biológica» de la lengua, a la que aludirá en más de una ocasión. En sus conversaciones con Luis López Álvarez [1] confesó que *El Señor Presidente* no fue escrita para ser publicada, sino «como un ejercicio espiritual de desangustia».

La relación entre la experiencia vivida y la novela resulta estrecha. El novelista deforma, exagera, modifica, huye del realismo fotográfico. Pero situaciones y personajes, que pueden parecer casi inverosímiles, reflejan seres y acciones reales. El verdadero general Canales, según contaba Miguel Ángel Asturias, escapó de manera todavía más rocambolesca a sus perseguidores, huyendo a través de un armario. Al personaje que está en la cárcel por haber arrancado por error «del cancel de la iglesia en que estaba de sacristán, el aviso del jubileo de la madre del Señor Presidente» lo conoció el novelista durante su corta estancia en la

---

[1] Luis López Álvarez, *Conversaciones con Miguel Ángel Asturias,* Madrid, 1974.

cárcel siendo aún estudiante. Pero al margen de los detalles que configuran el mundo de la represión política captados directamente por Asturias o narrados por sus protagonistas reales, *El Señor Presidente* constituye un enorme esfuerzo novelesco por transmitir un ambiente y conferirle un sentido: «... es un libro eminentemente político, en el sentido de que es una novela inspirada en una dictadura y que ha procurado dibujar la personalidad del dictador tal como existió y tal como permaneció en el poder en Guatemala durante veintidós años... la dictadura es como un veneno, el veneno de una inmensa araña. En mi novela, que va abarcando todas las clases sociales, se ve cómo las va pervirtiendo, las va comprando, las va amedrentando, las va transformando, de hombres, en seres puramente mecánicos, o en fanáticos tremendos, o en terribles oportunistas. La dictadura es el daño más grande que pueda tener un pueblo» [2], afirma el propio Miguel Ángel Asturias.

El novelista parte de una experiencia concreta geográfica e históricamente ubicable, aunque la novela trasciende la identidad. *El Señor Presidente* no es la historia de una dictadura concreta. No es, por consiguiente, una novela histórica según los cánones tradicionales. No puede definirse tampoco como novela psicológica o social (si por tal se entiende la que se emparentaría con la inspirada en las fórmulas del realismo socialista). Posee una dedicada vocación experimental y artística; es decir, busca configurar una autonomía expresiva mediante el lenguaje. Y, a la vez, describe la corrupción del cuerpo social descubriendo los hilos conductores que comunican el poder político con las clases desheredadas y la delincuencia. El proceso de transformación es consecuencia de la utilización de la crueldad, la tortura, el terror y la corrupción

---

[2] Luis López Álvarez, *ob. cit.*, pág. 174.

por parte de quienes tienen como misión, precisamente, la defensa de los ciudadanos: el ejército, la justicia, las fuerzas de orden público, la administración del estado.

Tiempo y contrastes

Uno de los fundamentales hallazgos narrativos de *El Señor Presidente* es el tratamiento del tiempo. La novela se divide en tres zonas temporales perfectamente definidas. La primera parte se desarrolla en tres días; la segunda, en cuatro; la tercera ocupa una zona temporal indefinida constituida por semanas, meses, años.

Arranca de un hecho puntual, la muerte del coronel José Parrales Sonriente, a manos de un deficiente mental. El dictador se servirá del asesinato como pretexto para desatar una nueva represión política. La escena se desarrolla en el Portal del Señor, donde duermen los pordioseros, junto a la Plaza de Armas. En la descripción del escenario que abre la acción de la novela, Asturias señala ya la presencia de la represión política: «A veces, en lo mejor del sueño, les despertaba... los pasos de una patrulla que a golpes arrastraba a un prisionero político, seguido de mujeres que limpiaban las huellas de sangre con los pañuelos empapados de sangre.» La última escena de la novela, el epílogo del estudiante, se desarrolla también en el mismo lugar. El dictador ha ordenado la demolición de El Portal del Señor. Pero por ellí siguen pasando los presos, «los que arrastraban el ruido de la serpiente cascabel en la cadena». El fin coincide con el principio y el orden circular del relato define la intemporalidad de la acción.

Desde su inicio mismo Asturias nos plantea una elaboración fónico-verbal donde Luzbel (el mal) brota de la luz. «¡Alumbra, lumbre de alumbre, Luzbel de piedralumbre / ...» Tras el sonido de las campanas de la Catedral surgen los pordioseros que configuran el submundo ciudadano. En la oscuridad de la noche brota la luz. Y este juego de contrastes se desarrolla a lo largo de toda la novela, como si de imágenes cinematográficas en movimiento y en blanco y negro se tratara. Como fruto de una perspectiva expresionista puede entenderse esta descripción del capítulo XI de la primera parte: «En la penumbra... proyectaban los cuerpos de las descamisadas sombras fantásticas, alargadas como gacelas en los muros color de pasto seco, y las botellas parecían llamitas de colores en los estantes.» La técnica utilizada convierte la novela en una sucesión de escenas. Se sirve el narrador de un humor negro enraizado en la tradición del barroco español: Quevedo y Valle-Inclán son los maestros de una concepción de la realidad literaria reivindicada por el surrealismo. La muerte de «el Mosco» en el capítulo segundo es una prueba de la violencia gratuita. El Auditor hace colgar al personaje al que faltan las dos piernas y es ciego para que atestigüe que vio al general Eusebio Canales atentar contra la vida del coronel. Pero el Mosco muere durante la tortura antes que testificar falseando la verdad. «¡Viejo embustero, de nada habría servido su declaración, porque era ciego!», exclamó el Auditor al pasar junto al cadáver.

Desde el punto de vista de la elaboración formal y del tratamiento lingüístico, la figura clave del comienzo de la narración es un idiota, el asesino del coronel, quien huye tras los hechos y se refugia en un basurero. Miguel Ángel Asturias se sirve de la técnica del monólogo interior. Fluyen imágenes irracionales, juegos de palabras o elementos puramente fónicos, adaptando al castellano lo que poco tiempo antes había elaborado en inglés James Joyce en *Ulises* (1922) para describir un día en Dublín a través de la mente del protagonista Leopold Bloom. En la narración aparece la greguería («el afilador se afila los dientes para reirse») o el «sinsentido» fónico (Erre, erre, ere... Erre-e-er-e-er-e-erre») o la cadena de palabras («curvadecurvaencurvadecurvacurvadecurvaencurva la mujer de Lot»), la fórmula de la canción popular andaluza («¡Ya se llevan...! / ¡Ya se llevan... / ¡Ya se llevan los santos de la iglesia y los van a enterrar! / ¡Ay, qué alegre, ay, que los van a enterrar, ay, que los van a enterrar, que alegre, ay!»), onomatopeyas como («¡Simbarán, bún, bún, simbarán!» o «¡Tit, tit!» o «¡Pú-pú!»). Los recursos no están lejos de los poéticos que se imponen entre el ultraísmo y el surrealismo. El lenguaje creativo formaba parte de la experiencia poética de Vicente Huidobro y las «enumeraciones» caracterizaron algunos poemas de *Residencia en la tierra:* «cubiertos de papeles, cueros, trapos, esqueletos de paraguas, alas de sombreros de paja, trastos de peltre agujereados, fragmentos de porcelana...».

El experimentalismo narrativo consiste en utilizar todos los procedimientos. El narrador, como hiciera W. Faulkner, narra desde la perspectiva de un idiota en cuya mente se confunde la realidad y la imaginación, las imágenes míticas procedentes del sustrato americano y la experiencia religiosa católica y popular: «Los confesionarios subían y bajaban de la tierra al cielo, elevadores de almas manejados por el Ángel de la Bola de Oro y el Diablo de los Once mil cuernos...» El idiota en contraste con la irracionalidad de la violencia parece definir en sus pesadillas la clave del mundo novelesco de *El Señor Presidente:* «—Soy la Manzana - Rosa del Ave del Paraíso, soy la vida, *la mitad de mi cuerpo es mentira y la mitad es verdad*» [3]. La oposición entre verdad y mentira se corresponde a la oposición sombra y luz. La novela le ofrece al lector la posibili-

---

[3] El subrayado es nuestro.

dad de elegir la zona preferida, le alienta a desentrañar la realidad entre la ficción. Y ello sólo se realiza con dificultades. Como hemos apuntado anteriormente algunas de las escenas de mayor truculencia no son imaginarias. Miguel Ángel Asturias viene a confirmarnos que la imaginación difícilmente supera a la realidad por extraña que parezca. En definitiva el novelista no hace sino imaginar un número definido de posibilidades, aproximadamente las mismas que configuran la complejidad de la vida humana.

La dictadura se ejerce en un tiempo indefinido. Su mundo es opaco y cerrado y nada parece ajeno al ojo del dictador. Pero esta tragedia colectiva se describe desde un enfoque grotesco. La escena de *¡Ese animal!*, en la que el viejo secretario muere a palos por haber derramado un tintero posee todos los elementos de lo grotesco, cuyo sentido literario desborda la definición académica del término. Grotesca o esperpéntica puede ser la imagen con la que se describe el acto amoroso: «por el suelo rodaron dos cuerpos hechos una trenza de ajos». Y grotesca puede ser la suerte misma de los personajes, como la de *Cara de Ángel,* quien al enamorarse de Camila, pierde la confianza del dictador y resulta traicionado —él, traidor por naturaleza— por el mayor Farfán a quien había salvado la vida. La distorsión se sirve también de elementos literarios como la deformación de *La marcha triunfal,* de Rubén Darío, en el capítulo «Capturas»: «La banda marcial pasaba por la calle. ¡Cuánta violencia y cuánto aire guerrero! ¡Qué hambre de arcos triunfales!» El nombre de Camila procede de la égloga II de Garcilaso de la Vega. En la fiesta presidencial (capítulo XXXV) cuando el dictador decide cenar solo con las señoras, el Poeta recita (y el novelista transcribe) una selección del *Cantar de los Cantares* de Salomón, siguiendo la versión de Casiodoro de Reina, revisada por Cipriano de Valera.

El dictador y la dictadura

El espacio acotado para situar la dictadura es la ciudad. La selva aparece como marco en la huida del general Canales. Los indios acogen al huido en tanto que los familiares de la ciudad cierran las puertas a su hija Camila (cap. XVII). Es entre los indios cuando el general Canales toma conciencia de la opresión militar: «En el corazón del viejo Canales se desencadenaban los sentimientos que acompañan las tempestades del alma del hombre de bien en presencia de la injusticia. Le dolía su país como si se le hubiera podrido la sangre... ¿Cuál era la realidad? No haber pensado nunca con su cabeza, haber pensado siempre con el quepis.» Y más adelante se convierte en un revolucionario que pone fin a la vida del médico-explorador (una clara herencia de la novela indigenista): «Yo juro hacer la revolución completa, total, de abajo arriba y de arriba abajo, el pueblo debe alzarse contra tanto zángano, vividores con título, haraganes... Que no quede Dios ni títere con cabeza.» Esta figura que huye al exilio es la misma que al comienzo de la novela (cap. X) aparece caricaturizando el valor tradicionalmente atribuido a los militares: «El general Eusebio Canales, alias *Chamarrita,* abandonó la casa de Cara de Ángel con porte marcial, como si fuera a ponerse al frente de un ejército, pero al cerrar la puerta y quedar solo en la calle, su paso de parada militar se licuó en carrerita de indio que va al mercado a vender una gallina.» La muerte del general, al frente de los insurgentes, es presentada ambiguamente. Una voz anónima, que informa más tarde a su hija, atribuye su muerte al dolor de haber leído la noticia en los periódicos de que el Presidente había sido el padrino de boda de su hija con Cara de Ángel; aunque se supone también que había sido envenenado con «raíz de chiltepa, aceitillo que no deja rastro cuando mata». La corrupción alcanza no sólo al Ejército, el más firme sostén del poder omnímodo presidencial, sino también a la judicatura y a la clase médica. El Auditor acepta los 10.000 pesos que le ofrecen por vender a Niña Fedina a un prostíbulo, propiedad de una amiga del Presidente (caps. XIX y XXII) que viene así a sustituir a Camila, protegida ya por Cara de Ángel.

El Presidente aparece en algunas escenas de la novela mostrando claros signos de crueldad. Pero en el capítulo XXXVII el dictador confiesa a Cara de Ángel los motivos que le llevan a utilizar el poder de forma personal. La dictadura sería, desde la perspectiva del Presidente, la consecuencia de la abulia nacional. El análisis político sería un análisis moral que coincide con los planteamientos que en el ámbito de la literatura española configuran el movimiento regeneracionista y el 98: «Aquí, Miguel, donde yo tengo que hacerlo todo, estar en todo, porque me ha tocado gobernar en un pueblo de gente de voy —dijo al sentarse— debo echar mano de los amigos para hacer aquellas cosas que no puedo hacer yo mismo. Esto de gente de voy —se dio una pausa—, quiere decir gente que tiene la mejor intención del mundo para hacer y deshacer, pero que por falta de voluntad no hace ni deshace nada, que ni huele ni hiede, como caca de loro. Y es así cómo entre nosotros el industrial se pasa la vida, repite y repite: voy a introducir una fábrica, voy a montar una maquinaria nueva, voy a esto, voy a lo otro, a lo de más allá; el señor agricultor, voy a implantar un cultivo, voy a exportar mis productos; el literato, voy a componer un libro; el profesor, voy a fundar una escuela; el comerciante, voy a intentar tal o cuál negocio, y los periodistas —¡esos cerdos que a la manteca llaman alma!— vamos a mejorar el país; más, como te decía al principio, nadie hace nada y, naturalmente, soy yo, es el Presidente de la República el que lo tiene que hacer todo, aunque salga como el cohetero...» La extensa cita permite observar la clave de la dictadura desde la óptica del poder. La raíz del poder personal reside en la dejadez de los propios ciudadanos, incapaces de organizar por sí mismos la vida pública. Pero el poder necesita del apoyo de los EE. UU. Asturias no deja de aprovechar indirectamente la denuncia del colonialismo yanqui. El tiempo histórico aparece perfectamente delimitado. En el mundo europeo se desarrolla la batalla de Verdún (cap. XXXII). El Viejo y el Nuevo Mundo parecen, una vez más, extremadamente alejados.

El pueblo está infiltrado de supersticiones. En la fiesta presidencial (cap. XXXVII) no restan ajenos los elementos folclóricos (la música, la danza, la magia) que caracteriza el mundo tropical americano. Asturias conoció bien el sustrato indígena *(Leyendas de Guatemala,* traducción del *Popol-Vuh,* estudios en La Sorbona con Georges Raynaud, publicación (1966) de una *Antología de la poesía precolombina).* En algunas zonas de *El Señor Presidente* pueden apreciarse los rasgos del «realismo mágico» que Asturias definiría así: «No hay en la mentalidad primitiva e infantil del indígena diferenciación entre lo real y lo irreal, entre lo soñado y lo vivido, y esto va creando una mezcla que es ya la parte mágica que yo he aprovechado para mis relatos»[4]. La dictadura se sirve también de esta magia que conforma el mundo de la violencia ritual. Aquí es el dios de la caza Tohil: «sobre hombres cazadores de hombres puedo asentar mi gobierno». La figura del Presidente viene a coincidir con la del dios indígena. Los rituales de la muerte y sus supersticiones proceden de rituales vudús. Se desentierran los huesos de los seres queridos como castigo, se echa

---

[4] Luis López Álvarez, *ob. cit.,* pág. 164.

tierra de muerte en la puerta de las casas. El Presidente en su juventud imagina un «interminable pasar de muertos».

ENTRE CÁRCELES Y TORTURA

Predomina el terror establecido desde el poder en *El Señor Presidente*. El lector podrá observar incluso los refinamientos de que son capaces los hombres que están al servicio de la represión. La policía secreta actúa en todas partes. La población considera que es «oficio de vagos». Pero el narrador se sirve de todos los posibles recursos para ofrecer la imagen de un país dominado por la delación. El capítulo XXIII incluye dieciséis muestras de testimonios ciudadanos dirigidos al Presidente. Entre ellas figura la de aquel sacristán que le hace notar que lleva ya dos años y medio en la cárcel por «haber quitado del cancel de la iglesia... el jubileo por la madre del Señor Presidente». Se transcriben declaraciones, discursos populistas, informes. La novela se convierte en una suma de deformados estilos burocráticos. Porque el camino del terror y de la cárcel pasa por una seudoburocracia.

La tercera parte de la novela se inicia, frente a las anteriores, con una indefinición temporal. Ahora trata de un tiempo indefinido y éste se abre con las anónimas voces de los prisioneros incomunicados en las celdas. El narrador no regateará escenas dramáticas y a la vez grotescas. Se trata de un verdadero descenso a los infiernos, donde, como en la obra de Dante, conviene abandonar toda esperanza cuando se entra. Los infiernos son elaboraciones humanas. Allí se encuentra el condenado a morir de sed, se oyen los gritos del emparedado; en el patio se fusilaba. Allí va a parar Cara de Ángel, traicionado por el Señor Presidente. Su vida de condenado se resume así: «Dos horas de luz, veintidós horas de oscuridad completa, una lata de caldo y una de excrementos, sed en verano; en invierno, el diluvio, ésta era la vida en aquellas cárceles subterráneas» (cap. XLI).

A la tortura física se sumará la venganza sicológica descrita indirectamente a través del informe de un infiltrado en la celda contigua. Le hace suponer a Cara de Ángel, convertido en «el prisionero del diecisiete» que Camila se ha convertido en la amante del Presidente. Su muerte se describe como el fin de «una telaraña de polvo húmedo». Pero el terror, la violencia del hombre contra el hombre, no se desarrolla tan sólo en la cárcel-Infierno, sino en las comisarías de policía, en los locales de Justicia, en los prostíbulos, en el campo. La tortura es arbitraria y llega hasta límites inhumanos. A Niña Fedina, la mujer de Genaro Rodas, se le impide dar de mamar a su hijo, de quien oye el llanto hasta que muere. Una vez más la técnica del contraste acentúa el dramatismo de la situación: «Fuera seguía la fiesta. El segundo día como el primero. La manta de las vistas a manera de patíbulo y la vuelta al parque de los esclavos atados a la noria» (cap. XVI), vaga deformación del mito platónico de la caverna, ahora el cinematógrafo.

El amor y la vida

Como contraste de tanta acumulación de horrores el novelista refiere un canto de amor. Pero éste nace también del atropello y de la violencia. La primera parte de la novela narra la huida del general Canales y la despedida de su hija. Con la técnica del «salto atrás», el primer capítulo de la segunda parte comienza con la escena de la muchacha a los quince años frente al espejo: «el pelo en llamas negras alborotado, la cara trigueña lustrosa de manteca de cacao para despercudirse, náufragos los ojos verdes, oblicuos y jalados para atrás». Su recuerdo de adolescente es la primera visita al cinematógrafo sin acabar de entenderlo. Acabó «con los ojos llorosos y atropelladamente». Tras esta escena juvenil retornamos al tiempo del registro y al repudio de su familia que teme las represalias del Presidente. El narrador transcribe la confesión religiosa de la muchacha que se encuentra al borde de la muerte. Su pecado más grave es haber montado a caballo como hombre. El amor entre Camila y Cara de Ángel nace como contraste a la corrupción general. Cara de Ángel se humaniza y salva, en un rasgo de generosidad, la vida del que va más tarde a traicionarle. La bondad engendra la maldad; pero de la corrupción de Cara de Ángel nace también el amor. Sueña con la muerte de la joven y el narrador —audacia narrativa de la época— transcribe la pesadilla. El amor, ironía romántica, es capaz de vencer a la muerte. «La rapta para hacerla suya por la fuerza, y viene amor, de ciego instinto» (cap. XXXIV). La escena del baño (cap. XXXV) contiene los elementos característicos de la novela-idilio. En el palacio presidencial la belleza de Camila, salvada por el amor, no podía pasar desapercibida: «su belleza exótica, sus ojos verdes, descampados, sin alma, su cuerpo fino, copiado en el traje de seda blanco, sus senos de media libra, sus movimientos graciosos, y, sobre todo, su origen: hija del general Canales» (capítulo XXXV). El amor se convierte en fidelidad. La de Camila, ya madre, con Cara de Ángel. El último retrato que nos ofrece Asturias es desgarrador: «Enflaquecida, con arrugas de gata vieja en la cara cuando apenas contaba veinte años, ya sólo ojos, ojos verdes y ojeras grandes como sus orejas transparentes... La anemia progresiva, la tuberculosis, la locura, la idiotez y ella a tientas por un hilo delgado...» (cap. XL). También Blanca, la esposa del licenciado Carvajal, ruega al

Auditor y se dirige en un coche al palacio del Presidente a rogar, en última instancia, por la vida de su marido. Se buscan todas las oportunidades para salvar una vida. Y en el capítulo XXXI, Asturias nos ofrece una excelente muestra de ritmo y *tempo* narrativo. El monólogo interior recoge el ansia por llegar a tiempo. El lenguaje se entrecorta y el ritmo de la prosa se confunde con el del coche, el del látigo y la carrera de los caballos.

El hijo del amor de Camila y Cara de Ángel se salva. Camila se refugia en el campo donde la persecución política, la corrupción urbana no les alcanza. Dos notas positivas vienen a cerrar la novela. «El pequeño Miguel creció en el campo, fue hombre de campo, y Camila no volvió a poner los pies en la ciudad.» Y el estudiante del epílogo mantiene una coincidencia crítica ante una realidad que sigue siendo cruel. Son dos tenues signos de esperanza en una novela que es, también, una liberación. La liberación, mediante la palabra, de una pesadilla. Porque la dictadura aparece teñida de rasgos oníricos, veteada de elementos surreales, como fruto de un mal sueño que sólo termina cuando acaba el tiempo del dictador. Y nace, entonces, un tiempo nuevo.

La máxima aportación de Miguel Ángel Asturias estriba en alcanzar una obra plena de matices y, sin embargo, planteada como claroscuro. Son los matices de una lengua poética, cuajada de imágenes y de nuevos términos. Al final de la novela, como habían hecho los narradores indigenistas, el autor incluye un vocabulario. Porque la introducción de términos de origen indígena podía, en el momento de la publicación, hacer retroceder a algún pusilánime lector. Serían los narradores de la generación posterior a Asturias los que darían como natural un castellano enraizado en el sustrato indígena. Asturias utilizó también el dialectismo para transcribir los diálogos de los indios. Pero su novela escapa a cualquier clasificación que no sea el deseo de alcanzar un mundo cerrado, propio y original. La novela se desarrolla ceñida a la palabra justa, a la imágen y a los adjetivos sugerentes. Su estructura es nueva, sus técnicas audaces. Las calles de la ciudad aparecen descritas de formas diversas; sus tiendas, sus rótulos, la poesía de sus callejas y plazas. Y por encima del dolor de sus habitantes la esperanza de que la crueldad y el horror son efectos de una deforme sociedad humana. Cuando los hombres son capaces de transformarla, la vida vence a la muerte. El espejo deformado ofrece aquí el reverso de la condición humana.

III

PABLO NERUDA

La obra de Neruda es tratada aquí a través de algunos aspectos que no pueden considerarse marginales: sus relaciones con España y su obra póstuma. Con ello pretendemos contribuir a definir una obra que, pese a su indudable significación, ha sido valorada sólo parcialmente. El poeta chileno ha pasado a los manuales y a las universidades, pero la significación última de muchos aspectos de su obra resta lejos de haberse agotado.

PABLO NERUDA Y ESPAÑA (1927-1973)

La poesía española en 1927. Primeros contactos de Pablo Neruda en España

La fecha de diciembre de 1927 (conmemoración del centenario del poeta cordobés Luis de Góngora) ha servido para determinar el nombre de una generación —aunque en realidad se trata más bien de un grupo— de poetas en la que participaron activamente. La determinación es equívoca, puesto que el «gongorismo» del mencionado grupo afecta tan sólo a algunos de los poetas que integran la joven promoción literaria. De otro lado, la poesía española se encuentra por estas fechas entre las más destacadas del panorama auropeo, hasta el punto de que algunos críticos califican el período 1920-1936 como «Segunda Edad de Oro» de la literatura española. En 1925, Guillermo de Torre había publicado su estudio-manifiesto *Literaturas europeas de vanguardia,* donde puede apreciarse el interés que suscitaban ya los movimientos de vanguardia de la época. Buena parte de dichos poetas eran andaluces: Federico García Lorca (Granada), Vicente Aleixandre (Sevilla), Rafael Alberti (Puerto de Santa María, Cádiz), Luis Cernuda (Sevilla), José Moreno Villa (Málaga), Manuel Altolaguirre (Málaga), Emilio Prados (Málaga), José María Hinojosa (Málaga).

Pedro Salinas había sido catedrático de la Universidad de Sevilla (desde 1918). Y como rectores del movimiento poético se encontraban Juan Ramón Jiménez (Moguer, Huelva), verdadero «dictador» de la poesía española del momento y los hermanos Manuel y Antonio Machado (nacidos ambos en Sevilla). Sin embargo, pese al predominio andaluz, el animador del *Centenario* gongorino (del que cabe destacar la labor crítica de Dámaso Alonso) fue Gerardo Diego (nacido en Santander). Al margen de los primeros libros que habían publicado ya los jóvenes poetas, buena parte de la renovación poética aparecía en las revistas de poesía de la época. Mencionaremos tan sólo las de Juan Ramón Jiménez: *Índice* (1921-1922); *Sí* (1925); *Ley* (1927), la brevísima pero significativa *Favorables-París-Poemas* (1926), de Juan Larrea y César Vallejo; *Alfar* (nacida en 1921, significativa por sus aportaciones al surrealismo); *Litoral* (1926-1929); *Mediodía* (1926-1929); *Verso y prosa* (1927-1928); *Carmen* y su suplemento *Lola* (1928); *Gallo* (1928); *Meseta,* etc. Las revistas, sin embargo, de influencia cultural más importante son *Revista de Occidente,* dirigida por José Ortega y Gasset que inicia su publicación en 1923; así como los suplementos literarios y culturales del periódico liberal de Madrid *El Sol* y *La Gaceta Literaria* (1927-1932), dirigida por el funambulesco y posteriormente ideólogo fascista Ernesto Giménez Caballero. No conviene olvidar tampoco la influencia de Miguel de Unamuno, cuyo pensamiento filosófico y actitud cívica contrastarán con el catalán trasplantado a Madrid E. d'Ors, auténtico vigía de los movimientos artísticos europeos del momento.

Pablo Neruda realiza su primer viaje a España en 1927, permaneciendo en Madrid del 16 al 20 de julio. La popularidad de Neruda en Chile era indudable, pero en España era un poeta todavía desconocido. Fruto de sus primeros contactos fueron las reseñas de

El habitante y su esperanza (en *El Sol,* Madrid, 25 de septiembre de 1927, firmada por E. Salazar Chapela, y en *La Gaceta Literaria,* 1 de octubre de 1927, firmada por Miguel Pérez Ferrero). Su contacto en España sería probablemente Alfredo Condon que actuaba de secretario de la embajada chilena. Rafael Alberti así lo atestigua en sus memorias, *La arboleda perdida*[1]. Fue, en efecto, Condon quien hizo llegar también a Alberti el manuscrito de *Residencia en la tierra* (comienzos de 1930). En una carta de Neruda de noviembre de 1929 dirigida a Héctor Eandi había expresado su deseo de publicar en España, probablemente a causa de las reseñas duramente críticas que estaban recibiendo sus últimos libros en Chile, pero atraído también por el clima literario renovador que se manifestaba en España. En la mencionada carta, descubrimos el testimonio de la puesta a punto del manuscrito: «He estado largo tiempo sin continuar mi carta, gran pecado que se debe principalmente a una nueva copia de mi nuevo libro que he estado poniendo a máquina y corrigiendo y ordenando trabajosamente, y que ayer he enviado a España, donde he decidido que se publique, pero no sé si de seguro se puede»[2]. El ministro consejero de la embajada era Carlos Morla Lynch, buen amigo de Federico García Lorca. Alberti señala que el manuscrito nerudiano pasó por las tertulias de la época. Pedro Salinas tanteó las posibilidades de publicación en *Revista de Occidente,* pero consiguió tan sólo que ésta publicara tres poemas: *Galope muerto, Serenata* y *Caballo de los sueños* (XXVII, 1930). Alberti alude también al entusiasmo de la generación más joven: Luis Herrera Petere, Arturo Serrano Plaja y

---

[1] Rafael Alberti, *La arboleda perdida,* Buenos Aires, 1959, pág. 259.
[2] Margarita Aguirre, *Las vidas de Pablo Neruda,* Buenos Aires, 1973, pág. 148.

Luis Felipe Vivanco. Por este motivo Neruda empieza a cartearse con Alberti. En 1931 y en París, el autor de *Sobre los ángeles* intentará nuevamente la publicación del libro a través del novelista cubano Alejo Carpentier, secretario de la probable editora argentina Elvira de Alvear, pero tampoco en tal ocasión alcanzará su propósito. La actitud de los poetas españoles no aparece claramente reflejada en sus memorias cuando afirma que «mis poemas iniciales de *Residencia en la tierra* que los españoles tardarían en comprender; sólo llegarían a comprenderlos más tarde, cuando surgió la generación de Alberti, Lorca, Aleixandre, Diego»[3]. Dicha generación alcanzaba ya la primera madurez cuando Neruda escribía su *Residencia*. Su adhesión a la obra nerudiana fue inmedita y entusiasta. Y a ella contribuyeron también los poetas más jóvenes.

Precisamente, los años 1930-1931 suponen para los jóvenes poetas españoles un importante cambio de signo en sus obras. La poesía de Alberti, García Lorca y, principalmente, de Emilio Prados cobra vuelos existenciales y poco después marcadamente políticos. Corresponden a la efervescencia del fin de la Dictadura primorriverista y darán paso al estusiasmo hacia el nuevo régimen republicano instaurado el 14 de abril de 1931. La nueva poesía revolucionaria española influirá sobre la orientación del propio Neruda quien admite sin reservas que «profunda influencia tuvo sobre mis ideas políticas la valiente actitud de Rafael Alberti, que ya era un poeta popular y revolucionario. En general había un despertar político y revolucionario extraordinario, tanto en esta generación como en la

---

[3] Pablo Neruda, *Confieso que he vivido. Memorias,* Barcelona, 1974, pág. 96. El artículo de Marie-Claire Zimmerman, «Neruda et l'Espagne. Europe», 537-538 (1974), págs. 174-186, no contiene sino una superficial visión de conjunto, de la que disentimos en numerosos puntos.

que venía, entre los cuales contaba ya con numerosos amigos» [4]. Posiblemente aluda aquí el poeta a la llamada *generación del 36,* entre la que se encuentra Miguel Hernández, pero de la relación entre ambos poetas nos ocuparemos más tarde. Cuando en 1934, Neruda regresa a España (5 de mayo, en Barcelona, y 6 de diciembre, en Madrid) la situación ha variado notablemente. La derecha se ha impuesto tras los acontecimientos de octubre en Cataluña y Asturias y la propia república ha iniciado una feroz represión. Las cárceles se hallan repletas y se habilitan «campos de reclusión para 30.000 presos políticos» (Ramón Tamames, *La república. La era de Franco,* Madrid, 1973, página 232). El gobierno radicales-CEDA encarcela al dirigente socialista Largo Caballero, al catalanista Lluís Companys y acusa a Manuel Azaña de estar en convivencia con éste.

Pablo Neruda y Federico García Lorca

En agosto de 1933, Neruda llegó a Buenos Aires en calidad de cónsul de su país. El 13 de octubre de este año llegará tarde también a la capital argentina acompañando a la compañía teatral de Lola Membrives Federico García Lorca, con motivo de la representación de *Bodas de sangre, Mariana Pineda* y *La zapatera prodigiosa* con gran éxito de crítica y público. Ambos poetas se conocían ya y se admiraban. Neruda ha manifestado palmariamente tal admiración. De su contacto en Buenos Aires restan, además de alguna aventura personal transmitida en sus memorias (pág. 161), los testimonios de su *Discurso al alimón sobre Rubén*

---

[4] Alfredo Cardona Peña, *Pablo Neruda y otros ensayos,* México, 1955, pág. 32.

Darío[5] y las ilustraciones al breve libro (ejemplar único) graciosamente titulado *Paloma por dentro o sea la mano de vidrio. Interrogatorio en varias estrofas compuesto en Buenos Aires por el Bachiller Don Pablo Neruda e ilustrado por Don Federico García Lorca,* fechado en el mes de abril de 1934 (realizado la tarde del martes 13 de 1934)[6]. García Lorca había regresado ya a España el 27 de marzo. Por ello, cabe deducir que la dedicatoria de dicho ejemplar fue obra posterior de Neruda encargado de ofrecerlo a su destinataria. Neruda escribe en sus *Memorias* sobre la fascinación que ejercía el poeta granadino: «¡Qué poeta! Nunca he visto reunidos como en él la gracia y el genio, el corazón alado y la cascada cristalina. Federico García Lorca era el duende derrochador, la alegría centrífuga que recogía en su seno e irradicaba como un planeta la felicidad de vivir»[7]. Probablemente, en diciembre de 1934, será García Lorca quien significativamente presentará a Pablo Neruda en un acto celebrado en la Universidad de Madrid. Colaborará en el primer número de la revista *Caballo Verde para la Poesía* con su poema *Nocturno del hueco* (octubre de 1935). Sus mutuos amigos, sus encuentros en el domicilio de Carlos Morla Lynch, determinadas preferencias hacia personales concepciones de la imaginería surrealista aproximarían a ambos poetas. Resulta prematuro hablar de mutuas influencias, aunque existieron. Neruda lo reconoce así en sus memorias, aunque la crítica no ha descendido todavía a precisarlas: «a mí me sucedía el gran poder metafórico de García Lorca

---

[5] Pablo Neruda, *Obras Completas*, III, págs. 629-631. Marie Laffranque opina que dicha conferencia se dictaría probablemente en marzo. Diez meses más tarde la repetirían en Madrid y fue publicada en *El Sol* (30 de diciembre de 1934).
[6] *Ídem*, I, en apéndice.
[7] Pablo Neruda, *Confieso...*, pág. 170.

y me interesaba todo cuanto escribía. Por su parte, él me pedía a veces que le leyera mis últimos poemas y, a media lectura, me interrumpía a voces: «¡No sigas, no sigas, que me influencias!» [8].

De 1935 es la edición homenaje de tres cantos materiales de la segunda parte de *Residencia en la tierra*. Intervienen en dicho homenaje los poetas de la generación de los años veinte: Alberti, Aleixandre, Altolaguirre, Cernuda, Diego, L. Felipe (un *outsider* de la poesía española del momento), García Lorca, Guillén y Salinas y los de la promoción más joven: Hernández, Muñoz Rojas, los hermanos Leopoldo y Juan Panero, Rosales, Serrano-Plaja y Vivanco. En el texto adivinamos la pluma de García Lorca: «Chile ha enviado a España al gran poeta Pablo Neruda, cuya evidente fuerza creadora, en plena posesión de su destino poético, está produciendo obras personalísimas para el honor del idioma castellano.» Además de la dedicatoria de García Lorca a Neruda en el ejemplar del *Primer Romancero gitano* que conserva la Biblioteca Central de la Universidad de Chile [9], existen suficientes pruebas poéticas del afecto entre ambos poetas: la *Oda a Federico García Lorca* escrita en vida del poeta y la dedicatoria de *Adán,* de Federico García Lorca (incluido en *Primeras Canciones,* aunque ya sin la dedicatoria «a Pablo Neruda rodeado de fantasmas») [10].

El asesinato de Federico García Lorca en 1936, pocos días después del alzamiento militar, produjo una gran conmoción en la intelectualidad orientada hacia la izquierda. Neruda recuerda la cita que tenía

---

[8] *Ídem,* pág. 171.

[9] Jorge Sanhueza, *Pablo Neruda, los poetas y la poesía. Aurora,* 3-4, Santiago, julio-diciembre 1964, pág. 44. El autor da otras referencias de intervenciones de P. Neruda sobre G. Lorca.

[10] Texto incluido por vez primera en Pablo Neruda, *Selección,* Santiago de Chile, 1943, pág. 317.

precisamente el 19 de julio con García Lorca y a la que el poeta no pudo acudir. En el *Homenaje al poeta García Lorca contra su muerte* (Valencia-Barcelona, 1937) no podía faltar la colaboración de Neruda con palabras denunciatorias: «Es que nosotros no podremos nunca olvidar este crimen, ni perdonarlo. No lo olvidaremos ni perdonaremos nunca. Nunca.» En la poesía nerudiana Lorca aparecerá siempre como el símbolo de la poesía española de su generación, de la «fuerza» poética.

Juan Ramón Jiménez y «Caballo Verde para la Poesía»

Juan Ramón Jiménez ocupa en el primer tercio del siglo XX un papel determinante en el panorama de la poesía española. Su evolución desde el Modernismo inicial hasta la «poesía pura», la imagen de «poeta profesional» que parece como consecuencia de una operación cultural de largo alcance en la que descubrimos además la «Institución Libre de Enseñanza» y la significativa «Residencia de Estudiantes» de Madrid, hacen del poeta de Moguer una personalidad clave de la poesía nueva española. Pero cuando Neruda se establece en España en 1934 las relaciones entre Juan Ramón Jiménez y los poetas de la generación de los años veinte se han ya deteriorado. Juan Ramón Jiménez se negó a participar en el Homenaje a Luis de Góngora en 1927 y no permitió que poemas suyos aparecieran en la segunda edición de la Antología (1934) de Gerardo Diego, que venía a definir la estética joven. La amistad surgida entre León Felipe y Pablo Neruda facilitará, probablemente, la aparición de este poeta en la nueva singladura de la antología de Gerardo Diego. Juan Ramón Jiménez poesía una amplia concepción del movimiento modernista que alcanzaría hasta los poetas surgidos en los «ismos». En el curso dictado en la Universidad de Puerto Rico (1953), que aparece más tarde con el título de *El Modernismo. Notas de un curso* (1962) aparecen diversas refrencias a Neruda, considerado como poeta modernista y como indigenista: «Neruda, como escritor vale por su indigenismo, no por su comunismo. No hace vida en relación con sus ideas» [11], apunta. Pero lo que separa a ambos poetas es una muy diferente concepción de la poesía.

Con no disimulada ironía Juan Ramón Jiménez señala que «Neruda corresponde (a) Federico García Lorca» [12]. Con ello, pretende precisar que ni uno ni otro alcanza la categoría de «gran poeta», siguiendo una escala de valores próxima a la que adoptaría también Ezra Pound. Pero la animadversión de Juan Ramón Jiménez hacia Pablo Neruda, cuya influencia sobre la poesía española consideraba corruptora le llevaría a dedicarle los más virulentos ataques, hallándose ya en el exilio. Su último escrito, como nos recuerda Luis Cernuda, fue presisamente un texto contra el poeta chileno.

Cuando Pablo Neruda inicia la publicación de la revista *Caballo Verde para la Poesía,* auspiciada por Manuel Altolaguirre, reuniendo a los poetas más significativos —de entre los jóvenes— de España y América, bajo el manifiesto de *Sobre una poesía sin pureza,* descubriremos fácilmente el ataque directo a Juan Ramón Jiménez y a su concepción de la «poesía pura». Como ataque personal debió entender las frases finales del manifiesto: «Y no olvidemos nunca la melancolía, el gastado sentimentalismo, perfectos frutos impuros de una maravillosa calidad olvidada,

---

[11] Juan Ramón Jiménez, *El Modernismo. Notas de un curso* (1953), México, 1962, pág. 170.
[12] *Ob. cit.,* pág. 103.

dejamos atrás por el frenético libresco: la luz de la luna, el cisne al anochecer, "corazón mío" son sin duda lo poético elemental e imprescindible. Quien huye del mal gusto cae en el hielo.» Sería un error considerar, sin embargo, la revista de Neruda como «comprometida». En la decantación que se operaba en la poesía española hacia la humanización (poesía de la existencia) y la politización, la revista se mostraba ecléctica, puesto que en ella privaba la atención hacia una poesía joven que se planteaba la liberación formal sobre otras consideraciones. Poetas de la llamada generación del 36 como Miguel Hernández, A. Serrano-Plaja, L. Panero, José María Souviron o Rosa Chacel publicaron aquí, bajo la órbita no tanto de Neruda, como de lo que el poeta y su revista representaban en España. En 1935 vieron la luz los tres números correspondientes a octubre, noviembre y diciembre; pero en 1936 apareció un solo número (el de enero). La entrega 5 y 6 (un volumen), ya impreso, listo para encuadernar coincidió con el estallido de la guerra civil. Era el número-homenaje al poeta uruguayo Julio Herrera y Reissig.

Juan Ramón Jiménez fustigó desde las páginas de *El Sol* la concepción poética de Neruda al tiempo que iba alejándose de los nuevos rumbos que los poetas de la generación de los años veinte y la siguiente adoptaban. En una de las cartas que el poeta escribió, aunque nunca llegó a enviar, desde el exilio, en enero de 1942 precisa la opinión —entre crítica y comprensiva— de la poesía del autor de *Canto General:* «usted expresa con tanteo exuberante una poesía hispanoamericana general auténtica, con toda la evolución natural y la metamorfosis de vida y muerte de este continente. Yo deploro que tal grado poético de una parte considerable de Hispanoamérica sea así; no lo sé sentir, como usted, según ha dicho, no sabe sentir Europa; pero «es»...

Usted es anterior, prehistórico y turbulento, cerrado y sombrío» [13].

La figura de Antonio Machado, fiel hasta su muerte (1939) en el exilio al republicanismo y a la izquierda, fue recordado por Neruda en una conferencia dictada en Buenos Aires en 1939 y publicada posteriormente en *Aurora* de Chile (6 de mayo de 1939).

Pablo Neruda y la generación de los años veinte

Durante su permanencia en España, Neruda se sintió como un partícipe más de la generación de los años veinte. Hemos señalado ya su colaboración en empresas comunes y fue profunda la amistad que le unió a Rafael Alberti. Sus relaciones epistolares se remontan, como indicamos, a la época en que Pablo Neruda se hallaba en Colombo. Hacia 1930 puede hablarse ya de una poesía revolucionaria de Alberti que corresponde a una actitud que le conducirá a ingresar posteriormente en las filas del Partido Comunista de España. Durante sus años en Madrid, Neruda, hombre de izquierda, aunque no comprometido todavía en la militancia activa, se reafirmará en sus ideas. El propio poeta chileno reconoce la influencia de la posición de Alberti: «profunda influencia tuvo sobre mis ideas políticas la valiente actitud de Rafael Alberti, que ya era un poeta popular y revolucionario».

El clima revolucionario es claramente perceptible en el ámbito intelectual, a través de la revista *Octubre* (1933-1934) [14] que dirigieron Rafael Alberti y María

---

[13] Juan Ramón Jiménez, *Selección de cartas* (1899-1958), Barcelona, 1973, pág. 134.
[14] Véase Enrique Montero, prólogo al *reprint* de *Octubre,* Vaduz-Madrid, 1977.

Teresa León. Aunque se ha realizado con frecuencia el paralelismo entre Federico García Lorca y Pablo Neruda, es, sin duda, más evidente entre éste y Alberti. Salvadas las diferencias entre sus obras, existen considerables puntos de coincidencia. Ambos utilizan la imagen surrealista, escriben bajo depresiones morales cercanas a la angustia, adquieren conciencia social, militan políticamente en las mismas filas, practican la poesía política sin abandonar otras inspiraciones más próximas al curso vital. Sus amigos, en España y fuera de ella, entre los escritores y artistas son comunes. La guerra de España servirá para unirles más todavía y en el inicial exilio parisino de Alberti y María Teresa León compartirán un piso. El perro de Alberti *Niebla,* uno de los temas de su poesía de guerra y exilio, fue un ragalo de Neruda. El reencuentro entre ambos se produjo en Chile en 1946.

Otros poetas de la generación mantuvieron también cordiales relaciones con Neruda, especialmente Vicente Aleixandre, colaborador, además de las empresas españolas de Pablo Neruda, de la revista que éste y Nancy Cunard fundaron con el título de *Los poetas del mundo defienden al pueblo español,* cuyo primer número apareció en Madrid y los cinco restantes en París, ciudad a la que Neruda llega en noviembre de 1936 destituido de su cargo por el Gobierno de Chile como consecuencia de sus simpatías hacia el gobierno republicano español. De Vicente Aleixandre recuerda Neruda las comunes lecturas de los barrocos españoles y su casa de la calle Wellingtonia en *Amistades y enemistades literarias (Obras Completas, III,* págs. 646-647). José Bergamín, director de la revista madrileña católico-progresista *Cruz y Raya* publicó en noviembre de 1934 traducciones de W. Blake de Pablo Neruda, quien colaboró dos veces más en la revista seleccionando poemas del conde de Villamediana, cuya influencia sobre su obra se hará notar y de Francisco de Quevedo, poeta de tanta trascendencia a la hora de estudiar los métodos expresivos del chileno, y que utilizará como «programa» poético frente al ideal gongorino de la generación española de los años veinte. Con Aleixandre, Cernuda, Prados, Alberti, Larrea e Hinojosa coincide en el peculiar tratamiento del lenguaje surrealista. No es aquí la ocasión de volver de nuevo a plantear las relaciones de Neruda con el surrealismo, pero al margen de cualquier interpretación que implique situar al poeta en una determinada escuela o cenáculo, el lenguaje de Neruda desde *Tentativa del hombre infinito* (1926), coincide con algunos de los presupuesto «irracionalista» que descubrimos también en la «vanguardia» española. En este sentido sólo de paso vamos a aludir aquí a la tenaz oposición que hacia la poesía de Pablo Neruda manifestará Juan Larrea, tan vinculado a Gerardo Diego, aunque marginal al grupo andaluz de la generación. Sus ataques aparecen principalmente en *Surrealismo entre viejo y nuevo mundo* (1944) y años más tarde vuelve al tema en una entrevista en *El Nacional,* de Caracas, realizada por Rafael Pineda *Del Surrealismo a Macchu Picchu* (1967) oponiendo a Neruda la figura de Vallejo. Neruda le dedicará una hiriente oda, *Oda a Juan Tarrea,* deformando su apellido *(Nuevas Odas elementales,* 1956). David Bary analiza la polémica sustentando que Neruda actuó como un «vanguardista» ante la revelación de que había publicado en *Favorables París Poemas,* la breve revista de Larrea y Vallejo, en 1926 [15]. Neruda, como Prados, Cernuda, Hinojosa, o Alberti, forja su poesía comprometida en la antesala de la «angustia», una poesía que expresa la extrañeza del hombre ante su momento histórico.

---

[15] David Baryo, «En torno a las polémicas de vanguardia», en *Los vanguardismos en la América Latina,* prólogo y selección de Óscar Collazos, La Habana, 1970.

Pablo Neruda y los poetas jóvenes españoles: Miguel Hernández

Pero la influencia de la personalidad poética y la obra de Neruda se manifestará más decididamente entre los jóvenes, aquellos poetas españoles que más tarde serán definidos como generación del 36. Algunos de sus nombres figuran ya en la empresa de *Caballo Verde Para la Poesía:* A. Serrano-Plaja, Leopoldo Panero, Concha Méndez (esposa de Manuel Altolaguirre), José María Souvirón, Rosa Chacel. Pero la personalidad del poeta chileno se hace notar sobre los hermanos Panero, Vivanco, Aparicio, Herrera Petere. Es difícil precisar las influencias de poetas de la generación de los años veinte sobre los jóvenes con tratamientos semejantes en el lenguaje poético y que coincidan también con algunos planteamientos de Neruda. Así ocurre con Luis Felipe Vivanco (1907-1975) sobrino de José Bergamín. En abril de 1933 reseña en la revista *Cruz y Raya, Residencia en la tierra*. Influencias creacionistas, pero también rasgos nerudianos pueden percibirse en *Memorial de la plata* escrito entre 1927 y 1930, aunque publicado en 1958. Su poema *Plática sobre la elección de estado* refleja el eco del *Sermón de las cuatro verdades* de Rafael Alberti, aunque con ecos nerudianos. En *Tiempo de color* (1940), cuando priva en la poesía española el retorno a los metros clásicos, mantiene el verso libre. Ligado estrechamente al grupo formado por Luis Rosales y Leopoldo Panero, el poema que cierra su *Antología* (1976) [16]

---

[16] Corresponde a la sección significativamente titulada *Prosas de amistad,* tercera parte de su inédito *Prosas propicias.* En Luis Felipe Vivanco, *Antología poética*. Introducción y selección de José María Valverde, Madrid, 1976, págs. 127 y sigs. Peculiarmente reveladora es la dedicatoria del poema.

será precisamente *Mutismo de Pablo (En la muerte de Pablo Neruda).*

Pero donde se manifiesta en mayor grado la influencia de Neruda es en la obra de Miguel Hernández que si por su edad aparece integrado en la generación del 36, por las vinculaciones vitales y su temprana obra puede señalarse como prolongación natural de la generación poética anterior. Nacido en Orihuela en 1910, llega a Madrid en un primer viaje en diciembre de 1931 y entra en contacto con E. Giménez Caballero, quien se siente impresionado por este joven con aire de pastor. Hernández se halla vinculado, en este momento, al cenáculo oriolano de los hermanos Sijé. Publica *Perito en lunas,* su primer libro, en 1932 y en 1934 empieza a colaborar en la revista neocatólica *El Gallo Crisis.* Su auto sacramental *Quién te ha visto y quién te ve* aparece en *Cruz y Raya* (julio, agosto y septiembre de 1934) y tendrá ya un signo distinto. Es un poeta con obra publicada y un autor teatral que ha demostrado su talento. Conoce a algunos intelectuales del momento: Bergamín, García Lorca (al que descubrió cuando éste hacía una gira por Levante con su teatro *La Barraca).* Conoce a Pablo Neruda en el acto celebrado en la Universidad de Madrid, durante la mencionada presentación de éste por García Lorca. Para la Navidad regresa nuevamente a su casa. En febrero de 1935 vuelve a Madrid. Visita a Pablo Neruda y empieza a colaborar en la enciclopedia *Los Toros,* de José María de Cossío. En este período se produce una honda transformación en el poeta a la que no es ajena su frecuentación de «La Casa de las Flores», la residencia madrileña de Neruda en el barrio de Argüelles, que le habían encontrado María Teresa León y Rafael Alberti. María de Gracia Ifach en su biografía de Hernández señala el afecto de Hernández hacia Malva Malvina, la hija anormal de Pablo Neruda y María Antonieta Agenaar, pero parece que sus relaciones amistosas con Delia del Carril fueron aún mejores [17]. El poeta argentino Raúl González Tuñón recuerda la actitud de Hernández en el descubrimiento no sólo de las nuevas corrientes estéticas, sino también de las posiciones revolucionarias políticas que allí fermentaban: «Por aquel entonces, Miguel nos escuchaba atentamente cuando discutíamos con nuestros amigos en casa de Neruda o en la cervecería de Correos, acerca de la doble función de la poesía en épocas revolucionarias. Un día Miguel Hernández se puso de nuestra parte. Miguel sabía, como todos nosotros, que estábamos en medio de la tempestad» [18]. La evolución de Hernández no se haría esperar. En una carta a Juan Guerrero Ruiz, designado posteriormente como «cónsul de la poesía española», fechada el 12 de mayo de 1935, se revela el cambio operado en el poeta: «En el último número aparecido recientemente de *El Gallo Crisis* sale un poema mío escrito hace seis o siete meses: todo en él me suena extraño. Estoy harto y arrepentido de haber hecho cosas al servicio de Dios y de la tontería católica. Me dedico única y exclusivamente a la canción y a la vida de tierra y sangre adentro: estaba mintiendo a mi voz y a mi naturaleza terrena hasta más no poder, estaba traicionándome y suicidándome tristemente. Sé de una vez que a la canción no se le puede poner trabas de ninguna clase.» Estas contundentes afirmaciones son el resultado del distanciamiento que se había producido respecto a Ramón Sijé y a la revista neocatólica que representaba. En una carta a su novia Josefina Manresa, Hernández se muestra preocupado por el silencio de Sijé. Le había escrito indicándole que éste se hallaba demasiado tiempo metido en la iglesia. En la carta a Gue-

---

[17] María de Gracia Ifach, *Miguel Hernández, rayo que no cesa,* Barcelona, 1975, pág. 132..
[18] *Ídem,* pág. 135.

rrero Ruiz le pide albergue para Neruda. Le habla de la niña enferma: «Mire, yo quisiera llevar para agosto a Pablo Neruda a ver lo mejor de esas tierras: usted, nuestros pueblos palestinos, Cabo de Palos... Quiero saber si podría residir en la isla de Tabarca o en una de las islas del mar Menor: ¿en una de estas islas sería mejor, no?» [19]. El viaje no pasará de proyecto porque poco después se produce la separación matrimonial de Neruda.

Pero la influencia de Neruda sobre Hernández no se ejerce únicamente en la vertiente ideológica. Neruda mismo mantenía todavía bastantes ambigüedades en este sentido. Como señala Cano Ballesta: «Miguel, capaz de dar plenitud poética a las formas clásicas, las hallaba demasiado estrechas. Neruda, junto con Aleixandre, fue quien le empujó a librarse de sus cadenas y a no dejarse guiar sino de su certero instinto poético...» [20]. En el primer número de *Caballo Verde Para la Poesía* (octubre de 1935), Hernández publica *Vecino de la muerte* donde aparecen, junto a elementos y temas que caracterizarán su obra de madurez, otros que derivan de la poesía nerudiana, como

> Los enterrados con bastón y mitra,
> los altos personajes de la muerte,
> los niños que expiraron de sed por la entrepierna
> donde jamás tuvieron un arado y dos bueyes.

*

La reacción de Sijé no se hizo esperar. De un lado veía a su amigo Miguel precipitándose hacia el peligroso camino de la pérdida de la fe religiosa; de otro la

---

[19] Juan Cano Ballesta, *Miguel Hernández y su amistad con Pablo Neruda*, apéndice a *La poesía de Miguel Hernández*, Madrid, 1971, pág. 276.
[20] *Ídem*, pág. 281.

adecuación de su voz, que nació de las entrañas de la tradición barroca y «pura» española, a otras formas menos puras, entrañadas ya en el «narcisismo», en «lo prohibido». Así se desprende del texto de una dramática carta: «Es terrible lo que has hecho conmigo. Es terrible no mandarme *Caballo Verde*. Por lo demás *Caballo Verde* no debe interesarme mucho. No hay en él nada de cólera poética ni cólera polémica. Caballo impuro y sectario; en la segunda salida, juega al caballito puro y de cristal... Quien sufre mucho eres tú, Miguel. Algún día *echaré a alguien la culpa de tus sufrimientos humano-políticos actuales...* Nerudismo (¡qué horroroso! Pablo y selva, ritual narcista e infrahumano de entrepiernas, de vello de partes prohibidas y de prohibidos cabellos); aleixandrismo; albertismo» (el subrayado es nuestro) [21]. Puede adivinarse fácilmente el nombre del que Sijé considera como responsable de la «desviación» de Hernández. Éste, el 2 de enero de 1936, publica en *El Sol* una elogiosa crítica de *Residencia en la tierra,* donde expone los argumentos que hacen del poeta chileno «un poeta de este tamaño de gigante». Advierte la liberación formal, la «voz virgen del hombre», el «clamor oceánico»; su poesía «no es cuestión de consonante: es cuestión de corazón»; sus versos son «anárquicos». Destaca la soledad del poeta, quien «ve las cosas con el corazón», relaciona su poesía con la Biblia y señala que sus temas predilectos son el tiempo y la muerte [22]. La atracción hacia Neruda sólo es compartida, con igual intensidad, por Vicente Aleixandre, a quien Hernández dedicará su *Oda entre arena y piedra*. Corresponde a otros poemas dedicados a Neruda: *Oda entre sangre y vino a*

---

[21] Cit. por Manuel Muñoz Hidalgo, *Cómo fue Miguel Hernández,* Barcelona, 1975, pág. 121.

[22] Reproducida en Jacinto-Luis Guereña, *Miguel Hernández. Biografía ilustrada,* Barcelona, 1978, págs. 135-142.

Pablo Neruda, vecino de la muerte (la cual, según Marie Chevalier refleja el poema primero de *El hondero entusiata* y *El estatuto del vino*, de *Residencia).* En el prólogo a *Viento del pueblo,* Hernández reconocerá: «Pablo Neruda y tu [Vicente Aleixandre] me habéis dado imborrables pruebas de poesía.» Neruda nos transmitirá una curiosa anécdota (¿real?) de Hernández en *Amistades y enemistades literarias (Obras Completas, III,* págs. 647-648).

Pero el 24 de diciembre de 1935 fallece súbitamente Ramón Sijé, en Orihuela, sin llegar a cumplir los veintitrés años. El poeta oriohano le dedicará su famosa *Elegía a Ramón Sijé* con la sentida dedicatoria: «En Orihuela, su pueblo y el mío se me ha muerto como el rayo Ramón Sijé, con quien tanto quería» [23]. Aparecerá en diciembre de 1935 en la *Revista de Occidente,* y será elogiosamente comentada hasta por el propio Juan Ramón Jiménez [24]. Con la desaparición de Sijé se cierra la etapa de formación de Hernández y comienza la madurez de un poeta que, sin romper con la tradición literaria, parte del pueblo para retornar en el último ciclo de su obra, a él; a la canción tradicional, a la rima y a las formas más simples.

No es difícil buscar correspondencias entre las obras de ambos poetas. Así, Pablo Neruda escribe en *Veinte poemas* [25]

Mi cuerpo de labriego salvaje te socava
y hace saltar el hijo del fondo de la tierra

y Miguel Hernández en la *Canción del esposo soldado:*

---

[23] Hernández le dedicó también un discurso fúnebre al colocar una lápida en la plaza del pueblo donde nació, que fue reproducido en *El Sol.* Véase *ob. cit.* anteriormente, pág. 86.

[24] Véase al respecto la obra citada anteriormente, pág. 83.

[25] Sobre la evolución ideológica de Hernández, véase Juan Cano Ballesta, *La poesía de Miguel Hernández*, págs. 297 y sigs.

> He poblado tu vientre de amor y sementera,
> he prolongado el eco de sangre a que respondo

y el eco del primer verso del poema de Neruda ya citado: «Cuerpo de mujer, blancas colinas, muslos blancos» tendrá su correspondencia en el de Hernández «Morena de altas torres, alta luz y ojos altos». Temas como «la sangre» o fórmulas como el «tremendismo» poético o «la angustia» serán comunes a ambos poetas.

La evolución ideológica de Hernández culmina hacia 1935; en todo caso después del aldabonazo que supuso en la convivencia social española, la fallida revolución de 1934 y la enconada represión. El propio Rafael Alberti se ve obligado entonces a permanecer fuera de España por algún tiempo.

Neruda era un poeta excesivamente consolidado como para sentir sobre su obra la influencia directa de Hernández, que algún crítico ha querido notar. Ambos coinciden, sin embargo, en su atracción hacia el barroco del Siglo de Oro, en especial Quevedo, pero su barroquismo es esencial. Volverán a encontrarse durante la guerra civil en el II Congreso Internacional de Escritores y al final de la guerra, Neruda volverá a jugar un papel importante en la vida de Hernández. Éste había sido detenido en la frontera portuguesa en mayo de 1939 cuando intentaba escapar de la España ocupada. Al enterarse Pablo Neruda, a la sazón ya designado como cónsul para la emigración española, con sede en París, consigue la intervención del cardenal Baudrillort con el argumento de que Hernández había publicado un «auto sacramental». A través de la embajada chilena logra hacerle llegar a la cárcel trescientas pesetas. Finalmente es puesto en libertad. Aquí aparece un oscuro episodio que tiene como protagonista al entonces cónsul chileno en Madrid Carlos Morla Lynch, a quien Neruda acusa de haber negado asilo político al poeta [26]. M. Auclair y J. L. Guereña se inclinan a considerar que fue el propio Hernández quien optó por regresar a su casa para reunirse con su esposa e hijos [27]. El 25 de septiembre de 1939 fue nuevamente detenido. Condenado a muerte y conmutada la pena, morirá el 28 de marzo de 1942 en la prisión, sin haber cumplido aún los treinta y dos años. Su muerte será evocada en la XII parte del *Canto general; A Miguel Hernández asesinado en los presidios de España* y en *Las uvas y el viento, El pastor perdido*. Junto a Federico García Lorca constituirá otro símbolo más de la poesía víctima del fascismo.

LA GUERRA CIVIL ESPAÑOLA Y EL II CONGRESO DE ESCRITORES ANTIFASCISTAS

Pablo Neruda no es muy explícito en sus *Memorias* sobre los primeros días de la guerra civil española. Emir Rodríguez Monegal señala que «participa en la contienda, hasta el punto de arriesgar su inmunidad diplomática» [28]. Tal vez se refiera a la publicación en la revista *El Mono Azul* del *Canto a las madres de los milicianos muertos*, poema que aparece anónimamente. A fines de 1936 se encuentra ya en Valencia y en febrero de 1937 pronunció en París una conferencia-homenaje dedicada a F. G. Lorca. Desde París interviene en la preparación del II Congreso Internacional de Escritores Antifascistas (allí y en estos menesteres conocerá a Louis Aragon) y representará a su país, junto con Vicente Huidobro, aunque la *Alianza de Intelectuales de Chile* no se crea hasta el 20 de noviembre

---

[26] Pablo Neruda, *Confieso que he vivido*, pág. 175.
[27] Jacinto-Luis Guereña, *Miguel Hernández*, págs. 116 y sigs.
[28] Emilio Rodríguez Monegal, *Neruda: el viajero inmóvil*, Caracas, 1977, pág. 116.

de 1937. Neruda había ya participado en el I Congreso celebrado en 1935 en París, junto a González Tuñón y Arturo Serrano Plaja, quienes asistieron a las sesiones celebradas en el Palais de la Mutualité, donde Gide pronunció su célebre discurso *Defensa de la Cultura* y Malraux trató de la *Herencia cultural*[29].

El domingo 4 de julio es designado para constituir la presidencia del Congreso, en Valencia, representando a «América del Sur». La presencia de escritores procedentes de América Latina es considerable: Octavio Paz, Nicolás Guillén, Carlos Pellicer, Pablo Rojas Paz, Alejo Carpentier, Juan Merinello, Vicente Huidobro, César Vallejo, etc. La enemistad entre Neruda y Huidobro es evidente, así como las relaciones entre aquél y César Vallejo[30], que ahora pasaremos por alto, pero que tienen que ver con las posiciones personales mantenidas frente al apoyo a los combatientes republicanos y la creación del «Grupo Hispanoamericano de ayuda a España»[31]. Emir Rodríguez Monegal, en *Neruda, el viajero inmóvil*, critica a quienes han opuesto al libro de César Vallejo, *España, aparta de mí este cáliz* al de Neruda y recuerda el poema V de *Estravagario*, pág. 306. No debe extrañar, pues, que la anécdota atribuida a Huidobro en las *Memorias*[32] sea totalmente falsa y no refleje siquiera la actitud del autor del «creacionismo»[33].

---

[29] Luis Mario Schneider, *Inteligencia y guerra civil en España. II Congreso Internacional de Escritores Antifascistas (1937)*, I, Barcelona, 1978, págs. 55-56.

[30] Véase el testimonio de Arturo Serrano Plaja en Manuel Aznar Soler, *Pensamiento literario y compromiso antifascista de la inteligencia española republicana. II Congreso Internacional de Escritores Antifascistas (1937)*, I, Barcelona, 1978, págs. 231 y sigs.

[31] La lista de las representaciones en Luis Mario Scheneider, *ob. cit.*, págs. 77-79.

[32] Pablo Neruda, *Confieso que he vivido*, págs. 183-184.

[33] Luis Mario Schneider, *Inteligencia y guerra civil en España*, pág. 65.

Durante su breve estancia en Madrid en los días del Congreso acude a su «Casa de las Flores» acompañado por Miguel Hernández vestido ya de miliciano. Las resoluciones del Congreso manifiestan la total adhesión a la causa republicana y a la guerra antifascista que se produce en España, atacando la neutralidad manifestada por los países occidentales durante la contienda.

Pero si Neruda fue parco en sus *Memorias,* la guerra de España le inspiró su libro *España en el corazón* (Santiago de Chile, 13 de noviembre de 1937), publicado en España, bajo la dirección de Manuel Altolaguirre, en 1938. Se señala que el libro en esta edición «fue compuesto a mano por soldados topógrafos e impreso también por soldados» *(Obras Completas,* III, páginas 908-909), en la abadía de Montserrat, en Cataluña. Esta primera edición española constaba de 500 ejemplares. Será incorporado a la *Tercera Residencia.* Con este libro Neruda iniciará su etapa de poeta comprometido. Algunas de sus composiciones habían sido publicadas ya anteriormente, en 1936 y 1937. *Reunión bajo las nuevas banderas* que en la *Residencia* precede al libro sobre España fue publicado en la revista del exilio español *España peregrina* (12 de octubre de 1940), aunque es considerado como el poema que testifica el compromiso político de Neruda. El cambio de actitud del poeta chileno aparece así claramente vinculada a su experiencia española. En sus *Memorias* lo expresa así: «aunque el carnet de militante lo recibí mucho más tarde en Chile, cuando ingresé oficialmente al partido, creo haberme definido ante mí mismo como un comunista durante la guerra de España»[34]. En este testimonio, su adscripción al Partido Comunista parece planteársele como alternativa al anarquismo, que aparece dibujado casi caricaturísticamente aquí. Su ingreso oficial en el partido chileno

---

[34] Pablo Neruda, *Confieso que he vivido,* págs. 191-192.

no se producirá hasta años más tarde, el 8 de julio de 1945.

En la poesía *España en el corazón,* Neruda designa a España como «patria» y «madre natal» *(Himno a las glorias del pueblo en guerra).* Quienes combaten contra la República son «moros» y «bandidos». Pero Neruda analiza el conflicto como una oposición planteada entre la España pobre y los ricos; la España de la tradición frente a la del progreso. Sus imprecaciones alcanzan la «visión» con los versos dedicados a generales rebeldes en los infiernos: Sanjurjo, Mola y Franco. Este último es calificado como:

> ... triste párpado, estiércol
> de siniestras gallinas de sepulero, pesado esputo, cifra
> de traición que la sangre no borra. Quién, quién eres,
> oh miserable hoja de sal, oh perro de la tierra,
> oh mal nacida palidez de sombra...

Neruda trata en *España en el corazón* los temas de la izquierda intelectual comprometida con la República: el papel de las Brigadas Internacionales, el heroísmo de los combatientes, la identificación del pueblo con la causa republicana, la resistencia de Madrid, el ejército popular. Como observaba Amadeo Alonso su poesía aquí utiliza «el mismo estilo, aunque alterado; la misma potencia verbal ahora manifestada en violencia» [35]. Pero el tema es España y tras la derrota republicana, el poeta volverá a utilizar nuevamente la identificación España/madre; por ejemplo en el *Nuevo canto de amor a Stalingrado.* Madrid y su heroica resistencia equivaldrán a la lucha antihitleriana en el primer *Canto a Stalingrado.*

Desde su puesto consular en París, Neruda ayudará a los emigrados españoles que, ante el avance

---

[35] Amado Alonso, *Poesía y estilo de Pablo Neruda,* Editorial Sudamericana, Barcelona, 1979, pág. 352.

germano-nazi se ven obligados nuevamente a emigrar ahora hacia América. El papel jugado por el poeta, en contacto con el gobierno republicano en el exilio, se plasmará en la aventura *Winnipeg,* un barco carguero francés transformado en refugio para los emigrantes que serán acogidos con afecto por Chile a fines de 1939. En esta tarea será apoyado por los partidos políticos españoles y por algunas individualidades como el dibujante y periodista Darío Carmona, quien actuó algún tiempo como secretario del poeta. Consiguió trasladar a Chile alrededor de 3.000 españoles. El novelista catalán Xavier Benguerel (n. en 1905), residente desde 1940 en el exilio en Santiago de Chile nos ofrece el testimonio, ligeramente deformado por la acción narrativa, de una entrevista en el domicilio de los Neruda en su novela *Llibre del retorn,* 1977 *(Libro del retorno).* Los contactos con los exiliados españoles eran frecuentes. Arturo Serrano Plaja y Vicente Salas Viu, acogidos también en Chile son recordados por el poeta en *Amistades y enemistades literarias (Obras Completas, III,* págs. 649-650).

Neruda y la España franquista

Ante el triunfo del franquismo en España, Neruda reaccionará como un exiliado español más. Sus poemas políticos acusarán la represión en España. Cuando en 1940 fue fusilado en Barcelona el ex presidente del gobierno catalán después de haber sido capturado por la Gestapo y, violando el derecho internacional, entregado a las autoridades españolas, escribirá el *Canto en la muerte y resurrección de Luís Companys.* En *Canto General,* el poeta chileno recurrirá a tópicos de la Leyenda Negra respecto a la conquista de América. Reivindicará la figura de fray Bartolomé de las Casas, pero no dudará tampoco a la hora de recordar al lector la figura de *Miguel Hernández asesinado en los presidios de España* o la de Rafael Alberti:

> Entre nosotros dos la poesía
> se toca como piel celeste

Nuevamente el nombre de Federico García Lorca o el de Francisco Villalón —el poeta ganadero andaluz— aparecen en el deseo compartido con Alberti de regresar de nuevo a España.

Pero en el interior de España el nombre y los libros de Neruda habían sido silenciados. El franquismo no perdonará nunca a Neruda su posición militante. La publicación en 1950 de *Canto General,* en México, tendrá una respuesta poética en el poeta español Leopoldo Panero, *Canto personal. Carta perdida a Pablo Neruda* (1953), con contradictorias citas introductorias de García Lorca, César Vallejo, San Pablo, Cernuda, Martí, José Antonio Primo de Rivera y de la «Epístola Moral a Fabio», que muestran una evidente confusión ideológica y poética. Escrito en tercetos encadenados el *Canto* es una belicosa respuesta al antiguo amigo:

> Tu desnudo mentir es un ultraje
> al corazón, que nos custodia al día;
> y que rinde al cansancio vasallaje.
> Te empujo a confesión y Ave María,
> a empellón de silencio, y a guitarra [36].

Panero lanza diversas acusaciones contra Neruda. Alude a sus puntos de vista sobre Cortés lo que el poeta chileno hace «... con el descoco / de un profesor inglés de hace cien años, / enterado de España adrede y poco». Ofrece una vaga interpretación del asesinato

---

[36] Leopoldo Panero, *Obras Completas,* I, Madrid, 1973, pág. 281. Neruda contestará al poeta español en *Ercilla,* 974 (29 de diciembre de 1953), en unas declaraciones.

de García Lorca, pero va más allá y ataca, al tiempo, a los exiliados españoles: «Ni un solo desterrado en sí confía.» Interpela al propio Neruda: «Te haces trampa a ti mismo», «tu voz se mancha de revancha» o aludiendo a su poema dedicado a Hernández «cuervo (pero a sabiendas) picoteas / los huesos insepultos todavía; / y a quien salvó a Miguel le abofeteas». En oposición a ello, el poeta no duda en exaltar la vocación unitaria de Castilla, el papel de José Antonio, la ideología cristiana. Las posiciones políticas son ahora irreconciliables. El libro de Leopoldo Panero sería también la irritada respuesta a la «embajada poética» de la España franquista a América, integrada por Luis Rosales, Leopoldo Panero, Javier Zubiaurre y Agustín de Foixá, que fue acogida con insultos y desprecios [37]. Felicidad Blanc, la esposa de Leopoldo Panero, rememora aquel viaje de fines de 1949 «en Venezuela, en Cuba, los riegan de tomates y huevos podridos y los estudiantes los insultan y dan gritos contra Franco». La misión dura cinco meses. En los periódicos también se les insulta gravemente. A Luis Rosales se le acusa de complicidad en la muerte de García Lorca, a Panero se le califica de «espía del franquismo». «¿Qué le llevó a escribirlo? ¿El ataque de Neruda en *Canto General* a amigos tan queridos como Dámaso Alonso y Gerardo Diego, a los que llama ''hijos de perra'', o sus injustas palabras contra José María de Cossío, que a Leopoldo le consta que ayudó en todo lo posible a Miguel Hernández y al que Neruda acusa de todo lo contrario?... Pero sobre todo creo firmemente que en el fondo lo que está es su arraigado amor a España. No olvido las conversaciones suyas en aquellos domingos en Taplow con Pablo Azcárate. Y

---

[37] Véase el libro de la viuda de Leopoldo Panero, Felicidad Blanc, *Espejo de sombras,* Barcelona, 1977, págs. 180 y sigs.

lo que para él significa el exilio. "Todo menos irse", decía siempre.»

Pero la semilla de la poesía herudiana no había desaparecido por completo. Frente al panorama de la poesía española arcaizante y «garcilasista» se alzan voces diversas. Entre ellas cabe mencionar la promoción de la revista leonesa *Espadaña* (1944) encabezada por los poetas Antonio G. de Lama, Eugenio de Nora y Victoriano Crémer. Se trata de una alternativa al hueco formalismo dominante, un apoyo al naciente existencialismo poético que puede percibirse ya en Dámaso Alonso y que pronto va a convertirse en protesta social. J. Lechner cree advertir que «en 1949 habrá un claro eco de la impureza de la que habló Neruda, en los números 38 y 39 de la revista *Espadaña*. Gabriel Celaya en carta a Crémer se referirá a una poesía *impura, brutal y hasta sucia*» [38]. Se reclama la humanización, lo que Víctor García de la Concha denominará «busca del otro y de lo otro» [39]. La aparición de la mal denominada «poesía social» en la década de los años cincuenta y su paso a un plano dominante y antioficialista en los años siguientes supondrá el acercamiento a las actitudes poéticas e incluso políticas de Pablo Neruda, que será siempre en el ámbito de la poesía española como un exiliado más. Su nombre será aludido simplemente con sus iniciales en el poema titulado *A. P. N.,* de Gabriel Celaya *(Las cartas boca arriba,* 1951), para evitar la censura de la época, en el que utiliza las fórmulas de *Veinte poemas de amor:*

---

[38] J. Lechner, prólogo, al *reprint* de *Caballo Verde Para la Poesía,* Kraus Reprint, Madrid, 1974, s. p. También el mismo autor, *El compromiso en la poesía española del siglo XX. Parte Primera de la Generación, de 1898 a 1939,* Leiden, 1960.

[39] Víctor G. de la Concha, *La poesía española de posguerra,* Madrid, pág. 313. Especialmente interesante es su estudio sobre *Espadaña,* págs. 311-363.

> Te escribo desde un puerto.
> La mar salvaje llora.
> Salvaje, y triste, y solo, te escribo abandonado.
> Las olas funerales redoblan el vacío
> ....

Las contaminaciones nerudianas en la obra de Blas de Otero (1916-1978) son mucho menores. Los ecos proceden tal vez de una común estimación por Quevedo. Sin embargo, también en el poeta bilbaíno se da una primera etapa de poesía anclada en la angustia —próxima al existencialismo— y una «conversión» a los ideales comunistas que coincidirán con la dedicatoria de su obra «a la inmensa mayoría», en oposición al programa juanramoniano, en *Pido la paz y la palabra,* 1955.

Sin embargo, las oposiciones, desde diversos frentes, a la obra nerudiana alcanzarán un momento álgido en la polémica con el poeta uruguayo, de origen gallego, Ricardo Paseyro (n. en 1927), yerno del poeta francés Jules Supervielle. Una buena parte de dicha polémica se produce en las páginas de la ambigua revista *Índice*. Se inicia en enero de 1957, a raíz de unas declaraciones de Neruda del 27 de octubre anterior sobre la concesión del premio Nobel a Juan Ramón Jiménez. La defensa del poeta, «Andaluz Universal», se convertirán en una feroz diatriba contra el autor de *Canto General:* «Neruda ha sido siempre un burro, y hace ya doce años, bien que en distintos términos zoológicos, se lo dijo Juan Ramón.» Se refiere a su poesía como «poesía cómica» y al poeta como «actor, histrión y bululín». En el número siguiente de la misma revista se ofrece una entrevista con Paseyro, antiguo militante comunista y compañero de la «vanguardia» latinoamericana histórica en París. Allí insiste en sus ataques a Neruda. No olvida el hecho de que los lectores españoles no pueden acceder a la obra reciente del poeta, aunque no precisa que la totalidad de la obra nerudiana se halla ausente de las librerías expurgadas de la España franquista: «Hay un mito en ello y una ignorancia absoluta de su obra en los últimos quince años. Si los españoles leyesen el *Canto General, Las uvas y el viento, Las Odas elementales,* vería hasta qué punto la grafomanía nerudiana es la negación misma de la poesía. Ni una idea, una vulgaridad de arriero borracho, un idioma informe, una hinchazón anecdótica, un engaño tipográfico, que quiere hacer pasar por verso la mala prosa.» Paseyro opone a la poesía nerudiana la obra de Vicente Huidobro y de Juan Ramón Jiménez, pero tras las razones poéticas (no siempre descabelladas) se esconde una crítica anticomunista que se ceba principalmente en el poema de Neruda dedicado a Stalin. Que el texto de Paseyro fue inmediatamente politizado es fácilmente comprobable consultando la prensa española de la época. La primera parte del ensayo fue publicada también en la revista parisina *Cuadernos del Congreso por la Libertad de la Cultura* (núm. 28, enero-febrero de 1958), acusada más tarde de estar subvencionada por la CIA. Pero los ataques contra Neruda tuvieron también réplica en España [40]. Paseyro utilizó siempre como arma arrojadiza las opiniones de Juan Ramón Jiménez. El autor volverá nuevamente al ataque cuando el nombre de Neruda «suena» para el premio Nobel, desde las páginas de la misma revista *(Índice,* 211-212, Madrid, 1966) e insistirá todavía en un último texto [41]. No es casualidad que la polémica, en la que participó también Arturo Torres Rioseco en defensa de Neruda, se produjera en España y bajo las circunstancias políticas del momento. Y no es tampoco

---

[40] Véase Luis López Álvarez, «Neruda por segunda vez. Respuesta a Ricardo Paseyro, en *Índice,* 113, mayo de 1958; contestado por Paseyro en «Introducción al estudio de la falsa épica, vuelta y fin, en *Índice,* 115, julio de 1958.

[41] Ricardo Paseyro, *España en la cuerda floja,* Barcelona, 1977.

casual que el nombre de Juan Ramón Jiménez fuera utilizado en una controversia de mala ley. Neruda aludirá en sus memorias al episodio refiriéndose a Paseyro como a un «ambiguo uruguayo de origen gallego» [42].

La obra de Pablo Neruda no pudo ser editada en España prácticamente hasta 1966 en que se publica *Una casa en la arena* [43], textos en prosa basados en las fotografías de Sergio Larrain, aunque el poeta había seguido manteniendo su posición antifranquista. Así, todavía en 1962 (28 de febrero) escribe en el periódico *El Siglo,* de Santiago de Chile, en favor del poeta español Marcos Ana, que llevaba veinte años en el penal de Burgos, condenado por actividades comunistas; prologa en 1963 la colección de poemas que algunos poetas españoles dedican a la revolución cubana, *España canta a Cuba.* Colabora en el mismo año en el homenaje que la revista *Realidad,* núm. 1 (órgano de los intelectuales españoles comunistas), dedican al escultor Alberto, fallecido en Moscú y reproducido más tarde en *El Siglo* (2 de febrero de 1964), recopilado en sus *Obras Completas,* III, págs. 714-718.

Las relaciones entre Neruda y los intelectuales del exilio españoles seguían siendo generalmente muy cordiales. También la evolución del régimen franquista en los últimos años permitió una mayor flexibilidad en la entrada de libros. Cuando en 1971, Neruda alcanzó el premio Nobel, no faltaron los homenajes y los telegramas de los amigos españoles. Fue con posterioridad a la concesión del galardón que la agente literaria catalana Carmen Balcells (representante de la nueva literatura latinoamericana) entró en contacto con Neruda en París, a través probablemente del consejero de la embajada chilena, el escritor Jorge Ed-

---

[42] Pablo Neruda, *ob. cit.,* pág. 401.
[43] Editorial Lumen, Barcelona, 1966.

wards, y pasó a ocuparse de la compleja situación de los derechos de autor del poeta. A ella se deberá que *Confieso que he vivido,* las *Memorias* del poeta, fueran publicadas en España. La muerte de Neruda coincidió con el golpe militar del general Pinochet. El poeta se encontraba trabajando en sus *Memorias* y su viuda Matilde Urrutia, ayudada por Miguel Otero Silva, consiguió poner a salvo los papeles del poeta utilizando los medios diplomáticos. Las *Memorias* del poeta llegaron a España y fueron editadas por la editorial Seix-Barral en 1974 [44]. Se cumplía así el ciclo que Neruda había previsto en su juventud: publicar en España. Poco después se iniciaría la edición de su poesía completa, libro a libro, a cargo de las dos editoriales barcelonesas Seix-Barral y Lumen. La influencia de España y de los artistas e intelectuales españoles fue fecunda para el poeta. Hemos procurado mostrar que también tales influencias fueron mutuas. En todo caso queda claro que sería difícil explicar ciertos aspectos de la poesía nerudiana sin contar con la influencia de la poesía española, como explicar ésta excluyendo la participación del poeta chileno.

«Confieso que he vivido» (1974)

La cuarta edición de las *Obras Completas* [45] de Pablo Neruda, en tres gruesos volúmenes, no incluyen sus libros últimos, la *Incitación al nixonicidio y alabanza de la revolución chilena,* el último libro político del premio Nobel chileno, ni *La rosa separada, El mar y las campanas, Libro de las preguntas, Elegía, Jardín de*

---

[44] Matilde de Urrutia, «Les derniers jours de Pablo Neruda, en *Europe,* número ya citado, págs. 26-27.
[45] Pablo Neruda, *Obras Completas,* Editorial Losada, Buenos Aires, 1973.

invierno, El corazón amarillo y *2000,* libros poéticos, algunos aparecidos póstumamente. Las *Memorias* de Pablo Neruda llevan como título complementario «Confieso que he vivido» [46] y han sido publicadas en una editorial barcelonesa, después que su manuscrito sufriera la última aventura del destierro. El poeta no pudo ya corregir el material ni ordenarlo. Cuidaron de ello su esposa Matilde Neruda y el escritor venezolano Miguel Otero Silva. No es, pues, sorprendente que las páginas de Neruda muestren aquí y allá la primera redacción y también los signos de la penosa enfermedad que acabaría con su vida poco después de la muerte de Salvador Allende, exactamente doce días después. Quizá sean éstas las últimas páginas que escribiera, las que dan noticia de los dramáticos acontecimientos chilenos, páginas atentas al acontecer político de su país, que centraba, entonces, la atención mundial.

Las *Memorias* de Neruda se inician con los evocadores recuerdos de la niñez y recorren una vida azarosa, complicada, plena de aventuras y de emociones. La vida de Pablo Neruda es, sin duda, una de las más plenas y completas de un hombre de nuestro siglo. Viajero incansable, desde el remoto Chile acude al Extremo Oriente, visita China en varias ocasiones, recorre la Unión Soviética y los países europeos, los EE.UU. y América Latina. Sus triunfos poéticos —convertido pronto en un poeta popular— le acompañarán prácticamente desde la adolescencia. Sus *Memorias,* escritas tras la obtención del premio Nobel, revelan al hombre que escribe con un pie ya en la posteridad, reflejan un triunfador literario, aunque en no pocas ocasiones se sienta obligado también a justificarse. Neruda justifica su vida confortable, justifica su

---

[46] Pablo Neruda, *Confieso que he vivido. Memorias,* Seix-Barral, Barcelona, 1974.

primer surrealismo, justifica su entusiasmo por Stalin, justifica su presencia en los EE.UU., invitado por el PEN Club, lo que motivó la sonada e injustificada protesta de los intelectuales cubanos. Y puestos a justificar, justifica el abandono de la birmana Josie Bliss, episodio mítico del mítico Pablo Neruda, que diera como fruto el poema «Tango del viudo» y que ahora el lector podrá conocer directamente en palabras del propio protagonista.

No encontrará, sin embargo, revelaciones sensacionales en las *Memorias* de Pablo Neruda. En ningún momento irá el poeta más lejos de lo que sus convicciones políticas y su indiscutible puesto en el Parnaso le permiten. Algunos puyazos contra los intelectuales cubanos, especialmente contra Fernández Retamar de quien dice que «nunca lo consideré un valor, sino uno más entre los arribistas políticos y literarios de nuestra época» (pág. 447), contra el culto a Mao, veladas alusiones a quienes «utilizaron» el nombre de César Vallejo, el poeta peruano, contra Neruda y, naturalmente, diatribas contra la derecha chilena y los contrarrevolucionarios de todos los países. Pero no es la vertiente política la zona más interesante de estas *Memorias*, salvo cuando evoca alguna manifestación de masas, algún acto íntimo en que se leyeron sus poemas o las panfletarias y dolorosas páginas que cierran el libro, escritas ya desde el lecho de muerte con enorme sobriedad, dolorosas y aceradas.

El montaje de las *Memorias* encierra algunas repeticiones, algunos saltos cronológicos y deja en una discreta penumbra otras zonas vitales, íntimas, que hubieran resultado para el poeta más dolorosas o comprometidas. Neruda aparece, especialmente en la primera parte del libro, como un incansable enamorado. Sus aventuras eróticas son tan abundantes y exóticas como su colección de caracoles, su interés por las plantas y los animales raros. La vida está contemplada por este poeta gozador y vitalista desde el placer: el placer del amor, de la amistad, de la camaradería, de la bebida, de la Naturaleza en cualquiera de sus manifestaciones. Su existencia es casi una épica, como sucede también en parte de su obra. Sin embargo, la carga erótica que aparece en algunos de sus poemas reaparece también en algún fragmento de las *Memorias*. Los mejores momentos son los destellos líricos que transforman la prosa en un movimiento bello y relampagueante. El sistema de elaborar las *Memorias,* según adivinamos, a base de breves cuadros —escenas o retratos—, favorece así la intensidad lírica de alguna de sus páginas. En *Mi primer poema,* por ejemplo, cuando describe, en su infancia, la salvación de un cisne negro: «Así cada día, por más de veinte, lo llevé al río y lo traje a mi casa. El cisne era casi tan grande como yo. Una tarde estuvo más ensimismado, nadó cerca de mí, pero no se distrajo con las musarañas con que yo quería enseñarle de nuevo a pescar. Se estuvo muy quieto y lo tomé de nuevo en brazos para llevármelo a casa. Entonces, cuando lo tenía a la altura de mi pecho, sentí que se desenrrollaba una cinta, algo como un brazo negro me rozaba la cara. Era su largo y ondulante cuello que caía. Así aprendí que los cisnes no cantan cuando mueren» (pág. 31).

El contacto con la naturaleza inspira a Neruda alguna de sus bellas páginas en prosa, en especial el contacto con la salvaje naturaleza chilena, llena de contrastes, en la que el poeta reconoce cada planta, cada pájaro, cada piedra por su nombre, nombres bellísimos y evocadores, recuperados, amorosamente, en este canto material y cotidiano. Éstos son los auténticos hallazgos del poeta, incansable aventurero del idioma. Su inspiración es el recuerdo y la realidad, aunque ésta resulte deformada al evocarse. Páginas que se nos dan con detalles realistas parecen escenas oníricas, como la presencia de un cordero y más tarde de un pastor en su residencia ciudadana, ejemplo de que el surrealismo se da no sólo como fruto de la imaginación, sino en la realidad auténtica (pág. 312). Sobre la influencia del movimiento surrealista en su obra *Residencia en la tierra* el poeta señala algo que había ya declarado en anteriores ocasiones: «está escrita, o por lo menos comenzada, antes del apogeo surrealista, como también *Tentativa del hombre infinito* pero en esto de las fechas no hay que confiar. El aire del mundo transporta las moléculas de la poesía, ligera como el polen o dura como el plomo...» (pág. 403).

A lo largo de las *Memorias* hallamos elementos suficientes que nos permitirán interpretar las variaciones de su poesía, sus cambios de orientación —nunca bruscos, como aparentemente pudiera parecer— con sus propias palabras. Su actitud ante el realismo, semejante al «realismo abierto» que propugnara su amigo Louis Aragon: «el poeta que no sea realista va muerto. Pero el poeta que sea sólo realista va muerto también. El poeta que sea sólo irracional será entendido sólo por su persona y por su amada y esto es bastante triste. El poeta que sea sólo racionalista, será entendido hasta por los asnos, y esto es también sumamente triste» (págs. 368-69). Su defensa de la poesía es vibrante y apasionada. Los elementos parecen confabulados en proporcionar a Neruda aquella visión torrencial y profética que alcanza en ocasiones su *Canto general*. En un homenaje a Pushkin, celebrado en la Unión Soviética, «mientras los campesinos presenciaban el homenaje se descargó una intensa lluvia. Un rayo cayó muy cerca de nosotros, calcinando a un hombre y el árbol que lo cobijaba. Todo me pareció dentro del cuadro torrencial de la naturaleza. Además, aquella poesía acompañada de la lluvia estaba ya en mis libros, tenía que ver conmigo» (pág. 274). La interpretación de la anécdota no deja de ser reveladora.

Pero buena parte de las *Memorias* de Neruda cobran

interés y acción al recuperar la vida literaria e intelectual. Fundamentalmente, los poetas españoles de los años veinte y muy destacadamente la figura de Federico García Lorca, poeta cuya personalidad tanta semejanza tenía con Neruda: su vocación popular, su personalidad atractiva y desbordante. Neruda convivió con García Lorca no sólo en España, sino también en Buenos Aires. Testimonio de aquella amistad en el discurso al alimón de ambos poetas, que se transcribe, una vez más, en estas *Memorias*. Se evoca a León Felipe, Rafael Alberti, Aleixandre, Gómez de la Serna, Juan Ramón Jiménez y los pintores: Juan Gris, Picasso, Caballero, el escultor Alberto. El capítulo quinto, por entero, está dedicado a los años de *España en el corazón,* título de uno de sus libros poéticos. Esta evocación viene acompañada por el recuerdo de la guerra civil española. Hubiéramos deseado mayores detalles en este capítulo, testimonio excepcional de un intelectual comprometido. Nada revela el poeta que no supiéramos ya por sus propios versos. «Siempre fue España —escribe— un campo de gladiadores; una tierra con mucha sangre. La plaza de toros, con su sacrificio y su elegancia cruel, repite, engalanada de farándula, el antiguo combate mortal entre la sombra y la luz» (pág. 173). Pero sólo la dura requisitoria contra el cónsul chileno Carlos Morla Lynch, al que acusa de negar el asilo a Miguel Hernández (ninguna revelación, por otra parte —Morla escribiría más tarde un malintencionado libro sobre García Lorca y su mundo—, escapa a una visión abstracta y un tanto tópica de la tragedia española según puede apreciar el lector por la cita transcrita anteriormente. Mientras se narra con algún detalle un intento de expulsión de Italia (pág. 297), sólo de paso se alude a las actividades que sirvieron, desde París, para salvar a un buen número de exiliados españoles en Francia y que encontraron su nueva patria en Chile.

En algunos momentos las *Memorias* se inclinan hacia el anecdotario, hacia lo que quizá equivocadamente Neruda consideraba que podría interesar y divertir más al lector. Se escamotean así no pocos problemas. Por ejemplo, se alude cariñosamente a César Vallejo (pág. 391), pero no siempre las relaciones entre Vallejo y Neruda fueron excelentes y aun, durante su estancia en París, la actitud del poeta chileno hacia el peruano ha sido muy controvertida. Se alude a la censura soviética de *Cien años de soledad* (página 436), pero Neruda trata muy de paso la cuestión. El poeta hace autocrítica de su etapa más ortodoxa, pero es una autocrítica suave, eludiendo las características dramáticas de los campos de trabajo estalinistas, que los partidos comunistas occidentales se empeñaron en negar hasta el XX Congreso. En general, las *Memorias* de Neruda carecen de una actitud crítica hacia la amplia realidad vivida, escamotean opiniones comprometidas, si las hubo. Es cierto que el poeta rechaza cualquier tipo de excomunión (pág. 318), pero evita los problemas concretos, así como silencia las relaciones sentimentales como su primer matrimonio con Delia del Carril. Claro está que tales *Memorias* muestran en algunas lagunas el hecho incuestionable de estar inacabadas y algunas de sus páginas hubieran sido posiblemente mejoradas. Neruda se muestra siempre positivo en sus relaciones con los demás, sencillo, épico, a la altura de las circunstancias, perseguido, homenajeado, popular. Su vida es generosa y, en verdad, recibió de ella mucho más que cualquier otro escritor de nuestra época. Galardonado con diversos premios y finalmente con el Nobel, fue hasta candidato a la presidencia de Chile, embajador en París y el poeta, posiblemente, más traducido de nuestro siglo. Sin embargo, desde estas *Memorias,* surge el gran escritor, el infatigable, el admirador de la belleza en cualquiera de sus manifestaciones. El poeta es semejante a aquel agave que describe magníficamente en estas páginas: «el viejo agave de mi casa sacó desde el fondo de su entraña su floración suicida. Esta planta, azul y amarilla, gigantesca y carnosa, duró más de diez años junto a mi puerta, creciendo hasta ser más alta que yo. Y ahora florece para morir. Erigió una poderosa lanza verde que subió hasta siete metros de altura, interrumpida por una seca inflorescencia, apenas cubierta por polvillo de oro. Luego, todas las hojas colosales del "Agave americana" se desploman y mueren» (pág. 412). Sin embargo, estas *Memorias* quedan como un testimonio, desgraciadamente inacabado aunque excelente, pese a los reparos, fruto del poeta que fue y supo mantenerse como un elegido.

«POESÍA PÓSTUMA» (1973-1974)

Pablo Neruda dejó al morir ocho libros de poemas. Según se indica en la nota editorial fueron «escritos simultáneamente» y precisa el orden sugerido por el poeta. Es frecuentemente en Pablo Neruda y en otros poetas y escritores contemporáneos la composición simultánea de varios libros. Ramón Gómez de la Serna, por ejemplo, escribía más de cinco libros a la vez y avanzaba en cada uno de ellos según le dictaba la inspiración. García Lorca no sólo escribía libros simultáneos, sino que en cada uno de ellos empleaba características de estilo y composición distintos. Para el lector y aún para el crítico la aparición de los libros de un autor es consecutiva en el tiempo. Los estilos resultan así estilos históricos, pero tal apreciación lleva, en ocasiones, a la consideración de «períodos» inexistentes. Ésta fue la razón, por ejemplo, que esgrimía Menéndez Pelayo al calificar a los dos estilos gongorinos de «luz» y de «tinieblas», cuando el poeta cordobés los simultaneaba. Esta poesía póstuma de Pablo Neruda,

¿era considerada por el poeta como definitiva y ya publicable?, ¿es ésta toda la obra inédita del poeta? Parece prematuro considerar que las *Obras Completas* sean definitivamente completas cuando en la última edición de las mismas [47], el bibliógrafo del poeta, Hernán Loyola, indica que el *Álbum Terusa,* manuscrito de Neruda de 1923, contiene aún «textos en prosa y en verso, varios de ellos inéditos o no incluidos en libros». ¿Cuándo las *Obras Completas* serán decididamente completas? El abuso de la fórmula por parte de los editores plantea la inconsecuencia de coexistir diversas *Completas,* unas más que otras; aunque adivinemos que ninguna responde al enunciado. Ello se produce en casi todos los escritores, de lengua española, contemporáneos y aun en los clásicos. Sin embargo, en el caso de Neruda disponemos, por lo menos, en la última edición citada, de la excelente *Guía bibliográfica* (págs. 911-1191, del tercer volumen), aunque todavía bastante incompleta en lo que respecta a la bibliografía sobre las obras del poeta.

La rosa separada [48] describe un viaje de Neruda a la isla de Pascua, donde la Naturaleza, el pueblo primitivo y la característica luminosidad de la isla quedan enturbiadas por la avasalladora presencia de los turistas. El poeta describe su impresión en versos de tersura clásica:

> oh estrella natural, diadema verde,
> sola en tu solitaria dinastía,
> inalcanzable aún, evasiva, desierta
> como una gota, como una uva, como el mar.
>
> («La isla», pág. 82.)

---

[47] Pablo Neruda, *Obras Completas,* Editorial Losada, Buenos Aires, 1973, 3 vols.
[48] Pablo Neruda, *La rosa separada,* Editorial Losada, Buenos Aires, 1973.

Pero llegar hasta la isla supone integrarse al río turístico. De todas las nacionalidades llegan al mismo destino, hasta el volcán Ranu Raraku, «ombligo de la muerte». La propia naturaleza invita a la vida:

> aquí en la isla de Pascua donde todo es altar,
> donde todo es taller de lo desconocido,
> la mujer amamanta su nueva criatura
> sobre las mismas gradas que pisaron los dioses
>
> («Los hombres», pág. 50.)

El poeta ha utilizado su sabiduría poética para reflejar un mundo paradisíaco, compartido brevemente, sin llegar a plantearse radicalmente, poéticamente a fondo, ningún tema. *Jardín de invierno* [49] muestra, asimismo, dentro de una mayor variedad temática un cierto «neoclasicismo» que guarda ciertas semejanzas con el estilo de los *Retornos* de Rafael Alberti. El propio Neruda confesó que «con Rafael hemos sido simplemente hermanos. La vida ha intrincado mucho nuestras vidas, revolviendo nuestra poesía y nuestro destino» *(O. C.,* III, pág. 648). Algún día habrá que estudiar a fondo las relaciones poéticas de ambos autores. Una vez más surge el autorretrato lírico poético tan grato al poeta chileno:

> Soy en este sin fin sin soledad
> un animal de luz acorralado
> por sus errores y por su follaje:
> ancha es la selva; aquí mis semejantes
> pululan, retroceden o trafican,
> mientras yo me retiro acompañado
> por la escolta que el tiempo determina:
> olas del mar, estrellas de la noche.
>
> («Animal de luz», pág. 83.)

---

[49] Pablo Neruda, *Jardín de invierno,* Editorial Losada, Buenos Aires, 1974.

Y de nuevo incide en la temática y en la estructura poética de *Residencia en la tierra,* en la que el poeta se identifica con una naturaleza plena de símbolos. Desde las costas de Chile recupera el último sentido:

> Yo estoy aquí mientras de cielo en cielo
> el temblor de las aves migratorias
> me deja hundido en mí y en mi materia
> como en un pozo de perpetuidad
> cavado por una espiral inmóvil.
>
> («Los triángulos», pág. 90.)

2000 [50] es tal vez el mejor de los últimos libros que comentamos. El autor se sitúa en el límite del año 2000 y describe, acompañado por otras voces, la injusticia y el desorden del mundo. Es éste un libro breve, una plaquette de nueve poemas, en el que resurge la conciencia social de Neruda identificado con el hombre tercermundista:

> Yo soy Ramón González Barbagelata, de cualquier parte,
> de Cucuy, de Paraná, de Río Turbio, de Oruro,
> de Maracaibo, de Parral, de Ovalle, de Loncomilla,
> tanto da, soy el pobre diablo del pobre Tercer Mundo,
> el pasajero de tercera instalado, Jesús!,
> en la lujosa blancura de las cordilleras nevadas,
> disimulado entre las orquídeas de fina idiosincrasia.
>
> He llegado a este mentado año 2000, y qué saco,
> con qué me rasco, qué tengo yo que ver
> con los tres ceros que se ostentan gloriosos
> sobre mi propio cero, sobre mi inexistencia?
>
> («Los hombres», pág. 33.)

No deja de ser interesante la presencia del tema en la obra nerudiana. Aquí escapa el poeta de la segura y

---

[50] Pablo Neruda, *2000,* Editorial Losada, Buenos Aires, 1974.

consistente adscripción política para interrogarse por la incógnita del subdesarrollo. El hambre y la miseria parecen constituir una entidad propia, un tema de conciencia que, éticamente, escapa incluso a la personalidad del propio poeta:

> En cambio yo, pecador pescador,
> ex vanguardero ya pasado de moda,
> de aquellos años muertos y remotos
> hoy estoy a la entrada del milenio,
> anarcocapitalista furibundo
> dispuesto a dos carrillos a morder
> la manzana del mundo.
>
> («Los otros hombres», pág. 39.)

¿Quién es este ex vanguardero pasado de moda?, ¿se siente conservador Neruda?, ¿es *2000* «un porfiado esqueleto de palabras» (pág. 50), verso con el que se cierra el libro? Es ésta una poesía de denuncia, aunque contradictoriamente conservadora, puesto que el poeta imagina un futuro hecho a imagen y semejanza del pasado y, por consiguiente, nada esperanzador. Y el temor al futuro ¿no es, en definitiva, un signo del conservadurismo?, ¿o de lucidez?

El corazón amarillo [51] es quizá el libro menos afortunado de la serie. El poeta trabaja con pie forzado con los versos eneasílabos, muy prodigados y una poesía que tiende a la prosificación y al coloquialismo. El ejemplo más característico es el poema titulado *Una situación insostenible,* en el que se narra la presencia de los difuntos en una casa «que se quedó sin nadie un día». El poema se inspira posiblemente en el episodio narrado en las *Memorias* del poeta (pág. 50), cuando éste acude a la pensión de un peluquero y ocultista

---

[51] Pablo Neruda, *El corazón amarillo,* Editorial Losada, Buenos Aires, 1974.

que acaba de perder a su mujer. El *Libro de las preguntas* [52] consiste en la exposición de una serie de temas que se resuelven mediante interrogantes, a manera de las preguntas absurdas de ciertos géneros populares, como cantos carnavalescos o ciertas canciones infantiles. A través de esta reducción al absurdo mediante el juego o norma previamente aceptada, el *Libro de las preguntas* resulta la experiencia más surrealista de las obras de madurez del poeta.

> Qué guardas bajo tu joroba?
> dijo un camello a una tortuga.
>
> Y la tortuga preguntó:
> Qué conversas con las naranjas?
>
> Tiene más hojas un peral
> que Buscando el Tiempo Perdido?
>
> Por qué se suicidan las hojas
> cuando se sienten amarillas?
>
> (pág. 11.)

La fórmula es, sin embargo, reiteración. *Elegía* [53] reúne poemas dedicados a personajes desaparecidos o personalidades próximas al poeta, como el escultor Alberto, fallecido en Moscú, el poeta turco Nazim Hikmet, Lenin, Ehremburg, Evtuchenko o Lily Brik, la amada de Maiakowski. El libro es, por todo ello, un homenaje a la ciudad de Moscú, «ola del universo / canal de este planeta» (pág. 126). Una vez más Neruda se siente vivir en el límite del viejo y nuevo mundo, en la característica formulación marxista que plantea la futura Arcadia socialista y el «hombre nuevo»:

---

[52] Pablo Neruda, *Libro de las preguntas,* Editorial Losada, Buenos Aires, 1974.
[53] Pablo Neruda, *Elegía,* Editorial Losada, Buenos Aires, 1974.

> yo y tú, los que vivimos en el límite
> del mundo antiguo y de los nuevos mundos
> participamos con melancolía
> en la fusión de los vientos contrarios,
> en la unidad del tiempo que camina.

(XXVII, pág. 118.)

En *El mar y las campanas* [54], penúltimo libro del poeta (desconocemos *Defectos escogidos,* que según el propio poeta debía situarse en el octavo lugar), hallamos de nuevo al poeta en vena descriptiva, como en el poema («H. V.») (pág. 61). Los poemas llevan ya como título el primer verso. Es éste, pues, un libro que parece poco corregido. El poema que lleva por título «Final» que, según la nota editorial «concluyó poco antes de morir», cierra el libro alterando así el orden cronológico. Dedicado a su esposa Matilde tiene como tema la propia enfermedad y el anticipo de muerte. Al margen de sus calidades poéticas, debe valorarse en el contexto de una obra poética gigantesca, en cuyo final el poeta quiso incluir hasta el último aliento, enorme esfuerzo creador. El poeta nos llega

> sangrando sangre verdadera,
> despertando tal vez
> o perdido, dormido:
> camas clínicas, ventanas extranjeras,
> vestidos blancos de las sigilosas,
> la torpeza de los pies
> ....
> Fue tan bello vivir
> cuando vivías!

(«Final», pág. 107.)

---

[54] Pablo Neruda, *El mar y las campanas,* Editorial Losada, Buenos Aires, 1974.

Es una temática vivida y humanizada hasta el límite de la hipersensibilidad y del sentimiento, Neruda obtiene versos que muestran su artesanía, su facilidad creadora, identificaciones personales, como la de Chile y la de su esposa Matilde en una bella imagen:

> Hoy a ti: larga eres
> como el cuerpo de Chile, y delicada
> como una flor de anís,
> y en cada rama guardas testimonio
> de nuestras indelables primaveras:
> Qué día es hoy? Tu día.

(«Cada día Matilde», pág. 33.)

Estilizada, clara y levemente irisada por el recuerdo, esta última poesía de Pablo Neruda muestra la serenidad creadora del poeta. Carece, bien es verdad, de la violencia lingüista, de un programa estético renovador; es, en el último remanso, un testimonio semejante a las memorias: *Confieso que he vivido*. Poeta torrencial; que capta a su paso, en el arrastre, toda clase de materiales, Pablo Neruda resulta así un artesano, en versos que compartieron sus últimas horas en un Chile convertido en símbolo.

«ELEMENTOS ROMÁNTICOS» EN LA POESÍA PÓSTUMA DE PABLO NERUDA

No sin cierta desconfianza he titulado estas observaciones «elementos románticos» y las he centrado en los libros últimos del poeta, libros póstumos, consciente, sin embargo, de que éstos vienen ya a aportar poco a la imagen del conjunto de la obra nerudiana, que podría considerarse prácticamente clausurada tras el *Memorial de Isla Negra* (1964). Sin embargo, desde este libro que pone fin al segundo volumen de las

Obras Completas (ed. de 1973), su obra se acrecentó en un volumen más que incluye el gracioso *Arte de Pájaros, Una casa en la arena, La Barcarola, Fulgor y muerte de Joaquín Murrieta, Comiendo en Hungría, Las manos del día, Aún, Fin de mundo, La espada encendida, Geografía infructuosa* e *Incitación al nixonicidio, y alabanza de la revolución chilena,* que fue el último de los libros publicado en vida por el poeta. Con ello quiero señalar que en los últimos nueve años de su vida Neruda publica y escribe once libros poéticos más los ocho póstumos a los que nos referiremos a continuación.

No podemos olvidarnos por otra parte, que, entretanto, escribe o dicta sus *Memorias (Confieso que he vivido),* participa en los preparativos que conducirán al triunfo de la Unidad Popular y representa a su país en París. Y en 1964 cuenta ya sesenta años. No puede sorprender, por consiguiente, que la obra última de Neruda responsa, como veremos, a unos presupuestos vitales, de los que —cabe repetirlo una vez más— nunca se desprendió desde sus orígenes. La identificación, que una parte de la obra nerudiana mantiene, entre Poesía y Vida y que arranca del Romanticismo es lo que inicialmente y repito que no sin cierto escepticismo terminológico me movió a calificar estas breves notas como «elementos románticos».

Soy muy consciente de que el término aquí utilizado, «romanticismo», no debe ser aplicado a unos textos que nacen fuera del contexto histórico y de la propia escuela «romántica». Una vez más se plantea en un terreno práctico el problema tradicional de la «ciencia literaria»: el de calificar con términos ya desusados una zona o unos determinados aspectos de «significado» o «materia» sobre los que el escritor ha trabajado y que suponemos identificables. En este sentido no es menos injusto tratar de su «neorromanticismo» inicial. Jaime Concha limita el calificativo:

«Quien defina al joven Neruda como romántico, debe tener en cuenta, si quiere ser veraz, la salud prometeica de su alma, fuerza y arma forjada para resistir el roce cotidiano con la poesía —el más quemante de los fuegos divinos» [55], aunque no lo descarta.

Contemplamos con cierta desconfianza aquella afirmación de Paul Van Tieghem: «On ented parfois par ce mot (romantisme) un tempérament, un état de l'âme, un groupe de sentiments et d'aspirations qui sont de tous les temps et de tous les pays, qui se rencontrent dans bien des coeurs, et qui s'experiment ici ou là dans la littérature et dans l'art. C'est un état permanent de sensibilité, non un phónomène historique» [56].

Utilizaremos aquí los términos «significado», «contenido» o «materia» en un sentido semejante al que otorga Julia Kristeva al «significado» [57]. El «contenido» o «materia» transformado en práctica poética es, en los últimos libros de Neruda, los ocho póstumos (que consideramos aquí integrados en una sola unidad) resultado de una poesía que reflexiona y produce una interacción entre ideología, biografía y discurso.

Unos versos de *Otro Castillo (Defectos escogidos,* página 90) nos ofrece una clave de esta poesía póstuma:

> No pido nueva rosa ni dolores,
> ni indiferencia es lo que me consume,
> sino que cada signo se escribió,
> la sal y el viento borran la escritura
> y el alma ahora es un tambor callado

---

[55] Jaime Concha, «Proyección de *Crepusculario*», en *Aproximaciones a Pablo Neruda,* Simposio dirigido por Ángel Flores, Barcelona, 1974, pág. 74.
[56] Paul van Tieghem, *Le romantisme dans la littérature européene,* París, 1969, aunque la 1.ª ed. es de 1948, pág. 9.
[57] Julia Kristeva, *La révolution du langage poétique,* París, 1974, págs. 14-15.

a la orilla de un río, de aquel río
que estaba allí y allí seguirá siendo.

El mundo real se ha transformado para el poeta en un conjunto de signos que acusan cruelmente la oposición entre la vida-obra que escapa y lo material que perdura. Coincido aquí con la observación que Hernán Loyola aplica ya a *Crepusculario:* «La poesía de Neruda, en 1923 como en 1962, es ante todo, trasunto biográfico» [58]. Saúl Yurkievich: «en Neruda, poesía y vida son concomitantes; no exteriormente, en el plano de la anécdota, de las circunstancias biográficas, de la experiencia objetiva (que también se transmite en sus textos, pero abusivamente, entretejida y confundida con las proyecciones supraempíricas de una imaginación imperativa), sino íntimamente, en la fusión entre psiquismo y vehículo lingüístico, en la subordinación de la palabra a la vivencia» [59]. En ello parece coincidir ya la mayor parte de la crítica nerudiana. En la anterior estrofa, Neruda nos había advertido de que: «La vida no es la punta de un cuchillo, / no es golpe de estrella, / sino un gastarse dentro de un vestuario, / un zapato mil veces repetido, / una medalla que se va oxidando / adentro de una caja oscura, oscura». Descubriremos fácilmente las constante biográficas —especialmente la muerte presentida— que conforman la materia poética. Esta muerte presentida aparece ya dramáticamente en *El cobarde* (de *Geografía infructuosa, O. C.*, III, pág. 597) [60]:

---

[58] Hernán Loyola, «Crepusculario», en *Aproximaciones a Pablo Neruda,* Simposio dirigido por Ángel Flores, Barcelona, 1974, página 21.

[59] Saul Yurkievich, «Tentativa del hombre infinito un primer esbozo de *Residencia en la Tierra»*, en *Aproximaciones, ob. cit.,* página 51.

[60] Véase al respecto Claude Couffon, *Les derniers livres. Europe (Neruda présent),* enero-febrero de 1974, págs. 216-217.

> Y ahora, a dolerme el alma y todo el cuerpo,
> ....
> te mata el alfabeto de la muerte,
> un solo pétalo del gran dolor humano
> cae en tu orina y crees
> que el mundo se desangra.

También aquí es evidente la oposición entre la muerte personal y la naturaleza indiferente e incluso respecto a otros poemas los rasgos de presión frente a la reafirmación vital *(El mismo siempre, O. C.,* III, página 595).

Neruda expresa una visión del mundo muy distinta de la que encontraremos, por ejemplo, en su *Memorias*. En la rememoración del centenario de Pushkin (1949) escribe: «Me encontraba en medio de un bosque en que millares de campesinos, con trajes antiguos de fiesta, escuchaban los poemas de Puschkin. Todo aquello palpitaba: hombres, hojas, extensiones en que el trigo nuevo comenzaba a vivir. La naturaleza parecía formar una unidad victoriosa con el hombre. De aquellos poemas de Puschkin en el bosque de Michaislowski tenía que surgir alguna vez el hombre que volaría hacia otros planetas (pág. 274). Una vez más el poeta se contempla dentro de un ciclo en el que las fuerzas naturales se combinan con los estados anímicos, en el que la exaltación de unos versos románticos aparecen conjugados (no importa si por azar) con los signos externos desencadenados. Puschkin equivale a la primavera («una unidad victoriosa para el hombre»). No deja de plantearse un extremo de cruel indiferencia (la muerte del campesino) como un signo más, una denotación. En efecto, también allí, en la URSS, la lluvia (su favorito signo polivalente) acompaña al poeta. Una oposición se manifiesta en los versos de *Otro Castillo*. Allí el poeta «se gasta» y las imágenes que acompañan el gesto de «gastarse» son terriblemente desalentadoras. Una fórmula trimembre nos recuerda el traje en el armario, la medalla que se oxida, el zapato repetido y el verso final de la estrofa con el cruel «adentro de una caja oscura, oscura». La repetición cobra su eficacia en su paralelismo con el No soy, no soy inicial y el tan significativo: «no soy el rayo / de fuego azul».

El poeta aparece ahora como un propósito fracasado. El proyecto poético de la imagen de un Neruda ideal hubiera sido (si tenemos en cuenta los versos de *Otro Castillo):* «el ígneo / aquel propósito entreabierto / de ave extendida, de águila en el cielo, / de fuego heráldico». El poeta aparecía así como un símbolo de pureza portador de fuego. Esta imagen visionaria y como profética puede enlazar la concepción del poeta (el yo nerudiano) con algunas escenas visionarias de poetas como William Blake, que Neruda tradujo en 1934 en la revista española *Cruz y Raya* (núm. 20, págs. 85-109). Harold Bloom cuando comenta los versos de *El libro de Thel* y el simbolismo del águila en este poema de Blake señala que «en un nivel más profundo del simbolismo de Blake el águila y la vara de plata pertenecen a Tharmas el Pastor, el Zoa o Titán, cuyo elemento es el agua y cuyo poder consiste en el potencial de vida»[61]. No es difícil, por otra parte, hallar una identidad entre los símbolos del fuego y de la «energía» de Blake. Y la tristeza, que Neruda identifica con la adolescencia, consiste en un «castillo de lluvia». La tristeza es también una finalidad en el poema de Blake: «El humor del poema culmina en la tristeza, lo cual había sido profetizado por el tono inicial del mismo»[62]. Con ello no pretendo establecer un abierto paralelo entre la poesía de Blake y la del

---

[61] Harold Bloom, *Los poetas visionarios del Romanticismo inglés* (trad. de The Visionary Company), Barcelona, 1974, pág. 70.
[62] *Ob. cit.,* pág. 76.

último Neruda, sino advertir las raíces comunes y los complejos simbolismos que tras una aparente sencillez se encierran en el poema. El modelo de poeta que Neruda nos perfila en los versos antes citados es, sin duda, una proyección romántica, si entendemos por tal la síntesis de símbolos que Neruda nos transmite.

El proyecto o modelo se ha derrumbado y Neruda se autorretrata como la antítesis de lo que plantea como «ideal»:

> No soy, no soy el ígneo,
> estoy hecho de ropa, de reumatismo,
> papeles rotos, citas olvidadas,
> pobres signos rupestres
> en lo que fueron piedras orgullosas.

En esta combinación de versos heptasílabos y endecasílabos (aunque el segundo verso es una combinación métrica de 7 + 5) Neruda escribe su «modelo» de negatividad poética: ropa, reumatismo, papeles rotos, citas olvidadas, pobres signos rupestres; un conjunto de signos y símbolos materiales que denotan la vida cotidiana y el definitivo fracaso de un posible ideal casi byroniano. En esta enumeración —menos caótica que aquellas que señalara en su día Amado Alonso en *Residencia en la tierra*— hallamos diversos signos que reconstruyen la «realidad» temporal del poeta. Sabemos que se abriga al amparo del fuego [63] y que sus enfermedades le plantean el problema de la vejez acechante, papeles rotos (¿no equivale aquí a poemas destruidos?) y las citas que no se cumplen; todos ellos se transforman en «signos rupestres» (¿graffitti tal vez?). ¿Qué signos positivos se oponen a tal enumeración nerudiana: desnudez, a vestido; salud, juventud a reumatismo; poemas inspirados, a papeles rotos; citas sugestivas, tal vez amor, a citas ol-

---

[63] Claude Couffon, art. cit., pág. 216.

vidadas; signos perennes —poesía— a los rupestres. El modelo positivo coincide con el modelo del poeta arrogante, juvenil e inspirado que Neruda mismo nos describe en sus *Memorias:* «Yo he sido un hombre demasiado sencillo: éste es mi honor y mi vergüenza. Acompañé ia farándula de mis compañeros y envidié su brillante plumaje, sus satánicas actitudes, sus pajaritas de papel y hasta esas vacas, que tal vez tengan que ver en forma misteriosa con la literatura» (página 67).

Nos encontramos, pues, ante una poesía meditativa en la que las circunstancias personales del poeta configuran el tema fundamental; poesía y biografía que se enlazan para lograr un contenido eminentemente personal sin excesivas connotaciones sociales. El poeta permanece, volviendo a la última estrofa que cierra el poema, atento a los signos que parecen determinar el fin de una existencia. Así se indica en «cada signo se escribió», donde conviene poner de relieve la acción perfectiva del verbo, que no permite ya ni prolongación ni rectificación. En este juego de signos, que el poeta ha observado, cobran especial significación los cuatro últimos versos. Los elementos naturales en su máxima pureza (la sal y el viento) borran la escritura. ¿Y no ha sido la obra de Neruda principalmente «escritura» por encima de otras muchas cosas? El «alma» (no deja de ser significativo el término así utilizado en su sentido clásico) es un «tambor callado». «El yo lírico se manifiesta en *Crepusculario* como «alma» [64] nos indica Jaime Concha, lo que demuestra la continuidad incluso de la terminología empleada por el poeta. Y la presidencia de la Naturaleza (el río) es una prueba de indiferencia ante su desaparición. Su tiempo ha terminado ya mientras el río sigue estando indefinidamente más allá del tiempo personal. Todo

---

[64] Jaime Concha, *ob. cit., Aproximaciones*, pág. 30.

conduce, pues, a una reflexión moral tradicional en la literatura. El hombre es mortal, el poeta lo es también, pero ¿lo son sus palabras, lo que en los poetas del siglo XV castellano se entiende por «la fama»? Como Jorge Manrique, Neruda viene a concluir «cómo se pasa la vida, cómo se viene la muerte tan callando».

Un tema semejante, pero tratado con su especial sentido del humor (que viene a recordar los «antipoemas» de Nicanor Parra) lo hallamos también en «Sin embargo, me muevo» (de *El corazón amarillo*, páginas 39-41), muy alejado del que refiere Robert D. F. Pring-Mill en su análisis de *La elaboración de la cebolla* [65]. Una vez más Neruda poetiza sus vivencias, colocando el «yo» como elemento temático central, aunque aquí las relaciones entre la circunstancia vivida y el mundo real es todavía más evidente. Se trata de la descripción irónica de una exploración médica, que el poeta sufre sin entusiasmo, aunque con un decidido vitalismo:

> De cuando en cuando soy feliz!
> opiné delante de un sabio
> que me examinó sin pasión
> y me demostró mis errores.
>
> Tal vez no había salvación
> para mis dientes averiados,
> uno por uno se extraviaron
> los pelos de mi cabellera;
> mejor era no discutir
> sobre mi tráquea cavernosa:
> en cuanto al cauce coronario
> estaba lleno de advertencias
> como el hígado tenebroso
> que no me servía de escudo
> o este riñón conspirativo.

---

[65] En *Aproximaciones*, pág. 241.

Y con mi próstata melancólica
y los caprichos de mi uretra
me conducían sin apuro
a un analítico final.

Mirando frente a frente al sabio
sin decidirme a sucumbir
le mostré que podía ver,
palpar, oír y padecer
en otra ocasión favorable.
Y que me dejara el placer
de ser amado y de querer:
me buscaría algún amor
por un mes o por una semana
o por un penúltimo dia.

El hombre sabio y desdeñoso
me miró con la indiferencia
de los camellos por la luna
y decidió orgullosamente
olvidarse de mi organismo.

Desde entonces no estoy seguro
de si yo debo obedecer
a su decreto de morirme
o si debo sentirme bien
como mi cuerpo me aconseja.

Y en esta duda yo no sé
si dedicarme a meditar
o alimentarme de claveles.

Ésta es una escena vivida en cuyo contenido adivinamos opuestos elementos. El deseo de vivir se halla en oposición a un aparente reconocimiento médico. Pero el verso inicial es suficientemente significativo. La felicidad personal está mediatizada por la fórmula adverbial «de vez en cuando» que carga de tintes sospechosos el humorismo distanciador: el paciente (y no nos cuesta trabajo identificarlo con el poeta, por desgracia) reclama su placer amoroso, pero aquí también mediatizado por elementos temporales: un mes, una semana, un penúltimo día. Sabemos, por ello, que la sombra que se cierne sobre la felicidad del poeta reside principalemente en su falta de salud. La solución que se le ofrece, alimentarse de claveles, corresponde a la característica poesía del disparate que viene a ofrecer un contrapunto al prosaísmo narrativo. *Libro de las preguntas* será básicamente un conjunto de poemas «de disparates», cuyas raíces deben buscarse en la poesía popular y carnavalesca. Dejo abierto el tema que resulta, sin embargo, apasionante, puesto que nos daría bastante luz sobre una rica veta que se inicia ya en sus primeros libros. En «Otro Castillo» y en «Sin embargo me muevo» la poesía nerudiana discurre por caminos casi tradicionales.

No podemos referirnos aquí a una poesía oscura, sino a un lento fluir poético —no exento de dificultades como advirtió Pring-Mill respecto a las *Odas*— que parte de referencias cotidianas y cuyo máximo atrevimiento consiste en las imágenes aisladas, verdaderos destellos líricos que nos recuerdan al anterior poeta surrealista. Con todo, si «Otro Castillo» es uno de los poemas mejores de esta obra póstuma nerudiana; «Sin embargo, me muevo» representa el tono medio no exento de prosaismo, de bajo diapasón que corresponde a su última fase creadora, salvo algunas excepciones. Con ello el poeta no hace sino confirmar la dialéctica que se plantea en dos formas antagónicas (verso prosaico / verso poético tradicional). En un poema como el XIV de *Elegía* que describe la nieve sobre la ciudad de Moscú, tras una hermosa enumeración, a la que nos tiene acostumbrados, define la blancura de la nieve en una imagen de versos plenamente garcilasistas:

> la fría rosa blanca deshojada,
> tan infinitamente silenciosa (pág. 66).

No cabe duda de la vocación formalista de estos endecasílabos en los que Neruda percibe el pálpito de la «poesía pura». En ellos el lenguaje utiliza el léxico tradicional y clásico. El papel de la adjetivación es en estos dos versos fundamental; puesto que la nieve equivale a la rosa y ésta se define como una suma de características: fría, blanca, deshojada, silenciosa. Neruda ha partido, inicialmente de una experiencia: «la nieve sobre el techo bajo mi ventana», ampliando, posteriormente, su observación en torno a un paisaje cada vez más extenso y haciendo girar el poema que consta de veinte versos sobre un eje central, situado justamente, en el verso número 10: «la fría rosa blanca deshojada».

En esta zona del análisis podemos observar una decantación hacia la poesía de la experiencia que conjuga sus variadas formas con el formalismo garcilasista (no en vano Neruda vivió el centenario de Garcilaso en España) o clasicismo (nuevamente aquí la terminología peca de imprecisión y vaguedad) que no responde tan solo a la poesía póstuma, sino a una corriente que descubriremos en los propios orígenes. Sería fácil trazar un paralelo entre la poesía de Rafael Alberti y Pablo Neruda, especialmente a partir de 1934 en el poeta español. Ambos coinciden en una visión marxista del mundo, ambos serán militantes del Partido Comunista, ambos alternan una poesía individualista, personalista, en la que el yo poético ocupa el primer plano, con otra poética al servicio de la Revolución. Junto a los poemas en los que hemos venido destacando elementos que configuran una poesía centrada en una sublimada experiencia personal, cabe situar significativamente el alegato de la *Incitación al nixonicidio y alabanza de la revolución chilena*. Ni Neruda ni Alberti (y abandono aquí un paralelismo que sirve sólo como referencia) prescinden de una praxis política aplicada a la creación. Sus poemas políticos no corresponden sin embargo, al esquema que conforma el arte soviético, es decir al «realismo socialista».

Todavía, en el poema XXX de *Elegía* (páginas 129-130), el poeta chileno confía en la transformación del arte en la URSS. El poema es más una lamentación que un acto de acusación. Pero viene a cerrar un libro que canta su amor hacia el primer país socialista. Y todo el libro parece una queja y una puesta al día de las relaciones entre Neruda y la URSS.

> Con la primera nieve
> de la Revolución, la nieve roja
> la pintura se fue con sus naranjas.

Sabremos al final del poema que «la naranja central» es la poesía. Y que el cubismo florecerá en el exilio. La pintura o el arte soviético serán un arte muerto, aunque confíe en su futuro retorno. Pero, ¿cuál es el arte que emigra y que ha sido como exiliado de su propia patria? Nuevamente la adjetivación es una clave para determinar la naturaleza del arte que se salva. La pintura ausente es la «transmigrante, irreal, imaginaria». El reproche es velado, pero define con eficacia el papel que Neruda ha otorgado a una estética antes rechazada. Imaginación frente a realismo, irrealidad frente a realismo (entendido en un sentido estrecho y dogmático), transmigrante como disculpa de su falta de enraizamiento nacional. El arte estuvo al servicio de «otras estrellas». El poeta silencia, sin embargo, las responsabilidades. Se conforma únicamente con la esperanza. En las *Memorias* (págs. 435-437) Neruda alude a uno de los temas que más tinta han hecho vertir en torno a la personalidad del poeta: su papel ante Stalin. Y sé que el tema es delicado y puede parecer aparentemente alejado de nuestro propósito. Confío en demostrar que no ocurre así. «La íntima tragedia para nosotros los comunistas fue darnos cuenta de que, en diversos aspectos del problema Stalin, el enemigo tenía razón» *(Memorias,* pág. 435) y más adelante —sin rehuir las responsabilidades— explica la fundamental cuestión política que incide en uno de los aspectos más controvertidos de su obra: «Los poetas de esta época hemos tenido que elegir. La elección no ha sido un lecho rosas... El poeta del presente ha buscado una salida a su zozobra. Algunos se han escapado hacia el misticismo, o hacia el sueño de la razón. Otros se sienten fascinados por la violencia espontánea y destructora de la juventud; han pasado a ser inmediatistas, sin considerar que esta experiencia, en el beligerante mundo actual, ha conducido siempre a la represión y al suplicio estéril» (pág. 437). La reflexión de Neruda no se aparta de la ortodoxia del XX Congreso y a través de su reflexión sobre la condición del poeta adivinamos el apoyo incondicional a la política trazada por el Partido Comunista Chileno dentro del marco de la Unidad Popular. En este contexto debe situarse el poema XXIII del mismo libro (págs. 101-102). Porque ahora Neruda nos revela que

> la tierra se llenó con sus castigos,
> cada jardín tenía un ahorcado.

Pero aquí la reflexión no es precisamente un análisis político. El poeta se refiere al estalinismo como a un proceso individual. En esta parte de la obra de Neruda surge una idealización que es fruto de la incidencia política personal. De alguna manera el poeta necesita ofrecer una réplica a su elegía a la muerte de Stalin, *Las uvas y el viento (O.C.,* I, págs. 807-813), que no puede desligarse del contexto histórico en el que se escribió [66]. No cabe aludir aquí a una necesidad política

---

[66] La problemática es semejante a cuantos escritores militaron en los partidos comunistas occidentales. Véase David Caute, *El co-*

ni mucho menos a un análisis político profundo del tema. El poeta en este último poema dedicado a Stalin sigue mostrando la profunda atracción que debió ejercer sobre él su personalidad. Su interpretación del estalinismo es una interpretación de cambio de personalidad. Como si en la figura del personaje coexistieran elementos contrarios o como significativamente viene a diseñar el propio Neruda:

> Luego, adentro de Stalin,
> entraron a vivir Dios y el Demonio,
> se instalaron en su alma.

Las connotaciones de la terminología religiosa resultan particularmente significativas. No estamos ya ante la interpretación demoníaca de la fuerza natural de una Blake rebelde, sino ante una estrecha concepción, tímida, idealista y personal de uno de los fenómenos políticos, más trágicos para los movimientos populares de nuestro siglo. Stalin era

> aquel sagaz, tranquilo georgiano,
> conocedor del vino y muchas cosas,
> aquel capitán claro de su pueblo.

Siguiendo el mito dualista persa de Ormaz y Ahrimán refiere Neruda la transformación operada en las reacciones personales de Stalin.

> llegó Dios con un oscuro espejo
> y él retocó su imagen cada día
> hasta que aquel cristal se adelgazó
> y se llenaron de miedo sus ojos.
> Luego llegó el Dominio y una soga
> le dio, látigo y cuerda.

---

munismo y los intelectuales franceses (1914-1966), Barcelona, 1968 (trad. de *Comunism and the French Intelectuals,* 1967), págs. 258-268, principalmente.

El poema es una elipsis de responsabilidad, ya que el poeta vuelve a tomar un tema dramáticamente presente en su conciencia de intelectual y de hombre comprometido con su tiempo y ofrece una interpretación no lejana del misticismo religioso que él reprochara tantas veces. Si bien es cierto que se produjo una transformación anímica en el dirigente soviético, no es menos cierto que fue el mismo aparato del Partido y el incondicional apoyo logrado incluso en Occidente los que operaron a su dictado. Si Neruda pretendió borrar con el nuevo poema (nada afortunado desde una perspectiva política) su antigua oda («Sin embargo, dediqué uno solo de mis poemas a esa poderosa personalidad», *Memorias,* pág. 436), su éxito fue nulo. Pero *Elegía,* libro que contiene más de un poema afortunado es un canto a la Unión Soviética. Para Neruda seguía viva la idealización de la figura de Stalin. En el poema V de *Elegía* (pág. 26) alude en un verso a su presencia: «... las duras estatuas del Zar Ivan y Stalin el terrible». Este poema póstumo no es incidental y debe verse en el contexto de la revisión que operó el poeta en su misma raíz política. Creo que Neruda no logró entender el drama del estalinismo en su extraordinaria complejidad. Las mismas anécdotas del personaje que refiere en sus *Memorias* (páginas 434-435) no dejan de ser angustiosas. Me refiero al apoyo a Ehremburg y a la memoria de Mayakovki. Que Stalin se hubiera erigido en el supremo juez literario no deja de ser estremecedor. El poeta sigue viendo en Stalin al héroe aunque sus características revistan rasgos demoníacos siempre grandiosos. ¿Influencia de Carlyle? ¿Ecos nietzscheanos? No en vano la influencia del filósofo alemán puede rastrearse dentro de la cultura española que Neruda vivió tan directamente [67]. Tal concepción del héroe es de filiación

---

[67] Gonzalo Sobejano, *Nietzsche en España,* Madrid, 1967, págs. 621 y sigs.

romántica. En ello radica su idealización y su ahistoricidad. Ello constituye una excepción, puesto que en el *Canto General* el poeta había condicionado el tiempo poético al tiempo histórico. Aquí Neruda ha hecho coincidir la modificación psicológica con la transformación política y el tiempo en el poema.

En otro lugar el poeta se sitúa en el límite del nuevo tiempo en unos versos graciosos, no exentos tampoco de connotaciones ideológicas:

> En cambio, yo, pecador pescador,
> ex-vanguardero ya pasado de moda,
> de aquellos años muertos y remotos
> hoy estoy a la entrada del milenio,
> anarcopitalista furibundo,
> dispuesto a dos carrillos a morder
> la manzana del mundo.
>
> *(2000,* «Los otros hombres», págs. 39-40.)

El «pecador» poeta desea «morder / la manzana del mundo» (otra connotación religiosa). Abandono también aquí la atractiva posibilidad de analizar el vocabulario y los símbolos religiosos en un Neruda que vivirá de cerca (en la revista española *Cruz y Raya,* por ejemplo) uno de los últimos debates sobre la colaboración intelectual entre católicos y marxistas. Y no quisiera cerrar esta breve incursión en la obra póstuma del poeta sin precisar que, a mi entender, la poesía póstuma de Neruda contiene algunos elementos fundamentales que habían aparecido ya en *Crepusculario* (1923). Han sido aquí sabiamente modificados porque el poeta ha añadido a su impulso inicial la sabiduría de una obra dilatadísima y la experiencia de una vida apasionante. Quizá a ningún poeta contemporáneo le ha sido dada la posibilidad de vivir con tanta intensidad su tiempo y tan cerca de su pueblo. El círculo abierto en su obra primera acaba de cerrarse. Y esta visión circular, formada por diversos círculos concéntricos, aparece a lo largo de la totalidad de su obra tomada con la suficiente perspectiva. Su obra no es abierta, lineal y progresiva. En ella encontramos los personales afanes y las contradicciones del hombre que Neruda asumió conscientemente. Éste parece haber sido el propósito del poeta cuando escribió: «Y entonces, ¿qué queda de las pequeñas podredumbres, de las pequeñas conspiraciones del silencio, de los pequeños fríos sucios de la hostilidad? Nada, y en la caja de la poesía no permanece nada sino lo que fue escrito con sangre para ser escuchado con sangre» [68] o como bellamente concluirá en uno de sus poemas.

> Sí, camarada, es hora de jardín
> y es hora de batalla, cada día
> es sucesión de flor o sangre
>
> (*El mar y las campanas,* pág. 65.)

---

[68] Pablo Neruda, *Selección,* Santiago de Chile, 1943, pág. 300.

IV

DE LA VANGUARDIA A BORGES

CARLOS OQUENDO DE AMAT

El poeta peruano Carlos Oquendo de Amat es uno de los escritores más enigmáticos de la poesía latinoamericana y de la poesía en lengua española contemporánea. Nacido en Puno en 1906, murió en Madrid en 1936. Sus poemas, escasos, fueron publicados en un breve y raro libro titulado *Cinco metros de poemas,* en 1927. El núcleo central de su obra corresponde al año 1926; es decir, cuando Oquendo de Amat tiene entre diecinueve y veinte años. Prácticamente dejó de escribir a los veintitrés. El paralelo inmediato que establece la crítica es equiparar su «actitud» a la de Rimbaud. Su muerte, acaecida en un sanatorio del Guadarrama, pasó prácticamente desapercibida hasta la revalorización que llegó de la mano del inteligente crítico español Luis Monguió en *La poesía postmodernista peruana* (1954). La joven crítica ha desalojado de su posición marginada y «maldita» a Carlos Oquendo de Amat, principalmente en la antología, una bellísima experiencia poética, *Vuelta a la otra imagen,* [1] de

---

[1] La edición peruana de este libro (que contiene la palabra completa de Oquendo de Amat) fue publicada en Lima, por la Casa de la Cultura, en 1970. Ampliado en sus notas y con una introducción del crítico peruano Julio Ortega fue publicada como *Surrealistas y otros peruanos insulares,* Ocnos, Barcelona, 1973.

Mirko Lauer y Abelardo Oquendo. Hallamos aquí no sólo una recuperación de tan escasa obra, sino un entusiasmo hacia la posición iconoclasta y vanguardista de Oquendo. Sin embargo, la biografía misma de Oquendo de Amat seguía siendo, en muchas de sus zonas, un enigma, debido a dos razones principales: la ausencia del material biografiable (su prematura muerte la escamoteó) y la diversidad geográfica de su actividad. Expulsado de su propio país, se sabía de su presencia en Panamá, se hablaba de sus actividades en Bolivia; se contaba de su muerte en Madrid; hasta se fantaseaba sobre un obús que destruyera su humilde tumba del Guadarrama.

El libro de Carlos Meneses [2] *Tránsito de Oquendo de Amat,* ha iluminado algunas de las zonas oscuras de su vida, no todas. Meneses ha descrito el germen de su libro sobre Oquendo con precisión y ha dedicado la primera parte de su obra a relatar el despliegue de esfuerzos (viviendo el autor en Palma de Mallorca) necesario para conectar con quienes con más o menos fundamento podían ofrecer datos seguros o hubieran convivido con el poeta. Esta primera parte del libro viene a resultar apasionante como una novela detectivesca. Vemos trenzarse y destrenzarse las más diversas y aún encontradas hipótesis sobre aspectos irrelevantes o trascendentes del personaje. Y éste surge del epistolario de Meneses. Ordenadas las respuestas, citando fragmentos de cartas, cronológicamente, el resultado es un personaje que no acaba de definirse, que adelanta o se retrotrae en la historia. Marginado, en su propio país, desaparece durante largos períodos.

---

[2] Carlos Meneses, *Tránsito de Oquendo de Amat,* Inventarios Provisionales, Las Palmas de Gran Canaria, 1973. Tras el estudio de Meneses se publica la obra entera de Oquendo de Amat con indicación de la fecha y publicación de cada poema, cuando éste apareció en revistas al margen de su única obra.

Meneses construye con tales materiales una como novela por la curiosa forma, cuyo objetivo consiste en arrinconar las viejas interpretaciones y otorgar a Carlos Oquendo de Amat la categoría de un «rebelde» social, siguiendo así a Mario Vargas Llosa, que en 1967 reivindicó la figura del poeta en el acto de la entrega del premio Rómulo Gallegos. Un nuevo mito acababa de surgir en la literatura latinoamericana por decirlo de forma más precisa, el poeta mítico (de orígenes románticos, como Rimbaud) parecía encarnar la pureza revolucionaria y poética.

Los orígenes de los Oquendo y Amat, acertadamente señalados por Meneses, reflejan el ascenso y decadencia de unas familias aristocráticas reducidas a la miseria en sus últimos miembros. La familia paterna deriva del propio almirante vasco Antonio de Oquendo y la materna del virrey Amat. Huérfano desde niño, Carlos Oquendo de Amat, con su madre, sufre las privaciones de la familia venida a menos y la adolescencia del poeta discurre entre la miseria y la lucha por combatir el alcoholismo materno. «A partir de 1922 —escribe su biógrafo— el poeta ha quedado solo.» Poco clara queda todavía la relación que estableció con José Carlos Mariátegui, pensador marxista, que dejaría una profunda huella en los escritores y críticos de la nueva generación y aún más oscura resulta la posible relación entra Oquendo de Amat y César Vallejo. Es precisamente por esta época (1923) cuando escribe los poemas «Poema del manicomio», «Cuarto de espejos» y «Reclame». No son los mejores poemas de Oquendo de Amat, pero muestra en ellos su capacidad de asimilar formas vanguardistas, en especial caligramáticas. En la biografía de Meneses aparece con toda su dureza y también como muestra de un romanticismo vital determinante, la bohemia literaria. Y quien dice bohemia quiere decir marginación, pobreza y hambre: «Libre, con hambre, lleno de incertidumbre, sin techo seguro, aunque con la posibilidad de encontrar quien escuche sus poemas, se preocupa más en alimentar su espíritu que su estómago. No sabe dónde dormirá a la noche siguiente, pero sí que puede disponer de todos los bancos de las plazas públicas. Es en esos meses de invierno de 1923, en medio de la desesperación y la pobreza, cuando vislumbra la posibilidad de llegar al libro y ya se sabe qué título ha de ponerle, pues lo escribe en el último verso de «Reclame», escrito este año, cuando dice: «Compró para la luna cinco metros de poemas.» Meneses señala la influencia de José María Eguren y de Vicente Huidobro sobre el joven poeta, así como la de los poetas franceses Breton, Tzara y Éluard. No está claro que Oquendo de Amat supiera suficiente francés para penetrar en tales poetas, ni en Rimbaud, Mallarmé, Valery y Apollinaire. Directa o indirectamente, sin embargo, conectó con la vanguardia francesa, pero cabría estudiar con detalle si se produjo a través de las revistas españolas que podrían llegar a Lima por aquellos años o analizar las traducciones de la vanguardia francesa en el Perú, tema que parece insuficientemente estudiado para poder emitir un juicio con suficientes datos. Meneses considera que la influencia de César Vallejo es escasa. Vallejo publica *Trilce* en 1922. Y, sin embargo, *Trilce* contiene ya algunos elementos poéticos que hallaremos también en Oquendo de Amat. En «Poema del manicomio», por ejemplo, la influencia de Vallejo es considerable. Un cierto ingenuismo y una personal utilización de los efectos vanguardistas, tamizados por la sensibilidad y aún el sentimentalismo, el poder evocador de la infancia, paraíso perdido, y la utilización del absurdo son características que enlazan de una u otra forma a Oquendo de Amat con Vallejo. No puede calificarse tampoco la poesía de Oquendo de Amat de surrealista, puesto que carece de las intenciones que determinarán los maestros de dicha escuela. Meneses no precisa la adscripción de Oquendo de Amat a dicha tendencia pero alguna de sus afirmaciones pueden inducir a cierta confusión al lector: «solamente después de 1927, o a partir de 1928, cuando en realidad circuló el libro de Oquendo de Amat, surgieron *otras muestras de surrealismo* en el Perú...» (el subrayado es mío). La crítica de los poemas realizada por Meneses con detalle (tercera parte del libro) es excelente.

Otra de las zonas oscuras en la que el biógrafo no ha logrado penetrar con suficiente profundidad es su actividad política. Sabemos de su adscripción al partido comunista, de su paso por Panamá, de su detención y de su liberación, de su llegada a España, con probable paso por París, pero desconocemos el significado de «agitación» que supone el nuevo ideario político. Al margen de la aventura, coexistirá una «aventura ideológica» no menos apasionante, la que, supone Meneses, le llevaría incluso a renunciar a la actividad poética. Ésta será, en definitiva, la clave que permitiría entender el rostro oculto de Oquendo de Amat. Considerada con cierta perspectiva su obra poética, aun valorando la calidad de las muestras conservadas, no significa una auténtica renovación poética; adquiere, sin embargo, el papel de un símbolo, del que no podrá desprenderse la propia biografía del poeta. Puesto que, en definitiva, su aventura vital es trascendente como su misma poesía. Ambas no pueden ya desligarse. En este sentido es en el que habremos de referirnos al «romanticismo» de este poeta vanguardista, en cuya madrileña tumba localizada gracias a los esfuerzos del propio Carlos Meneses, pueden leerse los bellos versos de Enrique Peña a él dedicados: «Oquendo, tan pálido, tan triste, / tan débil, que hasta el peso / de una flor te rendía.»

CÉSAR VALLEJO

Un viernes, 15 de abril de 1938, fallecía en París el poeta peruano César Vallejo (Me moriré en París con aguacero / un día del cual tengo ya el recuerdo), según había escrito en *Poemas humanos*. En unas declaraciones, Georgette de Vallejo, su esposa, recordaba que «en el delirio de Vallejo vivió únicamente España» (1955). La esposa de Oyarzum, que acompañó también al poeta en sus últimos momentos, recuerda que media hora antes de morir decía: «España. Me voy a España». Fueron sus últimas palabras. Nicolás Guillén, el poeta cubano, recordó que, durante su entierro caía, no un aguacero, pero sí «una llovizna persistente». El entierro había partido de la Maison de la Culture. Louis Aragon, en nombre de la Asociación Internacional de Escritores para la Defensa de la Cultura, encabezaba el duelo. Aquel poeta «cholo», extraño, comunista, medio muerto de hambre pocos días antes, reunía a la hora de las despedidas lo más selecto de la intelectualidad francesa: Aragon, Bloch, Chamson, Malraux, Cassou, Tzara habían comunicado, mediante una esquela, su fallecimiento al público francés. Vallejo había estado siempre al lado de España y de la República. Había escrito el mejor testimonio poético de lo que fuera algo más que una mera guerra civil, *España, aparta de mí este cáliz* [1], tan superior al celebrado libro de Pablo Neruda.

César Vallejo vivía en París, porque creía que con ello apoyaba la labor de los intelectuales que, desde Francia, intentaban coordinar esfuerzos en apoyo de «la causa popular», como entonces se decía. En septiembre de 1928 escribía en la revista *Mundial:* «Cuando Haya de la Torre me subraya la necesidad de que los artistas ayuden con sus obras a la propaganda revolucionaria en América, le repito que, en mi calidad genérica de hombre, encuentro su exigencia de gran giro político y simpatizo sinceramente con ella, pero en mi calidad de artista, no acepto ninguna consigna o propósito, propio o extraño, que aun respaldándose de la mejor buena intención, someta mi libertad estética al servicio de tal o cual propaganda política. Una cosa es mi conducta política de artista, aunque, en el fondo, ambas marchan siempre de acuerdo, así no lo parezca a simple vista. Como hombre puedo simpatizar por la Revolución, pero, como artista, no está en manos de nadie ni en las mías propias, el controlar los alcances políticos que pueden ocultarse en mis poemas.» Su posición ético-estética queda aquí perfectamente definida.

César Vallejo, junto a Pablo Neruda y Vicente Huidobro, forma parte de aquella avanzada poética renovadora latinoamericana que sustituirá, en su conjunto, al Modernismo por la «vanguardia». Huidobro pretendió reunir y adoctrinar a los poetas bajo el lema del «creacionismo», Neruda —sin una estética tan definida— creó escuela, pero César Vallejo, en cambio, fue un creador en solitario. Sus éxitos fueron mucho menos espectaculares que los de los poetas anteriormente citados. Y, sin embargo, en muchas ocasiones

---

[1] César Vallejo, *España, aparta de mí este cáliz,* Laia, Barcelona, 1978.

la poesía de César Vallejo nos resulta hoy más viva, más iluminadora y exigente. Su capacidad para renovar el lenguaje desde sus raíces mismas, su asimilación de formas de vanguardia que transformó y adoptó, la síntesis de lo vivido y lo intuido lo caracterizan. Su conciencia crítica, reflejada en sus artículos, es muy superior a la de otros artistas de su época. Rechaza el falso vanguardismo, ataca a Cocteau, a Gabriela Mistral, a Borges. Reclama la inspiración vivida, a la vez que el nuevo lenguaje. *Trilce* (1922) constituirá una auténtica revolución poética. Saul Yurkievich señala acertadamente que «si la penetración por vía racional apenas permite a nuestra inteligencia encontrar asideros en este universo escurridizo, inestimable, brumoso, la transferencia intuitiva se establece de inmediato, nos hace vibrar con una intensidad que crece y se diversifica a medida que nos adentramos en estos textos difíciles»[2]. *Trilce* es, en efecto, uno de los libros más ricos e impenetrables del poeta, una de las experiencias de lectura más apasionantes que pueden darse en la literatura moderna en castellano. Su libro siguiente, *Poemas humanos,* supone ya una mayor dificultad de comprensión, sin renunciar a los propósitos estéticos fundamentales. Hoy sabemos que *Poemas humanos,* según aparecieran en la edición de *Poesías Completas,* recopiladas y prologadas por César Miró y editadas por la benemérita Losada (Buenos Aires), reúne dos libros distintos, *Poemas en prosa* (1923/24-1929) y *Poemas humanos,* propiamente dicho (octubre de 1931 a 21 de noviembre de 1937). Precisamente, en 1937, poco antes de su muerte, escribe veinticinco poemas, en tres meses aproximadamente, los últimos de *Poemas humanos* y el libro dedicado enteramente a

---

[2] En el conjunto de artículos reunidos por Julio Ortega, *César Vallejo,* Taurus Ediciones, Madrid, 1975. La bibliografía sobre César Vallejo es ya amplísima.

España. Su relación con poetas españoles es trascendental. Con Juan Larrea, su amigo más íntimo, fundará en París una revista poética efímera, pero significa: *Favorables - París - Poemas* (1926). A través de Larrea conectará con Gerardo Diego y con el resto de los integrantes del grupo poético del «27». Su novela social *Tungsteno* (1931), una concesión a la literatura política (aunque sólo en el ámbito de la novela) se publicará en España en 1931. También en 1930 editará *Trilce,* en Madrid, en contacto con José Bergamín. Sus frecuentes viajes a Rusia le permitirán (sólo en prosa) publicar *Rusia en 1931: reflexiones al pie del Kremlin,* que alcanza, en España, tres ediciones en cuatro meses. Pese a ello escribirá en 1932 que «Madrid es insoportable...» y regresará a París poco después, una vez levantada aquella orden de expulsión del territorio francés decretada en 1930.

La mayor parte de la obra poética de César Vallejo está escrita desde un gran sufrimiento íntimo. Acosado por la angustia, el poeta intentará expresarse, en un principio, con un lenguaje heredado del modernismo, entremezclado con elementos románticos (Hay golpes en la vida, tan fuertes... ¡Yo no sé!, dirá en el primer verso del poema *Los Heraldos Negros,* que dará título a su primer libro). Su epistolario es también angustioso. Vencido constantemente por las dificultades del exilio solicita una y otra vez un apoyo económico. Georgette de Vallejo ha descrito las hambres del poeta. Pero el mundo personal —y hasta enigmático y contradictorio— se enriquece con el compromiso social, con el testimonio de los humildes que quiere ofrecernos, sin renunciar a su propio mundo. Nada más lejos del esquematismo que la obra de Vallejo. El poeta se «compromete» sin abandonar su identidad, considerando tal compromiso político como una decantación natural.

La edición de Losada (en su portada, el retrato de

Vallejo por Pablo Picasso, de 1938) nunca llegó a España. La edición peruana de Georgette de Vallejo (1968) salió a precios prohibitivos y su tirada fue reducida. Afortunadamente, la editorial Laia inició la publicación de las obras de Vallejo en su colección popular de bolsillo. Barral Editores publicó una edición completa y discutible en algunos puntos a cargo de Juan Larrea.

JORGE LUIS BORGES

I

Pese a la reiterada negativa de la Academia Sueca a conceder a Borges el premio Nobel, que el escritor utilizó como tema habitual en sus declaraciones de prensa, no cabe duda de que el prestigio del maestro argentino ha superado ampliamente las barreras de la lengua y hoy se ha convertido en el más universal de los creadores en castellano. El conjunto de su obra, que se manifiesta en géneros muy diversos, ejerce una fascinación peculiar sobre otros creadores y en especial sobre los jóvenes. En 1980 conseguí que Borges hablara en el Paraninfo de la Universidad de Barcelona. Era un sábado por la tarde y tuve mis dudas sobre la probabilidad de que el posible público sacrificara un soleado fin de semana por oírle. Pero los jóvenes universitarios se movilizaron, llenaron los pasillos adyacentes y pese a que, según me confesaron más tarde, la audición no era muy buena, permanecieron de pie, aplaudieron y quedaron impresionados por las palabras —palabras desde la oscuridad— de Borges. El escritor y el hombre sintió el calor del ambiente y vino a decir algo profundo y nuevo sobre su arte y su pensamiento. Más tarde, en una cena íntima, con María Kodama, J. C. Onetti, M. R. Barnatán y los editores de Bruguera, Borges estuvo joven y jovial. Recordó con Onetti hechos y personajes, y cuando éste se retiró por lo tardío de la hora, Borges siguió contándonos anécdotas y recitó algunas muestras de la épica antigua inglesa. Parecía infatigable. La popularidad del escritor nos había obligado a protegerle, incluso, de sus admiradores en la Universidad que deseaban un signo, una palabra de Borges. Me preguntaba entonces qué hubiera pasado si Borges hubiera participado en un acto parecido veinte años antes. Jaime Alazraki señala que cuando en 1964 la revista francesa *L'Herne,* dirigida por Dominique de Roux, dedicó un número —impresionante por la calidad y cantidad de material crítico— al escritor, los jóvenes argentinos «juzgan y condenan a Borges (como) "estéril", "alambicado", "retórico", "deshumanizado", "intelectual", "literato sin literatura"». El tiempo, a cuyos efectos y análisis ha dedicado Borges parte de su obra, ha venido a confirmarse como su mejor aliado. Veinte años antes, Borges hubiera pasado por el Paraninfo universitario barcelonés como otro escritor. Ahora simbolizaba la literatura de la inteligencia, la fidelidad a una obra, la perfección expresiva. Borges ha conseguido, sin renunciar a nada, colocar a una obra basada en la inteligencia crítica, situada en las coordenadas de la tradición, casi en una permanente vanguardia. Lo paradójico de su evolución es que se encuentra más en la vanguardia ahora que en sus mismos comienzos vanguardistas [1]. Habrá que advertir también aquí la ambigüedad del fenómeno vanguardista y sus engañosas realizaciones. Y puesto que ni siquiera el tiempo histórico de Borges es alterable, podemos ad-

---

[1] Guillermo de Torre, «Pour la préhistoire ultraïste de Borges», en *L'Herne,* París, 1964, págs. 159 y sigs.

vertir hasta qué punto aquellos comienzos ultraístas constituyeron la sólida base del escritor.

El ingenio corrosivo de Borges —y lo hay no sólo en sus a veces escandalosas manifestaciones públicas, sino también en los mecanismos interiores de su obra literaria— tiene, evidentemente, dignos precursores clásicos reconocibles: Quevedo y Gracián, por ejemplo. Con ellos coincide en su radical pesimismo conservador. También en gran medida procede de un modelo de criollismo que el escritor señaló ya en *Macedonio Fernández:* «Macedonio era criollo, con naturalidad y aun con inocencia, y precisamente por serlo, pudo bromear (como Estanislao del Campo, a quien tanto quería) sobre el gaucho y decir que éste era un entretenimiento para los caballos de las estancias» [2]. Borges elabora una metafísica de lo argentino, entre otros temas, bajo aquel aforismo del Círculo de Viena, recogido por Ernesto Sábato a propósito del escritor, en el que venía a decirse que la metafísica era una rama de la literatura fantástica. No podía ser de otro modo, puesto que como fiel continuador de los caballistas, como Swedenborg, Blake y Léon Bloy, a quien inscribe acertadamente en la tradición, llega a concluir: «Es dudoso que el mundo tenga sentido; es más dudoso aún que tenga doble y triple sentido, observará el incrédulo...» ¿Tiene o no sentido el mundo, el texto, a los ojos del escritor? Borges parece conducirnos al total escepticismo. Gerardo Mario Goloboff, uno de los mejores conocedores de Borges, me confesaba hace tan sólo unos días: «Cada vez creo entender menos a Borges.» Tal vez ésta es la paradoja última a la que el escritor quiere conducirnos. Ni siquiera las dedicatorias de sus libros parecen inocentes,

---

[2] J. L. Borges, *Macedonio Fernández,* Sur, Buenos Aires, página 146.

ajenas al guiño cómplice a que continuamente nos incita: «De la serie de los hechos inexplicables que son el universo o el tiempo, la dedicatoria de un libro no es, por cierto, el menos arcano... El que da no se priva de lo que da. Dar y recibir son lo mismo» [3].

Borges nos sitúa en el borde del misterio. Buen conocedor del género policiaco, sabe que en nuestro fuero interno desearíamos descubrir con nuestro solo esfuerzo al culpable. ¿O tal vez no exista un culpable en este caso? Borges mismo no parece estar muy seguro cuando en uno de sus últimos poemas, «Descartes», escribe versos como: «Soy el único hombre en la tierra y acaso no haya tierra ni hombre. / Acaso un dios me engaña. / Acaso un dios me ha condenado al tiempo, esa larga ilusión...» Pero sin Borges no existiría la realidad de sus textos y el proceso de la lectura que estamos realizando, porque leemos a Borges, es indiscutible. Desgarradoramente el anciano poeta escribe sobre la longevidad en *Dos formas del insomnio:*

> «Es el horror de ser un cuerpo humano cuyas facultades declinan; es un insomnio que se mide por décadas y no con agujas de acero; es el peso de mares y de pirámides, de antiguas bibliotecas y dinastías, de las auroras que vio Adán; es no ignorar que estoy condenado a mi carne, a mi detestada voz, a mi nombre, a una rutina de recuerdos, al castellano, que no sé manejar, a la nostalgia del latín, que no sé, a querer hundirme en la muerte y no poder hundirme en la muerte, a ser y seguir siendo.»

El tono de bíblico profeta lúcidamente desengañado coincide con la imagen que nos hemos forjado de Borges, que él nos ha impuesto, que tal vez no responda a una única realidad. Porque ¿hay un solo

---

[3] J. L. Borges, *La cifra,* Alianza Tres, Madrid, 1981, pág. 9.

Borges, una sola voz? Se nos lanza reiteradamente hacia el lenguaje, el texto, las palabras. Pero ya Borges nos advierte que «sabemos que el lenguaje es como la Luna y tiene su hemisferio de sombra». Henos de nuevo en el principio, como cuando intenta esclarecer su posición ante Ronald J. Christ: «Se me pregunta a menudo cuál es mi mensaje; la respuesta más obvia es que no tengo mensaje. No soy ni pensador ni moralista, sino simplemente un hombre de letras que convierte sus propias perplejidades y el respetable sistema de perplejidades que llamamos filosofía en formas de literatura.»

II

La poesía en castellano, desde el modernismo, pone en crisis la diferenciación entre poesía y prosa. La modernidad finalmente reside en acercar los géneros. En una evolución circular, que coincide con los propósitos del escritor, Borges va de la poesía inicial, la de *Fervor de Buenos Aires* (1923), a la poesía de *La cifra* (1981). Entre ambos libros situamos el conjunto de su producción diseminada en relatos, ensayos, antologías y traducciones. César Fernández Moreno, perspicaz analista de su obra [4], considera que los ensayos constituyen la parte menos lograda de su producción. En el prólogo (1969) a *Fervor de Buenos Aires* precisa el autor de ayer, y también de 1969, los nombres referenciales válidos en más de cuarenta años de labor literaria: Schopenhauer, Stevenson y Whitman. Sólo el último de los nombres citados es considerado tradicionalmente como poeta. Las raíces

---

[4] César Fernández Moreno, *Esquema de Borges,* Perrot, Buenos Aires, 1957.

de Whitman en esta obra inicial de Borges [5] parecen claras. Tan sólo un excesivo respeto por los géneros dificulta la observación de las fuentes restantes ya indicadas por el propio autor. Se muestra aquí consciente de una excesiva ambición: «Me propuse demasiados fines: remedar ciertas fealdades (que me gustaban) de Miguel de Unamuno, ser un escritor español del siglo diecisiete, ser Macedonio Fernández, descubrir las metáforas que Lugones había ya descubierto, cantar un Buenos Aires de casas bajas y, hacia el poniente o hacia el sur, de quintas con verjas» [6]. Algunos de aquellos propósitos se han mantenido. Buenos Aires ha seguido siendo el espacio en el que ha situado su obra entera y aún más concretamente el Buenos Aires allí acotado. Su tiempo predilecto es el de la novela inglesa del siglo XIX. Los mitos que han cobrado nuevo aliento en su obra responden a una mitología internacional. Su pensamiento, anclado en el idealismo, ha profundizado en la tradición cabalística. Borges ha sabido conjuntar elementos aparentemente tan dispares creando la figura literaria de un Borges inexplicable sin aquellos otros mitos familiares no menos poderosos: doña Leonor Acevedo de Borges, la madre que preside la emocionada dedicatoria de su obra completa, sus abuelos, su padre, Norah y, finalmente, María Kodama. Este Borges cargado de fantasmas es bibliotecario no sólo de libros, sino de recuerdos, Y cada uno de sus libros o de sus textos se justifica en esa doble y feliz síntesis.

En el poema «Líneas que pude haber escrito y perdido hacia 1922» que ahora cierra *Fervor de Buenos*

---

[5] La publicación del que pudiera ser el primer libro de Borges; en Carlos Meneses, *Poesía juvenil de Borges,* Palma de Mallorca, 1981.
[6] Cito por la edición de Jorge Luis Borges, *Obras Completas, 1923-1972,* Ultramar, Madrid, 1977, pág. 13 (en adelante *O.C.*).

Aires cita de nuevo a Walt Whitman, «cuyo nombre es el universo...» e implica una filiación literaria ya reconocida. Añade, además, una confirmación que sirve para mostrar los orígenes del escritor: «Los sajones, los árabes y los godos / que, sin saberlo, me engendraron, / ¿soy yo esas cosas y las otras / o son llaves secretas y arduas álgebras / de lo que no sabremos nunca?» Que son justamente la réplica a los orígenes que Rubén Darío definió en el prólogo a sus *Prosas profanas* (1896): «¿Hay en mi sangre alguna gota de sangre de África, o de indio chorotega o nagrandano...? El abuelo español de barba blanca me señala una serie de retratos ilustres... Abuelo, preciso es decíroslo: mi esposa es de mi tierra; mi querida, de París.» Volverá de nuevo al mismo tema en *Yesterdays* [7]:

«De estirpe de pastores protestantes
y de soldados sudamericanos
que opusieron al godo y a las lanzas
del desierto su polvo incalculable,
soy y no soy. Mi verdadera estirpe
es la voz, que aún escucho, de mi padre,
conmemorando música de Swinburne...»

Precisamente porque Borges se alejó de los modelos franceses e hizo suya la gran tradición de la literatura inglesa, fue en Francia donde comenzó el descubrimiento de un escritor argentino que parecía condenado a circular tan sólo en los cenáculos de los entendidos. Borges cuenta siempre que leyó el *Quijote* en una excelente traducción inglesa que halló en la biblioteca paterna. Ha luchado ardorosamente para alejarse de los modelos españoles, de las formas hispánicas que venían a imponérsele.

El escritor optó siempre por la modernidad. Según él mismo declarara en el breve prólogo de *Luna de en-*

---

[7] J. L. Borges, *La cifra*, pág. 51.

frente [8], lo decidió en 1925 como un deber. Más tarde descubrió que inevitablemente no podía dejar de serlo. En *Evaristo Carriego* [9] fue más lejos al precisar que «solamente los países nuevos tienen pasado; es decir, recuerdo autobiográfico de él; es decir, tienen historia viva... Aquí somos del mismo tiempo que el tiempo, somos hermanos de él». Borges manifiesta su enraizamiento en el Nuevo Mundo. Su continuada afirmación argentina responde, pues, a una más amplia concepción, va más allá del mero nacionalismo. Borges se atrevió a definirse en la utopía. Su individualismo extremado lo convirtió en enemigo de estados y fronteras. Como señalara ya E. Anderson Imbert, «el mundo es caos, y dentro del caos, el hombre está perdido como en un laberinto. Sólo que el hombre, a su vez, es capaz de construir laberintos propios. Laberintos mentales, con hipótesis que procuran explicar el misterio del otro laberinto, ése dentro del cual andamos perdidos» [10]. Esta capacidad humana por vivir continuamente en la oposición de contrarios se manifiesta en la pervivencia de los mitos clásicos en la modernidad. Borges poseyó la rara cualidad de hacer del pasado literario un laberinto que, sin conocer la salida, parece ordenado mediante la sorpresa. Ello se manifestó palpablemente en sus dotes de antólogo —de los cuentos policiales (1943), de la literatura fantástica (1940)—, en su calidad de profesor de literatura inglesa, como pone de manifiesto Alicia Jurado [11]. Borges elige, traduce, se sitúa en una biblio-

---

[8] J. L. Borges, *O.C.*, pág. 55.
[9] J. L. Borges, *O.C.*, pág. 107.
[10] E. Anderson Imbert, «Un cuento de Borges: "La casa de Asterion"», en *Revista Iberoamericana*, XXV, 49, enero-junio de 1960; recopilación en Jaime Alazraki, ed., *Jorge Luis Borges,* Taurus, Madrid, 1976, pág. 142.
[11] Alicia Jurado, «Borges, Professeur de littérature», en *L'Herne,* pág. 44.

teca universal y, al tiempo, publica *El idioma de los argentinos* (1922), analiza la poesía gauchesca en *Discusión* (1932) o trata de la historia del tango en *Evaristo Carriego* (1930). Según propia confesión, el primer relato que escribió Borges fue «Pierre Menard, autor del Quijote». Lo elaboró poco después de un accidente y lo incluyó en su libro *Ficciones* (1944). El novelista norteamericano John Updike, al escribir sobre Borges alude a «la liberación que debió haber sentido al entrar al *paraíso del relato»*. Ésta parece ser la forma adecuada para la exposición de sus inquietudes casi obsesivas. El relato de Borges se halla en las antípodas del de Hemingway. Sus personajes se mueven en un atormentado nudo de ideas. Tras ellos aparecen formulaciones morales próximas a los esquemas de los ilustrados dieciochescos, en especial Voltaire. El escritor acostumbra a narrar desde la primera persona. Sus relatos no carecen de una peculiar violencia. En ellos no están ausentes la muerte, los asesinatos, los fusilamientos. Pero, a la búsqueda de una fórmula intelectual que justifique la «lectura» de la existencia, recurre a la interpretación schopenhaueriana: «Toda negligencia es deliberada, todo casual encuentro una cita, toda humillación una penitencia, todo fracaso una misteriosa victoria, toda muerte un suicidio» («Deutsches Requiem», en *El Aleph).* Borges presta escasa atención a la descripción física de sus personajes. David Jerusalem, en el relato antes citado, aparece descrito como «hombre de memorables ojos, de piel cetrina, de barba casi negra». Tan insuficiente descripción, que apenas si permite imaginar al lector la figura del judío que se convertirá en víctima de su torturador nazi, se completa con una consideración mucho más general: «David Jerusalem era el prototipo del judío sefardí...» El autor no hace sino situarnos ante un «tipo». Su individualización responde a una intencionalidad secundaria. El relato, en definitiva, pretende contemplar la psicología profunda del agresor, del verdugo. Pero Borges va más lejos. Su análisis de lo individual viene sublimado en lo colectivo. Es la naturaleza humana la que se analiza. El verdugo parece agonizar con su víctima y «se cierne ahora sobre el mundo una época implacable».

Borges contempla la historia de la humanidad con espíritu conservador. Desconfía de la capacidad de progreso. En «El jardín de senderos que se bifurcan» *(Ficciones)* mezcla una historia de espionaje durante la primera guerra mundial con el enigma de un laberinto chino. El análisis de la historia y de las manifestaciones literarias del hombre le lleva a partir de la validez de las consideraciones platónicas del tiempo *(Historia de la eternidad,* 1936). Sobre la idea de la causalidad, Borges ironiza acerca de los orígenes de Lazarus Morell en su *Historia universal de la infamia* (1935). Los orígenes del personaje se remontan a la idea del padre Bartolomé de las Casas, cuando «en 1517 (...) tuvo mucha lástima de los indios que se extenuaban en los laboriosos infiernos de las minas de oro antillanas, y propuso al emperador Carlos V la importación de negros, que se extenuaran en los laboriosos infiernos de las minas de oro antillanas...». De una idea aparentemente redentora —no menos cruel respecto al hombre que su alternativa— viene a modificar la historia del hombre americano y de la humanidad entera. Son las ideas las que configuran las acciones y de las que brotan los personajes borgeanos. El espacio de Borges está poblado por seres que razonan, pero sus acciones derivan de decisiones falibles, de sueños («el sueño de la razón produce monstruos», había proclamado Goya), como los del señor Villari en «La espera» *(El Aleph):* «Los pavos reales del papel carmesí parecían destinados a alimentar pesadillas tenaces, pero el señor Villari no soñó nunca con una glorieta monstruosa hecha de inextricables pájaros vivos.» La contemplación de la realidad mentalizada sugiere un mudo grito de una lógica atravesada por símbolos: números, reiteraciones, equilibrios, bibliotecas, laberintos, barrios de ciudades organizadas. Y junto a ello, la magia, lo inexplicable. El pasado se observa con ironía. El tiempo es un factor dislocador; una llave que abre el misterio. Pero es también el sueño, inspiración o fracasada belleza. El esplendor de los tigres, en *«Dreamtigers» (El hacedor),* en los sueños, aparece «disecado o endeble, o con impuras variaciones de forma, o de un tamaño inadmisible, o harto fugaz, o tirando a perro o a pájaro». El poeta no es, pues, capaz de movilizar sus sueños y la belleza se evade. Los sueños liberadores de los surrealistas, sueños también inducidos, no alcanzan ahora a plasmar la plenitud de la belleza. Es el drama del barroco italiano Giambattista Marino en «Una rosa amarilla», también de *El hacedor.* La visión de la «rosa» —sueño visionario— le llega en los umbrales de la muerte. Tal vez sólo la muerte le permite alcanzar la belleza en su plenitud. El intelectualismo de Borges aparece veteado por signos específicamente románticos. No puede hablarse de frialdad en la composición de sus obras. Al contrario, el escritor resulta capaz de hacer vibrar la abstracción humanizándola. Mediante un lenguaje ajustado, medido, imaginativo, sugerente, Borges transmuda su personalidad al conjunto de su obra. Arrastra al lector hacia la profundidad de su encantamiento textual, le lleva por la duda hacia una peculiar concepción de la literatura y en el fondo del ingenioso abismo aparece siempre la figura de Borges. Como señala en *Otras inquisiciones,* «el mundo, desgraciadamente, es real; yo, desgraciadamente, soy Borges».

«LIBRO DE ARENA» (1977)

El *Libro de arena*[12], de Jorge Luis Borges, fue el último volumen publicado de relatos del maestro argentino. No vamos a descubrir aquí y ahora la calidad de Borges, su dominio de los recursos del relato breve. Jorge Luis Borges paseó su venerable ceguera por las universidades y televisiones europeas y americanas. Su radicalismo de derechas desorientó a muchos admiradores, pero era la consecuencia casi lógica de una visión del mundo conservadora, tradicional y profundamente pesimista. Creemos adivinar en algunas de sus manifestaciones la «provocación» a ciertos sectores que acostumbraban a escandalizarse de sus afirmaciones, en tanto que muchas veces transigieran calladamente con las de signo contrario. Con la vejez le llegó al poeta la ceguera. Éste va a ser tema significativo de buena parte de sus últimos relatos. La ceguera, por otra parte, es también una característica tradicional en el «bardo». Pero su función en los relatos de *Libro de arena* es diversa. Puede significar vejez, aliento profético, poesía, interiorización. En algunas de sus últimas declaraciones —tan abundantes, por desgracia— describió sus dificultades para continuar una obra que estuvo empeñada en tomar nuevamente sus ya viejos temas y añadirles algunos matices e iluminaciones. Borges no podía escribir por su propia mano. Le resultaba imprescindible la ayuda de un secretario a quien dictaba y quien posteriormente leía en alta voz, para sus oportunas correcciones, lo que el maestro había dictado. Borges señaló que su decantación última hacia la poesía se debía a una razón material, puesto que le resultaba más fácil retener de

---

[12] Jorge Luis Borges, *Libro de arena,* Alianza Editorial, Madrid, 1977.

memoria unos versos, darles vueltas hasta conseguir su adecuada forma. En el «epílogo» que cierra el breve volumen señalaba el escritor que confiaba en que «las notas apresuradas que acabo de "dictar" no agoten este libro».

Sería erróneo, por otra parte, considerar que *Libro de arena* es un epígono vacilante de su anterior obra. Es verdad que ocasionalmente echaremos de menos la acerada intuición del escritor, quien tiende a veces a expresarse a través de frases de composición sintáctica sencilla, atento más al símbolo y contenido del relato que a determinados hallazgos estilísticos. Pero esta observación de carácter muy general no es cierta en muchas zonas de los relatos, como el más ambicioso, el titulado «El Congreso», donde el lector puede descubrir sus fórmulas líricas más expresivas, paso nada sencillo de la narración a la poesía: «...le pedí que se casara conmigo, pero Beatriz Frost, como Nora Erfjord, era devota de la fe predicada por Ibsen y no quería atarse a nadie. De su boca nació la palabra que yo no me atrevería a decir. Oh, noches; oh, compartida y tibia niebla; oh, el amor que fluye en la sombra como un río secreto; oh, aquel momento de la dicha en que cada uno es los dos; oh, la inocencia y el candor de la dicha; oh, la unión en la que nos perdíamos para perdernos luego en el sueño; oh, las primeras claridades del día y yo contemplándola» (pág. 33). Ciertos sectores de la crítica, atentos a lo superficial, que han acusado a Borges de frialdad en la composición tendrán buenos motivos para revisar sus afirmaciones y no únicamente ante el fragmento antes transcrito. El escritor utiliza con frecuencia los artilugios aprendidos en la literatura popular (el relato policiaco, el cuento fantástico o el de ciencia-ficción), como en *There Are More Things* (dedicado significativamente a Howard P. Lovecraft, un maestro del género), en el que el desarrollo del misterio se corta súbitamente en la última frase: «Mis pies tocaban el penúltimo tramo de la escalera cuando sentí que algo ascendía por la rampa, opresivo, lento y plural. La curiosidad pudo más que el miedo y no cerré los ojos» (pág. 45). Lo que vieron tales ojos será ignorado por el lector, que debe colaborar en la materialización del ser «opresivo, lento y plural», extraño habitante de la casa bonaerense. En los relatos del *Libro de arena* el misterio cobra el destacado precio que Borges siempre le otorgara. Se inicia con la figura misma del narrador en primera persona y crece en la síntesis de lo imaginario y lo que entendemos por autobiográfico.

Su breve narración «Utopía de un hombre que está cansado» ha sido calificada por el propio autor como «la pieza más honesta y melancólica de la serie». Situado en el futuro, el interlocutor interroga a un espectro del pasado. Aparecen aquí los principales rasgos —y en profundidad— que configuran la visión negativa del mundo último y perenne de Borges. Su desconfianza hacia los políticos es total: «Un embajador o un ministro era una suerte de lisiado que era preciso trasladar en largos y ruidosos vehículos, cercado de ciclistas y ganaderos y aguardado por ansiosos fotógrafos» (pág. 72). Los gobiernos y los políticos de tales gobiernos «según la tradición fueron cayendo gradualmente en desuso. Llamaban a elecciones, declaraban guerras, imponían tarifas, confiscaban fortunas, ordenaban arrestos y pretendían imponer la censura y nadie en el planeta los acataba. La prensa dejó de publicar sus colaboraciones y sus efigies. Los políticos tuvieron que buscar oficios honestos: algunos fueron buenos cómicos o buenos curanderos. La realidad sin duda habrá sido más compleja que este resumen» (pág. 74). En este desolado e irónico futuro en el que el ser humano madura hasta los cien años, le es permitido tan sólo engendrar un hijo, ya no vive en las aglomeraciones urbanas y es finalmente eliminado en cámaras letales, descubrimos el presente borgiano. Sin embargo, es lícito preguntarse: tal «utopía» ¿corresponde a la mentalidad de un «hombre de orden» o de un «anarquista»?

Pero Borges sigue en algunos de los relatos con sus obsesiones tradicionales: el problema del tiempo y del espacio, de la identidad, de la comunicación, el mundo de la primitiva cultura anglosajona. Su relato inicial, «El otro», plantea el tema del doble. Según confiesa Borges se inspiró en las aguas del río Charles (Nueva Inglaterra), que le recordaron las del Ródano (pág. 101), pero la complejidad de intenciones desbarata el relato. «Mi deber era conseguir que los interlocutores fueran lo bastante distintos para ser dos y lo bastante parecidos para ser uno.» La empresa es, pues, un complejo ejercicio intelectual muy característico del escritor argentino. «El encuentro fue real, pero el otro conversó conmigo en un sueño y fue así que pudo olvidarme, yo conversé con él en la vigilia y todavía me atormenta el recuerdo» (pág. 14). La entrevista entre ambos y uno mismo está repleta de elementos misteriosos que incrementan la atención del lector. Sabiamente, Borges le añade unos toques autobiográficos: «Cuando alcances mi edad habrás perdido casi por completo la vista. Verás el color amarillo y sombras y luces. No te preocupes. La ceguera gradual no es una cosa trágica. Es como un lento atardecer de verano» (pág. 14). El resultado, sin embargo, es un relato excesivamente intelectualizado, imagen de un espejo en el que acostumbraba ya a contemplarse el escritor. En «Ulrica», el narrador y protagonista tan sólo puede poseer la imagen de la mujer, surgida y viva en otro tiempo. Para él, la realidad será «mi recuerdo personal de la realidad» (pág. 15). «El espejo y la máscara» y «Undr» responden a una misma inspiración: el descubrimiento de una palabra o de una frase que sean también la solución a los enigmas del hombre. Ambos relatos están situados en los remotos orígenes de las culturas escandinavas. Por el contrario, «El soborno» no responde a otra cosa que a otro juego intelectual, ciertamente ingenioso, para detectar la sinceridad y ética de los norteamericanos. Borges sitúa la narración en una universidad norteamericana, que conoce bien. En «Avelino Arredondo» descubrimos nuevamente rasgos del mejor momento del escritor, atento ahora al tema del asesinato político, que en el epílogo manifestará que «no aprueba». Con todo, es el análisis de un acto «puro». Y en el *Libro de arena,* que cierra la serie, Borges vuelve de nuevo a un viejo y grato tema, el libro único, el mensaje ignorado o la «clave» que guardará, para que no se encuentre, en las repletas estanterías de la Biblioteca Nacional. No faltan aquí tampoco otros elementos autobiográficos, ni las obsesiones o angustias que en algunos momentos aparecen en la obra de Borges, como en la de Kafka.

El *Libro de arena* constituye, pues, un grato regalo para los borgianos tradicionales, una muestra de las astucias literarias, de la maestría y agudeza de uno de los escritores más geniales de la lengua castellana y, sin duda, de la literatura contemporánea.

«LOS CONJURADOS» (1985)

A nadie le extrañará que la obra de Borges, iniciada en la poesía, vuelva a la poesía cerrando el círculo abierto en sus comienzos, confirmando el carácter cíclico de su producción. A nadie le extrañará que en los poemas de *Los conjurados* figuren las ciudades y lugares de Kyoto, Buenos Aires, Berna y Cnossos, en 1984, al pie de algunos de sus poemas, porque también los orígenes literarios de Borges son cronológicamente cosmopolitas, inicialmente europeos, aunque tan enraizados en la argentinidad que su primer libro poemático, de 1923, se titula significativamente *Fervor de Buenos Aires*. Fiel a estos orígenes el lector de *Los conjurados* descubrirá dos significativas piezas: *Milonga del infiel* y *Milonga del muerto*.

De las cuarenta piezas que lo componen algunas son poemas y otras siguen la forma del relato. No resulta fácil separar unos de otros. Como no resulta fácil distinguir ya desde comienzos de este siglo lo que separa la prosa de arte del verso libre. Aquí, como en el resto de sus obras, un pensamiento creador o poético conforma el conjunto. En la «Inscripción» inicial, que puede leerse también como un poema o tal vez como una estética, Borges señala que «escribir un poema es ensayar una magia menor». Y cuando más adelante en el prólogo el autor realiza significativos guiños a sus lectores, al aludir a «una sola línea secreta» que ha de resultarle fiel acompañante, hemos de convenir que no una sino muchas líneas de antes y de ahora han iluminado con esa «magia menor» nuestra propia experiencia de lectores ávidos de belleza. En «Posesión del ayer» (pág. 63) el poeta considera que estamos forjados de perdiciones. Ha elegido una expresión alejada de la métrica de las retóricas, que seguirá en otras muchas composiciones, pero los mecanismos reiterativos del texto son claramente poéticos y aunque «la cadencia y el ambiente de una palabra pueden pesar más que el sentido» el desarrollo de las ideas constituye una versión borgiana de temas harto tradicionales: «Israel fue cuando era una antigua nostalgia. Todo poema, con el tiempo, es una elegía. Nuestras son las mujeres que nos dejaron, ya no sujetos a la víspera, que es zozobra y a las alarmas y temores de la esperanza. No hay otros paraísos perdidos.» No sería difícil rastrear estas y otras fórmulas en la literatura del pasado, que si es bella y veraz conforma nuestro presente. Pero cobran ahora su dimensión en el conjunto de este nuevo libro y suenan a nuestros oídos como una parte de ese mecanismo que supera su tiempo y que identificamos con el maestro argentino.

¿Cuántos escritores no han anunciado su renuncia a una estética definida? Rubén Darío, en aquel prólogo a su tan bello libro *El canto errante* (1907), también escribió «No hay escuelas, hay poetas» y antes José Martí y ya Borges en un texto-prólogo de 1972 a *El oro de los tigres,* que vuelve ahora a confirmar: «No profeso ninguna estética.» Nosotros sabemos que precisamente en ellos radica esa «magia menor», el «duende» que reclamaba Rubén y que descubriría también años más tarde Federico García Lorca. Pero nada más lejos del inconsecuente juego poético que esos versos que Borges considera alejados, por su edad, del fuego. Las piezas que constituyen *Los conjurados* responden en gran medida a reflexiones sobre la vida y el tiempo. Básicamente ésos son los dos grandes y eternos temas poéticos. Borges los sueña. En «Alguien sueña», es el Tiempo. En «Sueño soñado en Edimburgo» y en «Las hojas del ciprés», la vida. Estos sueños o relatos o poemas de Borges son misterios que nos revelan; porque en ellos nos descubrimos y le descubrimos. Los signos, los laberintos, como en el hermoso poema «Elegía de un parque», los tigres, los espejos, los libros son parte de sus sueños que sus lectores compartimos desde hace años. En *La larga busca* descubrimos una imagen que va más allá de la historia: «las noches roen el mármol». Son palabras, una «línea secreta» que tal vez pueda acompañarnos durante largo tiempo.

El lector descubrirá algunos sonetos. El poeta, que mantiene la rigidez de su forma, ha eliminado únicamente la separación de cuartetos y tercetos, convirtiendo la disposición del texto en una unidad. Los endecasílabos suenan en «César», en «Son los ríos», en

«La tarde», en «Piedras y Chile», en «Nubes» o en el bello «On his blindness»; como descubríamos ya en «El oro de los tigres», donde advertía que «la parábola sucede a la confidencia, el verso blanco o libre al soneto». Pero son utilizadas también aquí formas de verso libre. «Elegía de un parque» es una composición en endecasílabos blancos, como el sorprendente «Cristo en la cruz». En el magnífico poema «Sherlock Holmes» emplea los alejandrinos; en las milongas, lógicamente, las estrofas populares. Estas formas no son nuevas. Antes al contrario, resultan herederas de una tradición lingüística a la que Borges nos remite. El poeta se identifica con autores bien conocidos por sus habituales lectores. Sigue aquí fiel a su particular santoral. Quizá habrá que sumar a los nombres reiterados —en particular el de Cansinos Assens que hoy redescubrimos (paradoja literaria) tras un largo y poco sorprendente silencio— el del argentino Enrique Banchs (1888-1968), menos conocido del lector español, quien, tras interrumpir su obra poética (que consta sólo de cuatro libros) a los veintitrés años, presidió durante algún tiempo la Sociedad Argentina de Escritores. Le dedica aquí un magnífico soneto (pág. 65) que no olvidaremos fácilmente.

De igual modo, las elegías a Abramowicz recuperan «los muy diversos libros que no escribiste pero que prefijabas y descartabas y que para nosotros te justifican y de algún modo son». Esta personal concepción del hecho literario viene a confundir la historia personal y los personajes de ficción; los sueños vividos e imaginados. En alguna parte Borges escribió que comenzó a interesarse por la filosofía cuando su padre le enseñó la historia de Aquiles y la tortuga sobre un tablero de ajedrez. Los textos de Borges —resultaría vano descubrirlo ahora, porque la bibliografía escrita sobre su obra nos desborda— se asientan sobre ideas y símbolos. Pero en vez de que éstos sean abstractos y ajenos, vienen encarnados en un fuego que —permítaseme contradecir lo que apunta en el prólogo a *Los conjurados*— sigue ardiendo, aunque éste sea el libro de un hombre que había superado ya los ochenta años. He aquí otro de los privilegios de la poesía. Rimbaud la abandonó al filo de la juventud y Borges la alienta en una prolongada madurez creadora. En ambos casos hace burla del tiempo.

No dejaremos el libro sin admiraciones. Son muchas las «líneas secretas» que van a acompañarnos. No hay escritor más claro que Borges. Pero su límpida claridad puede ofuscarnos. No hay palabras innecesarias en sus textos.

V

LA LIBERACIÓN DE LA PALABRA

JUAN CARLOS ONETTI

Los relatos (1975)

Se ha escrito ya mucho —y no siempre con el necesario equilibrio— sobre el llamado *boom* de la narrativa latinoamericana. A un grupo inicial se le fueron sumando aquellos autores que poco o nada tenían que ver con la rápida expansión de una literatura que penetró, no sin motivos, más allá de las fronteras naturales de la lengua. No entraremos aquí en el fenómeno —que es mucho más que un simple fenómeno publicitario, político o literario—. No podemos pasar por alto, sin embargo, el hecho de que Juan Carlos Onetti obtuviera, finalmente, un bien merecido, aunque tardío, puesto en la llamada «nueva novela latinoamericana». Carlos Fuentes [1], en un ensayo que debe ser considerado casi como un verdadero manifiesto del *boom*, en 1969, aunque alude a dos grandes cuentistas uruguayos, Horacio Quiroga y Felisberto Hernández, sigue ignorando a Juan Carlos Onetti. Sin embargo, disponemos ya, desde 1970, de una edición de sus *Obras Completas*, y la difusión de las novelas de Onetti, desde *El astillero* a *Juntacadáveres,* en ediciones

---

[1] Carlos Fuentes, *La nueva novela latinoamericana,* México, 1969.

más o menos asequibles, es un hecho. La obra de Onetti ha sido también objeto de una considerable aunque tardía atención crítica y a ella han dedicado, por ejemplo, una tesis Ximena Moreno Aliste [2], publicada desde el Centre de Recherches Latino-Américaines de Poitiers, o la madrileña *Cuadernos Hispanoamericanos* (diciembre de 1974) un número monográfico especial. Pero el descubrimiento y reconocimiento de la narrativa y del mundo de Juan Carlos Onetti no ha sido fácil, como no es sencillo abarcar en su totalidad el rico contenido de sus ambiguos mensajes.

El primer cuento publicado por Onetti fue *Avenida de Mayo-Diagonal-Avenida de Mayo* (1933), el último aparece ahora (1975) por vez primera: *El perro tendrá su día*. Se trata, pues, de una labor que discurre a lo largo de más de cuarenta años. Debe señalarse que tal actividad no ha sido muy prolífica. Publica un cuento cada uno o dos años, con algunos silencios más dilatados: *El posible Baldi* es de 1936, y *Convalecencia,* de 1940; *La casa en la arena* es de 1949, y *El álbum,* de 1953; *Justo el treintaiuno,* de 1964, y *La novia robada,* de 1968. Sin embargo, Onetti regresa siempre al relato breve, por el que, sin duda, siente una notable predilección. Porque el relato tiene en las literaturas argentina y uruguaya una rica presencia. Horacio Quiroga, Felisberto Hernández, Roberto Artl, Jorge Luis Borges, Adolfo Bioy Casares, Julio Cortázar: la simple enumeración nos ahorrará cualquier otro co-

---

[2] Ximena Moreno Aliste, *Origen y sentido de la farsa en la obra de Juan Carlos Onetti,* Publications du Centre de Recherches Latino-Américaines de l'Université de Poitiers, octubre de 1973, aunque el texto crítico más conocido sobre su obra sigue siendo el de F. Aínsa, *Las trampas de Onetti,* Montevideo, 1970. Con posterioridad, la bibliografía se ha incrementado exageradamente. Destaquemos, F. Curiel, *Onetti: obra y calculado infortunio,* México, 1980, y M. Verani, *Onetti, el ritual de la impostura,* Caracas, 1981.

mentario. Entre Borges y Cortázar, entre ambas generaciones, hay que situar la obra de Onetti. La literatura en América Latina la confundido aquí sus propias raíces con la mejor narrativa extranjera. Los norteamericanos Hemingway y Faulkner, principalmente, pueden ser rastreados en Onetti, pero no es posible aludir a una imitación o una exagerada influencia; del mismo modo puede señalarse la presencia de Henry James, Gide, Céline, Sartre, Joyce o Flaubert.

Los relatos de Onetti no pueden extraerse del conjunto narrativo total del autor. No son escarceos, ni tanteos para una novela larga, ni experimentaciones. En ocasiones pueden ser fragmentos de una de sus novelas que ha cobrado vida propia y se ha independizado, como *La casa en la arena,* que primitivamente formaba parte de *La vida breve.* Podemos penetrar, por consiguiente, por cualquier ángulo, en el meollo de la obra del narrador y, preferiblemente, a través de sus relatos. Hallaremos aquí un mundo coherente y cerrado. En Onetti, en efecto, su mundo narrativo se cierra, constituye una estructura orgánica y, como tal, permanece suficiente en sí misma, relacionada y suficiente en cada una de sus partes. Emir Rodríguez Monegal se refiere a Santa María, la ciudad mezcla de Buenos Aires y Montevideo, y a la saga que Onetti ha construido en torno a ella [3]. Las sagas giran, sin embargo, en torno a la vida de una familia, son la historia de una familia. No hay en la obra de Onetti, en cambio, una trayectoria biológica en el tiempo. Éste parece detenido, planea ingrávido por sobre los seres grises, aunque de trágico destino. El mundo de Onetti parece encerrado en una urna de cristal en la que se ha producido una extraña adaptación al vacío. Podemos observar a través de ella la vida que desarrollan

---

[3] Emir Rodríguez Monegal, prólogo a J. C. Onetti, *Obras Completas,* México, 1970, pág. 33.

las criaturas, aunque dentro de unos límites trazados previamente. En algún sentido la «ciudad» es, en Onetti, el linde para la acción. Una cierta crueldad o frialdad en la descripción de las criaturas es también resultado de este asepticismo deliberado que nos atrae y nos repele a un tiempo. La selva de *La Vorágine,* de José Eustasio Rivera, ha sido sustituida por la ciudad. La naturaleza virgen, que tanto había gravitado en la generación anterior a Onetti, ha dejado ahora un vacío, por el que discurrirá su significativo mundo. Éste queda centrado en el sugestivo laberinto ciudadano; inaccesible, en ocasiones, a los propios personajes. En *Regreso al Sur,* por ejemplo, el protagonista —pese a que aparece desde una perspectiva referencial— establece una especial relación con la ciudad: «Tío Horacio no hizo comentarios, y no parecía haberse enterado de la proximidad nocturna de Perla, cinco cuadras al Sur. Óscar supo que había oído a Walter, porque en los paseos de la noche, cuando salían a tomar un café liviano a alguna parte, comenzó a llegar por Paraná hasta Rivadavia, donde se abría la Plaza del Congreso y hacia donde miraba con curiosidad idéntica noche tras noche; luego doblaba a la izquierda y continuaban conversando por Rivadavia hacia el Este. Casi todas las noches; por Paraná, por Montevideo, por Talcahuano, por Libertad. Sin hablar nunca de aquello, Óscar tuvo que enterarse de que la ciudad y el mundo de tío Horacio terminaban en mojones infranqueables en la calle Rivadavia; y todos los nombres de calles, negocios y lugares del barrio sur fueron suprimidos y muy pronto olvidados.» Buenos Aires, con sus calles y avenidas, perfectamente delimitadas, constituye el único mundo propio del personaje. Simbólicamente, atravesar esta invisible barrera es romper también con normas establecidas a lo largo de un tiempo que se repite en un itinerario idéntico. Es posible aplicar al concepto de la ciudad de Onetti lo que Ricardo Bofill señala respecto a Nueva York: «New York es el mejor ejemplo de cómo se desarrolla la jungla urbana, que es distinta a la jungla natural, y allí aprende el hombre a protegerse, esconderse, a organizar guerrillas, insurrecciones y elementos de desorden; esto es más fácil realizarlo en New York que en cualquier otro tipo de aglomeración urbana»[4]. Tío Horacio se esconde, es decir, se protege también tras el barrio ciudadano. Y prácticamente el barrio encierra cualquier referencia a la vida.

Los protagonistas de la *Historia del Caballero de la Rosa y de la Virgen encinta que vino de Liliput* son expulsados de la ciudad: «Vivían en Las Casuarinas, desterrados de Santa María y del mundo. Pero algunos días, una o dos veces por semana, llegaban a la ciudad de compras en el inseguro *Chevrolet* de la vieja.» La pareja no es aceptada aquí por la comunidad humana que les rechaza desde *su ciudad*. Establece Onetti —ya desde su ideal Santa María— dos tipos de ciudadanos. Existen unos, acrisolados y antiguos. Es fácil reconocerlos porque poseen los privilegiados recuerdos del pasado ciudadano. A los nuevos habitantes no merece la pena tomarlos en consideración. Es desde la ciudad —y desde su modesto *stablishment*— desde donde narra el novelista; es el «nosotros» invisible, pero presente, que abarca la parcialidad narrativa de Onetti, desdoblado aquí en otro «yo» narrador, inmerso en los mismos prejuicios que viene a fustigar utilizando recursos indirectos: «Los pobladores antiguos podíamos evocar entonces la remota y breve existencia del prostíbulo, los paseos que habían dado las mujeres los lunes. A pesar de los años, de las modas y de la demografía, los habitantes de la ciudad continuaban siendo los mismos. Tímidos y engreídos, obligados a juzgar

---

[4] Ricardo Bofill, «Planificación y creación», en *Revista de Occidente*, núm. 1, noviembre de 1975, pág. 51.

para ayudarse, juzgando siempre por envidia o miedo. Pero el desprecio indeciso con que los habitantes miraban a la pareja que recorría una o dos veces por semana la ciudad barrida y progresista...» Habremos observado el enriquecido análisis de la ciudad, sustrato activo, en el que actúan los principales personajes y, al mismo tiempo, artificio del narrador que partiendo de aquel «nosotros» inicial, con el que compartía los vicios ciudadanos en un cómplice guiño, pasa a otro narrador en tercera persona, no absolutamente desligado del primero. El personaje que finalmente narra, en efecto, va alejándose de la inicial participación, aunque no acaba de desaparecer. Sus opiniones, la narración subjetivo-objetiva, configuran el narrador atento a la psicología colectiva. Porque la ciudad no es sólo un «medio» frío, un «hábitat» peculiar del hombre; es también parte de su propia personalidad, es un personaje más, una parte del drama colectivo que transcurre en un determinado lugar, Santa María; es el resultado de la suma de las historias de los personajes que Onetti nunca podrá ofrecernos enteramente. Nos hallamos lejos de las experiencias de Dos Passos, de su intento de abrazar una ciudad con vida y reducirla a materia novelesca y, en todo caso, más cerca del Dublín de Joyce.

Santa María puede ser el nombre mismo de Buenos Aires *(Santa María de los Buenos Aires)* [5] o como precisó el propio Onetti «a Santa María la fabriqué como compensación por mi nostalgia de Montevideo». Lo que va más allá del hecho mismo de la creación de un lugar con historia propia es la participación de la realidad en la elaboración de lo imaginado. Onetti utiliza Buenos Aires y Montevideo y elabora un modelo personal de ciudad. Santa María es real porque es realidad

---

[5] Véase Fernando Aínsa, *Las trampas de Onetti,* Editorial Alfa, Montevideo, 1970, págs. 84 y sigs.

modificada y elevada a símbolo. Los personajes de Onetti no escapan tampoco por completo al símbolo. Son, al tiempo, referencias a un mundo personal del que vamos descubriendo los secretos, las obsesiones, a medida que nos adentramos en él. En este sentido, Onetti es uno de los novelistas latinoamericanos más creadores. La aparición de un personaje es, en él, fundación. Buena parte de sus actos trascienden la anécdota y se refieren a un modelo que el autor ya posee y que poco a poco nos va desvelando. En ocasiones, un hecho nos descubre una zona, nos ilumina el conjunto. El lector ha asistido a los actos de algunos de los personajes sin entenderlos, como se asiste a un ritual. Ya en el límite, se revela de pronto la historia. En este sentido, desde una perspectiva técnica, Onetti debe mucho a la novela policiaca. En *El perro tendrá su día,* por ejemplo, un hombre da de comer a los perros. Hay una violencia latente en la escena que llega a través de signos como «pedazos de carne sangrienta», «ansiedad de los hocicos», «dientes innumerables». Y a esta latente violencia se le añaden otros signos de corrupción: «El hombre de la levita le pasó al otro billetes de color carne sin escucharle las palabras agradecidas.» El paralelismo de la carne ofrecida a los perros y el color carne de los billetes se utiliza para aproximar dos acciones mediante indicios coincidentes. Tales signos lo son a través del lenguaje y a través de un lenguaje aparentemente objetivo, ya que el novelista utiliza un sistema narrativo de tercera persona. Pero este objetivismo nos resulta sólo aparente, ya que viene modificado por el lenguaje. También el tiempo narrativo se modifica mediante la utilización de otros recursos que aproximan la acción al lector: «*Ahora* el hombre de la levita le pasó al otro...», contrastado con el «*Entonces era bajo y fuerte...*». Quizá convendría aquí aludir, por lo menos, al papel de la adjetivación en Onetti. En *Historia del Caballero de la Rosa y de la*

Virgen encinta que vino de Liliput nos encontramos ante un momento de exaltación del carácter adjetivo: «El hombre era de muchas maneras y éstas coincidían, *inquietas* y *variables,* en el propósito de mantenerlo *vivo, sólido, inconfundible.* Era *joven, delgado, altísimo;* era *tímido* e *insolente, dramático* y *alegre.*» Esta exagerada serie de adjetivos, predominantes en la descripción, viene a mostrar el carácter subjetivo de lo narrado, a través de la sensibilidad del narrador, que filtra y acomoda, por consiguiente, el aspecto externo e interno del personaje.

El tiempo de los relatos de Onetti es también un recurso que determina el conjunto. El narrador se permite cualquier libertad con él. Y puesto que sabemos que conoce perfectamente la totalidad de la historia, que nos es presentada mediante los signos de esta totalidad, no nos sorprenden las revelaciones sólo parciales. El misterio encerrado en la caja de sorpresas —que son sus relatos— deriva precisamente del efecto de «ocultación». En *El perro tendrá su día,* por ejemplo, y sólo a través de la descripción elabora Onetti efectos de orden temporal cuyo subrayado por nosotros es ya elocuente. ¿Quién sino el autor domina en su totalidad el efecto temporal? ¿Quién sino él puede pasar del «dijo» al «había sido dicho»?: «Miraba al niño de seis años nervioso y enmudecido, más blanco que su madre, siempre vestido por ella con ropas femeninas excesivas en terciopelos y encajes. *No dijo nada porque todo había sido dicho mucho tiempo atrás. La repugnancia de la mujer, el odio creciente del hombre, nacidos en la misma extravagante noche de bodas en que fue engendrado el niño-niña...*»
Las relaciones amorosas constituyen con frecuencia el centro de la atención de los relatos de Onetti. Tales relaciones son complejas, equívocas y, a menudo, fatales. La oposición amor/odio es permanente. Y en tales historias el tiempo actúa siempre con su fatigoso

piquete demoledor. Si en *El perro tendrá su día* el odio aparece ya desde «*la extravagante* noche de bodas», en *El infierno tan temido* la mujer le hace llegar fotografías pornográficas en un acto repetido de amor: «Por qué no, llegó a pensar, por qué no aceptar que las fotografías, su trabajosa preparación, su puntual envío, se originaban en el mismo amor, en la misma capacidad de nostalgia, en la misma congénita lealtad.» Este amoroso odio ha sido modificado también por el tiempo: «...iba admitiendo que aquélla era la misma mujer desnuda, un poco más gruesa, con cierto aire de aplomo y de haber sentado cabeza, que le hacía llegar fotografías desde Lima, Santiago y Buenos Aires». Estas fotografías no son sino imágenes que cobran importancia por sus efectos escandalosos en los «otros». La mujer, consciente de la ajena presencia invisible, intenta destruir al hombre. Pero el hombre no atiende a los efectos de la imagen en los otros. Sólo es sensible en la hija. El tiempo le permite descubrir el secreto a la mujer que, como en buena parte de las narraciones de Onetti, adquiere caracteres destructivos. El tiempo implacable destruye la imagen del amor y pervierte lo femenino. Sólo las adolescentes de las narraciones de Onetti patentizan el atractivo del amor. Las mujeres cuando han atrapado al hombre y comienzan su lenta aniquilación merecen la muerte de *El perro tendrá su día*. Aquí, el diálogo entre el comisario y el asesino, al margen del simbolismo moral que encierra, revela la constante que actúa casi como fijación erótica: «Todas las mujeres son unas putas. Peor que nosotros. Mejor dicho, yeguas. Y ni siquiera verdaderas putas.» *Bienvenido, Bob, La casa de la desgracia* y *Nueve de Julio,* por ejemplo, coinciden en el deseo del hombre maduro hacia la adolescente. El hombre no busca en ella el amor correspondido; plasma muchas veces una inaprehensible imagen, del mismo modo que algunos personajes se imaginan en situaciones ideales: «Habíamos ido de Nueva York a San Francisco —por primera vez, y lo que ella describía me desilusionó por su parecido con un aviso de bebidas en una de las revistas extranjeras que llegan al diario: una reunión en una pieza de hotel, las enormes ventanas sin cortinas abiertas sobre la ciudad de mármol bajo el sol, y la anécdota era casi un plagio de la del hotel Bolívar, en Lima—, acabábamos de "llorar de frío en la costa este y antes de que pasara un día, increíble, nos estábamos bañando en la playa".» Se trata del relato dentro del relato y la fabuladora no queda lejos de la protagonista de *Las mil y una noches.* También aquí se retiene al hombre no sólo por el amor sino por el poder de la imaginación, canto de sirena en el que «el viaje» juega su más importante función. En *Nueve de Julio,* como expresamente indica Onetti, la adolescente aparece «rodeada y cargada con la aventura y temía al fracaso como a una herida». La muchacha encierra un misterio cuyo descubrimiento puede resolverse en la violencia, como le sucede también al narrador de *La cara de la desgracia,* ahora en primera persona: «Deseaba quedarme para siempre en paz junto a la muchacha y cuidar de su vida. La vi fumar con el café, los ojos clavados ahora en la boca lenta del hombre viejo. De pronto me miró como antes en el sendero, con los mismos ojos calmos y desafiantes, acostumbrados a contemplar o suponer el desdén. Con una desesperación inexplicable estuve soportando los ojos de la muchacha, revolviendo los míos contra la cabeza juvenil, larga y noble; escapando del inaprehensible secreto para escarbar en la tormenta nocturna, para conquistar la intensidad del cielo y derramarla, imponerla en aquel rostro de niña que me observaba inmóvil e inexpresivo. El rostro que dejaba fluir, sin propósito, sin saberlo, contra mi cara seria y gastada de hombre, la dulzura y la humildad adolescente de las mejillas violáceas y pecosas.» El demonio que se encierra en la mente del hombre maduro altera la realidad. El yo que narra es también el yo que puede llegar al crimen; pero la adolescente es un resumen de lo que puede desearse en un amor, en el que la mujer actúa pasivamente, deformada imagen del protagonista que observa. Sólo al final del relato sabremos de la sordera de la joven. Es un defecto físico invisible que confiere mayor misterio a la atención de la joven hacia el hablante, falsa imagen que perturba al narrador. El mismo tema de la adolescente asesinada había sido ya tratado en otro cuento anterior, *La larga historia,* de 1944. La coincidencia y algunos fragmentos idénticos, revelan la perduración de algunos temas en los cuentos de Onetti.

En *El álbum,* los papeles se truecan y es ahora el «yo» adolescente, el narrador; y la mujer, quien encierra todas las experiencias. La «aparición» de la mujer mantiene, también aquí, el necesario misterio que modifica una realidad aparentemente banal. Se nos presenta de forma indirecta: «Hace una semana que está en el hotel, el Plaza; vino sola, dicen que cargada de baúles. Pero toda la mañana y la tarde se las pasa con esta valijita ida y vuelta por el muelle, a toda hora, a las horas en que no llegan ni salen balsas ni lanchas.» Una vez más Onetti recurre al sistema de desvelar sólo parcialmente lo que sabe. Y a recorrer un tiempo del que es el único dueño y señor: «Pero todo esto es un prólogo, porque la verdadera historia sólo empezó una semana después», y aún más adelante: «La verdadera historia empezó un anochecer helado, cuando oíamos llover y cada uno estaba inmóvil y encogido, olvidado del otro.» No se produce tampoco aquí la casi imposible comunicación amorosa. El amor es solamente un deseo. Y la auténtica comunicación entre los personajes es, como antes señalamos, la imaginación compartida; es, también, la «incitación al viaje». El adolescente busca en la mujer madura no el placer, sino una experiencia de la vida. Ella significa la huida sin peligros y, fundamentalmente, la libertad. Con su desaparición el mundo imaginado se tambalea. Era necesario comprobar su existencia real o una reconfortante realidad que le viene de revolver en su baúl, de «un álbum con tapas de cuero y las iniciales C. M.». Así se justifica al fin la historia y recobra su validez, puesta poco antes en entredicho. No hay en la narración el «dolorido sentir» por la pérdida amorosa. Al fin y al cabo, el autorretrato del narrador nos permite dramatizar una situación dada su cínica filosofía vital: «Mientras me vestía, me acomodaba la boina y trataba de reorganizar rápidamente mi confianza en la imbecilidad del mundo, le perdoné el fracaso, estuve trabajando en un estilo de perdón que reflejara mi turbulenta experiencia, mi hastiada madurez.»

El «yo» que narra puede también ser culpable. Y puede serlo, principalmente, por una cierta falta de experiencia o por la crueldad e indiferencia hacia el dolor ajeno. El adolescente de *El álbum* pasa a convertirse en un ser culpable en *Esbjerg, en la costa*. Nuevamente aquí la «invitación al viaje» viene de la mano de otra mujer, «engordada en la ciudad y el ocio». Un hecho desencadenante, la nostalgia de Kirsten por Dinamarca, será el débil hilo conductor de la narración. Pero interviene la capacidad fabuladora de Onetti, que sitúa en un primer plano la relación entre el narrador y el marido de Kirsten. Ésta aparece nuevamente como «muy corpulenta, disputándole la cama sin saberlo», o también «Kirsten es gorda, pesada y debe tener una piel muy hermosa». Elementos de un realismo poco acorde con la pasión que puede despertar tradicionalmente la figura literaria de la mujer configuran el acto de Montes, el marido corredor de apuestas. Pero conviene poner de relieve la relación que se establece entre el narrador y Montes: «Lo insulté hasta que no pude encontrar nuevas palabras, y usé todas las maneras de humillarlo que se me ocurrieron hasta que quedó indudable que él era un pobre hombre, un sucio amigo, un canalla y un ladrón; y también resultó indudable que él estaba de acuerdo, que no tenía inconvenientes en reconocerlo delante de cualquiera si alguna vez tenía yo el capricho de ordenarle hacerlo. Y también desde aquel lunes quedó establecido que cada vez que yo insinuara que él era un canalla, indirectamente, mezclando la alusión en cualquier charla, estando nosotros en cualquier circunstancia, él habría de comprender al instante el sentimiento de mis palabras y hacerme saber con una sonrisa corta, moviendo apenas hacia un lado el bigote, que me había entendido y que yo tenía razón. No lo convinimos con palabras, pero así sucede desde entonces.» Se establece así una relación característica de humillación de carácter durativo. No es una sola humillación, un acto; sino un estado continuado. De esta forma se refuerza la culpabilidad del «yo» narrador, ya que, aun estando en principio de acuerdo con la culpabilidad de Montes (sin conocer las verdaderas razones que le llevaron a cometerlo, es decir, sin conocer la historia), el hecho no deja de ser despreciable en sí mismo. Pero la condena moral aumenta al analizar el narrador las motivaciones de Montes y al aparecer junto a él la figura nada idealizada de una Kirsten vencida por la nostalgia de su país, por sus propios orígenes. Entre Montes y Kirsten, sin embargo, tampoco se establecen auténticas relaciones de comprensión. Seres aislados, viven sus personales historias sin quejas. Montes la acompaña hasta el muelle y, desde allí, observan los buques que ella no llegará a tomar: «Miran hasta que no pueden más, cada uno pensando en cosas tan distintas y escondidas, pero de acuerdo, sin saberlo, en la desesperanza y en la sensación de que cada uno está solo, que siempre resulta asombrosa cuando nos ponemos a pensar.» La narración en tercera persona ha ido desapareciendo (tras sustituir el «yo» culpable) para llegar al significativo final. No se disimula la presencia del autor, no sólo omnisciente, sino intérprete de una realidad construida y tejida de inmoralidades. El lector no puede tampoco aceptar sin inquietud ni la injusticia del «yo» narrador ni la que la sociedad establece al no permitir que Kirsten retorne al paisaje natal (al mundo de la infancia), ni la falta de comunicación que impide construir una racional coexistencia en la pareja. Lo negativo —una realidad de carencias— permanece en la narración por encima de cualquier circunstancia. No podemos dejar de compartir con el autor la última conclusión de orden moral emparentada con la literatura existencial: la soledad de todos.

La aparición del narrador se acentúa en *Matías el telegrafista* y es el propio Onetti quien nos define una vez más el sentido último de lo narrado: «Para mí, ya lo saben, los hechos desnudos no significan nada. Lo que importa es lo que contienen o lo que cargan; y después averiguar qué hay detrás de esto y detrás hasta el fondo definitivo que no tocaremos nunca.» Con estas palabras, en efecto, se resumen los propósitos narrativos de Juan Carlos Onetti. Su sistema, en los cuentos y en las novelas, consistirá en ofrecernos un viaje a los últimos significados de las acciones de aquellos personajes que crea. En él, las acciones, las referencias, los signos alcanzarán otra dimensión, mucho más profunda que en cualquier otro de los novelistas latinoamericanos contemporáneos. Al partir de una psicología trascendentalizada, se alcanzará, en una estructura referencial, el último significado moral que nada tiene que ver con el moralismo. La literatura de Onetti permite siempre una lectura a otros niveles si se aprecia la interaccionalidad de sus relatos.

¿Cómo justificar este mundo desolado, nostálgico, triste como el tango, deshonesto y vacío? Onetti nos alcanza su verdad. En el cuento antes citado indica: «No mentiría; pero la mejor verdad está en lo que cuento aunque, tantas veces, mi relato haya sido desdeñado por anacronismos supuestos.» Esta verdad es también la nuestra a través de la magia del relato y del lenguaje. Admitimos la ficción del narrador y admitimos, con ella, cualquier otro recurso noblemente utilizado. La literatura es un engaño. Pero imperdonable engaño sería que no fuera lo que debe ser. Nada en el mundo de Onetti, sin embargo, traiciona la esencialidad de sus relatos. Y, por ello, podemos no estar de acuerdo con su moral o su filosofía, aunque somos también incapaces de superarlos, de demostrar su inviabilidad en el mundo que el narrador nos ha transmitido. Lo que así se establece es la máxima prueba a que puede someterse un novelista. La justificación de Onetti es los relatos de Onetti: «Nadie, nadie puede saber cómo ni por qué empezó esta historia», escribe en *Tan triste como ella*. Y añadirá más adelante en un monólogo incrustado cara al público: «En cuanto al narrador, sólo está autorizado a intentar cálculos en el tiempo. Puede reiterar en las madrugadas, en vano, un nombre prohibido de mujer. Puede rogar explicaciones, le está permitido fracasar y limpiarse lágrimas, mocos y blasfemias.» Pero no hay fracasos en los mejores relatos de Onetti, en *Bienvenido, Bob,* en *Jacob y el otro* o en los demás que hemos citado. Sus personajes despiden, dentro de la oscuridad en que se hallan sumidos, una extraña luz. Y esta luz les viene dada por los recursos del arte de uno de los mejores narradores contemporáneos de lengua española: Juan Carlos Onetti.

«DEJEMOS HABLAR AL VIENTO» (1979)

Tal vez haya llegado el momento de plantearse seriamente lo que fue y —en parte— sigue siendo la novela latinoamericana que, no sin controversias, todavía aparece calificada entre los críticos poco imaginativos como «del *boom*». No cabe duda de que algunos juicios premeditados, de que ciertas famas habrán de rebajarse y, en conjunto, se puede ofrecer ahora un panorama más modesto de sus resultados globales. Sin embargo, en otros casos —significativamente el de Juan Carlos Onetti— el reajuste habrá de serle favorable. Uruguayo, nacido en 1909, fundador de la inolvidable revista *Marcha* (1939), argentino de adopción (reside en Buenos Aires entre 1941 y 1955), si es que pueden establecerse verdaderas diferencias entre Montevideo y Buenos Aires a niveles de «nacionalidad», Onetti crea el mundo de Santa María conectado a una realidad que es, a la vez, ficción y deformante retrato. En esto, como en otros rasgos de su narrativa, sigue fiel al modelo faulkneriano, que tampoco fue una invención absoluta del novelista norteamericano. También en *Dejemos hablar al viento*[6] se halla presente su Santa María (Santa María del Buen Aire), reconocibles algunos de los personajes de sus anteriores relatos y novelas más entrañables: Larsen, Díez Grey, Angélica Inés.

Dejemos hablar al viento contiene la historia de otro ser característicamente onettiano, un médico frustrado, un pintor frustrado, un mal comisario de policía, un hombre que, al borde del cinismo, se mueve en una esencial desesperación. El mundo de Onetti refleja un grupo humano en desintegración: el sexo, el

---

[6] Juan Carlos Onetti, *Dejemos hablar al viento,* Bruguera/Alfaguara, Barcelona, 1979.

alcohol, la droga, la pérdida de cualquier valor ético y, sin embargo, sus habitantes permanecen fieles a la belleza de los «restos del naufragio». Una vez más —y ahora con mucho mayor lirismo— podemos participar de este mundo en decadencia. Nada en él sobrevive, salvo la palabra. El narrador nos facilita los imprescindibles «indicios» para poder movernos con la necesaria soltura por esta realidad literaria. La novela queda perfectamente delimitada en dos partes, la segunda de las cuales transcurre en Santa María. Pero no es tan importante la estructuración narrativa —que lo es siempre en Onetti— cuanto nos parece que son los rasgos de un magistral escritor. Sus comienzos de capítulos (algunos de una brevedad que linda con el poema en prosa) poseen una especial fuerza de arranque para arrastrarnos hasta sus últimas líneas: «Cuando toda la ciudad supo que había llegado por fin la medianoche, yo estaba en el departamento de Frieda, Gran Punta de las Carretas, solo y casi a oscuras, mirando el río y la luz del faro desde la frescura de la ventana mientras fumaba y volvía a empeñarme en buscar un recuerdo que me emocionara, un motivo para compadecerme y hacer reproches al mundo, contemplar con algún odio excitante las luces de la ciudad que avanzaban a mi izquierda» (pág. 62). Como observará el lector no se trata aquí tan sólo de una mera descripción. Paisaje y estado de ánimo están íntimamente implicados, y en tan escasas líneas podemos obtener no sólo un retrato, el retrato interno, que es el que verdaderamente cuenta, sino que aparecen en él las líneas fundamentales de un complejo ser que viene a formularnos su filosofía de la existencia. En el fantasmagórico mundo de Onetti difícilmente son definibles los entes de ficción mediante fáciles salidas psicológicas. Todo aparece suficientemente confuso y la existencia —el gran problema de su narrativa— de sus hombres, mujeres y adolescentes viene delimitada por temas fundamentales: supervivencia, amor, añoranza. Un aire porteño flota en muchas de sus escenas. Su lenguaje sigue siendo característicamente uruguayo, pese a que, con significativos guiños de humor, podamos descubrir algunas claves que implican la existencia de Onetti en España, su exilio madrileño.

El pintor fracasado desconoce el valor de su obra. Pinta sus desnudos ¿como pretexto o como actividad esencial; como juego o como tortura? Onetti prefiere dejarnos a la sombra de cualquier definición. Sus indicios son meras pistas que permiten al lector-policía seguir la apuesta vital de sus personajes. Pero interesa más el discurso global que el seguimiento y transformación de los seres que pueblan un mundo reconocible por los anteriores lectores de Onetti. En el capítulo XVI, por ejemplo, el novelista apostilla con una frase reiterativa: «...estuve mirando el compás de la pareja de delfines...» / «No, decía yo, mirando los delfines...» / «...Miré, ya muy lejos, el subir y bajar de los delfines...», para finalizar el capítulo con: «Entonces descubrí las parejas de delfines, hundiéndose y saliendo, rítmicas, sin alterar su marcha» (páginas 98-100). Tales recursos confieren una calidad poemática al texto. En cierto sentido, la prosa de Onetti, como la de otros novelistas latinoamericanos de antes del *boom,* ya sea Asturias o Borges, para citar solamente dos ejemplos, procede como los escritores del primer Modernismo. En su lenguaje, incluso en los diálogos, se mantiene el ritmo musical con especiales inflexiones según los casos. El poder del lenguaje es tan eficaz en Onetti como el del mundo evocado. Sus formulaciones sintácticas son atrevidas.

Hay elipsis verbales, frases cortadas y punzantes junto a largos períodos, eficaces adjetivaciones, reiteraciones verbales altamente significativas. «Y nuevamente, divertido, pensé, se me ocurrió, estuve seguro que Frieda había vacilado...» (pág. 115). El resultado es un estilo personal que nos reconcilia con el acto mismo de leer. Onetti nos reserva el detalle expresivo sin forzar la lengua, adecuándola a los recursos que, especialmente los poetas, habían aplicado ya con excelentes resultados.

El tiempo en *Dejemos hablar al viento* se mide por páginas. Díez Grey afirma en un diálogo: «—Oh, historia vieja. Estuvimos un tiempo en una casa en la arena. Tipo raro. Hace de esto muchas páginas. Cientos» (pág. 200). El tiempo es el gran demoledor en Onetti. Los personajes, incluso los jóvenes, aparecen manchados por el tiempo y la abulia. Será precisamente la inoperancia de Medina lo que arrastrará a la muerte a Seoane y Frieda, marcados por un destino trágico. La tragedia, sin embargo, es fruto de la falta de aliciente por la vida. El alcohol o las drogas constituyen el transfondo de una tragedia urbana, en la que los sentimientos permanecen velados púdicamente, pero existen pese a todo. Estos seres que aparecen como marginados de una sociedad que también lo es, se salvan por amor. El de Frieda, capaz de mantener a Medina pintor, o el del propio Medina hacia el hijo o el de Medina hacia Juanina. Los sentimientos surgen teñidos por el desengaño, el asco, el odio por la vida de Santa María; otra vida, reflejo y no mero retrato de la realidad. Un mundo levantado con brillante inteligencia y estilo por Juan Carlos Onetti. He aquí una novela que culmina una trayectoria de escritor. Los lectores de Onetti no van a descubrir nada nuevo, salvo quizá un lirismo de madurez que ahora se acentúa, una obra más perfectamente trazada. Quienes no hayan leído su obra anterior comprobarán que se encuentran ante uno de los escritores latinoamericanos más inquietantes.

JOSÉ LEZAMA LIMA, «OPPIANO LICARIO» (1977) Y «FRAGMENTOS A SU IMÁN» (1978)

Con la muerte, en 1976, del escritor cubano José Lezama Lima, no se cerró definitivamente el ciclo de su obra. En 1977 se publicó *Oppiano Licario*[1], novela que restó inacabada. Ya los editores mexicanos, al recibir el original de manos de su viuda, señalaron significativamente que «a no dudarlo, él hubiera revisado la novela antes de su publicación; y tal vez hubiera agregado más y más capítulos a este texto presumiblemente infinito y probablemente incompleto». Nada sabremos de las posibilidades que ofrece el texto a menos que lleguen a manos de la crítica los papeles y notas —si los hay— del propio Lezama. *Fragmentos a su imán*[2], libro de poemas también póstumo, llega acompañado por dos prólogos, el de Cintio Vitier (procedente de la edición cubana) y el de José Agustín Goytisolo. Vitier nada dice respecto a la ordenación de los poemas en el libro. Antes al contrario, señala que «si leemos al azar, por cualquier sitio, táctica no desdeñable cuando se trata de un *magma* de poesía de

---

[1] José Lezama Lima, *Oppiano Licario,* Ediciones Era, México, 1977.
[2] José Lezama Lima, *Fragmentos a su imán,* El Bardo, Editorial Lumen, Barcelona, 1978.

este rango, encontramos en seguida la descripción de sucesos en que se disciernen movimiento e intencionalidad...» (pág. 24). Este procedimiento de lectura es habitual en ciertos lectores de poesía y ante ciertos libros, pero también hay que tener en consideración el planteamiento arquitectural de los libros de Lezama, en los que casi nada se deja al azar, en los que la secuencia de los poemas —en libros anteriores— cobra una particular significación. A la obra de Lezama han dedicado un significativo homenaje los escritores F. Jiménez Losantos, J. Rubio, A. Cardín, Luisa Jordá y B. Mesquida desde la zaragozana revista *Diwan* (2-3 de septiembre de 1978), en la que se reproduce, asimismo, una entrevista —magnífica entrevista— con el escritor cubano, de 1971.

La mayor parte de la obra de Lezama —dejando a un lado su tarea de animador de la cultura cubana y de puente de la intelectualidad latinoamericana— tiene claras raíces autobiográficas. *Oppiano Licario,* la obra narrativa póstuma de Lezama, es una prolongación de *Paradiso.* Creo haber leído en alguna parte, a raíz de la edición de su primera novela, que Lezama seguía con la idea de ofrecer un volumen comparable a *Paradiso,* con el título de *Inferno.* La estructura dantesca le mostraba un camino que había de serle grato, puesto que como en *La Divina Comedia* el poeta organizó el material poético en círculos ascendentes y descendentes, en grados y zonas claramente identificables, atento a la teología escolástica que privaba. Lezama contempla su propia existencia y el mundo cubano como una *Comedia,* derivada, en su caso, de una estética barroca que constituye la esencia misma de su arte. El poeta cubano entiende el barroco americano como una plasmación de la esencia misma del arte latinoamericano: «Nuestra apreciación del barroco americano estará destinada a precisar: Primero, hay una tensión en el barroco; segundo, un plutonismo, fuego roginario que rompe los fragmentos y los unifica; tercero, no es un estilo degenerescente, sino plenario, que en España y en la América española representa adquisiciones de lenguaje, tal vez únicas en el mundo, muebles para la vivienda, formas de vida y de curiosidad, misticismo que se ciñe a nuevos módulos para la plegaria, maneras de saboreo y del tratamiento de los manjares, que exhalan un vivir completo, refinado y misterioso, teocrático y ensimismado, errante en la forma y arraigadísimo en sus esencias» *(La expresión americana,* página 47). Esta concepción del barroco delimita el arte entero de Lezama que hoy podemos observar en su totalidad, a la luz de sus nuevas aportaciones que, en el caso de la narración *Oppiano Licario,* estimamos incompletas.

Que Lezama trabajaba la novela como un poema que iba desarrollándose en el tiempo, en su tiempo personal lezamaniano y en el propio tiempo de la narración, como una espiral ascendente es fácil de advertir. Seguramente repasaba una y otra vez su prosa, añadiendo aquí y allá los detalles significativos, que, por serlo, tornaban el conjunto válido y luminoso de su complejidad. La de *Oppiano Licario* hubiera sido, posiblemente, mucho mayor, como ya auguran los editores. Sin embargo, el texto está ahí y es sólo con un texto en la mano como se entiende el fenómeno literario. Si no surgen en el futuro cambios de consideración en la obra de Lezama *Oppiano Licario* será una «realidad» textual que culmina la posibilidad de continuación de lo que ahora la crítica denomina discurso. Y nunca mejor apuntado respecto a la obra de Lezama, puesto que se trata, como señalábamos en un principio, de una obra perfectamente identificable en la continua narración que el autor hace de sí mismo y de sus criaturas. Los personajes, en clave, discurren en una trama apenas dibujada y definen la realidad indirectamente a través de un sistema de imágenes que permiten considerar la prosa del poeta como parte de su creación global, en la que los géneros apenas si se distinguen o, aun perfectamente encajados, se diluyen unos en otros: ensayo, poesía, novela. La lectura permite situarse en ese plutonismo que Lezama reclama para el barroco americano: «Un curvo chorro de agua lanzado sobre la espalda de Margaret se refracta en innumerables gotas sobre el rostro de Champolion...» (pág. 70) o «Cuando se despertó, los techos de la Isla de Francia, comenzaban a humear las rodajas de pan preparadas por Chardin, por Matisse con sus tazas blancas moteadas de azules o rojos y por Léger con sus chimeneas como pantalones de tipógrafo puestas a secar» (pág. 70). Difícilmente el estilo de Lezama (y aquí estilo quiere decir sentido de la obra) puede dejar indiferente.

La prosa de *Fragmentos a su imán* contiene algunos poemas espléndidos en el conjunto de la obra de Lezama, poemas en los que el autor ha inyectado gotas de su particular entendimiento de formas de cultura oriental. En definitiva, la cultura criolla no es sólo la síntesis de dos culturas, sino la posibilidad de una síntesis múltiple. El criollismo es, ante todo, una actitud y, en este sentido, el arte de hoy —y tal vez el de siempre— sea criollo en todas y cada una de sus manifestaciones. La poesía de Lezama busca ahora una expresión más desnuda, narrativa en ocasiones, no lejos del último y mal conocido Juan Ramón Jiménez. Se adentra en las significaciones del silencio de la naturaleza, contempla ciertas actitudes humanas. Todo parece cobrar sentido en el acto mismo de nombrar el poeta las cosas. Y, sin embargo, la realidad no sólo está constituida por lo que percibe la mirada, sino que en el proceso de la creación interviene la imaginación. Habrá que contemplar en toda su extensión el papel del sueño en la obra de Lezama, el sueño que constituye una zona tan importante de sus novelas, sueños en los que se mezcla de forma imperceptible lo que sucede con lo que el personaje sueña y sueño también en forma de pensamiento, en la búsqueda de la imagen significativa, cargada de significados:

> Estoy en la primera esquina de la mañana,
> miro a todas partes y comprendo que no es la nada
> con su abrigo de escarcha.
> Es la mañana de las espinas,
> me detengo con la respiración entre dos piedras.
>
> *(Estoy,* pág. 115.)

Cintio Vitier proclama, al comienzo de su prólogo, que «la muerte no ha podido añadirle ninguna calidad a Lezama porque él ya había alcanzado toda la calidad que ella podía apetecer, incluso la calidad misma de la muerte dentro de la vida, de lo invisible dentro de lo visible, que fue su mayor secreto». Podríamos añadir nosotros que sus obras póstumas no le añadirán más calidad a la obra, en conjunto, por él publicada, pero servirán para que podamos seguir la espiral infinita del adentrarse en la belleza. El autor de *Dador* y *Paradiso* es el mismo autor de *Fragmentos a su imán* y *Oppiano Licario*. Es también el artista inquieto que encuentra, mediante la palabra, pequeñas desviaciones, recónditas plazas, esquinas de sombra en el camino que emprendiera casi en la adolescencia. La figura de Lezama Lima irá cobrando, a no dudar, mayor amplitud, nuevos ecos en el futuro. Como al buen vino el tiempo lo tornará añejo, nunca agrio.

JULIO CORTÁZAR: UN ESCRITOR
PARA LA ESPERANZA

Las desgracias nunca vienen solas. A la reciente desaparición de Jorge Guillén vino a sumarse la imprevista muerte «como del rayo» de Julio Cortázar. Era, después de Borges, el más significativo escritor argentino, aunque hubiera nacido en Bruselas («consecuencia del turismo y de la diplomacia. Mi padre formaba parte del personal de una misión comercial agregada a la legación argentina en Bélgica y, como acababa de casarse, se llevó a mi madre con él a Bruselas. Fue mi destino nacer durante la ocupación alemana de Bruselas al iniciarse la primera guerra mundial»). Hacia 1918 regresó a Buenos Aires y mantuvo siempre el recuerdo de una infancia «en una casa con un gran jardín lleno de gatos, perros, tortugas y papagayos: un paraíso». Según sus propias confesiones se interesó por la creación literaria desde la infancia. Acabó su primera novela a los nueve años. Sin embargo, su primer libro, publicado en 1938, fue un libro de sonetos, aparecido con seudónimo: Julio Denis, que no ha vuelto a ser reeditado.

La obra de Julio Cortázar deriva de la de Jorge Luis Borges. Borges mismo recuerda la visita del joven Cortázar en 1946, cuando aquél era el director de la revista *Los Anales de Buenos Aires:* «Recuerdo la visita de un joven alto que se presentó en mi oficina y me tendió un manuscrito. Le dije que lo leería y que volviera al cabo de una semana. La historia se titulaba *La casa tomada.* Le dije que era excelente. Mi hermana Nora lo ilustró.» Lo primero que sorprendía en Cortázar era su altura. E inmediatamente después su aspecto juvenil. Representaba siempre veinte años menos de los que tuvo cronológicamente. Ese falso aire juvenil parecía trascender a su obra. Porque, contrariamente a Borges, Cortázar sincronizó desde el principio con los movimientos juveniles. Publicó su primer libro de relatos, género en el que fue un auténtico maestro, en el año 1949, *Los reyes.* Era ya un escritor maduro y seguro de sí mismo, puesto que sus piezas habían aparecido en las numerosas revistas que en la Argentina de aquellos años incluían cuentos en sus páginas. Cuando publicó *Rayuela* (1963), la novela que había de consagrarle, había editado ya seis libros, entre otros, *Bestiario* (1951), *Final del juego* (1956), *Las armas secretas* (1959), *Historias de cronopios y de famas* (1962). Pero *Rayuela* iba a ser una piedra de toque en la conciencia de la novela moderna. La experiencia de Andrés Amorós, uno de sus apasionados críticos, no es única: «Para mí, la novela de Cortázar ha sido tema de conversaciones con amigos, dedicación preferida y, en definitiva, una parte de mi experiencia vital —no sólo literaria— en estos últimos años.»

En *Rayuela* Cortázar va más allá del «existencialismo» del ambiente de París que vivió desde 1951, cuando se trasladó a la capital francesa. Sólo en los últimos años se nacionalizó francés. *Rayuela* es un «ejercicio espiritual» de la modernidad. Cortázar rompió con el racionalismo y practicó la «imaginación» de la vida cotidiana. Era capaz de describir a su personaje ante la maravilla de un paraguas desvencijado, un abanico de sorpresas, del mismo modo que en uno de sus últimos libros fue capaz de experimentar el descubrimiento —como otro Marco Polo— de una excursión, de un mes entero, en los recovecos de la autopista de París a Marsella. El personaje más característico de *Rayuela,* la Maga, tenía mucho de la visión del mundo de Cortázar. Era el desorden hecho milagro. Y, a la vez, era la juventud, la sorpresa, la intuición, la amistad. Para alcanzar todos los posibles efectos, *Rayuela* se sirvió de cuantos mecanismos narrativos fue capaz de inventar su autor. En *Rayuela* Cortázar descubrió la novela «de grupo», se anticipó al mundo de los *hippies,* investigó sobre un problema esencial que le atormentaría a lo largo de la existencia: el «ser» de los argentinos. Inventó una diferente manera de entender el amor, la sensualidad, el absurdo, la locura y preferentemente la autenticidad. *Rayuela* previó el mayo del 68. Situó a la novela argentina en la vanguardia de su tiempo.

Los cortazarianos se identificaron con *Rayuela* y con sus relatos anteriores. Cortázar procedía de Borges, de Kafka, de Miller, de Poe, de Gide, de Camus. Iba más allá.

Su concepción de la literatura alteraba los modelos, como en *La vuelta al día en ochenta mundos* (1967) y conseguía en *62, modelo para armar* (1968) posiblemente su mejor estructura narrativa, su obra más calculadoramente renovadora. Al mismo tiempo, aquel escritor en busca de la perfección expresiva se identificaba con la revolución cubana, incluso en los momentos más difíciles, cuando, tras el escándalo producido por el encarcelamiento del poeta Heberto Padilla, se evidenciaba una grave crisis en la intelectualidad de la izquierda latinoamericana. Cortázar presidió el Tribunal Rusell y tuvo acceso a la documentación sobre las torturas que se infligieron a los opositores de los regímenes del Cono Sur y de Centroamérica. De ahí nació, después, la novela *Libro de Manuel* (1973), una clara novela-denuncia, que no desdeña, sin embargo, la innovación creativa. Sus actividades político-humanitarias hicieron disminuir su actividad como creador. Regresó de nuevo al relato corto: *Octaedro* (1974), *Alguien que anda por ahí y otros relatos* (1977), *Un tal Lucas* (1979), *Queremos tanto a Glenda* (1981). Los derechos de autor de los dos últimos libros mencionados estuvieron dedicados a defender la revolución sandinista nicaragüense.

La labor de Cortázar como traductor abarca un amplio espectro de autores: desde Edgar Allan Poe a André Gide; de Daniel Defoe a Marguerite Yourcenar. Su actividad profesional como escritor la compartió durante años como traductor de organismos internacionales. Fue un excelente conocedor de la literatura española. Antologizó la poesía amorosa de Pedro Salinas, pero en su obra descubriremos huellas de las lecturas de Unamuno, Ortega y de los clásicos. Conectó con las jóvenes promociones. Visitó en numerosas ocasiones Barcelona. Le conocí e intimé cuando publiqué su libro de poesía *Pameos y meopas*. La muerte de Cortázar no nos arrebató a uno de los escritores de lengua española de mayor trascendencia, sino que nos privó de una juventud que parecía eterna.

«LIBRO DE MANUEL» (1973)

La novela de Julio Cortázar, *Libro de Manuel*[2], está destinada a desatar polémicas. Así lo quiso su autor. *Libro de Manuel* es una obra provocativa en múltiples aspectos. Trabajada meticulosamente, pensada en sus

---
[1] Julio Cortázar, *Libro de Manuel*, Editorial Sudamericana, Buenos Aires, 1973.

mínimos detalles. Ni siquiera los detractores de este libro podrán negarle, sin embargo, su brillante confección (tan probada ya en las anteriores obras de Cortázar) y el nuevo signo que supone, dentro de una continuidad innegable, en la obra de Julio Cortázar y en el conjunto de la novela latinoamericana. A los interesados en la evolución interna de la novela de Cortázar habrá de servirles también la aparición de un fragmento de un diario paralelo a la corrección de pruebas de la novela en la colección *Textos en el aire*[2], recopilados por Julio Ortega.

El propósito de Cortázar en *Libro de Manuel* es contar «una ruta que pretende reflejar también nuestra Historia de esta misma mañana». Hasta hoy la novela era o podía ser histórica. Walter Scott, por ejemplo, centró su obra en la resurrección de una Edad Media, entre mágica y caballeresca, reflejo de los ideales de patria y libertad que auspiciaba el Romanticismo. Tolstoi creó una novela histórica de gran friso, en la que se introducía el análisis y evolución de la psicología de unos personajes que avanzaban en la Historia. Dos Passos intentó trazar la historia más cercana utilizando elementos procedentes del periodismo de la época. En este sentido Dos Passos avanzaba también en la dirección en la que Julio Cortázar se encuentra con *Libro de Manuel*. El autor argentino, de origen belga y pasaporte francés, ha acentuado el carácter de *collage* de su novela introduciendo recortes facsimilados de periódicos argentinos y franceses, recortes de los que se ha eliminado la fecha, pero que avanzan paralelamente al eje de la narración. Ésta se centra en una experiencia política. Un grupo terrorista argentino se propone en París el secuestro de un diplomático. Por su liberación se exigiría la de un número

---

[2] *Convergencias / Divergencias / Incidencias,* dirigido por Julio Ortega, Tusquets Editor, Barcelona, 1973.

de presos políticos de diversos países sudamericanos. Así enunciado, el esquema argumental de *Libro de Manuel* parece una noticia más de la política de violencia a que la prensa nos tiene acostumbrados. Podría resultar también una historia de acción. Cortázar transforma esta «materia» narrativa en una obra de gran riqueza. Aprovecha una trama que él llama en otro lugar «horizontal», pero sumándole en su desarrollo los elementos y planos necesarios para que la lectura o análisis pueda realizarse a niveles distintos. En su estructura, *Libro de Manuel* desarrolla una acción de grupo (formado por marcadas individualidades) que culmina en un desenlace marcado por la confusión y la ambigüedad. Cuando la policía irrumpe en la casa de las afueras de París, donde se encuentra custodiado el diplomático (mero signo), la acción se desborda. Confluyen en este desenlace la problemática de las diferentes parejas del grupo, el sentimiento ambiguo y culpable de Andrés (la personalidad más compleja y más lograda, con una historia más rica) y la muerte de una persona-símbolo.

El *Libro de Manuel* es un libro de recortes de periódicos que el grupo elabora para un niño, en el que se reúne el testimonio de la violencia política represiva en América Latina y en el mundo. Se une a ello, casi al fin de la obra, el escalofriante resumen de los testimonios de presos políticos comunicados al Foro por los Derechos Humanos. La espina dorsal del libro consiste, pues, en una comunicación sabiamente dosificada del clima de violencia política represiva que se vive en el mundo occidental. Será también la violencia el justificante de la acción del grupo terrorista. La violencia desata, entraña explicablemente, otras violencias. Pero, dada la tendencia al juego de lo posible y lo real que se da en la novela de Cortázar, convendrá recordar lo que afirma el autor al comienzo de su obra: «Por razones obvias habré sido el primero en descubrir que este libro no solamente no parece lo que quiere ser sino que con frecuencia parece lo que no quiere, y así los propugnadores de la realidad en la literatura lo van a encontrar más bien fantástico mientras que los encaramados en la literatura de ficción deplorarán su deliberado contubernio con la historia de nuestros días.» Creo entender que Cortázar nos habla, en un profundo sentido, de la no violencia; aunque nos muestre los extremos de la represión y las posibilidades, desgraciadamente reales —según observamos día a día—, de que otra clase de violencia pueda justificarse. En este sentido, la posición de Andrés —personaje clave— es indicativa. El propio narrador se incluye en la acción («el que te dije»), aunque quien narra sea Andrés u otro personaje. El grupo se estudia como un ente del que el narrador forma parte, como si la cámara (igual que sucede con el *cinema verité*) estuviera también presente en la acción y su referencia fuera siempre obligada.

Pero el comportamiento del joven grupo adquiere su auténtica dimensión en el conjunto de las parejas que no llegan a alcanzar un estadio de «comunidad», que no se diluyen. Andrés, que comparte su vida amorosa entre dos mujeres, no logra mantener su equilibrio emocional. Si por un lado envilece a Francine (en una escena que coincide con otra del filme *El último tango en París),* no logra abandonar a Ludmilla, incorporada ya decididamente a la acción. Los propósitos de Andrés se reflejan claramente en su explicación: «Quise que comprendieras, esperé una especie de mutación en la forma de quererse y entenderse, me pareció que podíamos romper la pareja y que a la vez la enriqueceríamos, que nada tenía que cambiar en los sentimientos.» Pero el grupo no logra romper las verdaderas unidades de las parejas que lo conforman, aunque en su seno se produzcan ciertas atracciones y alteraciones. La experiencia del grupo es, en este sentido, una experiencia radical, ya que se pone en crisis la tabla de valores de una moralidad burguesa: matrimonio, hijos, sexualidad, violencia física, poder. La experiencia del grupo es una experiencia de libertad y la educación de formas de comportamiento ante una nueva moral pretendidamente liberada.

Cortázar acentúa inteligentemente la cohesión interna del grupo frente a los demás, planteando una evolución interna del grupo mismo, una extraliteralidad de personajes que son fundamento mismo en la acción (como los franceses), pero que resultan excluidos. Dicha experiencia resalta con el tratamiento del lenguaje. Cortázar usa del coloquialismo y de formas locales hasta el punto de que la lengua resulta remozada, creadora, vigorosa, nueva; en una palabra, distinta. *Libro de Manuel* es un auténtico prodigio de creatividad lingüística, de poesía, de auténtica poesía en prosa, ya que el novelista no escatima los momentos líricos. En ellos todo se halla perfectamente medido y lo que podría caer en el lado del sentimentalismo o del melodrama resulta pleno de humanidad literaria. Los argumentos lingüísticos sirven para entretejer, asimismo, las relaciones humanas de los personajes. En el fragmento de diario citado al comienzo, Cortázar nos revela uno de sus argumentos: «No puedo saber cómo le sonará a usted un diálogo del *Libro de Manuel,* yo mismo suelo reaccionar de diferente manera según las circunstancias. Sé que me fue imposible hacer hablar a vos a Francine, que es francesa, mientras que a Ludmilla le sale facilito porque habla en español y nadie le está traduciendo como a Francine. Parece trivial y, sin embargo, hay en esto un problema en el que nadie se siente cómodo. El que te dije, en tanto que argentino, hubiera podido hacer hablar de vos a Francine, pero comprendió que entonces Francine hubiera dicho *otras cosas,* frases bien traducidas en apariencia, pero con una especie de decoloración psicológica, una desnaturalización de la índole de Francine; cuestión de oreja, dirá alguno, e incluso cuestión de ojo puesto que todo lector escucha con la mirada. Aquí en París, donde paso del vos al tú cinco veces diarias, siento perceptiblemente la diferencia de *carga* que entrañan los dos tratos...»

La novela entera es una continua experimentación a diversos niveles: de pensamiento, de símbolo, de estructura, de página, de relación entre la historia del personaje —historia— y el acontecer diario. Cortázar experimenta con tipos de letra acercándonos el poema visual y, continuamente, con la musicalidad de la prosa, nunca rota, sostenida a lo largo del libro. Habrá que estudiar a fondo los elementos que intervienen en la conversión de su prosa narrativa en auténtica prosa poética. Se produce un cultivo del ritmo, incluso en los diálogos, que nos impide abandonar la lectura sin crear una ruptura de comunicación, puesto que lo que parece indudable es la profunda identificación que se establece entre el lector y el autor, presente continuamente.

Una de las revoluciones profundas que se producen en la moral del grupo es la sexual. En este sentido la novela de Cortázar responde a las inquietudes juveniles y no se detiene ante ninguna audacia. No es una narración para timoratos; es, al contrario, una novela que rompe con numerosos tabúes, como en otros aspectos. Las experiencias deben tomarse también como experimentaciones (como la defensa del onanismo de Lonstein) en función de una nueva concepción del mundo. El diálogo entre Lonstein y «el que te dije» (el propio autor) resultará al respecto apasionante: «En la ideología todo perfecto, claro, la teoría y la praxis a punto, habrá Joda (así se autodenomina el grupo) cueste lo que cueste porque esta humanidad ha dicho basta y ha echado a andar, está clamando y escrito y vivido con sangre; lo malo es que mientras estemos andando llevaremos el muerto a cuestas, viejo, el viejísimo muerto putrefacto de tiempo y tabúes y autodefiniciones incompletas. Ay ay ay, dijo Lonstein, cuánta cosa sabida, che. De acuerdo, aceptó el que te dije, por eso yo me callo la boca lo más posible, aparte de que no estoy nada calificado para hablar científicamente de nuestras creencias, insolvencias y archisuficiencias, no soy ni siquiera un loco auricular como Wilhelm Reich...» El sexo queda en primer término, pero en el *Libro de Manuel* no resulta desvinculado de las evoluciones amorosas de los protagonistas, nunca es gratuito. Entre sus páginas amorosas las hay antológicas. Y siempre en las descripciones se traduce una experiencia formal: «¿Pierdo el tiempo, se interroga inflamado el que te dije, me estoy equivocando desde el vamos y no sirve para nada, será que hay terrenos vedados porque eso es ser hombre y no salir desnudo a la terraza? Pero entonces estoy enfermo, porque algo aquí en el costillar me dice que debo seguir, que aunque sea sin nombres o con espacios en blanco tengo que seguir, que no me importan el miedo o la vergüenza y sobre todo el fracaso, algo llama a la puerta, viejo, mira estas fichas cuando tengas y decidme si había que escribirlas o no, si estos momentos de la Joda se podían callar elegantemente o describir como más de cuatro rioplatenses liberados los hubieran descrito, tapándonos con las mismas palabras con que se creía destaparlos.» Se consigue, en consecuencia, al superar ciertos esquemas, una liberación también de orden formal. Las palabras se renuevan en la escritura. El acto de crear se produce de forma natural en el mismo lenguaje. «Lo que cuenta —escribe Cortázar en el prólogo—, lo que yo he tratado de contar, es el signo afirmativo frente a la escalada del desprecio y del espanto, y esa afirmación tiene que ser lo más solar, lo más vital del hombre: su sed erótica y lúdica, su liberación de los tabúes, su reclamo de una dignidad compartida en una tierra ya libre de este horizonte diario de colmillos y de dólares.»

Libro de Manuel contiene muchos elementos de Cortázar que aparecen en otras de sus obras. Por ello el libro se inscribe en el complejo mundo de su autor. Escrita con dolor, con rabia, en un perpetuo juego, inteligente, audaz, *Libro de Manuel* no es un pasatiempo para desocupados. Es un libro que nos coloca ante la tragedia y la creatividad del hombre.

«OCTAEDRO» (1974)

El nuevo libro de narraciones de Julio Cortázar viene titulado como *Octaedro* [3], compuesto por ocho narraciones y también por ocho aristas o maneras. Sin embargo, este octaedro posee una unidad de estilo, así como una personal interpretación de la narración breve, derivada de otros varios libros de Cortázar. Las líneas maestras en las que se mueve su narración alcanzan desde Henry James hasta Edgar A. Poe; desde Jorge Luis Borges hasta Chejov, nombres todos ellos que pueden mostrar los hitos por los que discurre el mundo original de Cortázar. Si en «Los pasos en las huellas» el narrador descubre previamente su intención: «Crónica algo tediosa, estilo de ejercicio más que ejercicio de estilo de un, digamos, Henry James que hubiera tomado mate en cualquier patio porteño o platense de los años veinte.» «Cuello de gatito negro» parece entroncarse con la narración de Poe. Pero las claves literarias que podemos rastrear poco nos dirán sobre el significado de este conjunto. Más allá de la narración interesa la forma personal y la original utilización del lenguaje. En «Liliana llorando»,

---

[3] Julio Cortázar, *Octaedro,* Alianza Tres, Madrid, 1974.

tras el artificio del personaje que imagina la vida familiar después de su fallecimiento (como aquel personaje romántico que veía con sus propios ojos el paso de su entierro en *El estudiante de Salamanca,* de Espronceda), nos encontramos con una excelente utilización del monólogo interior en forma de «evocación hacia el futuro»: «Liliana durmiendo, Liliana al término del túnel negro, sintiendo confusamente que el hoy está cesando para volverse ayer, que esa luz en los visillos no será ya la misma que golpeaba en pleno pecho mientras la tía Zulema abría las cajas de donde iba saliendo lo negro en forma de ropa y de velos mezclándose sobre la cama con un llanto rabioso, una inútil, inútil protesta contra lo que aún tenía que venir» (pág. 16). El personaje de Liliana resulta así, en función del evocador, como la vida familiar que creemos saber rota por quien traduce en el futuro un pasado que es el «realmente» evocado. La traslación de tiempos es el auténtico desencadenante —el artificio— de la narración. Y aun más allá del artificio es el «estilo» —el discurso—, la forma, la auténtica raíz de la narración.

En «Ahí pero dónde, cómo» el narrador entremezcla lo que intenta narrar y su propia vida. Porque ¿cómo separa un escritor lo real de lo imaginado, su vida material de las criaturas que surgen? Cortázar nos revela —en diálogo con el lector— la débil frontera entre lo real y lo imaginado: «Ya sé que no se puede escribir esto que estoy escribiendo, seguro que es otra de las maneras del día para terminar con las débiles operaciones del sueño; ahora me iré a trabajar, me encontraré con traductores y revisores en la conferencia de Ginebra donde estoy por cuatro semanas, leeré las noticias de Chile, esa otra pesadilla que ningún dentífrico despega de la boca; por qué entonces saltar de la cama a la máquina, de la casa de la calle Rivadavia en Buenos Aires donde acabo de estar con

Paco, a esta máquina que no servirá de nada ahora que estoy despierto y sé que han pasado treinta y un años desde aquella mañana de octubre, ese nicho en un columbario, las pobres flores que casi nadie llevó porque si maldito nos importaban las flores mientras enterrábamos a Paco» (pág. 84). Quizá en algunos momentos la narrativa de Cortázar pueda parecer objetiva, técnicamente viva en un contexto literario, pero también con no poca facilidad surgen de las mismas páginas del escritor argentino las obsesiones que se prolongan en su ya vasta obra. Si los románticos inscriben en su obra literaria elementos vitales que proceden de su propia experiencia, podríamos considerar a Cortázar como un escritor plenamente romántico. Pero ¿qué escritor no liba en su experiencia? Algunos, como Borges, borran el rastro de su inspiración, luchan para romper con sus «señas de identidad». Claros ejemplos poéticos son Valéry y Guillén. La tentativa de la escuela del «nouveau roman» muestra, asimismo, el fracaso de una literatura infiel a sus autores. En la obra de Cortázar es fácil «descubrir» a Cortázar. Y dicho descubrimiento no es necesario realizarlo a manera de pesquisa policial. El autor aparece cuando y como conviene, decidido a aportarnos opiniones, puntos de vista, experiencias, integrando su gusto personal y sus ideas al relato. En «Lugar llamado Kindberg» muestra su interés por la juventud y hacia las nuevas corrientes juveniles, y en «Verano» y en «Las fases de Severo» su afición a los extraños fenómenos psicológicos.

En ningún momento puede ponerse en duda la facilidad de sintetizar un personaje, la posibilidad de captar un rasgo tan significativo, a pesar de su rareza, que, desarrollado, como en el «Manuscrito hallado en un bolsillo», uno de los más complejos relatos de este polivalente *Octaedro*. Este mundo que brota en los relatos de Cortázar no queda tampoco al margen de los condicionantes históricos. En algunos momentos parecen fragmentos de sus novelas, alguna de cuyas escenas ha brotado con vida propia, aislándose, en una particular entidad. Fundamentalmente, el papel del narrador parece quedar reducido, en este sentido, al de «ordenador», como indica uno de los personajes de «Verano»: «Pero no eran manías..., más bien una respuesta a la muerte y a la nada, fijar las cosas y los tiempos, establecer ritos y pasajes contra el desorden lleno de agujeros y de manchas» (pág. 72). Este desorden es la materia novelesca embrionaria que se ordena en el texto, que se configura cerrando matemáticamente los relatos, en los que el azar adquiere un importante papel dentro del relato mismo, pero al que el autor no permite cobrar una exagerada dimensión. La perfección del relato radica en la inteligente adecuación de cada elemento, situado precisamente en su justo término, jamás desorbitado. La intelectualidad del texto, sin embargo, viene matizada por los elementos sentimentales de que Cortázar hace gala y que humanizan el relato al máximo.

Es en este sentido que me atrevería a recomendar al lector que buscara en *Octaedro* los fragmentos en los que se describen escenas amorosas. Descubrirá así a uno de los escritores líricos, a uno de los poetas en prosa más brillantes de la literatura en castellano. El amor juega un papel primordial en la obra total del escritor argentino. Pero en su tratamiento, de una inigualable delicadeza, encuentra Cortázar todos los matices y en los «clímax» consigue acertadas muestras poéticas que superan con mucho sus esfuerzos poéticos en verso. Dos excelentes ejemplos son las páginas 105-108 de «Lugar llamado Kindberg» o el perturbado erotismo de «Cuello de gatito negro», especialmente las páginas 137-140. El lector puede así confeccionarse, con estos y otros fragmentos, no sólo de *Octaedro,* sino de otros libros de Cortázar, una antología *ad usum*. Podrá reconocer la posibilidad de alcanzar lo poético al margen del verso. Cortázar posee una manera erótica particular y altamente significativa, ajena a la tradición española. Acerca el amor a la vida y la vida a los sentimientos y actitudes reales de nuestra particular y sin embargo eterna concepción de las relaciones entre el hombre y la mujer.

Cabría destacar, asimismo, el papel que adquiere la «aventura» en estos relatos. Hay siempre un desarrollo en el tiempo, una actividad y una evolución psicológica en paralelo. Los relatos de Cortázar poseen generalmente una estructura clásica en la que cuenta especialmente el desenlace. El escritor cierra el relato, a veces, incluso exageradamente, como en «Lugar llamado Kindberg», con algún elemento trágico. *Octaedro* resulta, por todo ello, un libro admirable.

«UN TAL LUCAS» (1979)

1

No hay un «último Cortázar». Uno de los fundamentos de su obra es situarse siempre en los comienzos. En un principio fue la palabra y el juego. *Eros Ludens* [4]. *Un tal Lucas* [5] viene a romper con la estructura del libro de relatos (suma de historias) y con la de la novela. El protagonista, Lucas, es una hidra *(Bestiario)* a la que el narrador ha decidido cortar todas sus cabezas salvo una. De las siete posibles utiliza la pensante. El personaje aparece físicamente en

---

[4] Saúl Yurkievich, «Eros ludens (Juego, amor, humor según *Rayuela)*», en *La confabulación de la palabra,* Taurus, Madrid, 1978, págs. 23-37.
[5] Julio Cortázar, *Un tal Lucas,* Alfaguara, Madrid, 1979. Citaré siempre según dicha edición.

una múltiple perspectiva. Cortar sus cabezas significa acercarse a sí mismo (pág. 17). En una breve conversación con Claudine (¿debe relacionarse su nombre con la protagonista de Colette?) surge un nuevo mito de la modernidad intelectual: Woody Allen.

2

El mundo de la urbe, la incomunicación de sus habitantes, el sentido del ridículo —otra forma de humor y de ironía—. En pijama, Lucas es observado por los viandantes. Ir a comprar una simple caja de fósforos convierte al personaje en un «extraño» de la gran ciudad. El tiempo interno, «una hora y media madre querida y cuándo carajo va a venir el colectivo» (página 23). Cortázar se sirve del monólogo interior, teatralizando las situaciones (conversación telefónica, página 17) o tornando a tratamientos tradicionales («—se dijo—», pág. 23).

3

El ritmo de la prosa de Cortázar equivale a la prosificación de un largo poema (pameo): «Del país me queda / un olor de acequias mendocinas, / los álamos de Uspallata, / el violeta profundo del cerro de Velasco en la Rioja, / las estrellas chagueñas en Pampa de Guanacos / yendo de Salta a Misiones / en un tren del año cuarenta y dos, / un caballo que monté en Saladillo / ...» (pág. 25). El placer de recordar las imágenes equivale a la recuperación de algunos nombres que evocan los correspondientes paisajes. Pablo Neruda evocaba también los pueblos de España en su poemario sobre la guerra civil española.

4

«Al principio Traveler le había criticado su manía de encontrarlo todo mal en Buenos Aires, de tratar a la ciudad de puta encorsetada, pero Oliveira les explicó a él y a Talita que en estas críticas había una cantidad tal de amor que solamente dos tarados como ellos podían malentender sus denuestos» [6], leemos en *Rayuela*. También Lucas «se pesca a sí mismo engallado y argentino» (pág. 27). El principio y el fin de la obra cortazariana ¿no es una reflexión sobre el *ser* nacional? Como en la mayoría de los pueblos de raíz hispánica, los intelectuales y escritores se siguen preguntando qué supone ser argentino o mexicano (Carlos Fuentes) o cubano (Lezama Lima) o peruano (Vargas Llosa) o colombiano (García Márquez) o español (Juan Goytisolo).

5

Lucas recuerda. Se poetiza y se escribe desde él mismo (Antonio Machado). Y se mezcla lo vivido, lo leído y el mundo del cine. A la par Homero y John Dickson Carr. Significación surrealista del objeto (la postal pintada a mano). Cine: Francesca Bertini, Barbara La Marr (horrible bar-barismo), *Lo que el viento se llevó*.

6

También a Lucas «le gusta pasarse al otro lado». Lewis Carroll o la posibilidad de romper con las coordenadas lógicas del tiempo y del espacio. Leer es también internarse en el otro. Lucas retorna a la teoría de la comunicación: «No se trata de escribir para los demás sino para uno mismo, pero uno mismo tiene que ser también los demás» (pág. 32). Puede leerse también como continuación de la «pedantísima nota de Morelli» [7].

---

[6] Julio Cortázar, *Rayuela,* Sudamericana, Buenos Aires, 8.ª ed., junio de 1968, pág. 268.

[7] Julio Cortázar, *Rayuela,* pág. 432.

7

Atracción por la música, des-concierto en las «representaciones musicales» [8], Lucas describe dos situaciones que recuerdan a Dada (pág. 36). Conviene retener el *modus operandi*.

8

Intelectualización del erotismo. Antología de Pedro Salinas por Cortázar. Falta de identidad: «Dorita A no es Dorita A, o Lucas B no es Lucas B» (pág. 38). Siempre hay el recuerdo de una vieja canción de los cuarenta.

9

El conocimiento de la lengua como ironía. El español castizo frente «al primer che» (pág. 39). ¿No puede ser el arte del toreo una nueva cuestión de semántica? ¿Dispone el aficionado de un campo semántico propio, como cada autor —Cortázar, por ejemplo— acota el suyo?

10

Lucas ¿o Cortázar? —Jekyll o Hyde—, hidra al fin, opta por la «civilización», nunca por la «barbarie». «No se fíe, che, de la contemplación absorta de un tulipán cuando el contemplador es un intelectual» (página 45). No conviene, sin embargo, identificar a los escritores con los intelectuales. En todo caso debe hacerse dicha operación con las naturales reservas. Lucas y M. Teste, de acuerdo.

---

[8] Julio Cortázar, *ob. cit.*, pág. 126.

11

¿Nomáspoder? (pág. 47): un excelente neologismo. La cara de «paraguas dado vuelta» (pág. 47). «Y en tu mano se armó una catástrofe de relámpagos fríos y nubes negras, jirones de tela destrozada, cayendo entre destellos de varillas desencajadas...»[9]. El paraguas en Cortázar es un motivo (¿primario, secundario, terciario?) perfectamente identificable del que se desprende una irónica relación con el mundo, con la lluvia, con la propia condición humana.

Función de la imagen poética en la prosa (poema-prosa) de Cortázar: «Que la noche vendrá como un tren atrasado en un andén lleno de viento» (pág. 49). Romanticismo. Escasez de adjetivos de color: «Agua gris» (pág. 49). Prolongación y simbolismo en la imaginería.

12

Ironía en la «teatralización» de una conferencia. Retórica barroca en la parodia, aunque planteada en brillantes imágenes. Pata de una mesa equivale a «precipitación en ángulo recto» o «vómito fosilizado». El piso es «esa seguridad de nuestros pasos» (pág. 56). Utilización barroca, casi calderoniana del lenguaje. Mágica del objeto (surrealismo).

13

Elementos populares y tradicionales subyacentes en el tema de la margarita que adorna la estancia hospitalaria de Lucas: Margarita/vaso de agua/mesa/sillones/mantelito/dos o tres botellas de whisky/media docena de vasos/termo/hielo/botellas de soda/armario/

---

[9] Julio Cortázar, ob. cit., pág. 16.

la margarita es arrojada por la ventana. Conocida la estructura A por B; B por C; C por D; D por E, etc., y X por A.

14

La cita de Lezama Lima (pág. 63) introduce en *Un tal Lucas* una serie de relatos y textos sin otra unidad que la personalidad irónica del narrador, capaz de diversificar su atención a diversas y siempre sugestivas formas de realidad. De las páginas 63 a la 144 Lucas/ Cortázar puede parecer implícito en el punto de vista que adopta el autor. Entre la realidad —verdad aparente— y la escritura Cortázar sitúa varios planos deformantes: el del misterio, el del humor, el de la poesía. El interludio de esta segunda parte divide las reflexiones de Lucas en dos zonas matemáticamente trazadas que se corresponden con el número de páginas total.

15

Enlace de una historia y una hipótesis a través del recuerdo —factor tiempo— (pág. 67). Resonancias de Jorge Luis Borges. Magia de lo cotidiano. La muerte como factor desencadenante de la «extrañeza». «En esas carreras de locos se andaba siempre con un muerto pegado al cuerpo» (pág. 72).

16

Palabras, letras, signos. Se planchan los signos de la «Enciclopedia Espasa» (pág. 74). Borges hubiera preferido la Británica. Pero coincide la interpretación de los signos y hasta de la enciclopedia con el autor de *La biblioteca de Babel*[10].

---

[10] Jorge Luis Borges, *Obras Completas,* Ultramar, Madrid, 1977, págs. 465-471.

17

La tía Angustias recibe varias veces al día tarjetas postales con insultos («el otro lado de los buenos deseos»). Las clava con alfileres en las firmas «vaya a saber por qué» (pág. 76). El signo de complicidad entre el narrador y el lector es evidente. Porque sabemos muy bien los motivos.

18

Cortázar enlaza con la tradición gatuna (págs. 78 y 88) instaurada por Baudelaire en la literatura culta y que se transmite a través de Rubén Darío —admirador de los de angora— por todo el Modernismo. Pero Julio Cortázar, en los límites de lo surreal, introduce una penosa reflexión: «Todo gato es un teléfono, pero todo hombre es un pobre hombre» (pág. 79).

19

Los pescaditos dorados aparecen también en *Cien años de soledad,* de Gabriel García Márquez. El coronel Aureliano Buendía fabricaba «pescaditos de oro». Desde que decidió no venderlos, seguía fabricando dos pescaditos al día, y cuando completaba veinticinco volvía a fundirlos en el crisol para empezar a hacerlos de nuevo [11]. Pero los peces de Cortázar son navegantes en el cuerpo humano considerado como microcosmos, según el modelo del filme de ciencia-ficción *Viaje alucinante.*

20

Música (págs. 88-94), relaciones entre los seres humanos e identificación de cualidades atribuidas al

---

[11] Gabriel García Márquez, *Cien años de soledad,* Sudamericana, Buenos Aires, 1968, pág. 227.

mundo animal doméstico (Walt Disney): gatos que tocan el piano, composiciones dedicadas a perros, músicos como escarabajos. Se evidencian el humor y las diferencias entre el género de la fábula y esta nueva utilización sin finalidad moral.

21

Remedios la bella, en *Cien años de soledad,* asciende a los cielos, «le decía adiós con la mano, entre el deslumbrante aleteo de las sábanas que subían con ella, que abandonaban con ella el aire de los escarabajos y las dalias» [12]. El paralelismo con la Asunción mariana es evidente. También los ángeles acompañan la ascensión (Asunción en G. G. M. frente a Ascensión en J. C.) del tenor Américo Seravellini «mientras los asistentes temblaban de emoción y la maravilla, y el cantante continuaba su melodía» (pág. 93). El humor y la mágica descripción se quiebran aquí en una nota de humor negro: «Cuando de su garganta nacía la nota final y perfectísima del aria, los ángeles lo soltaron» (pág. 94).

22

La erudición falseada constituye ya una «forma» de literatura fantástica moderna: Álvaro Cunqueiro o Juan Perucho en la literatura peninsular; Borges en *Pierre Menard, autor del Quijote».* Cortázar (páginas 95-98) la define como texturología. Pero Cortázar ironiza la crítica *ad usum* con extremos como los que atribuye a la revista *Quel Sel* (pág. 97).

23

La nota a pie de página permite el juego textual (pág. 105). En un cuerpo de letra menor se integra o

---

[12] Gabriel García Márquez, *ob. cit.,* pág. 205.

no (según preferencia del lector, que puede optar —ya sin la tabla referencial de *Rayuela*—) por el todo o la parte.

24

«—Ahora la Ñata está en Tandil [13] —dice la señora de Cinamomo» (pág. 169).

25

Creación de palabras. Lucas/Cortázar reconoce que «me sé bastante dotado para la invención de palabras que parecen desprovistas de sentido o que lo están hasta que yo lo infundo a mi manera...» (pág. 112). Convendría analizar, además del sustrato neurótico de tal operación, que admite el protagonista, la función de un nuevo sistema de texto integrado a la individual concepción del mundo. Atención a la literatura que se deriva de Lewis Carroll, modelo también del autor.

26

Cadáveres exquisitos. Raíces en Pedro Salinas, antologizado por Cortázar (pág. 115). Búsqueda de identidades: «Van volviendo a ser lo que no son.» «Quítate ya los trajes, / las señas, los retratos; / yo no te quiero así, / disfrazada de otra, / hija siempre de algo. / Te quiero pura, libre / irreductible: tú», había escrito el poeta en *La voz a ti debida* (1933) [14].

---

[13] Conviene anotar aquí que Tandil es la sierra pampeana del este de Argentina, en la provincia de Buenos Aires, orientada en dirección NO-SE. Está constituida por bloques graníticos. Alcanza 500 m. en el cerro de Albión. Del *Diccionario Enciclopédico Salvat Universal,* 19, pág. 197, 15.ª ed., 1981.

[14] Pedro Salinas, *Poesías Completas,* Seix-Barral, Barcelona, 1981, pág. 243.

27

«Novedades en los servicios públicos» (págs. 117 y sigs.) muestra el interés de nuestro escritor por la vida que se desarrolla en los ferrocarriles subterráneos y que será objeto de mayor atención en el relato «Texto en una libreta» [15], uno de los más inquietantes cuentos de Julio Cortázar, en el que la vida cotidiana aparece tamizada por la magia de lo insólito. Por otro lado, la sugestividad de un submundo que descubrimos bajo nuestros propios pies permite acercarnos a la realidad «otra». El metro convertido en tren restaurante es el envés de una clase histórica: «Los obreros franceses tienden a renunciar a las reivindicaciones que tanta fama les han dado en la historia de nuestro siglo con tal de cerrar las manos sobre el volante de un auto propio y remacharse a la pantalla de un televisor en sus escasas horas libres» (pág. 119). La observación permite adentrarse en la actitud crítica social de Cortázar, que no puede aislarse de sus coordenadas estéticas. Subyace y permite observar hasta qué punto sus textos son reflejo de un poderoso y rico «yo» que, sin invadir totalmente el entramado de la realidad objetiva, la personaliza. El relato sirve, asimismo, para comprender la calidad «urbana» de su literatura. Añádase también la función del azar en el descubrimiento del mágico vagón restaurante, más propio del *Orient Express*.

28

Los «mitos» de Julio Cortázar (págs. 127-128): Jean Cocteau, Louis Armstrong, Pablo Picasso, Stravinski, Duke Ellington, Charles Chaplin. ¿Son los «mitos» generacionales, o van más allá? Son la mo-

---

[15] Julio Cortázar, *Queremos tanto a Glenda,* Alfaguara, Madrid, 1981.

dernidad. El texto de Lucas/Cortázar parece extraído de las páginas de un diario personal. El *Diario* cortazariano sería, sin duda, apasionante.

29

Los textos de un diálogo son fragmentos de invisibles dialogantes. Bullen historias secretas tras las palabras.

30

Los crepúsculos pasan a elementos artísticos y artificiales (pág. 134). De la Naturaleza al arte se establece el filtro del cine. Los modernistas prefirieron los jardines a los paisajes naturales. Cortázar convierte el crepúsculo en la proyección en una sala oscura.

31

Cortázar ejercita las posibilidades temporales del relato. Tiempo del narrador (sólo lo he sabido varias líneas más adelante, pág. 137), frente al tiempo del lector («vos por ejemplo que empezás a leer esta página te enterás de que yo no estoy de acuerdo»). Pero «el tiempo es otro». Como parece autónoma la narración ante las dos fórmulas temporales: «Yo no tengo nada que ver con lo que ocurrirá cuando Gago vaya al cine...» La paradoja temporal aparece en el límite de las posibilidades del juego temporal: «Rechazo este texto donde alguien escribe que yo rechazo este texto» (pág. 138). La independencia y hasta la rebelión del texto parecen una derivación de los planteamientos pirandellianos y unamunianos. Pero ¿cuál es la realidad profunda? «De ninguna manera puedo estar de acuerdo con cosas que pretenden modificar la realidad profunda» (pág. 139). El cine como alternativa de la realidad. Tiempo y erotismo (pág. 140). Frustración.

32

Paralelismo entre narración y filmación: «Inscrito en un escenario instantáneo, el héroe en cámara lenta retira la espada de un cuerpo todavía sostenido por el aire» (pág. 142). El narrador describe «inscrito en un escenario instantáneo». La guerra (Renacimiento) y el amor: «Que su cuerpo sea el que se rinde sin esfuerzo a la lenta caricia del adolescente que ha posado su lanza al borde del manantial» (pág. 144). Lenguaje figurado.

33

En la tercera parte retorna como figura principal Lucas. Sus canciones son también las músicas de Cortázar: «La música es una tierra de nadie» (pág. 151).

34

Los Cedrón (músico, cineasta y pintor), como los Quilapayún, «son unos cronopios... enloquecidos» (pág. 162). Teoría de los cronopios en Cortázar. Quien escribe por decisión cortazariana integra la serie (véase *Pameos y meopas)*. El autor/Lucas señala la relación entre Europa y Latinoamérica. Los europeos contemplan lo latinoamericano con «estupefacta admiración», aunque el ejemplo del que se sirve busca el extremismo (Alemania, República Democrática) frente a los Quilapayún y a su intención de realizar un asado al aire libre. Papel de los uniformes (especialmente los de los bomberos, pág. 163). Paralelismo entre la fiesta de los Cedrón y la que se descubre en *Rayuela* [16], incluyendo las protestas de los vecinos. La realidad y la literatura coinciden.

---

[16] Julio Cortázar, *Rayuela,* págs. 177 y sigs.

35

Cortázar utiliza el lenguaje de determinados sectores sociales argentinos (pág. 168) como fórmula expresiva de lo grotesco. Va más allá de la ironía sin caer en el expresionismo. No pretende profundizar en el grupo social ni en los hablantes, sino en su jerga.

36

El regalo de cumpleaños de Lucas, una torta elaborada según los cánones artísticos de Jackson Pollock —letras Baskerville del cuerpo catorce (pág. 172)—, finaliza según las fórmulas del cine de humor ya definidas en su etapa muda. La diferencia está en que Cortázar expresa la acción mediante palabras. Pero el lenguaje y la imagen pueden aquí relacionarse fácilmente.

37

Parodia del discurso literario. Conviene señalar el paralelismo —que discurre siempre en forma carnavalesca— entre la evolución de la tecnología y la literatura. «Nosotros escribimos más sencillo (es un decir, porque en realidad no podemos), y ustedes sugieren la televisión (cosa que tampoco van a poder)» (página 182).

38

Reelaboración del soneto a través de la teoría de Lucas/Cortázar del *Zipper Sonnet*. La lectura de abajo arriba de los catorce versos nos recuerda la teoría lúdica de *Rayuela* y la capacidad del escritor de otorgar sentido a un texto siguiendo fórmulas direccionales (opciones de lectura). «Para lograr puentes y pasajes fue preciso que la inspiración funcionara de manera pendular, dejando ir y venir el desarrollo del poema a razón de dos o lo más tres versos...» (pág. 183). Sigue a continuación la traducción portuguesa debida a Haroldo de Campos: «Una *contraversión* muy llena de licencias» (pág. 191).

Puede advertirse aquí una formulación de la teoría de la traducción (tan grata a Cortázar): «(¿El gesto del traductor como otredad irredenta y duplicidad irrisoria?)» (pág. 192). Integración en el discurso de elementos literarios convertidos en adverbios de función adjetiva equivalentes a A + A: «muschkinianamente idiotas» (pág. 193). Cortázar regala al lingüista con esta curiosa experiencia no excesivamente alejada del Modernismo.

39

La teoría de los sueños de Lucas/Cortázar coincide en gran manera con Freud. Los sueños parecen tener una finalidad, «mostrarle al fin la bestia» (pág. 195).

40

«Lucas, sus hospitales» (págs. 197 y sigs.) nada tiene que ver con los hospitales de Paul Verlaine y tal vez mucho con la propia biografía de Julio Cortázar. Marsella y su geografía urbana vienen a integrarse en los laberintos humanos. Lucas inventa los «años caracol» (pág. 209) frente a los años luz: «Cuando se ama larga y dulcemente, cuando se llega al término de una paulatina esperanza, es lógico que se elijan los años caracol» (pág. 210).

41

Sería relativamente sencillo extraer consecuencias generales tras la lectura del libro publicado por Julio

Cortázar, pero las indicaciones, las citas seleccionadas y los jalones que hemos ido colocando nos eximen de ellas. Estas notas de lectura no dejan de ser una confirmación de la unidad y coherencia de la obra de un heterodoxo de la literatura argentina, Julio Cortázar, cronopio máximo.

JOSÉ DONOSO

«EL OBSCENO PÁJARO DE LA NOCHE» (1970)

En una entrevista en el periódico *Madrid* (26 de diciembre de 1970), José Donoso definió *El obsceno pájaro de la noche*[1] como «una novela laberíntica, esquizofrénica, donde los planes de realidad, irrealidad, sueño y vigilia, lo onírico y lo fantaseado, lo vivido y lo por vivir se mezclan y entretejen y nunca se aclara cuál es la realidad, pero no ya del "realismo social" —al que considero una rama menor de la literatura fantástica—, sino también la posibilidad de imaginar, de crear otra personalidad. Es un problema que no me planteo. Simplemente, he intentado la posibilidad de novelar obsesiones, temas, recuerdos, cosidos y recosidos. Novelar un mundo esquizofrénico dando por absolutamente real lo más atrabiliario: treinta y cinco u ochenta realidades posibles». La extensa cita es válida, porque el novelista chileno (n. en 1924), con estas palabras consigue una inteligente definición de su obra. *El obsceno pájaro de la noche* llega tras una sedimentación que el autor fechaba entre 1962 y 1969. Se habló de ella como Premio Biblioteca Breve,

---

[1] Editorial Seix-Barral, Barcelona, 1970.

cuando éste no se concedió por la escisión producida en la empresa editorial. Con esta novela, de paciente elaboración, José Donoso se propuso hacer una «obra mayor», como si sus obras anteriores —*Veraneo y otros cuentos* (1955), *El charlestón* (1960) y las novelas *Coronación* (1958; ed. española de 1968), *Este domingo* (1966) y *El lugar sin límites* (1967)— fueran sólo el preludio de una sinfonía que alcanza su clímax en *El obsceno pájaro de la noche*. Con esta novela, José Donoso se sitúa entre los primeros narradores latinoamericanos contemporáneos, que hoy vale como decir a la cabeza de la narrativa contemporánea; fenómeno que se produce no sólo por la calidad intrínseca de sus obras, sino por la general decadencia de la novela europea. *El obsceno pájaro de la noche* se inicia con una cita del novelista norteamericano Henry James. La influencia de James en Donoso —el fácil paralelo— es perceptible en la ambigüedad de algunos personajes y en la tendencia a describir un mundo social que degenera, consciente de su propia degeneración.

En el prólogo de José Donoso a *El astillero*[2], del uruguayo Juan Carlos Onetti, escribe lo que puede ser aplicado también a su propia novela: «El tiempo narrativo de la novela, en sus innumerables retornos sobre sí mismo, en las múltiples partidas falsas, paréntesis y regresos al punto de partida para partir hacia otro lado y en otra época, es otra manera de fragmentar lo unívoco e introducir al lector por un camino que parece cierto, pero que está lleno de trampas, perspectivas falsas (la sensación —por lo demás, a veces verdadera— de que las explicaciones de actitudes y hechos inexplicados podrían encontrarse en otras novelas del autor, o en novelas que aún no ha escrito), un *trompe-l'oeil* que exaspera dejando al lector indefenso reci-

---

[2] Editorial Salvat, «Biblioteca Básica Salvat. Libros RTV», Barcelona, 1970.

biendo el impacto de *El astillero.*» No se trata aquí de evidenciar influencias. La novela de Onetti refleja sólo una inquietud común a la de Donoso: ambas crean una realidad dentro de la novela. El lector que avanza en *El obsceno pájaro de la noche* debe aceptar unas reglas que valen sólo para esta novela; renuncia a la lógica, a la psicología e incluso a determinados valores tradicionalmente aceptados como humanos. En José Donoso, en su mundo monstruoso, del que la razón ha desaparecido (aun siendo razonable) no valen las reglas que rigen fuera de la novela. El mundo de las viejas encerradas en un asilo que se derrumba o el de los monstruos alcanza sólo en contadas excepciones atisbos de humanidad. Tales coincidencias suelen ser fruto de evoluciones internas «en la novela», sin paralelo en la realidad.

Como señala el propio José Donoso en las lúcidas declaraciones antes citadas, se trata de «novelar un mundo esquizofrénico dando por absolutamente real lo más atrabiliario». Este mundo novelado —con realidad propia— no es el reverso de una medalla; en todo caso sería otra medalla, donde las obsesiones deformadoras de la locura intentan sorprendernos. Los temas de Donoso no son nuevos, surgen de un post-surrealismo, que se manifiesta incluso en las series desbordadas de imágenes: «Yo destruiré la máscara de Romualdo y te traeré al verdadero padre, espérame aquí, las calles son terribles, hay hombres barbudos que acechan y médicos que hacen sufrir al extirparte los órganos con sus bisturíes finísimos, y los perros de los doctores persiguen a la gente que anda por la calle de noche...» El narrador se autodestruye, albergado en uno u otro personaje, cambiante, equívoco. Es el Mudito, es el Gigante, es cualquiera de los monstruos; es la perra amarilla, es «la mancha negra que el fuego dejó en las piedras y un tarro negruzco con asa de alambres». El vago sentimiento religioso es, a la vez, terror y fantasía, misterio y brujería. El falso embarazo de la huérfana —considerado como milagroso— nos recuerda el filme de Roman Polanski *El bebé de Rosemary (La semilla del diablo),* aunque el mundo de las viejas y del *lumpen* chileno nos traiga el recuerdo de la *Viridiana* de Luis Buñuel. En la obra de José Donoso —y en no pocas ocasiones— el paralelo con Buñuel será punto de referencia obligado (especialmente en *Este domingo* y en *El lugar sin límites,* que, según nuestras noticias, Buñuel estaba interesado en llevar al cine). Es comprensible el paralelo con el mundo cinematográfico, pues Donoso se expresa a través de un lenguaje de imágenes y símbolos. Entre los temas simbólicos mayores cabe destacar la obsesión por el *travesti,* ya manifestada en *El lugar sin límites,* una de las más duras piezas de Donoso. Las metamorfosis de los personajes (recordemos de paso a Kafka) son constantes y constituyen la selva inexpugnable que deberá desbrozar el lector. En ocasiones los cambios se producen por la alteración del narrador, que a su vez altera el mundo que narra; en otras, nacen como una parodia del mundo de la ciencia-ficción, como en la transformación de Humberto Peñazola debido a la transfusión de sangre de los monstruos «...que todos los monstruos de La Rinconada están desolados con mi tragedia, donando litros y litros de sangre, gordas gigantescas, larguiruchos, hermanos siameses, acromegálicos jorobados, albinas, enanos de todas las variedades imaginables, toda esta sangre está fluyendo en mis venas mientras el doctor Azula me saca y me saca mi vieja sangre mezquina por la sonda que me tiene metida por la nariz...».

Los mitos clásicos se tornan monstruosos de la mano de Donoso, perdidos en el falso mundo construido, donde la belleza es monstruosidad y los valores surgen de alteraciones, mutaciones debidas a leyes esquizofrénicas. He aquí, por ejemplo, el mito de Narciso ante las aguas: «La luna dibuja en el agua hasta el último detalle de mi máscara flotando en el agua, si pudiera sacármela, arrancársela al agua donde quizá sería menos dolorosa la separación de carne y carne... arrodillarme en el borde... estirar el brazo para arrancarme la máscara del terror.» El mundo del sexo, tratado con no poca belleza en *Este domingo,* se ha visto deformado en *El obsceno pájaro de la noche.* La impotencia sexual, la aberración y la monstruosidad parecen indicarnos que nada en esta novela es humano o todo es mera degradación de lo humano. Para ello Donoso no regatea morosas descripciones donde lo desagradable llega a convertirse en normal. La imaginación ha sustituido a la realidad. Las alusiones a la realidad son meras indicaciones que sitúan al lector como puntos de referencia. Así, sabemos que Jerónimo espera un heredero de Inés, un heredero que perpetúa el linaje de sangre, de riqueza y de posición social (y por ende política), pero esta referencia real nos llega desde la óptica de la vieja bruja Peta Ponce, ya que las viejas (de ahí el mundo laberíntico del asilo) en la novela de Donoso «tienen el poder de plegar y confundir el tiempo, lo multiplican y lo dividen, los acontecimientos se refractan en sus manos verrugosas, como en el prisma más brillante, cortan el suceder consecutivo en trozos que disponen en forma paralela, curvan esos trozos y los enroscan organizando estructuras que les sirven para que se cumplan sus designios». ¿No es ésta una explicación más de la técnica narrativa utilizada en *El obsceno pájaro de la noche?* En la novela, la forma es también el contenido y básicamente el contenido es una seriada sucesión de formas y temas. La maestría organizadora de José Donoso consigue enredar al lector en el laberinto de sus escenas sucesivas que surgen en paralelo, nos llevan hacia atrás en el tiempo o se adentran en mundos puramente imaginativos, aberrantes, o enlazan con leyendas e historias que nada o bien poco, a primera vista, tienen que ver con lo que se narra. Todo, sin embargo, se halla conjuntado para dar la visión global de un mundo que se cierra sobre sí mismo y al que el lector no puede ni debe aplicar sus propias reglas. El novelista se apoya en un estilo cuidado, en el que nada falta ni sobra, barroco, hecho de frases largas, en las que es perceptible una sobria poesía.

Aceptamos la afirmación de Carlos Barral en la solapa firmada del libro: *El obsceno pájaro de la noche* es una obra mayor. Lo fue desde el momento en que José Donoso, escritor dotado de una capacidad fabuladora notable, se propuso encerrar en una novela los monstruos que surgen cuando nos abandona la razón, que son parte de nosotros mismos; pero que casi nunca cruzan al galope, como a lo largo de esta novela, en desbandada. Es por ello que también debemos decir que *El obsceno pájaro de la noche* es uno de los libros más desagradables, más inquietantes que he leído. Algo nos recuerda el desgarro del norteamericano H. P. Lovecraft, creador de seres biológicamente extraordinarios. Pero el mundo tenebroso de José Donoso pone sobre la mesa el tema de lo inhumano, de lo que hasta ahora había sido considerado como albergue de las pesadillas del terror nocturno. *El obsceno pájaro de la noche* es, en resumen, una pesadilla acumulativa. Para mi gusto el libro resulta excesivamente extenso. Acciones paralelas y reiteraciones dilatan, a mitad de la novela, una temática que ganaría en intensidad con menos páginas. Por otro lado, cuesta aceptar la lógica del *lumpen*. El mayor mérito de José Donoso estriba, sin embargo, en adentrarse en él, desarmado, bordeando el cliché, sin caer en la novela de subclase, la novela *lumpen,* el testimonio de las ciudades-miseria. El *lumpen* es, para José Donoso, una simple referencia al mundo real, que evita a toda costa. El lector que llegue hasta el fin en la lectura de esta apasionante novela se habrá sentido, probablemente, ante una compleja sensación de atracción-repulsión. *El obsceno pájaro de la noche* es formal y temáticamente tan rico, tan complejo, que habrá que considerársele como un límite de lo que es posible avanzar en el oscuro mundo del inconsciente convertido en consciente. Desde los abismos de Dostoievski hasta José Donoso media una evolución en la que situaremos a Kafka y a Céline. Todo en esta novela es absurdo o nada lo parece. He aquí una obra de posibilidad. Muchos querrán ver el testimonio de una clase destruida, yo creo que es el fruto de un alma atormentada, un símbolo, no un ideal.

«LA MISTERIOSA DESAPARICIÓN DE LA MARQUESITA DE LORIA» (1980)

El habitual lector de José Donoso, el escritor chileno que ha residido tantos años en España, entusiasta de *El lugar sin límites* (1967), de *El obsceno pájaro de la noche* (1970), y de *Casa de Campo* (1978), ganadora del premio de la Crítica, puede sentirse extrañado ante la experiencia narrativa que ahora nos propone el autor en *La misteriosa desaparición de la marquesita de Loria*[3]. Aparentemente poco tiene que ver esta novela situada en el Madrid de los años veinte —y digámoslo francamente, una novela trazada según los esquemas entonces imperantes, especialmente el lenguaje— con las incursiones en el mundo oscuro e incluso dostoievskiano del Donoso habitual. Por otra parte, el relato erótico no es frecuente en la literatura

---

[3] José Donoso, *La misteriosa desaparición de la marquesita de Loria,* Editorial Seix-Barral, Barcelona, 1980.

latinoamericana. Cuando Cortázar, por ejemplo, plantea en *Rayuela* una manera «distinta» de entender el amor en el mundo juvenil va mucho más allá de lo que es el relato erótico. Y Vargas Llosa traza en *Pantaleón y las visitadoras* un burlesco cuadro de ambiciones morales. En realidad no existía hasta fechas recientes una tradición de erotismo en lengua española, comparable a la novela libertina del siglo XVIII o a la francesa del mismo período, que en forma zigzagueante alcanza hasta nuestros días, si exceptuamos el grupo de narradores españoles que desde fines del Naturalismo (con Alejandro Sawa y López Bago) constituyen una zona todavía poco frecuentada del pasado literario inmediato: Trigo, Zamacois, Belda, Insúa, Retana, etc.

Tales novelistas se esforzaron en elaborar un lenguaje apto para transmitir erotismo en castellano. En muchas ocasiones sortean difícilmente la cursilería o la vulgaridad. Se trata, en definitiva, de bucear en el bajo mundo (las prostitutas, los toreros de la época) o en la alta sociedad para descubrirnos un falso barniz de «decadencia aristocrática», muy del gusto de Hoyos y Vinent —traidor a su clase, puesto que era un miembro de la alta nobleza y acabó siendo anarquista y murió en la cárcel tras la guerra civil— y Álvaro de Retana. El éxito «popular» de tales narradores superó muchas veces a otros novelistas que hoy consideramos indiscutibles, como Pío Baroja, y hay que decir también que tal clase de literatura tropezó con la Administración —eufemismo de censura— durante la dictadura del general Primo de Rivera. Tras la guerra civil permaneció sepultada por las presiones de un Estado que entendió la moral pública como defensa de los valores católicos más represivos en esta zona del comportamiento (no en otras) y la experiencia resultó históricamente frustrada. Donoso supo ver con claridad —algo que no han alcanzado la mayoría de los novelistas hispánicos— que tal tradición era recuperable. Y lo es fundamentalmente porque la novela erótica, «galante» —decían ellos—, como cualquier literatura erótica, está hecha de palabras. El erotismo es, pues, una mera cuestión de lenguaje. Y fundamentalmente de lenguaje oblicuo. El erotismo consiste en insinuar más que en nombrar, en edulcorar las situaciones, en eliminar de la pornografía las características naturalistas que la convierten en vulgar.

Al propio tiempo, en la novela de Donoso se ha ido más lejos y no sólo se ha pretendido reinstaurar el lenguaje del erotismo, sino los ambientes que reflejaron aquellos novelistas del Madrid galante. Incluso se acompaña el relato de algunos grabados de la época: los famosos de Penagos o de Zamora, entre otros dibujantes de la época, que ilustraban las series de novela corta —tan populares— en las que se refugiaban buena parte de tales narradores. La erotización de la sociedad española no es, pues, nueva, sino que retoma una tradición perdida y viene a coincidir con las libertades que se permiten ahora otros medios de difusión (revistas, cine, etc.), en competencia y posiblemente con la batalla perdida de antemano. En la novela de Donoso descubrimos los elementos tradicionales de un relato —el erótico— claramente codificado. Es difícil inventar nada nuevo en cuanto a situaciones y posibles aventuras o combinaciones. No faltan aquí ni el joven y enfermizo marqués, muerto prematuramente, en cuya impotencia descubrirá la «ingenua» Blanca —la protagonista— ciertas perversiones, ni el maduro galán, ni el artista que vive en la bohemia, ni el *chauffeur* —de lujo—, ni el *ménage à trois*. Y curiosamente, descubrirá, asimismo, algunas de las obsesiones —Vargas Llosa hablaba de «demonios»— que aparecen con otras significaciones en la narrativa de Donoso —como el simbólico perro salvaje y enamorado—. En algunos aspectos *La misteriosa desaparición de la marquesita de Loria* puede ser considerada un «divertimento», una novela «menor» en la escala de las novelas de Donoso. Es, desde luego, ingeniosa, divertida y tan excelentemente escrita (en *pastiche,* aunque brillante) que compensa con creces el tiempo invertido en entretenerse de tal modo. Pero, además, adentrándonos en los propósitos, no sé si conscientes, del narrador descubrimos valores no desdeñables de originalidad.

Donoso ha sabido impulsar el relato con una intriga de corte tradicional que permite descubrir que el tiempo narrativo, tan moroso en otras de sus «grandes novelas», puede incrementarse hasta el clímax. Porque, también en esta pequeña prueba de fuerza narrativa hay misterio, derivado del relato policiaco y de la novela gótica. Nos preguntaremos al cerrar la última página, ¿qué se hizo de la marquesa en el Retiro? Volveremos de nuevo al principio e intentaremos desentrañarlo a través de algunas claves que a lo largo de la narración se han ofrecido. Pero el resultado es un imperturbable misterio de lo que ya no tiene remedio. Los recursos de estilo que permiten ofrecer los rasgos de la sensualidad desatada de esta «americana» trasplantada a Madrid y ennoblecida por el matrimonio son la esencia de la novela misma. Donoso vuelve de nuevo, como los narradores españoles de los años veinte y treinta, a bordear los límites de la cursilería, pero ahora de forma consciente, con considerables dosis de humor, con el distanciamiento que se produce por el hecho de que quien escribe es el escritor pleno, que vuelve de lo más difícil y pisa terreno ya conocido. Así pueden entenderse las tópicas calificaciones. El cuerpo de la marquesita es «dulce y lozano y suave» y su amante lo había estado «oliendo y acariciando y saboreando» (pág. 129) en la descripción del placer amoroso... «aquí, en medio de la ciudad mientras ese extraño cuya violencia detestaba la estaba haciendo sentir lo que sólo podía permitir

que los pálidos ojos de la Luna vieran que sentía...»
(pág. 191). La ambigüedad, la delicuescencia, el falso
romanticismo, el realismo de algunas situaciones, los
ambientes elegantes de refinados decorados, las psicologías perversas, las hipocresías sociales, la avaricia, el
encanto de la belleza juvenil y el hedonismo son el
trenzado de este encaje que Donoso ha sabido realizar.
Tal vez para un público que no conozca su obra anterior esta novela constituirá otra sorpresa de distinto
signo. En la diversidad y en la experimentación conocemos el seguro paso del chileno.

«EL JARDÍN DE AL LADO» (1981)

El tema del exilio, principalmente el político, constituye una constante en la literatura occidental. Desde
Ovidio hasta los escritores españoles que tuvieron que
emigrar tras la guerra civil podría elaborarse una muy
nutrida antología en la que los poetas y narradores en
lengua española ocuparían un buen número de páginas. Pero habría que sumar a todos ellos los latinoamericanos, uruguayos, chilenos, argentinos, centroamericanos, etc., que han realizado en los últimos años
sus obras fuera de su patria. Algunos de ellos han residido durante años o siguen permaneciendo en España
y, desde Barcelona —una ciudad nostálgicamente evocada en los años sesenta—, donde se encontraban los
principales núcleos editoriales, se definió lo que en
medios periodísticos se denominó el *boom* de la literatura latinoamericana, una operación planteada desde
vertientes promocionales y literarias que superó en
éxito a cuanto se había supuesto. La obra del novelista chileno José Donoso, residente en Barcelona
durante algunos años, posteriormente en Madrid y
posteriormente en Chile, fue adscrita al *boom* y al
tema dedicó el autor un libro, una visión personal

del fenómeno, *Historia personal del boom,* publicado en 1972.

Fueron aquéllos los años en que Donoso ofrecía su obra más ambiciosa en las prensas barcelonesas, *El obsceno pájaro de la noche* (1970), aunque sus éxitos eran anteriores, principalmente con sus novelas breves publicadas en Chile, *Coronación* (1958), *Este domingo* (1966) y *El lugar sin límites* (1967), una de las obras maestras de la «nueva literatura latinoamericana». La obra de Donoso se enriquece con otra novela situada también en los centros Sitges-Madrid, que el narrador vivió y conoció personalmente. Se trata de *El jardín de al lado*[4] y, con ella, convendrá preguntarse hasta qué punto habrá que considerar en el futuro el exilio latinoamericano en España como una de las constantes de un determinado período de los escritores latinoamericanos aquí residentes, puesto que no es casual que Gabriel García Márquez escribiera entre nosotros *El otoño del patriarca,* novela en la que pueden observarse algunas características del período dictatorial que vivimos entonces y la crónica de la transición política aparece ahora como marco de la novela última de José Donoso. Advertiremos que con *La misteriosa desaparición de la marquesita de Loria* se inicia en la obra de José Donoso un período de ambientación española, del que no debe ser ajena la experiencia personal. A ésta responde, también, *El jardín de al lado,* una crónica de un escritor chileno residente en Sitges, quien es invitado por un compatriota a disfrutar de su apartamento madrileño durante un verano. *El jardín de al lado* es básicamente una novela «de costumbres» intelectuales, una novela en la que sus protagonistas debaten problemas de conciencia que anteriormente podrían fácilmente haber sido calificados de existenciales, si hoy el apelativo no produ-

---

[4] José Donoso, *El jardín de al lado,* Seix-Barral, Barcelona, 1981.

jera en el ánimo del lector un innecesario salto atrás. En el seno de esta novela costumbrista (¿y qué novela no lo es al fin y al cabo?) podemos descubrir también una novela de clave. Núria Monclús, calificada como «capomafia del grupo de célebres novelistas latinoamericanos en este momento todavía respetados con el mítico nombre de *boom,* esa literatura con alardes de experimental que ahora interesa poco a las nuevas generaciones que miran más allá del puro esteticismo...» (pág. 44) y convertida aquí en un personaje novelesco decisivo, no es otra que la agente literaria barcelonesa Carmen Balcells. Pero al margen de la identificación no existe escándalo ninguno en el deformado —deliberadamente deformado— retrato. Por el contrario, cuando el escritor chileno fracasado se siente herido por el rechazo de su novela (pág. 224) asocia la crítica de la agente literaria con el fracaso matrimonial: «Ella (Gloria, su mujer) y Núria son, igualmente, mis verdugos» (pág. 225).

Vida y literatura se entrelazan así en una novela en la que priva el desencanto hacia el exilio. La nostálgica actitud del narrador (el novelista) hacia el Chile de la Unidad Popular se enfrenta ahora con la actitud del hijo, formado en el exilio español, tan alejado de las inquietudes político-intelectuales de sus padres como de una perspectiva profesional o laboral. El intelectual exiliado reconoce que «después de todo lo que ha pasado, es muy duro darse cuenta que me interesa más la música de piano del romanticismo o las novelas de Laurence Sterne que tener razón en cualquier campo que sea» (pág. 116). Sin embargo, el recuerdo de las sombras familiares coincide con un país en la añoranza. Los problemas políticos concretos quedan ya en un segundo término, teñidos por la nostalgia: «Fue justo antes del golpe, cuando el proyecto de la izquierda comenzaba a resquebrajarse bajo su propio peso y pesos ajenos, y murió mi padre porque vio venir lo que vino, fue entonces que mi madre, que jamás comió demasiado, comenzó a rechazar los alimentos junto con su inicial rechazo de Pinochet, o de Allende: da lo mismo, niño, decía, locos y sinvergüenzas los dos...» (pág. 123).

Pero la novela, de corte lineal en el tiempo, se precipita hacia unas páginas finales de enorme intensidad. Un viaje de vacaciones a Marruecos, fruto de la venta de las propiedades familiares en Chile, confirma el fracaso de un cierto modelo matrimonial y, en cierto modo, la obsesión del novelista hacia su propia obra, por encima de la circunstancia familiar. Y del abandono de Julio, identificado al final de la novela, surge una novelista, su mujer, Gloria, aceptada por Núria Monclús. Y en un espléndido final, José Donoso nos ofrece la alternativa de la vida y de la asumida mediocridad. El dramático final que se esperaba se convierte en un capítulo de resignaciones, incluidas las políticas. Gloria confiesa que «haría cualquier cosa para que la situación cambiara en mi país. Pero sé que eso es ajeno a la literatura, quiero decir, ajeno por lo menos a mi literatura. Asumí esta ambivalencia...» (pág. 263).

Núria Monclús advierte claramente que en el relato se elude el final «para una novela tan amarga». Y, en efecto, *El jardín de al lado* rebosa amargura, decepción vital y en ella hasta el amor se torna elegiaco. Son los excelentes versos de T. S. Eliot en *Cuatro Cuarteros,* recordados al final del capítulo 2: «Pero la fe, el amor y la esperanza no son más que expectación. / Espera sin pensar, porque aún no estás maduro para el pensamiento...»

El jardín de al lado viene a ser, por consiguiente, una novela moral, una densa novela en la que José Donoso se confiesa de algunas de sus obsesiones, expuestas muchas veces en forma oblicua, irónica y sentimental. En gran medida, es ésta la novela de un exilio prolongado, un retrato amargo de frustraciones que una buena parte de los escritores que han debido permanecer alejados de su país puedan quizá suscribir. No es un alegato heroico, ni un canto épico. Donoso ofrece así una inmejorable contribución a un fenómeno determinante de nuestra época. Su crónica supone un notable giro a sus novelas anteriores. El ciclo español ha humanizado sus argumentos, despojándolos de materiales vanguardistas. Lo real, parece descubrir el novelista chileno, no es menos onírico que el sueño mismo. Y frente a ello es fácil descubrir al excelente escritor que sabe medir los efectos del estilo y las descripciones con rigor en una novela verdaderamente espléndida.

«Cuatro para Delfina» (1982)

La obra del novelista chileno José Donoso se desarrolla antes y después de *El obsceno pájaro de la noche* (1970). En dicha obra el narrador intentó reunir sus principales temas y decidió darles una forma compleja y renovadora. Posiblemente no sea su mejor libro (no alcanza la densidad psicológica y dramática de *El lugar sin límites* (1967), espléndida novela que el autor considera desgajada precisamente de su «obra mayor», aunque la relación entre ambas es harto discutible). Donoso, sin embargo, había procurado encerrar en *El obsceno pájaro...* sus principales obsesiones. Fácilmente podríamos observar que la base de su novelística, compuesta no sólo por novelas más o menos extensas, sino también por cuentos, novelas cortas y ensayos, se encuentra en la amplia zona que se definió en la década de los años cuarenta como literatura existencialista. Bien es verdad que Donoso ofrece un tratamiento narrativo bien distinto del que consiguieron en su día autores como Sartre o Camus, por citar los dos nombres más representativos, puesto que intenta evadirse de la simplicidad (bien entendida) del realismo y del compromiso moral-político del existencialismo de escuela. Pero en gran medida la obra entera de José Donoso es también una amplia reflexión moral sobre la esencial condición humana. Para ello desciende a los infiernos de las pesadillas. En realidad, *El obsceno pájaro...* es una gran pesadilla alegórica. Incluso en un divertimiento erótico como *La misteriosa desaparición de la marquesita de Loria* (1980) podemos descubrir aquellas zonas oscuras, tan gratas a Donoso, porque en ellas descubre el misterio y la perversión del alma. Buceando, como Dostoievski, Gogol o Chejov, en los desheredados parece encontrar el narrador la conciencia culpable de los acomodados. *Cuatro para Delfina* reúne cuatro narraciones que reinciden en las dos maneras de Donoso, si es posible hablar de las «maneras» de un prosista como calificamos las de un poeta. Entre «Jolie Madame», el relato que cierra el volumen, y «Los habitantes de una casa inconclusa» descubrimos una idéntica reflexión moral, la conciencia culpable de la burguesía chilena, aunque en ambos casos se plasme con métodos bien distintos. «Jolie Madame» transcurre en una zona de veraneo durante el período del actual régimen chileno. Las esposas de la burguesía pasan las vacaciones con sus hijos mientras los maridos siguen la vida de trabajo en la capital. Una alegre salida al casino de Viña del Mar de un grupo de tres mujeres significará, para una de ellas, un vuelco sentimental. La anécdota se desarrolla mediante descripciones y diálogos que refuerzan la captación del ambiente. Suponen una crítica social, pero el narrador quiere llevarnos más allá de la pretendida linealidad del relato. Adriana protagoniza el encuentro amoroso, pero Donoso no se limita a sus traumáticas consecuencias psicológicas. Nos ofrece en cinco significativas páginas los sueños —las pesadillas— de una concepción general y traumática del mundo (págs. 259-265).

Los inquietantes mendigos de raíz buñuelesca aparecen también en el otro relato citado anteriormente (y surgieron también en *El obsceno pájaro...*). Los mendigos se convierten aquí en el símbolo de una sociedad inquieta: «Últimamente he estado viendo demasiados mendigos por la ciudad, no quiero verlos... los odio, los odio... me dan pavor esa gente barbuda y cochina y zarrapastrosa con abrigos desteñidos y sacos al hombro y pelo sin cortar y con ojos de terror, gente sin origen y sin destino, hambrientos, desesperados, aterrados» (pág. 114). Pero hacia ellos sienten los habitantes de la casa una compleja mezcla de atracción y repulsión. Blanca acaricia incluso las ropas que el mendigo abandona. Y el mendigo joven e inquietante que la aterroriza tan sólo con su presencia habla una lengua extraña e indescifrable. Donoso abandona a menudo la coherencia del relato de corte realista por símbolos humanos desprovistos de identidad. La protagonista se enfrenta a su propio hijo en defensa del misterio que se encierra en lo atávico: «No, no, no entiendes nada porque eres uno de esos hombres que este triste tiempo de la historia ha despojado del espíritu que cuando niño parecía que ibas a tener» (página 123). «Sueños de mala muerte» parte también del relato costumbrista de una pensión en la que una pareja de empleados ahorra para alcanzar la propiedad de un piso. Finalmente el joven dedicará todos sus esfuerzos y el dinero de ambos a reclamar un mausoleo en el cementerio que había sido propiedad de su familia. Donoso basa su relato en la recreación de un ambiente siguiendo las fórmulas tradicionales del realismo decimonónico. Incluso los personajes que rodean a la pareja no dejan de ser un trasunto de los cesantes galdosianos. En todos los casos —y ello es perfectamente observable en el conjunto de la obra de Donoso— el narrador delimita a la perfección el sector social en el que se desarrolla la historia y sitúa a sus personajes, su «mundo» pequeño y encerrado. Marcadamente naturalista a la hora de las descripciones, consigue hacer patente el estrecho mundo de carencias en el que se mueven. Y ello se manifiesta a la hora de enmarcar a los mendigos, a los empleados o a los burgueses. El margen de libertad que se otorga a los personajes es estrecho. El narrador nos ofrece también, de manera simbólica, los fines morales que persigue el conjunto. No hay finales felices. Sus criaturas están condenadas al fracaso. Su sentido del humor linda con el expresionismo y cae en lo grotesco. Así, la celebración de la boda en la pequeña pensión, amenizada con un baile a los sones de un transistor (recordemos aquí *El lugar sin límites),* viene contrapuntada con la retransmisión por televisión de un partido de fútbol. La técnica del contraste es eficaz pese a su simplicidad.

«El tiempo perdido» es un relato basado en el mundo de Proust. La sociedad de Guermantes es ahora una caricatura chilena. Porque «las cosas, por desgracia, jamás suceden como deben suceder, es decir, como en la buena literatura, y la realidad se empeña en no asumir su papel de tributario de la ficción» (pág. 151). En cierto modo, éste es el gran reto que se manifiesta en el conjunto de su obra: la realidad frente a la literatura. Éste es también un gran reto para cualquier escritor que escape a la mediocridad. *Cuatro para Delfina* es una excelente clave para adentrarse en el mundo de Donoso, en un mundo contradictorio, confuso, dramático y obsesivo. Porque las grandes pesadillas de la noche y de la desesperación recorren sus páginas. Su autor construye un complejo edificio, al que algunos reprocharán su insalubridad y sus espacios cerrados. Pero el pesimismo que gravita sobre una tal visión del mundo es su significado más profundo.

OCTAVIO PAZ

«Hacia una teoría de la composición poética en Octavio Paz. De la palabra al poema»

La obra de Octavio Paz constituye una unidad polimorfa. En tanto que unidad, los períodos, los temas, el verso y la prosa parecen resistirse al análisis sectorial. Cuando aludimos a la esencialidad mexicana de su obra no podemos olvidar que, paradójicamente, Paz constituye posiblemente el ejemplo vivo más destacado de autor universal. En él se integran culturas que parecen vivir ajenas. La obra de Paz resulta así sincrética y obstinadamente cambiante. En tanto que escritor latinoamericano, resulta el más atento a la literatura española clásica, pero también el más fiel observador de las nuevas voces. Ya Julio Cortázar había escrito al respecto unas palabras reveladoras: «como latinoamericano, sabe que entre nosotros todo espera en cierto modo un redescubrimiento, y en primer término el redescubrimiento del hombre mismo, y que para ello no sólo no se debe renunciar ingenuamente al acervo de las civilizaciones crepusculares, sino que es preciso buscar, como lo buscó el crepuscular Mallarmé la forma de dar un sentido más puro a las palabras de la tribu»[1]. En efecto, el redescubrimiento del «ser» en el hombre pasa por el proceso de conferir un «sentido más puro» a las palabras. El objetivo del poeta consiste en identificar tales palabras. Ya Rubén Darío en las *Palabras Liminares* a sus *Prosas Profanas* había expuesto una consideración, cuyos orígenes deben buscarse en el idealismo de Humboldt: «como cada palabra tiene un alma, hay en cada verso, además de de la armonía verbal, una melodía ideal. La música es sólo de la idea, muchas veces». Pero la poesía de Paz, alejada ya del Modernismo, poblematiza el verso (una aventura —la de la confrontación entre el verso y la prosa— todavía no escrita entre nosotros). Pese a sus vinculaciones surrealistas no hace de la imagen un culto. No se interesa ya por la formalización fónica. En realidad con el verso libre y tras el *Diario de un poeta recién casado* de Juan Ramón Jiménez la poesía en castellano avanza en otras y variadas direcciones. Dejando a un lado la musicalidad como resultado de palabras puestas en contacto (así en verso como en prosa) nos quedaría de aquella fórmula rubeniana la posibilidad de acceder al alma de las palabras. El título mismo de su obra, *Libertad bajo palabra* (México, FCE, 1960) revela que ésta constituye precisamente una de sus obsesiones creadoras. Y la crítica lo ha considerado así. Entre otros, Ramón Xirau tituló precisamente *Octavio Paz: el sentido de la palabra* (Joaquín Nortiz, México, 1979) su inteligente ensayo y Saul Yurkievich, con fina sensibilidad, «Octavio Paz, indagador de la palabra», un capítulo de su libro *Fundadores de la nueva poesía latinoamericana (Vallejo, Huidobro, Borges, Neruda, Paz)* (Barral, 1971). Mi propósito no es volver sobre lo ya establecido, cuanto

---

[1] Julio Cortázar, *Homenaje a una estrella de mar,* en Ángel Flores, *Aproximaciones a Octavio Paz,* Joaquín Mortiz, México, 1974, pág. 14.

tornar al meollo de la actividad creadora del poeta rastreando entre sus textos algunas claves. La fundamental es posiblemente la concepción de la palabra que para Paz, como ya observaba Xirau es el *Logos*.

Al comienzo de *¿Águila o Sol?,* el poeta confiesa sus desvelos: «Hoy lucho a solas con una palabra. La que me pertenece, a la que pertenezco: ¿cara o cruz, águila o sol?» [2]. Se trata de una búsqueda casi borana; la de la palabra-llave. Pero, ¿se trata de una sola y única palabra o tal vez de las palabras? En *Trabajos del poeta,* fechado en 1949, ya no es la palabra única, misteriosa: «la nube preciada de palabras viene dócil y sombría, a suspenderse sobre mi cabeza, balanceándose, mugiendo como un animal herido. Hundo la mano en ese saco caliginoso y extraigo lo que encuentro, un cuerno astillado, un rayo enmohecido, un hueso mondo. Con esos trastos me defiendo, apaleo a los visitantes, corto orejas, combato a brazo partido largas horas de silencio al raso» [3]. Si para Aristóteles la palabra era la *mínima unidad significativa:* la palabra reencontrada en Octavio Paz será, según Ramón Xirau «fundamentos de todo lo creado» [4]. Paz identifica el acto de creación poética. Las palabras (en un mecanismo en parte equivalente a la técnica creativa surrealista) figuran como una nube o un saco. En una actitud preñada de significaciones materiales el poeta «hunde la mano» en lo que califica de «saco caliginoso» y extrae de él no la palabra deseada o seleccionada, sino lo que encuentra. Y lo que descubre es calificado de «trasto» e iluminado por tres imágenes desoladas. El proceso creativo aparece así definido doloro-

---

[2] Octavio Paz, *Poemas (1935-1975),* Seix-Barral, Barcelona-Caracas-México. Barcelona, 1979, pág. 163. En adelante citaré siempre según esta edición.
[3] Octavio Paz, *Poemas (1935-1975),* pág. 165.
[4] Ramón Xirau, *Himno entre las ruinas: la palabra, fuente de toda liberación,* en Ángel Flores, *Aproximaciones...,* cit. ant.; pág. 164.

samente. El resultado de la operación sería la identificación del hombre. En *Himno entre ruinas* (1948) dos versos parecen ofrecernos otra clave:

> Hombre, árbol de imágenes,
> palabras que son flores, que son frutos, que son actos.

La palabra poética sería, pues, contrariamente a la definición aristotélica, *máxima unidad significativa*. En una actitud casi creacionista las palabras aparecerían como frutos, flores o actos, en tanto que el hombre equivaldría a un árbol (mito e imagen que podemos descubrir no sólo en culturas occidentales, sino también en las orientales) y brotaría así una equivalencia entre palabra e imagen. Y en *Un poeta,* de *¿Águila o Sol?* va aún más allá en la descripción de la función creadora, «la poesía ha puesto fuego a todos los poemas. Se acabaron las palabras, se acabaron las imágenes. Abolida la distancia entre el hombre y la cosa, nombrar es crear, e imaginar, nacer» [5].

La dolorosa pasión de la poesía acaba arrasando su propia entidad. El poeta ejerce aquí una doble función; una, destructora; otra, creativa. Y tornando a la tesis heideggeriana, inspirada en el romanticismo de Hölderlin, la poesía aparece de nuevo como «fundación del ser por la palabra». Ya en el poema V de *Bajo tu clara sombra* (1935-1938) el poeta pretendía «nombrar» la tierra. Pero en una clara sinestesia «nombrar» puede equivaler a tocar. «Mi tacto se prolonga / en el tuyo sediento, / largo, vibrante río / que no termina nunca.» Y en *Puerta condenada* (1938-1946) puede descubrirse uno de los poemas más significativos al respecto. El análisis del papel que adquiere la palabra constituye la llave que abre el concepto de la creación poética. En *Las palabras,* Paz plantea el darles la

---

[5] Octavio Paz, *Poemas (1935-1975),* pág. 221.

vuelta. Mediante imperativos [cógelas, azótalas, dales dale azúcar, ínflalas, pínchalas, sórbeles sangre, sécalas, cápalas, písalas, tuérceles el gaznate (clara alusión antimodernista, guiño sabio al lector), desplúmalas, destrípalas, arrástralas]. Y, finalmente,

> hazlas, poeta,
> haz que se traguen todas sus palabras [6].

Mediante ellas brota la poesía que, dentro de la más ortodoxa tradición simbolista, se identifica con la soledad, otro de los grandes «tópicos» de las primeras obras de Paz. La poesía no sólo puede hacer despertar al poeta, sino que le lleva a «soñar tu sueño».

La pretensión creativa (tan de Huidobro) mantiene el papel idealista del poeta. Hacerlas supone enfrentarse a quienes parecen oponerse a ello. Aparece en Paz, como acostumbra a suceder desde Baudelaire y a través del Modernismo hispánico, una innominada oposición colectiva al esfuerzo creador del poeta/artista. La utilización del lenguaje coloquial constituye, paradójicamente, un fracaso poético. El poeta se sirve aquí de la expresión popular (hacer que se traguen las palabras). Su iniciativa creadora es renuncia. La exigencia individualizadora de la creación lingüística conduce irremediablemente al silencio. Es éste un camino que intuyeron también los simbolistas. Y principalmente S. Mallarmé. Proponer esta posibilidad creadora y crítica a la vez constituye el noble camino de la poesía contemporánea. Por ello no sorprende que un verso de Mallarmé aparezca estratégicamente situado al comienzo de *Blanco* (1966). Allí

> Un pulso, un insistir,
> oleaje de sílabas húmedas.

---
[6] Octavio Paz, *Poemas (1935-1975)*, pág. 69.

Sin decir palabra
oscurece mi frente
un presentimiento de lenguaje [7].

Las sílabas húmedas no constituyen una palabra. Equivalen al «saco caliginoso» anterior. Pero ¿puede existir un lenguaje humano sin palabras? Paz adivina que ello no es posible. El lenguaje es expresión. No existe si no es expresado. En *Blanco* (nuevamente el recurso al lenguaje coloquial) torna el poeta a intentar reflejar el proceso de la inspiración:

    el comienzo
               el cimiento
   la simiente
         latente
   la palabra en la punta de la lengua
   inaudita   inaudible
          impar
   grávida   nula
          sin edad [8]

Porque la búsqueda de la palabra, su elección equivale a la inspiración poética. Si el poeta alcanza un «presentimiento», si la palabra —severamente personificada— aparece como «inaudible» y «sin edad» la actitud creadora será necesariamente dolorosa, como «una expiación» [9]. Una vez más el poeta se autoanaliza en el acto de la creación:

El pensamiento
           revoloteando
entre estas palabras [10].

---

[7] Ídem, pág. 487.
[8] Ídem, pág. 485.
[9] Ídem, pág. 488.
[10] Ídem, pág. 494.

La sílaba puede tener también significado. Puede convertirse en palabra

> El árbol de los nombres
>   No
> es una palabra
>   Sí
> es una palabra
>   aire son nada
> ...
>   No y Sí
> juntos
>   dos sílabas enamoradas [11].

La oposición y síntesis se manifestará ya gráficamente en *Toponemas* (1968) en forma de poesía visual. El poeta descubre la ambigüedad del lenguaje, la multiplicidad de lecturas. Hasta alcanzar la imposibilidad de la creación, ajena al propio poeta. El texto vive independientemente.

> Palabras del poema
> no las decimos nunca
> El poema nos dice [12].

Cuando en *Vuelta* (1976) retorna a la ciudad (espacio) y a la historia (tiempo) narra ahora inscrito de nuevo en el deslumbrante surrealismo. No son palabras lo que le llega al poeta en *Nocturno de San Ildefonso,* sino signos-semillas.

> Signos-semillas:
>   la noche los dispara,
> suben,
>   estallan allá arriba,
>   se precipitan

---

[11] Ídem, págs. 494-495.
[12] Octavio Paz, *Vuelta,* Seix-Barral, Barcelona, 1976, pág. 14.

Ya quemados,
        en un cono de sombra,
                reaparecen
lumbres divagantes,
        racimos de sílabas
incendios giratorios,
        se dispersan,
                otra vez añicos
la ciudad los inventa y los anula [13].

¿Quién inventa ahora los signos-semilla, equivalentes a sílabas, como fuegos artificiales de breve duración?: la ciudad. Las palabras en la historia son meras «lumbres divagantes». Por el contrario cuando el poeta crea sus palabras fijan el movimiento; incluso son capaz de detenerlo. Como señala Yurkievich «la poesía, como toda la literatura, se orienta menos en la relación de las palabras y los objetos significados que en la relación de las palabras entre sí; se desenvuelve en una zona de significado segundo o significado parásito» [14].

El mundo del poeta es el de las palabras. Pero las palabras no sólo proceden del ahora y aquí; vienen también del ayer; incluso de zonas verbales que la poesía no había utilizado. En realidad, como el hombre primitivo, el poeta «convierte al lenguaje en cuerpo». Logra, pues, vivir así al margen de su creador y de su emisor inicial: «las palabras ya no son cosas y, sin cesar de ser signos, se animan *cobran cuerpo»*, escribe Paz en *Conjunciones y disyunciones* [15]. El mecanismo que convierte las palabras en poema se describe en *Hacia el poema (Puntos de partida)* que viene a cerrar el libro *¿Águila o Sol?* (1949-1950). Con un meca-

---

[13] Ídem, págs. 71-72.
[14] Saul Yurkievich, *Fundadores de la nueva poesía latinoamericana. Vallejo, Huidobro, Borges, Neruda, Paz,* Barral Editores, Barcelona, 1971, pág. 225.
[15] Octavio Paz, *Conjunciones y Disyunciones,* Cuadernos de Joaquín Mortiz.

nismo ligado al surrealismo, a través de sugestivas imágenes, el poeta se manifiesta con un radical pesimismo inicial. Allí las palabras equivalen a «ganancias de un cuarto de hora arrancado al árbol calcinado del lenguaje, entre los buenos días y las buenas noches, puertas de entrada y salida y entrada de un corredor que va de ningunaparte a ningúnlado» [16]. La capacidad de salvación a través de la palabra se alcanza tan sólo en el poema. «Encontrar la salida: el poema.» Pero en él debe aparecer necesariamente el hombre (cada poema, como cada relato posee un «punto de vista» que puede referirse gramaticalmente al pronombre personal): «los yo, tú, él, tejedores de telarañas, pronombres armados de uñas; las divinidades sin rostro, abstractas. «Él y nosotros. Nosotros y Él: nadie y ninguno.» Las contraposiciones Él/nosotros juegan incluso con la prelación en la frase y con la utilización de la mayúscula como significante de la divinidad e incluso con los contrastes adjuntos: Él-nosotros/nadie-ninguno. Si en Pedro Salinas buena parte de la intelectualización de su poesía amorosa se convertía en abstracta; en Paz el juego pronominal se mueve en la metafísica. El desencadenante del proceso poético coincide con los principios creadores del Surrealismo. Las palabras parecen convertirse en poema por mero azar: «hablar por hablar, arrancar sones a la desesperada, escribir al dictado lo que dice el vuelo de la mosca, ennegrecer». Se descomponen; de «palabras, frases, sílabas» pasan a «letras indelebles». Son éstas las que cubren el papel, letras «que nadie dijo, que nadie dictó, que han caído allí y arden y queman y se apagan». El resultado es «la poesía» que, como en Vicente Aleixandre (siguiendo un tema de larga tradición), se confunde con el amor: «Así pues, existe la poesía, el amor existe. Y si yo no existo,

---

[16] Octavio Paz, *Poemas (1935-1975)*, pág. 228.

existes tú» [17]. ¿Puede existir la poesía al margen de su creador? Para el poeta la poesía es «lo que se escribe solo». Sus autores son «solitarios forzados». Y, pese a la nueva simbología, el mecanismo creativo coincide con la doble alternativa que tradicionalmente se propone en su proceso: *a)* «todo poema se cumple a expensas del poeta» y *b)* «nada mío ha de hablar por mi boca». La doble opción encierra un cierto misterio. El poeta es designado, no ya como la «torre de Dios», sino como un intermediario que tan sólo roza el misterio, aunque resulte un ser capaz de atisbar el futuro. Esta capacidad de convertirse en vigía y hasta en profeta mantiene sus resonancias románticas. Y su función no reside únicamente en alcanzar la Belleza mediante el poema, sino también en advertir la existencia de un «hombre nuevo», que ya Antonio Machado proponía en sus prosas apócrifas. El nuevo hombre nacería, no ya como fruto de una distinta ordenación de las clases o como resultado de una alteración de la continuidad histórica; vendría a través de un «orden amoroso» y puesto que poesía y amor son equivalentes, también de un «orden poético». «Preveo un hombre-sol y una mujer-luna, el uno libre de su poder, la otra libre de su esclavitud...» [18]. Enlazando con los mitos, vinculado al mundo onírico de las ensoñaciones colectivas, la propuesta del poema coincide con un peculiar modo surrealístico. Paz ha conducido las diversas fases de la creación poética hasta mitos que conllevan un orden ahistórico. En cuanto a la aseveración «Nada mío ha de hablar por mi boca» parece poner en entredicho la capacidad del poeta para comunicar la sinceridad. Si José Martí aseguraba en *Mis versos,* prólogo introductorio a *Versos libres,* que sus versos eran «tajos... de mis propias entrañas», Paz parece encon-

---

[17] Ídem, pág. 229.
[18] Ídem, pág. 246.

trarse en sus antípodas. El extremado individualismo del escritor cubano no tendría sentido en un poeta situado al filo de la primera mitad del siglo XX, cuando las tendencias sociales parecían poner en entredicho la insolidaridad del poeta. Pero, a la vez, con el «nada más»; el poeta se propone como portavoz de la tradición y de lo colectivo.

Aunque también el sueño puede ser colectivo. «Cuando la Historia duerme, habla en sueños.» La poesía en acción (punto final del breve programa propuesto) supone irrumpir en el tiempo. Antonio Machado reclamaba la palabra en el tiempo. La única acción poética posible es el poema. La poesía en la Historia acontece cuando «la imagen se hace acto». He aquí, pues, una conclusión característica también de los principios del Surrealismo. Actos, sueños y mitos configuran el último estadio del proceso que se inició con la palabra. Escribir al dictado era uno de los lemas del movimiento surrealista, pero como los poetas hispánicos que practicaron el surrealismo sólo accidentalmente descubriremos en Paz frutos de poesía automática. Mediante su peculiar aceptación surrealista aparecen rastros de otros movimientos de vanguardia. El surrealismo de Paz no es ortodoxo. Pese a la importancia que en determinados momentos concede a la imagen, incluso en *La estación violenta* (1948-1957), se mantiene un propósito que ya apuntábamos como inicial. En el poema «Mutra» descubrimos un verso que puede resumir uno de los planteamientos fundamentales de la obra de Paz: «No, asir la antigua imagen: ¡anclar el ser y en la roca plantarlo, zócalo del relámpago!» El poeta actúa una vez más como metafísico. Sin renunciar a la «antigua imagen» (el papel del Barroco en la poesía de Paz ha sido abundantemente considerado), la finalidad no reside en recuperar la imagen, sino precisamente en «anclar el ser», situarlo en la perduración de la roca, tornarlo resistente al paso del tiempo. El hombre (en este caso el poeta) aparece como fundador mágico: «en el que hace hablar piedras y muertos». El lenguaje «no puede aislarse del hombre que lo funda, lo utiliza o lo estudia» [19]. Una vez más, los planteamientos de la poesía romántica alemana (Novalis y Hölderlin, principalmente) constituyen referencias obligadas, junto a la lectura, que el poeta mismo ha relatado, de la filosofía de Heidegger, apasionadamente asimilada, aunque como mera introducción a una teoría de la composición poética.

Tras la palabra descubrimos al hombre. El humanismo de Paz es radical y plural en sus múltiples actividades. No se reduce al mero acto creativo. En un texto de 1951, Vicente Aleixandre reconocía que poesía equivalía a comunicación. La poesía sería «una forma de conocimiento amoroso» [20]. Paz coincide con el poeta andaluz en *El arco y la lira* (1956) cuando concluye: «ahora bien, si la poesía es creación y comunicación, es algo más que grito o automatismo puro, sin referencia al oyente que implica todo lenguaje» [21]. Por consiguiente, el acto poético no finaliza sino cuando se establece el necesario puente con el lector u oyente. Tan sólo el «lenguaje afectivo y el lenguaje intelectual coinciden en esta ausencia de oyente».

Podríamos, por consiguiente, aventurar algunas hipótesis tras esta rápida incursión por la obra poética del maestro mexicano:

1) Como apuntábamos al comienzo, todo viene a confirmarnos que la obra de Octavio Paz, pese a que por razones expositivas y didácticas, pueda dividirse en períodos mantiene una unidad, una coherencia interna que no sólo es cíclica, sino también integradora.

---

[19] Octavio Paz, *El arco y la lira,* FCE, México, 1956, pág. 31.
[20] Vicente Aleixandre, *Poesía, comunicación,* en *Obras Completas,* Aguilar, Madrid, 1968, págs. 1582-1583.
[21] Octavio Paz, *ob. cit.,* págs. 46-47.

2) Sus teorías poéticas, su filosofía de la composición, puede advertirse como eje de su inspiración. Poetiza sobre el acto de poetizar, siguiendo a los grandes maestros del siglo: Eliot o Pound; pero fundamentalmente a los metafísicos alemanes románticos.

3) Su consideración de la palabra como eje vertebrador del lenguaje poético coincide con Vicente Huidobro y su actitud automática, patente y extremosa en algunos libros, como el colectivo *Renga* (1971), no excluye otras formulaciones. La teoría de su composición poética sintetiza diversas fórmulas de la vanguardia. No es, por tanto, excluyente; antes actúa en perpetua actividad experimental. Como García Lorca, como Picasso o Alberti, la poesía de Paz se renueva en formas y temas en cada libro. Su mundo (porque debemos aludir al mundo surgido de su actividad poética) dispone de unas referencias constantes; aunque su capacidad renovadora constituye precisamente su eje vertebrador. No advertiremos en su obra un proceso lineal, sino circular. La obra de Paz crece a medida que el poeta asimila e integra.

4) Su aportación a la moderna poesía hispánica no queda al margen de la tradición conjunta española y latinoamericana. Antes al contrario, sus contactos personales con los poetas españoles de la generación de los años veinte o con la poesía de la España Peregrina constituyen un exponente de su capacidad cordial. Su obra es capaz de aunar actitudes incluso contradictorias. En él se da, antes que en cualquier otro poeta latinoamericano contemporáneo, un ejemplo de asimilación. Por todo ello su influencia escapa a México y al continente hasta alcanzar a las más jóvenes promociones de la literatura española. La obra de Octavio Paz puede venir a demostrar que la poesía en lengua castellana, aun con sus diversidades nacionales, constituye una sola y rica voz.

«EL OGRO FILANTRÓPICO» (1979)

La publicación de la obra poética completa del poeta mexicano Octavio Paz, *Poemas (1935-1975)* [22], coincide con la aparición de una serie de ensayos y artículos reunidos bajo el título de *El ogro filantrópico* [23]. En el prólogo al primero Paz señala que «recoge poemas escritos durante más de cuarenta años, ¿cómo buscar otra unidad que no sea la del tránsito? ¿Nada permanece? Toca al lector, no a mí, descubrir si hay algo que no cambia en mis cambios?» (pág. 13). No vamos a ocuparnos aquí de la poesía de Octavio Paz, sino que la cita anterior puede servirnos de introducción a este «ogro filantrópico» que intentará descubrir a lo largo de algunos años el poeta. Porque el libro de ensayos de Paz es una meditación sobre la naturaleza del «ser» mexicano, una reflexión que se inició en otro libro de Paz no menos significativo para comprender el sentido del conjunto de su obra, *El laberinto de la soledad* (1.ª ed., 1950, ý 2.ª, ampliada, en 1959). Desde este primer libro al que hoy comentamos han transcurrido casi treinta años. Tendremos que recurrir a las propias palabras del poeta y comprobar si algo ha cambiado en los cambios operados en su multiforme obra. Una entrevista con Claude Fell, publicada inicialmente en la fenecida revista *Plural* (noviembre de 1975), que dirigía el propio Paz y reunida aquí (págs. 17-37) servirá para entender los principios que rigen la teoría de Paz en torno a la psicología colectiva de los mexicanos. Tales principios se rigen a través de lo que Paz denomina «la crítica» y que define como «una forma "libre" del compromiso» (pág. 34).

---

[22] Octavio Paz, *Poemas (1935-1975)*, Seix-Barral, Barcelona, 1979.
[23] Octavio Paz, *El ogro filantrópico,* Seix-Barral, Barcelona, 1979.

Las raíces de tal actitud crítica tienen forzosamente que remontarse hasta la Ilustración, en el siglo XVIII, y vienen a incidir en un problema clave del comportamiento de los escritores en las décadas de los treinta, cuarenta y cincuenta de este siglo. J. P. Sartre planteó con claridad el problema del «compromiso político», la actitu de «servicio» del escritor. Tal compromiso partía de unas coordenadas ideológicas y finalizaba en la militancia política. La teoría de Sartre era el resultado de una «situación» difícil del escritor en Francia, como antes lo había sido en España, como puede verse por la voluntaria o forzosa adscripción en «bandos» durante la guerra civil. El punto de referencia, entonces, era la actitud del escritor frente a los partidos comunistas y la URSS. Recordemos los casos de André Gide, de André Breton y los surrealistas del propio Sartre más tarde. Paz recoge esta tradición al definir la mencionada «situación» del escritor: «El escritor debe ser un francotirador, debe soportar la soledad, saberse un ser marginal. Que los escritores seamos marginales es una condenación que es una bendición» (pág. 34). La actitud de Paz, en este sentido, es perfectamente coherente desde que denunciara, en 1951, desde la revista argentina *Sur,* la existencia de los campos de concentración soviéticos estalinistas hasta que publicara en 1974 una condena de la actitud del Gobierno cubano ante el «caso» del poeta Heberto Padilla. Las diferencias entre Sartre y Paz son notables y vienen a representar los dos polos entre los que se mueve el escritor de hoy. Frente a Sartre que, todavía en 1974, reconoce que la dictadura y la violencia son necesarias (aunque se trate de una dictadura de los representantes del proletariado), Paz clama contra el terrorismo mexicano: «Sus actos favorecen fatal aunque involuntariamente a las tendencias más reaccionarias y autoritarias del país» (pág. 154).

Pero la zona más fecunda del libro de Paz radica en

el análisis de la naturaleza del «ser» mexicano. Desde el sociólogo Cossío Villegas hasta Gabriel Zaid, poeta como Paz, que plantea en su último libro un nuevo modelo para el desarrollo en México, existe una rica tradición sobre el autoanálisis del país. Paz integra en el mexicano lo hispánico y lo prehispánico, sin descuidar el situar dichos planteamientos en un mundo interrelacionado, en el que la geografía se ha achicado. Los mitos prehispanos cobran el valor de las ideas soterradas que afloran una y otra vez en la historia. No se trata únicamente de temas como el de Quetzacóatl, sino de tendencias más generales, como las del caudillismo, que en México cobra una peculiar dimensión que le diferencia de fenómenos semejantes que se dan en el cono sur de América y también en España. Paz se inclina hacia un socialismo primitivo, utópico; se acerca al pensamiento libertario, aunque reclame al fin la «utopía mexicana». «No sugiero —declara en una larga conversación (1977) con Julio Scherer García en la revista *Proceso,* con la que cierra el libro— volver a Zapata ni a la aldea autosuficiente ni al neolítico. Pienso que en ese sueño de nuestros campesinos hay una semilla de verdad. ¿Por qué no poner en entredicho los proyectos ruinosos que nos han llevado a la desolación que es el mundo moderno y diseñar otro proyecto, más humilde pero más humano y más justo?» (pág. 338).

La crítica de Paz al modelo político mexicano pasa por el análisis del partido único (o prácticamente único en México), el PRI, surgido de la llamada «revolución». A falta de un pluralismo político real, el país se debate ahora en una falta de soluciones, de imaginación política, de recambios. El PRI se ha convertido en una amorfa masa de funcionarios. El ataque a la burocracia es constante. En una *Declaración sobre la libertad del arte* (publicada en 1972) pone de relieve dos principios básicos en el orden de la política cultural que, posiblemente, escapen a la realidad mexicana para integrarse en el desiderátum de cualquier política seria sobre transformación cultural: «Debe gastarse menos en administración y más en ayuda de los creadores y productores de literatura y arte... el segundo principio es más bien de higiene moral: es indispensable distinguir de una vez por todas entre artistas e ideólogos... El lugar de los ideólogos está en la tribuna y el púlpito. El artista no es ni orador ni predicador» (pág. 315).

Pese a la naturaleza eminentemente política de los escritos reunidos en *El ogro filantrópico,* éste reclama su lugar en una «moral» práctica que deben ejercer los escritores y los intelectuales. El lector hallará una prueba de las dificultades que atraviesa la libertad de expresión en México en la editorial de Paz en el primer número de su nueva revista *Vuelta,* que vino a sustituir a *Plural,* desaparecida con el cambio de orientación que tomó en 1976 el periódico *Excelsior.* Hay que señalar aquí que *Plural* fue una de las experiencias colectivas y artísticas más importantes en América latina de la década de los setenta. Con *Vuelta,* Paz ha politizado y mexicanizado su empresa. La continuidad de su pensamiento político es una tarea progresiva de escritor crítico. La evolución de su poesía parece ajena a tal compromiso, en una dicotomía casi perfecta. Y, sin embargo, sólo su independencia explica y justifica la otra. De otra parte, Paz se expresa siempre con un estilo eficaz, argumenta brillantemente sus ideas y es capaz de universalizar su pensamiento.

ÁLVARO MUTIS

«Summa de Maqroll el Gaviero» (1973)

Alguien podrá preguntarse, tras la lectura de la poesía del colombiano Álvaro Mutis, si una tan vieja forma artística puede sobrevivir, si experiencias literarias como la de esta *Summa de Maqroll el Gaviero* [1], plenas de aciertos estéticos no indican el lento, aunque definitivo, canto del cisne. Así, por ejemplo, cree entenderlo el prologuista del libro, el crítico colombiano J. G. Cobo Borda, cuando escribe: «Sé que estas cosas no deben decirse así, pero sospecho que la poesía ha abandonado el poema —por ahora parece estar en la novela; que quizá hoy por hoy no sea posible ser un gran poeta—; a lo mejor Ezra Pound, por la calidad de su fracaso, más que T. S. Eliot, fue el último ejemplar de una especie en vías de extinción, de una raza que ante el incómodo espectáculo de su herencia dilapidada y maltrecha debería apresurarse a desaparecer.» Posiblemente Álvaro Mutis, nacido en 1923, llega hasta este punto y aun más allá de la posible supervivencia del género. En su obra encontramos los suficientes elementos de decadencia como

---

[1] Álvaro Mutis, *Summa de Maqroll el Gaviero. Poesía 1948-1970*, Barral Editores, Barcelona, 1973.

para que se produzca, paradójicamente, un completo sistema poético, absolutamente coherente, que incide muchas veces en otro mundo paralelo, aunque no menos significativo y ya reconocido por el lector: el Macondo de Gabriel García Márquez (nacido en 1928).

Sin embargo, la afirmación de J. G. Cobo peca, por lo menos, de exagerada. Sin movernos de la poesía latinoamericana de hoy, obras como las de Octavio Paz, Pablo Neruda, Nicanor Parra, Ernesto Cardenal, Antonio Cisneros o Claribel Alegría lo desmienten. Y su opinión de que en la novela se encuentran hoy elementos poéticos es aparentemente ingenua. Su análisis nos llevaría demasiado lejos de este comentario. Por otro lado, y dentro de la propia concepción de Álvaro Mutis, su agonizante mundo se trasciende en un medio natural que le es propio. Pese a que en muchos casos la poesía de Mutis deriva de actitudes que nada tienen que ver con la inmediata realidad, el propio autor señala en su apreciación de *Cien años de soledad:* «El trópico, más que un paisaje o un clima determinado, es una experiencia, una vivencia de la que darán testimonio para el resto de nuestras vidas no solamente nuestros sentidos, sino también nuestro sistema de razonamiento y nuestra relación con el mundo y las gentes. Lo primero que sorprende en el trópico es precisamente la falta de lo que comúnmente lo caracteriza: riqueza de colorido, feracidad voraz de la tierra, alegría y entusiasmo de sus gentes. Nada más ajeno al trópico que estos elementos que suelen pertenecer a lo que se llama en Sudamérica la tierra caliente, formada por los tibios valles y laderas de los Andes y que nada tiene que ver con el verdadero trópico. Tampoco la selva tiene relación alguna, como no sea puramente geográfica y convencional, con lo que en verdad es el trópico. Una vegetación enana, esqueléticos arbustos y desnudas zarzas, lentos ríos lodosos,

vastos esteros grises donde danzan las nubes de mosquitos un soñoliento zigzag, pueblos devorados por el polvo y la carcoma, gentes famélicas con los grandes ojos abiertos en una interior vigilia de la marea de fiebre palúdica que lima y desmorona todo vigor, toda energía posible; vastas noches húmedas señoreadas por todos los insectos que la más loca fantasía no hubiera imaginado, lechosas madrugadas cuando todo acto en el día que nos espera se antoja mezquino, gratuito, imposible, ajeno, por entero, al torpe veneno que embota la mente y confunde los sentidos en su insípida maleza. Esto más bien pudiera ser el trópico.»
La excelente cita, reproducida por J. G. Cobo en su extensa y sugestiva introducción, muestra claramente una dualidad naturaleza tropical/hombre tropical que no se corresponden. ¿Qué importa que el trópico sea de verdad enjuto, sin colorido y casi sin vegetación si sus hombres permanecen en una casi «marea de fiebre»? ¿Qué importa si Macondo existe o no, corresponde verdaderamente a la imagen de una Colombia real? Lo cierto es que a Álvaro Mutis, como a Gabriel García Márquez, la experiencia tropical le llevó a la creación de un mundo en el que reina la decadencia, en el que todo está en eterna transformación y al que la muerte y sus consecuencias no le son ajenas.

Pero la poesía de Álvaro Mutis, por lo que venimos diciendo, pudiera parecer el intento de crear una épica tropical, la traducción de un poeta de una parcial realidad colombiana, plena de símbolos y de incomodidades. Por el contrario, el ejercicio al que se somete en una obra que resulta extraordinariamente breve es un proceso de interiorización, fundamentalmente una experiencia personal, a la que hay que sumar el mundo asumido. Álvaro Mutis no deja de ser un poeta romántico en cuya técnica encontramos muestras abundantes de asimilaciones surrealistas. Ya desde «La balanza» (1948), en colaboración con Carlos Patiño, hallamos elementos ilógicos y mágico-simbólicos. El poema «El viaje», por ejemplo, fechado en 1948, refleja una «situación» cuyo paralelismo con *Cien años de soledad* es evidente: «...El tren en cuestión salía del páramo el veinte de febrero de cada año y llegaba al lugar de su destino, una pequeña estación de veraneo situada en tierra caliente, entre el 8 y el 12 de noviembre. El recorrido total del tren era de 122 kilómetros, la mayor parte de los cuales los invertía descendiendo por entre brumosas montañas sembradas íntegramente por eucaliptos...» ¿Qué relación puede establecerse entre esta poesía primera de Mutis y la de algunos surrealistas peruanos como César Moro, Martín Adán, Emilio Adolfo Westphalen, recopilados ahora en *Surrealistas & otros peruanos insulares?* [2]. Los caminos de la poesía latinoamericana son intrincados y difíciles. Y no cabe duda que si hay elementos surrealistas en Álvaro Mutis, una buena parte de la materia sobre la que trabaja el poeta se corresponde también con *La vorágine,* la novela de la selva, de José Eustasio Rivera. El exotismo del paisaje, de los ambientes descritos, queda perfectamente asimilado a unas constantes que se manifiestan a lo largo de sus poemas. Ya Octavio Paz señaló algunos elementos que constituyen ejes en el barroco mundo de Álvaro Mutis. Son ahora ampliados por J. G. Cobo: «Alianza del esplendor verbal y la descomposición de la materia...; la fascinación justa con que registra el mundo de las enfermedades y las clínicas...; la descripción de una realidad anodina que desemboca en la revelación, apenas insinuada, de algo repugnante...; refutación de la realidad...; los objetos vistos con tal atención en sus detalles que se metamorfosean...; lo cotidiano y vulgar enriqueciéndose sobre horizontes insólitos...» Estos

---

[2] M. Lauer y A. Oquendo, *Surrealistas & otros peruanos insulares,* prólogo de Julio Ortega, Ocnos, Barcelona, 1973.

temas y formas expresivas del poeta poseen, con todo, una inquietud central. Son formas expresivas que se agotan rápidamente, son maneras que, apenas iniciadas, se consumen, como parece consumirse la humana naturaleza en las tierras calientes. Resultan siempre nuevas y, sin embargo, son reiterativas. De ahí la más importante contradicción que asume y resuelve el poema en Álvaro Mutis. Y de ahí también la escasez de su obra, ahora ordenada en tres grandes grupos: los primeros poemas, los poemas pertenecientes a *Los elementos del desastre* (publicado en 1953) y *Los trabajos perdidos* (publicado en 1965), que incluyen el ciclo más renovador *Reseña de los Hospitales de Ultramar* (publicados en revista entre 1955 y 1959). La extraordinaria coherencia del conjunto, rota en ocasiones por elementos «de época», como algunos versos de un primitivo vanguardismo o algunos elementos narrativos procedentes de Cernuda o de los surrealistas franceses, muestra un ciclo poético acabado.

Álvaro Mutis rompe con frecuencia con la tradición del poema en verso y pasa al versículo o a la prosa. La gran influencia bíblica y algunos elementos de los Salmos o del Libro de Job, por ejemplo, se encuentran íntimamente trabados al mundo en permanente descomposición. En contadas ocasiones el poema desemboca en el lirismo amoroso y, cuando ocurre, como en la «Sonata» (pág. 125) ha perdido ya aliento juvenil o es un pasado «ya cenizas», como en «Batallas hubo» (pág. 123):

> Casi al amanecer el mar morado,
> llanto de las adormideras, roca viva,
> pasto a las luces del alba,
> triste sábana que recoge entre asombros
> la mugre del mundo
> ....
> De nada vale esforzarse en tan viejas hazañas,
> ni alzar el gozo hasta las más altas cimas de la ola,

ni vigilar los signos que anuncian la muda invasión
nocturna y sideral que reina sobre las extensiones.

De nada vale.
Todo torna a su sitio usado y pobre...

El proceso de degradación alcanza el centro mismo
del «yo poético»:

... Pero ya vas aprendiendo a
resignarte y a dejar que
otro poco tuyo se vaya al fondo definitivamente
y quedes más solo aún y más extraño,
como un camarero al que gritan en el desorden matinal de
　　los hoteles,
órdenes, insultos y vagas promesas, en todas las lenguas de
　　la tierra.

(«Sonata», pág. 132.)

Resulta, pues, lógico, que los poemas de *el Gaviero,*
por contraste, rezumen colorismo y aventura. Son el
reverso de una moneda de desolación que ahora se
inscribe en una vida agitada, turbulenta, de la que el
hombre sale lleno de heridas, y agoniza en los innumerables hospitales de todas y cada una de las enfermedades. El recuerdo trae, mezclado con el delirio,
«una nostalgia intacta de todo cuerpo gozado». El
hombre llega a confundirse con la naturaleza: «La desaparición de los pies como última consecuencia de su
vegetal mutación en desobediente materia tranquila.»
En este sentido el trasiego de sensaciones es continuo.
Los adjetivos juegan, en estas extrañas mutaciones,
un papel primordial.

No sé si la poesía de Mutis es una poesía representativa de algo que a algunos críticos colombianos les
preocupa: la realidad nacional. En tal caso dicha realidad tendrá ocultos lazos que unen el mundo de García
Márquez y de Álvaro Mutis. El peso de una tradición

literaria no es menor que el de la realidad. Tras la obra de Álvaro Mutis se adivina la *Residencia en la tierra* nerudiana. Pero la labor de transformación artística ha sido tan considerable que, en el seno de la poesía de lengua española, su experiencia es ya una lectura y referencia obligada. Y, paradójicamente, la prueba de la vitalidad de un género, el más antiguo de los géneros, la poesía.

ERNESTO SÁBATO

«SOBRE HÉROES Y TUMBAS» (1961, 1978)

La novela «auténtica»

Sobre·héroes y tumbas es la segunda novela de Ernesto Sábato. *El túnel* fue publicada en 1948. La primera versión de *Sobre héroes y tumbas* vio la luz en 1961 y la primera «edición definitiva», corregida y revisada por el autor, en 1978. La obra narrativa de Sábato no es muy extensa, puesto que a las dos novelas ya mencionadas debe sumársele tan sólo *Abaddón el exterminador* (1974). La coherencia creadora del novelista deriva de una personal concepción de la novela. El propio Sábato considera que «la novela de hoy se propone fundamentalmente una indagación del hombre y para lograrlo el escritor debe recurrir a todos los instrumentos que se lo permitan sin que le preocupen la coherencia y la unicidad, empleando unas veces un microscopio y otras veces un aeroplano. Sería ridículo examinar un microbio a simple vista y un país con un aeroplano». La observación del hombre, su análisis y la indagación de la verdad existencial o moral la plantea Sábato a través de la novela. «Cuando yo hablo de mis obras, hablo de mis novelas, los ensayos pertenecen al pensamiento diurno estrictamente y, por lo tanto, tienen la mitad de la verdad; la verdad total está en las novelas...»[1]. La novela adquiere, por consiguiente, valores que transcienden el hecho de la narración. Como en A. Camus, en J. P. Sartre o en Graham Greene, por citar tres autores significativos, la novela se convierte en un mecanismo próximo a la filosofía, a la indagación humanista propuesta por las corrientes existencialistas, cristianas o marxistas. A un tiempo, la novela para Sábato consiste en un autoanálisis, en la liberación de las fuerzas oscuras y creadoras y en una exploración de la colectividad. De la interrelación que se establece entre el mundo personal y el colectivo surgen los personajes, los ambientes y el significado último de la novela.

Si se nos permitiera, una vez más, una exagerada simplificación sobre la novela contemporánea, consideraríamos a dicha novela como heredera de dos grandes tendencias, que abrieron en Rusia Dostoievski y Tolstoi. El primero vendría a caracterizar aquella novela surgida del análisis de la psicología profunda y simbólica de los personajes; en tanto que la segunda abriría la narración a la aventura de la historia. No sería difícil, siguiendo con la fácil y equívoca simplificación, dividir a los narradores del siglo XX en dos grandes grupos herederos de corrientes que no son antagónicas. Ernesto Sábato no cabe duda de que es un descendiente directo y admirativo de Dostoievski. El lector de *Sobre héroes y tumbas*[2] descubrirá algunas menciones del autor de *Los hermanos Karamazov,* pero podrá también establecer fáciles paralelos entre Fernando Vidal Olmos y el protagonista de *Crimen y*

---

[1] *Sábato oral,* edición coordinada por Mario Paoletti, Ediciones Cultura Hispánica del ICI, Madrid, 1984, lamentablemente repleta de errores tipográficos.

[2] Citaremos señalando en números romanos el capítulo correspondiente y, a continuación, en la numeración habitual la parte correspondiente de la novela.

castigo o entre Alejandra y el príncipe Mishkin, de *El idiota*. También, en Sábato percibiremos los atormentados ambientes rusos (en una Buenos Aires cosmopolita) y las preocupaciones éticas que inspira la dialéctica entre el Bien y el Mal que subyace en la novela. La novela «es la única actividad que yo conozco... en que el pensamiento lógico y el pensamiento mágico pueden coexistir» [3]. Pero, además, el proceso narrativo supone una indagación personal, «porque mis libros son discusiones conmigo mismo» [4]. Próxima a la poesía, la novela de Sábato planteará con extremada ambición la novela total, en la que nada humano permanece ajeno y en la que la técnica, el esfuerzo inventivo, avanzará en todas direcciones a la búsqueda de un sentido final, de una concepción del hombre en permanente lucha con las ideas y las formas de vida que lo determinan. En este sentido los personajes de *Sobre héroes y tumbas* se esforzarán por liberarse de un determinismo que les condiciona. La batalla por una libertad sin nombre se planteará en los oscuros dominios de la locura, del sexo y del olvido.

Los recursos técnicos

Ernesto Sábato no parece renunciar a ninguna de las posibilidades narrativas que le ofrece la novela contemporánea. Dividida en cuatro partes, la tercera, *Informe sobre ciegos,* constituye un modelo de «novela dentro de la novela». El tiempo en el que se sitúa *Sobre héroes y tumbas* es puntual, 28 de junio de 1955. La primera línea de la novela, de claro sabor faulkneriano, supone el primer salto atrás (un sábado de mayo de 1953). Bruno (en ciertos pasajes *alter ego* del

---

[3] *Ob. cit.*, pág. 66.
[4] *Ídem*, pág. 59.

propio Sábato) recuerda, a través de Martín (el personaje que sirve de hilo conductor de la novela), su propia imagen juvenil, treinta años antes. Los efectos temporales van a ser una constante en la novela. En la segunda parte de la misma se darán fechas precisas (23 de mayo de 1924) y en el «Informe sobre ciegos» (verano de 1947) o se narrarán hechos, como los muertos en el ascensor (1937). Y la fluctuación temporal será todavía mayor en la última parte, donde el novelista nos retrotraerá a 1928 para pasar a 1930, 1934, enero de 1931, y a la batalla de Jujuy (1841), recuperando los hechos históricos que acabarían con Juan Galo Lavalle (1797-1841), derrotado en un intento de derrocar a Rosas. Escolástica es hija de Bonifacio Acevedo, coronel de Lavalle, quien con otros compañeros descuartiza el cuerpo de su jefe, conservando el corazón «puesto en un tachito de aguardiente». En 1852, tras trece años de exilio, Bonifacio regresa a Buenos Aires. Denunciado y asesinado, su cabeza es lanzada por la Mazorca, por una ventana, a la sala donde se encuentran su esposa y su hija. Escolástica guardaría en su cómoda la cabeza de su padre desde 1852 hasta 1932 en que murió, y ella sirve de enlace entre aquellos crueles hechos históricos y el presente, determinado por ellos. Celedonio Olmos habría sido también alférez de Lavalle. Vivía en un tiempo que parecía detenido: «Pero su vida y hasta su lenguaje se habían detenido en 1852 y como si Rosas estuviera todavía en el poder. "Cuando ese hombre caiga", decía señalando con su cabeza hacia fuera, hacia donde había tranvías eléctricos y gobernaba Yrigoyen» (IX, 1). Sábato consigue multiplicar los efectos temporales sin rupturas narrativas bruscas. El continuo salto atrás con situaciones diversas y personajes que actúan en tiempos distintos contribuye a conseguir que el novelista ubicuo relate, desde personajes distintos, la historia que, fragmentada, como un rompecabezas, va completando su sentido hasta alcanzar el significado «total».

Sobre héroes y tumbas narra la historia de una familia tradicional bonaerense. Alejandra tiene conciencia de su condición social y familiar. Por ello, Martín, que actúa como «el ingenuo», pregunta: «—¿Qué es tu familia?/—¿Todavía necesitás preguntarlo? ¿No lo oís al tío Bebe tocando el clarinete? ¿No ves dónde vivimos? Decíme, ¿sabés de alguien que tenga apellido en este país y que viva en Barracas, entre conventillos y fábricas?» (IX, 1). La familia «de apellido», azotada por el estigma de la locura, viene condicionada por aquellos «héroes» del pasado, por aquellas sangrientas luchas civiles del período de Rosas que estigmatizarán la vida colectiva argentina. Los personajes de la familia Olmos se debatirán inútilmente contra un destino trágico que les llevará a la práctica extinción. «Cada día más alejados de su clase, los Olmos daban la impresión de constituir el final de una antigua familia en medio del furioso caos de una ciudad cosmopolita y mercantilizada, dura e implacable. Y mantenían, y desde luego sin advertirlo, las viejas virtudes criollas que las otras familias habían arrojado como un lastre para no hundirse: eran hospitalarios, generosos, sencillamente patriarcales, modestamente aristocráticos» (III, 4). La residencia de Barracas constituirá el centro de atracción de los adolescentes que, en sus juegos, penetrarán en las sombras de la vieja mansión y en la que descubrirán el miedo y la irracionalidad.

La figura central del relato —salvo el «Informe»— es Alejandra. Inicialmente —y en su estructura profunda— *Sobre héroes y tumbas* revela una historia de amor romántico. Si uno de los amantes (Martín) es un joven «ingenuo» que descubre un mundo ignorado, Alejandra constituye el retrato más complejo y enigmático de la novela de Sábato. Martín se siente fascinado por ella, que le atrae «como un abismo tenebroso». Subyace un atractivo sexual; pero el amante es capaz de renunciar al amor físico y mantenerse en el discreto plano de la mera presencia. Las tormentosas relaciones aparecen también condicionadas por las frecuentes apariciones y desapariciones. Oyendo un disco de Brahms observa: «—¿Te das cuenta, Martín, la cantidad de sufrimiento que ha tenido que producirse en el mundo para que se haya hecho música así?» (IX, 1). Es el mundo que Dostoievski definió en el título de una de sus novelas, *Humillados y ofendidos.* La locura es una característica familiar: «Esta es una familia de locos», le dice Alejandra a Martín. Y añade más adelante: «Vos sabés que antes se estilaba tener algún loco encerrado en alguna pieza del fondo. El Bebe es más bien un loco manso, una especie de opa...» (IX, 1). Pero también en Alejandra aparecen signos de desequilibrio. Como *El idiota* de Dostoievski sufre ataques epilépticos: «Se había derrumbado y permanecía rígida, en el suelo, sin respirar, su rostro fue poniéndose violáceo y de pronto tuvo convulsiones» (X, 1). Cuando le narra a Martín sus experiencias infantiles confiesa un claro trauma sexual: «—¿Sabés cómo se tienen los hijos? —le pregunta./—Más o menos —respondió poniéndose colorado./—Bueno, si lo sabés, comprenderás que es una porquería» (X, 1). Y en esa relación adolescente con Marcos confiesa el odio que sintió hacia él al haber sentido placer por una de sus caricias. Las zonas oscuras de la mente de Alejandra provocan la inquietud del lector-cómplice (como deseaba que fuera Julio Cortázar). En el capítulo X, 1, Sábato elabora un retrato diacrónico de Alejandra (Alejandra en su propio tiempo). La muchacha se recuerda a los once años, «con sus trenzas coloradas y sus pecas»; es la misma Alejandra de los dieciocho años, la misma que será recordada, ya muerta, por Martín en una foto que le entregó como prueba de amor (¿o como premonición?):

«De los muchos rostros que (como todos los seres humanos) Alejandra tenía, aquél era el que más le pertenecía a Martín, o, por lo menos, el que más le había pertenecido: era la expresión profunda y un poco triste del que anhela algo que sabe, por anticipado, que es imposible; un rostro ansioso pero ya de antemano desesperanzado... Y, además, con aquella casi imperceptible pero, sin embargo, violenta expresión de desdén contra algo, quizá contra Dios o la humanidad entera o, más probablemente, contra ella misma. O contra todo junto. No sólo de desdén, sino de desprecio y hasta de asco» (V, 4). Alejandra es enigmática, compleja, tierna y lúcida, nunca indiferente. Su complejidad se desvela a lo largo de la novela. Sábato sabe dosificar la información de que dispone hasta en las revelaciones más turbias, como las que descubre Martín que había mantenido con Bordenave. Todo ello, en la entomología literaria es fácilmente definible. Nos hallamos ante un proceso de análisis, en el ámbito de lo que tradicionalmente se definió como novela psicológica. Pero la intensidad del retrato, en claroscuro, procede de la capacidad de integrar en una figura una historia familiar, una aventura individual y unos rasgos simbólicos. En el capítulo VIII, 1, se revelan incluso sus sueños. Uno de los rostros que sorprenden a Martín es su integración aparente al mundo de la burguesía. La descripción del medio femenino de la clase alta supone el desdoblamiento múltiple e irónico del personaje: «Porque, en el fondo, fíjate bien, en el fondo todas las mujeres, todas tenemos carne y útero, y conviene que uno no lo olvide, mirando esas caricaturas (como en los grabados de la Edad Media, las mujeres hermosas miraban una calavera), y porque en cierto modo, mira qué curioso, esos engendros al fin de cuentas son bastante honestos y consecuentes, pues la basura está demasiado a la vista para que puedan engañar a nadie» (VII, 2).

La figura de este personaje femenino constituye uno de los retratos más atractivos de la literatura latinoamericana y, sin duda, de la novela moderna en castellano. Ésta será la Beatriz que la permitirá a Martín descender a los infiernos. Martín-amante constituye un contrapunto, definido también por sus circunstancias familiares: «Mi madre... es una cloaca», afirmará a las pocas páginas de su aparición. Pero la ingenuidad del personaje, la incomprensión hacia lo que sucede a su alrededor, su elemental concepción del amor producirá inconscientemente la catástrofe. Aun después de muerta Alejandra, su recuerdo le atormentará. Seguirá indagando entre quienes la conocieron (Bruno, Bordenave). La casa de los Olmos, aun destruida, ejercerá una peculiar atracción, la del Mal. Pero la grandeza del arte de Sábato consiste en plantearnos la ambigüedad de los grandes sentimientos, la confusión de los temas, el filtrar rayos de luz en la oscuridad.

Sábato utilizará el *collage* y el monólogo interior, la enumeración caótica: «Martín seguía oyendo aquellos boleros, sintiendo aquella atmósfera pesada de baño y cremas desodorantes, aire caliente y turbio, baño caliente, cuerpo caliente, cama caliente, madre caliente, madre-cama, canasta-cama, piernas lechosas hacia arriba como en un horrendo circo...» (VI, 1). Su método de enlace deriva de la «asociación libre» surrealista. No es un elemento aislado. Incluso cobra una relevancia simbólica en el capítulo XI, 1, cuando atormentado por un hombre desconocido (Fernando) Martín piensa: *«Ciegos,* pensó, casi con miedo. *Ciegos, ciegos.* / La noche, la infancia, las tinieblas, las tinieblas, el terror y la sangre, sangre, carne y sangre, los sueños, abismos, abismos insondables, soledad, soledad, soledad, tocamos pero estamos a distancias inconmensurables, tocamos, pero estamos solos.» Esta serie de sustantivos adquieren en el discurso narrativo una funcionalidad simbólica. Las reiteraciones

—de marcado carácter poético— vienen a insistir en el mecanismo obsesivo en el que descansa gran parte de la novela.

Se le ha reprochado con frecuencia a Sábato, en especial en el momento en que fueron publicadas sus novelas, en el que privaba la tendencia del objetivismo (la escuela del *nouveau roman* en Francia), la abundancia de discusiones ideológicas, filosóficas y hasta políticas, que salpican sus páginas. Es cierto que sus personajes no sólo se mueven y actúan, sino que discuten temas de considerable profundidad (Dios, la muerte, el suicidio, el comunismo, el anarquismo, el destino, el sexo, la condición femenina, la acción política, el nacionalismo, el «ser» argentino, la ciudad). El novelista no rechaza los elementos intelectuales, como no los rechazaron ni Pío Baroja, ni Thomas Mann, ni Aldous Huxley. Los personajes de Sábato no son meros muñecos. Disponen de unas bases ideológicas. Contribuyen a iluminar su mundo que es a la vez el nuestro. Sábato propone una novela habitada por personajes pensantes. Su valor consiste en conseguir que las contradicciones que asumen sus personajes no alteren el papel de la narración. Porque, aunque intuimos que tales consideraciones son las preocupaciones *(demonios)* del propio autor, éste logra encarnarlos en seres de ficción vivos siguiendo una tradición que debe remontarse en castellano hasta Miguel de Unamuno. La complejidad y diversidad temática del escritor argentino funciona aquí en un mecanismo narrativo de mayor ambición. Unamuno se sirve de la novela, pero Sábato logra desaparecer en el discurso narrativo. Con el objetivo de alcanzar todos los registros novelescos hallaremos (X, 1) excelentes muestras de relato objetivista: «Alejandra se acerca a la ventana y mira la hora en su relojito: las dos y media. Entonces mira hacia fuera: el campo aparece iluminado como en una escenografía nocturna de teatro...» No renuncia tampoco Sábato a las intensidades del lirismo. Puede comprobarse al final del capítulo IX, 1, cuando en una bellísima descripción del acto amoroso el narrador va más allá del acoplamiento de los cuerpos: «Arrastrado por el cuerpo, en medio de la consternación de la carne, el alma de Martín trataba de hacerse oír por el otro que estaba al otro lado del abismo.» La abundancia de comparaciones en esta página y en otras semejantes («como un perro que busca un tesoro escondido...», «como en un combate que deja el cuerpo lleno de cadáveres») vienen a mostrarnos que el lenguaje directo le resulta insuficiente al narrador, quien alcanza así niveles de tensión expresiva que escapan a la descripción tradicional.

Los misterios de Buenos Aires

Si puede hablarse de una ciudad evocada literariamente en América latina, protagonista ella misma de los núcleos de ficción, es Buenos Aires. Desde Leopoldo Marechal a Jorge Luis Borges; desde Julio Cortázar a Ernesto Sábato, los barrios de Buenos Aires, el conjunto de sus calles, sus plazas y jardines han despertado el fervor en los más representativos narradores y poetas argentinos. El Dublín de Joyce, el Nueva York de Dos Passos, el Madrid, a comienzos de siglo, de Pío Baroja y otros ejemplos que podríamos sumar constituyen modelos de la narración urbana desde distintas perspectivas. En *Sobre héroes y tumbas* la presencia de Buenos Aires es una constante. Se evoca con una mezcla de amor y crítica. Sus habitantes se dividen en dos bandos «como las tormentas», en pesimistas y optimistas (VI, 2), o se evoca la ciudad en la primavera, aunque se reconoce que su máximo esplendor lo alcanza en el otoño (X, 2), o se estima que sus habitantes deambulan por la ciudad «como en un caos» (XIV, 2), se descubren sus plazoletas (XXVIII, 2), se observa la existencia de dos naciones enfrentadas, en la que incluso sus gentes «hablaban lenguajes diferentes» (XIV, 2). Martín se siente extraño (como el héroe de *La náusea,* de J. P. Sartre) ante la normalidad de las calles ciudadanas (III, 4). Se describen las consecuencias del golpe tras el derrocamiento de Yrigoyen: «La miseria y el descreimiento se apoderaban acremente de la ciudad babilónica. Rufianes, asaltantes solitarios, salones con espejos y tiro al blanco, borrachos y vagos, desocupados, mendigos, putas a dos pesos» (III, 4). Es una ciudad «gallega»; espacio perfecto para una narración en la que el punto de vista de los personajes modifica el paisaje.

Y en este laberinto pueden detectarse algunas claves significativas. El encuentro con Jorge Luis Borges (XIII, 2), amigo de Alejandra. Bruno (Sábato) confiesa que «su prosa es la más notable que hoy se escribe en castellano». Y, al paso, elabora una teoría sobre su argentinidad. Como en *Rayuela,* de Julio Cortázar, Sábato se plantea en numerosas ocasiones a lo largo de *Sobre héroes y tumbas* la naturaleza del «ser» argentino. Podemos, en una lectura sesgada, definir el conjunto como una meditación, en forma de novela, sobre la colectividad histórica. En definitiva, el drama de la familia Olmos tiene sus raíces en la violencia de las luchas fratricidas. No es casual que el creador de la simbología profunda de esta novela haya presidido los trabajos de investigación de la «Comisión Nacional sobre la Desaparición de Personas»[5]. Existe un orgullo que brota de las clases populares: «*Mire, maestro, Fangio e argentino, aunque sea hijo de italianos como yo o Chichín o el señor Lambruschini, argentino y a mucha*

---

[5] Sus estremecedoras conclusiones pueden leerse ahora en *Nunca más. Informe de la Comisión Nacional Sobre la Desaparición de Personas,* Seix-Barral/Eudeba, Barcelona, 1985.

honra...» (XI, 2). Pero Martín se pregunta «¿Qué es la Argentina?» (XIV, 2). Será Bruno quien se lo aclare: «La Argentina no sólo era Rosas y Lavalle, el gaucho y la pampa, sino también ¡y de qué trágica manera! el viejo D'Arcangelo, con su mezcla de escepticismo y ternura, resentimiento social e inagotable generosidad, sentimentalismo fácil e inteligencia analítica, crónica desesperanza y ansiosa y permanente espera de ALGO. El argentino está descontento con todo y consigo mismo, es rencoroso, está lleno de resentimientos, es dramático y violento.» Este apasionado análisis contribuye a definir una de las vetas más significativas de la novela. Porque el análisis de la psicología colectiva está desbordado por un interés más general hacia la naturaleza humana. No se trata de situar la novela de Sábato en la narrativa «nacionalista», aunque puede fácilmente reconocerse en ella una respuesta al intento de Ricardo Güiraldes de alcanzar las claves de la argentinidad a través del folclore gaucho y de la Pampa. Bordenave elabora también (XV, 2) sus propias reflexiones sobre el tema. El país, según su opinión, lo habían «prostituido los gringos» y era «una nación de acomodados, de cobardes, de quinieleros napolitanos, de compadritos, de aventureros internacionales...». Esta opinión viene sustentada por un característico representante de la clase conservadora.

Sobre héroes y tumbas no queda al margen de la historia. Las alusiones a Perón acostumbran a ser irónicas: «¿Sabés, Marita..., que el tipo no se llama Perón, sino Perone?» (XX, 2). Y los acontecimientos históricos salpican el relato (XXVI, 2) como meras referencias temporales. Pero también los personajes manifiestan sus puntos de vista políticos: «La culpa de todo la tenía el canalla de Perón. Nunca le había gustado ese hombre, ¿y sabía yo por qué? Por la forma de frotarse las manos y sonreír: parecía un cura» (XVI, 3).

Las inscripciones de los lavabos públicos constituyen también un significativo modo de definir la opinión pública (XVI, 3). De forma indirecta la novela viene a situarse en un tiempo histórico. Y a través de las discusiones ideológicas en torno al anarquismo y el comunismo, en la última parte de la novela, se plantean las opciones de signo más universal. Los saltos atrás sirven para situar en primer plano a los protagonistas. Desde quienes, en 1928, se plantean el anarquismo «no violento» hasta quienes optan por la lucha contra el implacable Estado burgués (III, 4). Y en estos ambientes nihilistas trasplantados de Barcelona, Moscú y San Petersburgo a Buenos Aires se mueve libremente la figura de Fernando Vidal Olmos (nacido el 24 de junio de 1911, el mismo año que el autor). Los movimientos libertarios hicieron gala de su internacionalismo. Y así Podestá, que, para justificarse ante sus compañeros, asesinó al jefe de la policía de Barcelona «cuando se produjo la guerra civil española, cometió tales atrocidades con su banda que la Federación Anarquista Ibérica decretó su muerte. Sabedor de la decisión, Podestá y dos de sus amigos intentaron huir desde el puerto de Tarragona en un bote a motor cargado de objetos y dinero, pero fueron ametrallados a tiempo» (III, 4).

La violencia que subyace en la vida colectiva adquiere una particular relevancia en la tercera parte de la novela: «Informe sobre ciegos». En la estructura de la novela constituye una unidad que cobra un valor autónomo, aunque su protagonista procede y está íntimamente vinculado al mundo familiar de los Olmos. Se inicia en un tiempo concreto (14 de junio de 1947) «al pasar frente a la Plaza Mayo, por la calle San Martín, en la vereda de la Municipalidad» (I). Escrito en primera persona, narra, siguiendo una técnica derivada de la novela policiaca, la investigación de una secta, los «ciegos», que traducen la paranoia del personaje. Fernando Vidal persigue y es perseguido, atormenta y es atormentado, hace realidad una obsesión que le llevará a las cloacas de la ciudad, al exilio en París, donde conectará con los surrealistas, o a Italia. A través de él se nos revela un mundo oscuro, el «otro lado» de la realidad. Disponemos de abundantes datos sobre su personalidad, tal vez el narrador ha pecado aquí de exceso, al definir a Fernando Vidal con los rasgos de un maniaco. Desde su infancia vive obsesionado por la ceguera. Arranca los ojos a los pájaros y manifiesta una exagerada y patológica crueldad en la cuarta parte de la novela. Su mundo obsesivo contrasta con la historia amorosa de Alejandra y Martín, organizada mediante los sucesivos encuentros de los amantes y las pausas de las ausencias de Alejandra. Sus antecedentes pueden vislumbrarse en los textos del surrealismo, en el conde de Lautréamont, en André Breton; en la angustiosa novela de Franz Kafka *(El castillo* o *El proceso).* Pero si en *El proceso* el señor K es perseguido; en «Informe sobre ciegos» es Fernando Vidal Olmos quien «vigila y estudia a los ciegos». Sábato se sirve del mundo onírico. Los sueños de Alejandra tendrán su correspondencia con los sueños de Fernando.

En el capítulo III se nos ofrecen, siguiendo un método aparentemente racionalista (tan frecuente en Jorge Luis Borges), las siete posibilidades en torno a la idea de Dios. El personaje se inclina por la que mejor se acomoda a su tenaz obsesión: «Sigue gobernando el Príncipe de las Tinieblas. Y este gobierno se hace mediante la Secta Sagrada de los Ciegos.» Pero los «ciegos» son una «raza maldita» (XIX). Como un «suburbio del mundo de los ciegos» (XII) sitúa a la mujer. Coincide en esta concepción de la mujer con «cierto argentino que ve la mujer como a un enemigo y que jamás le perdona un desaire o una humillación» (V, 4). No entiendo que pueda definirse con exactitud la simbología del mundo de los ciegos. Éstos son los perseguidos o los débiles, sobre los que el personaje elabora una auténtica metafísica. Los perseguidores de este mundo oscuro disponen también de precursores: Strindberg, que acabó loco, y Rimbaud (XVIII). Pero interesa tanto la figura de Fernando, sobre la que se van acumulando datos, como la materialización de su descabellado proyecto. En una de sus abundantes confesiones señala: «no tengo ni nunca he tenido amigos. He sentido pasiones, naturalmente; pero jamás he sentido afecto por nadie, ni creo que nadie lo haya sentido por mí» (VI), datos psicológicos que vienen a coincidir con los del protagonista de *El extranjero,* de Albert Camus. *Sobre héroes y tumbas* no puede situarse en el ámbito del movimiento existencialista, pero no cabe duda de que deriva de él y se plantea un humanismo próximo. Entre los ciegos cita Fernando a Proust y Kierkegaard. El mundo de los «ciegos» es jerarquizado. Dispone de una red internacional, aquéllos llevan como distintivo, a modo de uniforme, el bastón blanco. Pero su obsesión le lleva a penetrar en aquel mundo, donde «un silencio total a su alrededor es como para nosotros un abismo tenebroso que nos separa del resto del universo. No sabe a qué atenerse, todos sus vínculos con el mundo exterior han sido abolidos en esas tinieblas de los ciegos que es el silencio absoluto» (VIII). El mundo de los ciegos resulta íntimamente ligado con el de los anarquistas a través del español Celestino Iglesias. La relación se establece a través de una red de casualidades (características también de ciertos relatos de Borges): «Si yo no hubiese estado en contacto con los anarquistas, si entre esos anarquistas no hubiese encontrado un hombre como Iglesias, si Iglesias no hubiese sido falsificador de dinero, si aun siéndolo, no hubiese sufrido aquel accidente a la vista, etc.» (VIII).

Fernando es capaz de pervertir a Norma Pugliese:

«Logrado que hube la horizontalidad, me llevó tiempo educarla, acostumbrarla a una Nueva Concepción del Mundo: del profesor Juan B. Justo al marqués de Sade» (IX). Pero en su aventura por los subterráneos descubrirá a la Ciega (XXI) y entre las pesadillas y el hallazgo de las zonas en las que habitan «seres invisibles que se movían en las tinieblas, manadas de grandes reptiles, serpientes amontonadas en el barro como gusanos en el cuerpo podrido de un gigantesco animal muerto; enormes murciélagos, especie de pterodáctilos, cuyas grandes alas ahora oía batir sordamente...» (XXXVI) alcanzará el éxtasis final con ella («mujer de piel negra y ojos violetas»), que resulta una «Serpiente Negra poseída por los demonios». El capítulo XXXVII constituye el núcleo significativo del «Informe» y una explosión poemática formada por imágenes en las que Sábato conforma un mundo de visiones estremecedoras. El narrador ha conseguido situar en el conjunto de la novela una pesadilla obsesiva en la que los rasgos líricos superan la discursión moral.

Los «demonios» liberados

Bruno confiesa que «escribía cada vez que era infeliz» (III, 4). *Sobre héroes y tumbas* nace de una peculiar concepción del mundo en el que el Bien y el Mal se debaten y se confunden. De allí surgen personajes como Hortensia Paz, que en su vida de trabajo alberga a Martín, o Bucich, que conduce a Martín fuera de los límites de la perversa Babilonia. Si un escritor ha expulsado alguna vez sus «demonios interiores» a través de la novela, éste ha sido Ernesto Sábato. Y lo ha hecho en una lengua que no disimula las contaminaciones de las distintas comunidades que conviven en Buenos Aires, una lengua en ocasiones dialectal, en otras un extraño italo-español; siempre, sin embargo, apegada a la naturaleza de la materia narrada, elaborada con pasión, con fiebre de auténtico escritor.

Sobre héroes y tumbas no es una novela fácil, ni siquiera agradable. Su lectura requiere una participación sin reservas, una colaboración entre el lector y el novelista que le adentra en su lógica particular. Contiene una filosofía vital que va más allá de la literatura como pasatiempo. No es, en verdad, un pasatiempo. Y tal vez tan sólo una segunda lectura permite alcanzar la plenitud del sentido a las pesadillas, las obsesiones y los sueños enfebrecidos de su autor. Se nos invita a un viaje entre el miedo y la oscuridad. Pero el lúcido pesimismo no desemboca en una luz final, la luz que le llevó a Sábato a emprender el difícil camino de la literatura abandonando su carrera científica. La salvación del individuo se consigue aquí con el propio esfuerzo. Y, en definitiva, es de nuevo la naturaleza y la Pampa quienes permiten la evasión última del protagonista: «A la luz de las estrellas, la llanura se extendía hacia la inmensidad desconocida.» Lejos queda ya, entre las cenizas, la historia de una familia anclada al pasado.

GABRIEL GARCÍA MÁRQUEZ

«Cien años de soledad» (1967)

La primera edición de la novela *Cien años de soledad* del escritor colombiano Gabriel García Márquez (nacido en Aracataca en 1928), publicada sin alardes publicitarios en 1967, se ha convertido ya en un clásico de la lengua, ha sido traducida a la mayor parte de los idiomas literarios y, al propio tiempo, ha conseguido la unanimidad de la crítica. Una obra maestra se ha impuesto por sus valores propios y Gabriel García Márquez ha pasado a ser el mago de la nueva literatura latinoamericana. La bibliografía sobre su obra es hoy muy considerable y, recientemente se han reunido también los textos periodísticos que configuran la protohistoria de su obra creadora y sus colaboraciones dispersas, reunidas pacientemente por Jacques Gilard [1], que ofrecen muchas claves significativas de sus posteriores creaciones. La redacción propiamente dicha de *Cien años de soledad* se inició en 1965 y duró dieciocho

---

[1] Gabriel García Márquez, *Obra periodística. Textos costeños*, recopilación y prólogo de Jacques Gilard, Bruguera, Barcelona, 1981; vol. II. *Entre cachacos, I* (1982); *Entre cachacos, II* (1982), y *De Europa y América (1955-1960)*, 1983.

meses. Su autor desechó alrededor de cinco mil cuartillas. Se dedicó entonces exclusivamente a la novela, aunque cuanto había escrito con anterioridad y cuanto había vivido culminó en este proceso. Todos sus textos y libros anteriores conducen a *Cien años de soledad,* pero con esta novela no termina, afortunadamente, la obra de García Márquez. Es autor de una novela que se ha convertido en el ejemplo narrativo más original y audaz de nuestro siglo; pero otras obras han venido a confirmar que su capacidad para crear mundos novelescos no finalizó en el Macondo de 1967.

Gracias a los exégetas de su obra hoy sabemos multitud de detalles sobre sus comienzos. Cursó estudios secundarios en San José a partir de 1940 y finalizó su bachillerato en el Colegio Liceo de Zipaquirá, el 12 de diciembre de 1946. Se matriculó en la Facultad de Derecho de la Universidad Nacional de Cartagena el 25 de febrero de 1947, aunque sin mostrar un excesivo interés por los estudios. Su amistad con el médico y escritor Manuel Zapata Olivella le permitió acceder al periodismo. Sabemos incluso la fecha de este contacto en Cartagena, el 18 ó 19 de mayo de 1948, poco después del «bogotazo» (el asesinato del dirigente liberal Jorge Eliécer Gaitán en Bogotá, las posteriores manifestaciones y la brutal represión de las mismas). Inmediatamente comenzaron sus colaboraciones en el periódico liberal *El Universal,* que había sido fundado en el mes de marzo del mismo año por Domingo López Escauriaza. Posteriormente, en una estancia en Sucre, por motivos de salud, entró en contacto con el grupo de intelectuales de Barranquilla, entre los que se hallaba Ramón Vinyes (1882-1952), ex propietario de una librería que tuvo notable incidencia en la vida intelectual en los años 1910-1920, a quien se le conocía con el apodo de *El Catalán* y que aparecerá en las últimas páginas de *Cien años de soledad* como «un sabio catalán»[2] (págs. 397, 401 y 417). Vinyes se instaló en Barranquilla en 1913. Sus «cuadernos» allí citados existen en realidad, según atestigua Gilard[3]. Los contertulios del Café Colombia eran, además de Vinyes, Germán Vargas, Álvaro Cepeda y Alfonso Fuenmayor. Ellos le prestaron algunos libros de novelistas contemporáneos destacados: Dos Passos, Faulkner, Virginia Woolf, Steinbeck, Hemingway, Caldwell y Huxley. En 1949 se instaló en Barranquilla y comenzó a colaborar en calidad de *free-lance* en el periódico *El Heraldo* (5 de enero de 1950). Su columna casi diaria se titulaba «La Jirafa». Participó también en la efímera revista *Crónica* (abril de 1950), dirigida por Alfonso Fuenmayor, siendo García Márquez allí jefe de redacción. En febrero de 1951 regresó a Cartagena, donde realizó un breve experimento periodístico, la revista *Comprimido,* de la que fue director y posiblemente redactó por entero. En febrero de 1952 se instala de nuevo en Barranquilla, donde reanuda la publicación de sus «jirafas». Su manuscrito de *La Hojarasca* fue rechazado por la Editorial Losada. En *El Heraldo* publicó la primera versión de *Monólogo de Isabel viendo llover en Macondo* con el título de *El invierno.* García Márquez fue a continuación por algún tiempo viajante de libros, lo que le permitió recorrer en toda su extensión la costa atlántica. En 1952, el general Gustavo Rojas Pinilla dio un golpe de estado en Colombia,

---

[2] Citamos por la edición de *Cien años de soledad,* Selecciones Austral, Madrid, 1983.

[3] Los datos fundamentales de su etapa formativa proceden del prólogo de J. Gilard anteriormente citado. Véase Alfonso Fuenmayor, *Crónicas sobre el grupo de Barranquilla,* Instituto Colombiano de Cultura, Bogotá, 1981. Jacques Gilard publicó las obras catalanas de Ramon Vinyes, *A la boca dels núvols,* Bruguera, Barcelona, 1984, y *Entre sambes i bananes* (1985), acompañados de significativos prólogos. Pueden ampliarse hasta 1970, en Mario Vargas Llosa, *García Márquez, historia de un deicidio,* Barral, Barcelona, 1971, páginas 13-106.

aunque la represión política fue menos sentida en Cartagena que en otras zonas del país. A partir de septiembre de 1953, reemprendió su colaboración en el periódico de Barranquilla *El Nacional.* Sus colaboraciones periodísticas muestran una considerable preocupación expresiva y una vocación de estilo y sugieren, como ya señaló el propio autor, la influencia de las *greguerías* de Ramón Gómez de la Serna.

No cabe duda de que la ingente tarea periodística de Gabriel García Márquez le suministró no sólo una capacidad de conformar un sistema expresivo personal, sino que le acercó a los temas cotidianos, muchos de los cuales no resultaban menos desmesurados que los que el narrador inventaría o utilizaría más adelante como material de base de sus relatos y novelas. En la parte recopilada de sus colaboraciones descubrimos la otra cara de la moneda del escritor, atraído por el relato, que emprende paralelamente y publica en *El Espectador* a partir de 1946. Su novela breve *La Hojarasca,* fue editada en 1955, aunque según su autor había sido terminada en febrero de 1951 y según Gilard [4] su redacción, iniciada en junio o julio de 1950, alcanzó hasta junio de 1951. Su acción transcurre entre 1903, aunque se alude a un período que va prácticamente desde la fundación, y 1928 (fecha del nacimiento de Gabriel García Márquez) en Macondo. Tres personajes que constituyen tres generaciones elaboran, cada uno, un monólogo interior, centrados en la muerte de un médico que acaba de suicidarse. En el relato aparece la figura de un viejo coronel, y la hojarasca es el signo de la compañía bananera [5]. Para estas

---

[4] J. Gilard, *García Márquez en 1950 et 51: quelques données sur la genèse d'une oeuvre. Caravelle,* 26, Toulouse, junio de 1956, páginas 123-146.

[5] «De pronto, como si un remolino hubiera echado raíces en el centro del pueblo, llegó la compañía bananera perseguida por la hojarasca. Era una hojarasca revuelta, alborotada, formada por los des-

fechas parece que García Márquez tenía ya en la mente la idea de una novela que abarcara la historia familiar y algunos de los temas que había ya madurado en los relatos. La novela toma en principio el nombre vago de *La casa*. La base del material narrativo estaría integrado por historias derivadas del mundo de su infancia en Aracataca, donde vivió con sus abuelos. Su abuelo falleció cuando García Márquez contaba escasamente ocho años. Aracataca había sido una zona próspera durante el apogeo del cultivo del banano, entre 1915 y 1918 [6]. Posteriormente vivirá en el recuerdo de un pasado sin esperanzas de retorno. Mario Vargas Llosa ha detectado no pocos elementos del entorno familiar que pasaron posteriormente a *Cien años de soledad,* al inicial proyecto de *La casa* o que se encuentran diseminados por diversos relatos: «El niño inmovilizado ante el cadáver de *La Hojarasca* reproduce una situación vivida por García Márquez en su infancia; Amaranta Úrsula tejiendo su mortaja recuerda a una tía que hizo lo mismo en Aracataca.» Ésta es la fuente de la ascensión al cielo de Remedios, la bella: «La explicación de esto es mucho más simple, mucho más banal de lo que parece. Había una chica que corresponde exactamente a la descripción que hago de Remedios la bella en *Cien años de soledad.* Efectivamente se fugó de su casa con un hombre y la familia no quiso afrontar la vergüenza y dijo, con la misma cara de palo, que la habían visto doblando unas sábanas en el jardín y que después había subido al cielo... En el momento de escribir, prefiero la versión

---

perdicios humanos y materiales de los otros pueblos; rastrojos de una guerra civil que cada vez parecía más remota e inverosímil», en Gabriel García Márquez, *La Hojarasca,* EDHASA, Barcelona, 1969, pág. 9.

[6] Véase Emmanuel Carballo, «Gabriel García Márquez, un gran novelista latinoamericano», en *9 asedios a García Márquez,* Editorial Universitaria, Santiago de Chile, 1972, 3.ª edic., págs. 22 y sigs.

de la familia... a la real, que se fugó con un hombre, que es algo que ocurre todos los días y que no tendría ninguna gracia» «... la descripción de la Isabel de *La Hojarasca* (pág. 12) corresponde a la imagen de Luisa Santiaga que García Márquez vio por primera vez, cuando tenía cuatro o cinco años; Mercedes parece en *Cien años de soledad* con su trabajo de Barranquilla, boticaria (pág. 406), y en la misma novela Amaranta Úrsula sueña con tener dos hijos que se llamen Rodrigo y Gonzalo (pág. 414), como los hijos de García Márquez; los nombres de los jóvenes conspiradores de *El coronel no tiene quien le escriba* y de los amigos de Aureliano Buendía en los años finales de Macondo son los de los tres compañeros de Barranquilla: Álvaro (Cepeda), Alfonso (Fuenmayor) y Germán (Vargas); el apellido de *La Elefanta,* la devoradora de comida, es la del padre Sagastume, un sacerdote vasco que fue profesor de García Márquez; la larguísima vejez de Úrsula Iguarán, ciega y medio loca, exagera la de doña Tranquilina... En cuanto al fantasmagórico guerrero disfrazado de tigre que se presenta en el campamento del coronel Buendía...»[7] y nos recuerda la historia relatada por el propio García Márquez sobre el Mambrú, el duque de Malborough, que su abuela le dice que combatió junto a su abuelo. El coronel de *La Hojarasca* tiene un defecto físico. Don Nicolás, el abuelo de García Márquez, era tuerto y decía haber sido intendente en el ejército de Uribe durante la guerra de los mil días. Asistió, como el protagonista de *El coronel no tiene quien le escriba,* a la paz de Neerlandia. En *Cien años de soledad* y en la estirpe de los Buendía se acumulan los datos familiares. Según narra Mario Vargas Llosa, García Márquez consideraba que «el impulso inicial de la novela fue una idea fija: el recuerdo de don Nicolás, llevándolo de la mano por la

---

[7] Mario Vargas Llosa, *ob. cit.,* págs. 109-110.

calle a ver el circo, que se convierte en la imagen de Aureliano Buendía, niño, yendo de la mano de su padre a conocer el hielo. Los Buendía proceden de Riohacha, donde habían nacido don Nicolás y doña Tranquilina. Éstos eran primos hermanos, como Úrsula Iguarán y José Arcadio Buendía (el apellido Iguarán es común en la ficción y en la realidad), y como los padres del primer Buendía con cola de cerdo. La razón por la que José Arcadio Buendía abandona la sierra para instalarse en Macondo es el asesinato de Prudencio Aguilar: el hombre al que dio muerte don Nicolás —razón por la cual se marchó de Aracataca— tenía el mismo apellido. Don Nicolás tuvo la manía del diccionario, la fascinación por el significado de las palabras: toda una rama de los Buendía pasará su vida tratando de descifrar un diccionario secreto (los manuscritos de Melquiades)» [8]. Pero conviene retener también que muchos de los temas familiares son comunes a otros muchachos. La utilización de este material para una novela de carácter evocativo no hubiera significado un cambio de signo tan original en la novela latinoamericana, salvo por el hecho de que García Márquez supo trascender adecuadamente tales vivencias y cargarlas de significado.

Disponemos ahora de un texto sobre *La casa* que no había sido publicado por García Márquez anteriormente en libro. Su título es *La casa de los Buendía (Apuntes para una novela)*, que parece fecharse entre mayo-junio de 1950 y noviembre de este mismo año [9]. Aquí la descripción de la casa coincide con el regreso del coronel Aureliano Buendía. Encuentra su antigua mansión destruida e inicia la nueva «cuando dejó de llover». García Márquez disponía ya del espacio

---

[8] Mario Vargas Llosa, *ob. cit.*, pág. 111.
[9] Jacques Gilard, prólogo a Gabriel García Márquez, *Obra periodística*, 1, pág. 53.

donde situar sus historias, pero carecía de la capacidad de conjurarlo con un tiempo y tono adecuados. Un precedente de esta nueva concepción del tiempo puede descubrirse en su «jirafa» «El chaleco de la fantasía» (1950), donde se enlazaban ya el tiempo y el mito, pero el autor no disponía posiblemente de la madurez necesaria para realizar una construcción tan ambiciosa.

En 1955, García Márquez viajó a Europa como corresponsal para cubrir la conferencia «de los cuatro grandes» en Ginebra. Una nota del mismo periódico del 14 de julio indicaba vagamente que «después irá a Venecia, en general a Italia, prolongando su estancia en diversos países europeos por algún tiempo». Pero en 1956, al restablecerse la censura de prensa, se suspendió la publicación. García Márquez prefirió permanecer en Europa a regresar a su país, viajando por las dos Alemanias, Checoslovaquia y la Unión Soviética, y pasó de allí a Venezuela [10], donde colaboró en *Momento, Elite* y *Venezuela Gráfica* (1958). Regresaría a Colombia en 1959 para colaborar con Plinio Apuleyo Mendoza en la nueva agencia informativa cubana *Prensa Latina*. En 1955 había conseguido publicar ya *La Hojarasca* [11], coincidiendo con la publicación de *Pedro Páramo,* de Juan Rulfo; en 1961 alcanzaría el premio Esso por *La mala hora,* publicada al año siguiente; aunque el autor considera como su auténtica primera edición la de 1966, en la que restituyó el texto original, plagado de inútiles correcciones en su primera versión española. Una vez más García Már-

---

[10] Algunos de sus excelentes artículos de este período venezolano fueron reunidos en su libro *Cuando era feliz e indocumentado,* Plaza-Janés, Barcelona, 1974. Los textos completos en G. García Márquez, *De Europa y América (1955-1960),* ya citado.

[11] Sobre *La Hojarasca,* véase Pedro Lastra, «La tragedia como fundamento estructural de "La Hojarasca"», en *9 asedios a García Márquez,* págs. 38-51.

quez utilizaba la novela corta para observar una situación dramática colombiana. La población aparece llena de libelos infamatorios en tanto la lluvia cae torrencialmente. En 1961 apareció *El coronel no tiene quien le escriba,* relato que había terminado posiblemente en enero de 1957. Aparecen aquí, entre otros, los temas de la lluvia incesante [12], del coronel abandonado a su soledad, compartida con su mujer, un gallo, y el recuerdo del hijo muerto, la añoranza de las batallas; todo ello ubicado en una población con río, aunque los orígenes del coronel se encuentran en Macondo. También en 1962 reúne algunos de sus cuentos en *Los funerales de Mamá Grande,* que contiene ocho relatos: «La siesta del martes», «Un día de éstos», «En este pueblo no hay ladrones», «La prodigiosa tarde de Baltazar», «La viuda de Montiel», «Un día después del sábado», «Risas artificiales» y el relato que da título a la colección.

La crítica ha observado —y el autor lo confirma en varias de sus declaraciones— que la obra anterior a *Cien años de soledad* era el acercamiento a un proyecto global y más ambicioso que constituiría «la novela». En efecto, muchos de los elementos de sus relatos tomaron una nueva dimensión al ser trasladados a *Cien años de soledad,* pero no toda su obra anterior constituye un mero esbozo. Se trata de obras maduras y autónomas, valiosas independientemente de la evolución de su autor, menos ambiciosas, aunque no menos perfectas. Y varios de sus elementos no reaparecieron posteriormente. Al tratar de plantear nuestro sistema personal de lectura de *Cien años de soledad* hemos procurado limitar las interrelaciones entre la novela y los relatos, considerando a ésta como a una

---

[12] El tema de la lluvia se puede observar también en los reportajes en un marco real: «En Bogotá, donde llueve 360 días al año...», *Cuando era feliz e indocumentado,* pág. 97.

unidad autónoma como creemos que es. Del mismo modo y por parecidas razones hubiéramos podido acercarnos a otras posibles coincidencias no menos fecundas entre *Cien años de soledad* y las obras posteriores del autor. Los paralelismos no hubieran sido tampoco menos fructíferos.

Teoría de la novela

Mientras que Julio Cortázar expone en *Rayuela* una verdadera teoría de la novela a través de su personaje Morelli, en *Cien años de soledad* apenas si hay referencias a la teoría de la composición. Sin embargo, la novela misma supone una teoría implícita. Como cualquier texto que signifique una ruptura —y no cabe duda de que *Cien años de soledad* lo supuso— se distingue de un pasado inmediato y propone una nueva manera de entender el fenómeno literario. Cortázar exponía en la teoría del *roman comique* la posibilidad de alcanzar un texto «que no agarre al lector pero que lo vuelva obligadamente cómplice al murmurarle, por debajo del desarrollo convencional, otros rumbos más esotéricos» [13]. Esta capacidad de mensaje que Cortázar atribuye a una teoría de la novela en la que el lector participa del hallazgo y de los signos que subrepticiamente el autor ha ido situando a lo largo de la narración es el origen de la senda que parece finalizar en *Cien años de soledad*. Pasados algunos años, aquel *boom,* la novela latinoamericana ha cobrado otras dimensiones. Los narradores que coincidieron en él por diversas razones ni formaron escuela —desde el punto de vista crítico— ni constituyeron una «mafia» como pretendían sus detractores. Deberemos admitir,

---

[13] Julio Cortázar, *Rayuela,* Editorial Sudamericana, 8.ª edición, 1968, pág. 452.

sin embargo, que sus integrantes —algunos de los cuales aparecen cariñosamente aludidos en la novela de Gabriel García Márquez— pretendían renovar el lenguaje narrativo. Y sus pretensiones, sabemos también, fueron anteriores al planteamiento del *boom,* un episodio que tuvo más valor como lanzamiento editorial que como definición de un movimiento renovador, en cuyo impulso sus integrantes se hallan todavía y a cuya sombra han surgido algunos —no muchos tampoco— nombres nuevos.

Las revelaciones literarias en la novela de García Márquez son muy escasas. Ya hacia el final de la novela, Aureliano se reúne con un grupo de contertulios, a los que ya hemos identificado. Fueron «los primeros y últimos amigos que tuvo en la vida. Para un hombre como él, encastillado en la realidad escrita, aquellas sesiones tormentosas que empezaban en la librería a las seis de la tarde y terminaban en los burdeles al amanecer, fueron una revelación. No se le había ocurrido pensar hasta entonces que la literatura fuera el mejor juguete que se había inventado para burlarse de la gente, como lo demostró Álvaro en una noche de parranda» (pág. 421). Esta concepción entre lúdica y pragmática del fenómeno literario se pone en relación con las palabras del «sabio catalán». ¿Se trataría, pues, de contemplar *Cien años de soledad* como una burla, una sátira del mundo que García Márquez nos transmite? ¿Sería, según eso, un *roman comique,* una novela de clave, una sátira literaria como lo fuera el *Quijote* respecto a las novelas de caballerías? Los personajes que pueblan Macondo lo abandonan. Queda solo Gabriel «contestando los cuestionarios del concurso de una revista francesa, cuyo premio mayor era un viaje a París» (pág. 435). El «sabio catalán» había sido un intelectual. Había leído a los clásicos. «Su fervor por la palabra escrita era una urdimbre de respeto solemne e irreverencia comadrera.

Ni sus propios manuscritos estaban a salvo de esa dualidad» (pág. 432). El destino de la literatura es perderse en un burdel. Éste parece ser también el destino del hombre, inseparable de su testimonio escrito: «El mundo habrá acabado de joderse —dijo entonces— el día en que los hombres viajen en primera clase y la literatura en el vagón de carga», confirma cuando, vendida ya la librería, abandona Macondo. El respeto hacia este hombre de libros es indudable. Alfonso aprende catalán para traducir sus manuscritos, que hacían pensar a Aureliano en los pergaminos de Melquíades. La literatura aparece así vinculada a una concepción mágica de la cultura, en la que Séneca y Ovidio comparten su gloria con Arnau de Vilanova, considerado aquí como un nigromante.

El destino de «la literatura» no es menos noble que el del hombre. Rescata del olvido. La capacidad renovadora de esta concepción de la novela no se atiene a ninguna teoría, es una *praxis*. García Márquez demuestra y va más allá de lo que Cortázar imaginara en el *roman comique*. Se trata de que el lector rechace de antemano algunos convencionalismos que eran habituales en la narración. La filosofía de la composición de *Cien años de soledad* se encierra en las dos últimas y magníficas páginas. Se trata de romper con el «tiempo convencional», de adentrarse en un territorio imaginario y de aceptar sin aspavientos que lo inverosímil y mágico no es menos real que lo cotidiano y lógico [14].

---

[14] Julio Ortega formula la estructura de *Cien años de soledad* en «cuatro secuencias de mundo y tiempo: 1) el mundo y el tiempo mítico de los fundadores; 2) el mundo y el tiempo histórico que introduce el coronel Aureliano Buendía y sus guerras; 3) el tiempo cíclico de la madurez y muerte de los primeros personajes y su mundo transmutado por la inserción de Macondo en una realidad más vasta, y 4) el deterioro de Macondo, *axis mundi*, en el agotamiento de los canjes de su realidad por el mundo y tiempo exteriores, que equivale también el agotamiento del linaje, eje de Macondo». En Julio Ortega, «Gabriel García Márquez/Cien años de

El espacio y el tiempo

El espacio en el que discurre *Cien años de soledad* se inscribe en Macondo, lugar imaginario, cuyo nombre parece corresponder a una finca de bananos, próxima a Aracataca, que García Márquez conoció en su infancia. Pero como bien señaló en su día Ricardo Gullón, Macondo «no equivale a Hispanoamérica». No se trata, pues, de un espacio simbólico, pese a que su forma esté urdida por símbolos de muy diversa entidad. Los personajes encerrados en Macondo conocen su paisaje y su espacio. Úrsula es quien verdaderamente funda Macondo «porque aquí hemos tenido un hijo» (pág. 71).

Los hombres que acompañan a José Arcadio Buendía en la aventura de la fundación atraviesan paisajes de índole diversa, generalmente definidos con elementos de flora tropical. Se habla de «un paraíso de humedad y silencio» (pág. 68). Como un «descubridor» José Arcadio Buendía avanza en busca del mar. Sin embargo, el único signo marino es el descubrimiento de un galeón español (pág. 69). De cómo llegó a tierra firme nada se nos dice, pero permite, al menos, suponer la proximidad del mar e impregna de misterio la narración. Años más tarde, José Arcadio Buendía descubrirá el mar «a 12 kilómetros de distancia del galeón español» que servirá en adelante como punto de referencia. No otorgará al descubrimiento

---

soledad», en *9 asedios a García Márquez,* págs. 74-75. Mario Vargas Llosa señala que «narra un mundo en sus dos dimensiones: la vertical (el tiempo de su historia) y la horizontal (los planos de la realidad). En términos estrictamente numéricos, esta empresa total era utópica: el genio del narrador está en haber encontrado un eje o núcleo, de dimensiones apresables por una estructura narrativa, en el cual se refleja, como en un espejo, lo individual y lo colectivo, las personas concretas y la sociedad entera, esa abstracción», en *García Márquez, historia de un deicidio,* pág. 496.

mayor importancia. Macondo se funda en un paraje, junto a un río, en un ámbito rodeado de pantanos (sus fundadores andan varios meses perdidos en ellos, página 80). Existen también indígenas pobladores. Amaranta y Arcadio olvidarán la lengua de los indios para aprender el castellano (pág. 287). Pero la decisión de permanecer en Macondo se toma después de un sueño en el que José Arcadio Buendía augura un futuro helado en aquel lugar agobiado por el calor. Los indígenas parecen convivir con los fundadores (págs. 97-98), pero apenas si cobran una presencia real. Constituyen una mera referencia. La lluvia torrencial aparece también como protagonista de una parte de la historia de Macondo (pág. 211). Pero la voluntad de los hombres transforma el paisaje. Prolongan el río hasta permitir la llegada de un barco (pág. 240), aunque será el primero y el último. Se trae también el ferrocarril (páginas 265-266) y el cine y los gramófonos (págs. 267-268) y hasta el teléfono (pág. 268). Todo ello supone la incorporación del progreso en la región; pero al mismo tiempo acarrea la destrucción del lugar. La decadencia de Macondo comienza con los primeros disturbios sociales. «Los acontecimientos que habían de darle el golpe mortal a Macondo empezaban a vislumbrarse cuando llevaron a la casa al hijo de Meme Buendía. La situación pública era entonces tan incierta que nadie tenía el espíritu dispuesto para ocuparse de escándalos privados...» (pág. 331). Nos hallamos ante una huelga bananera que tiene unos antecedentes reales. El pueblo de Macondo es la elaboración literaria de un pueblo real. El propio autor lo ha declarado en numerosas ocasiones: «Los hechos, tanto los más triviales como los más arbitrarios, estaban a mi disposición desde los primeros años de mi vida, pues eran material cotidiano en la región donde nací y en la casa donde me criaron mis abuelos. El pueblo era como cualquier otro del Caribe, la casa era una de tantas y mis abuelos no eran ni más ni menos supersticiosos y crédulos que sus vecinos, pero para mí todo eso tuvo un destino mágico: de la noche a la mañana, por razones que nadie ha sabido explicar bien, los abuelos estaban muertos, las termitas habían derrumbado la casa y el pueblo estaba en la miseria. Fue como si por allí hubiera pasado un viento de destrucción» [15]. En buena parte, la destrucción del Macondo autónomo y del de ficción parece explicarse por razones externas (el colonialismo mercantilista yanqui, las incomprensiones de la lucha social), pero también por motivos intrínsecos a la familia Buendía. Aureliano Segundo consigue ser rico (pág. 238), pero carece de una visión de progreso. La población foránea que se aprovecha de la riqueza de Macondo aparece descrita desde los ojos poco interesados de Meme. Viene introducida por fórmulas negativas: «No vio las umbrosas e interminables plantaciones de banano a ambos lados de las líneas. No vio las casas blancas de los gringos, ni sus jardines aridecidos por el polvo y el calor, ni las mujeres con pantalones cortos y camisas de rayas azules que jugaban barajas en los pórticos. No vio las carretas de bueyes cargadas de racimos en los caminos polvorientos. No vio las doncellas que saltaban como sábalos en los ríos transparentes para dejarles a los pasajeros del tren la amargura de sus senos espléndidos, ni las barracas abigarradas y miserables de los trabajadores donde revoloteaban las mariposas amarillas de Mauricio Babilonia, y en cuyos portales había niños verdes y escuálidos sentados en sus bacinillas, y mujeres embarazadas que gritaban improperios al paso del tren» (pág. 332). El espacio no es sólo el paisaje. Pero Kenneth Clark observa que para el hombre medieval «los campos no representaban más que trabajo

---

[15] Miguel Fernández Braso, *La soledad de Gabriel García Márquez,* Planeta, Barcelona, 1972, pág. 119.

duro... y más allá de estas partes más o menos productivas de la superficie de la tierra, se extendía una zona interminable de selvas y pantanos» [16]. Y añade que la desconfianza hacia la naturaleza convivía con su capacidad para el símbolo. «A nosotros, herederos de tres siglos de ciencia, nos cuesta concebir un estado mental en que todos los objetos materiales eran considerados símbolos de verdades espirituales o episodios de Historia Sagrada» [17]. El paralelismo con el paisaje que percibimos en Macondo es evidente. El autor ha elevado a categorías simbólicas buena parte de sus referencias paisajísticas. Pero la humanidad lo puebla. Y García Márquez no evita aquí la acusación social, que aparece como contraste. Oblicuamente, el testimonio se inscribe en un Macondo que es mucho más que una simple quimera fantástica. Después de las plantaciones bananeras, en «una llanura de amapolas» surgen los restos del galeón español y, más allá, la ciénaga.

El espacio, además de los seres que lo habitan y del paisaje, está configurado por cosas. Fernanda descubre que parecen tener vida propia. Están determinadas a confundirla. Cree adivinar en ello la presencia de los duendes (pág. 395), porque toda casa antigua que se precie los tiene. Sabemos que la idea inicial de García Márquez era descubrir la vida que transcurrió en aquella casa de su infancia. Una referencia autobiográfica en boca del propio autor podrá tal vez aclararnos la magia de los duendes de la casona: «Mi abuela era impresionante. Siempre la vi vestida de luto. Era una mujer poblada de historias fantasiosas. Ella despertó mi imaginación» [18]. La creación del espacio novelesco

---

[16] Kenneth Clark, *El arte del paisaje*, Seix-Barral, Barcelona, 1971, pág. 15.
[17] *Ob. cit.*, págs. 15-16.
[18] Miguel Fernández Braso, *ob. cit.*, pág. 125.

es la transformación del caos en orden, según apunta Ricardo Gullón en un análisis de la novela. Pero el orden aquí alcanzado es un orden mágico. «Cuando el coronel Aureliano Buendía traza alrededor suyo un círculo que le separa de los demás... refuerza su soledad en el silencio y en el aislamiento y, además, se incorpora a la tradición del espacio formado por el círculo mágico en el que el hombre se sabe protegido y desde el cual comunica con las potencias sobrenaturales» [19]. Pero la magia puebla por entero Macondo, un territorio encantado. Una ordenación del tiempo excesivamente simple y, en consecuencia, una elemental concepción de la trama, nos llevaría a considerar que la magia se trunca con el progreso y que éste, en definitiva, es el acelerador de la destrucción de Macondo. Pero ello no es sino una mera explicación mecanicista que rompe con la riqueza significativa de la novela, porque aquí no se da nunca el simple planteamiento mixtificador de causa y efecto. Lo que parece evidente es que el estudio del espacio en *Cien años de soledad* es un tema complejo, puesto que la acción de la novela se desarrolla en varios planos imaginativos en los que el tiempo actúa además como factor distorsionador.

La idea de la novela como acción desarrollada en el tiempo ha entrado recientemente en crisis. En gran medida se debe a obras, como *Cien años de soledad,* que poseen un tiempo propio, puesto que es el tiempo ahistórico el que priva en el relato. El título mismo de la novela contiene una significación temporal: los cien años [20]. Pero en la novela adivinamos el devenir de

---

[19] Ricardo Gullón, *García Márquez o el olvidado arte de contar,* Taurus, Madrid, 1970, pág. 27. Con posterioridad el autor elaboró una teoría sobre el «espacio» narrativo en *Espacio y novela,* Antoni Bosch, Barcelona, 1980.

[20] Graciela Maturo, en sus muy complicadas y esotéricas interpretaciones, advierte que «es evidente su doble referencia a la tota-

mucho más tiempo. Porque aparece también en ella la consideración del tiempo psicológico. Aureliano Buendía tiene la sensación de un tiempo acelerado: «asombrado de la forma en que había envejecido el pueblo en un año», y poco después en un diálogo con Úrsula: «¿Qué esperabas? —suspiró Úrsula—. El tiempo pasa. / —Así es —admitió Aureliano—, pero no tanto.» (pág. 175). Aureliano Segundo se refiere en alguna ocasión al período de «cien años». Cuando hace el pregón de sus rifas —un tema popular y folclórico— «Aquí está la Divina Providencia —pregonaba—. No la dejen ir, que sólo llega una vez cada cien años» (pág. 385), y en otro momento la referencia viene dada en un contexto político que anticipa *El otoño del patriarca:* «Que el Gobierno conservador, decía, con el apoyo de los liberales, estaba reformando el calendario para que cada presidente estuviera cien años en el poder» (pág. 244). Desde el punto de vista humano personal, cien años constituye un período dilatado superior a la media de la vida. Cien años es una medida de tiempo casi inconmensurable, forma parte del sistema cuantificador de *Cien años de soledad.* Responde sólo en parte a la dinastía de los Buendía. Gullón habló de una estructura «circular y dinámica de una *rueda giratoria*» porque la fórmula temporal se acelera y detiene a voluntad del autor.

La aparente arbitrariedad con que se manejan los factores temporales se inscribe en la idea general del relato. La omnisciencia del narrador, las profecías y los saltos adelante y atrás en el tiempo pueden relacionarse, como advertimos posteriormente, con ele-

---

lidad de un ciclo en el tiempo, y a la integración de una mónada espiritual... García Márquez lo utiliza con plena conciencia de sus valores tanto en relación al plano escatológico como en función del sentido místico de la obra», *ob. cit.,* pág. 156. Estimo que resulta innecesario advertir elementos místicos conscientes en la obra del novelista colombiano.

mentos de ficción oral y folclórica. Algunos críticos han querido ver influencias faulknerianas en el tratamiento del tiempo, además de la concepción de un espacio novelesco cerrado y personal propia también del maestro norteamericano. García Márquez ha señalado que cuando concibió *Cien años de soledad* no conocía la obra de Faulkner. Pero, al margen de hechos circunstanciales, la riqueza del tratamiento temporal en García Márquez, su empleo barroco y mítico, poco tiene que ver con cualquier otro escritor contemporáneo. Las primeras líneas de *Cien años de soledad:* «*Muchos años después, frente al pelotón de fusilamiento,* el coronel Aureliano Buendía *había de recordar* aquella *tarde remota* en que su padre *lo llevó a conocer* el hielo» (pág. 59), que el autor confiesa haber escrito mucho antes de concebir la novela como tal, implican ya diversos sentidos del tiempo. El presente (frente al pelotón de fusilamiento) encierra un tiempo futuro (muchos años después) y un pasado (aquella tarde remota) en el que se precisa un recuerdo familiar. El transcurso del tiempo se acumula. En este comienzo, en el que según confiesa se debatió el autor durante años, aparece ya resuelta la concepción general de la novela. En ella se ha observado «la torturante paradoja de la plenitud existencial aprisionada en un instante es por sí sola suficiente para dar al traste con la cronometría habitual y producir esa sensación de mareo metafísico que ha de llevarnos, como en alas de grifo, a la última Tule de la edad mítica» [21]. Pasa desde la fundación a la llegada de Melquiades y los cambios operados poco después (pág. 67). El tiempo se convierte en historia interna y recuerdo. La pérdida de la memoria de los habitantes de Macondo produce la ignorancia del

---

[21] Ernesto Volkening, «Anotado al margen de "Cien años de soledad"», en *Nueva novela latinoamericana,* I, Paidos, Buenos Aires, 1969, pag. 162.

nombre de las cosas. José Arcadio Buendía se inventa artilugios que parecen extraídos de los relatos de Borges, el diccionario giratorio o la máquina de la memoria (pág. 103). La pérdida de la memoria, consecuencia de una epidemia de insomnio, conduce a una «idiotez sin pasado». García Márquez construirá un mundo evocado rompiendo con el esquema proustiano. Se trata de ir también a la busca «de un tiempo perdido», aunque con la audacia de un vitalista.

El tiempo puede servir para desvirtuar el pasado. En Macondo se niega la represión contra los manifestantes de la huelga bananera. Los historiadores habían falsificado la historia, pero el recuerdo personal de José Arcadio Segundo priva sobre el olvido. El que pasa por loco es el efectivamente cuerdo. Y los gemelos —siempre coincidentes— «descubrieron al mismo tiempo que allí siempre era marzo y siempre era lunes» (pág. 384), tiempo, pues, de primavera y de trabajo. Los pergaminos mágicos contarán la verdadera historia y sólo al final de la novela descubriremos que *Cien años de soledad* es fundamentalmente su transcripción. Pero el tiempo de Macondo es aparentemente circular, falsamente circular. Porque el hijo de Amaranta Úrsula, Aureliano; hijo, a su vez, de Aureliano, parece destinado a repetir la historia de sus antepasados: «Se llamará Aureliano Buendía y ganará treinta y dos guerras civiles» (pág. 443). En este caso, sin embargo, la historia se hubiera repetido en sentido inverso (una imagen en el espejo). Pero la dinastía de los Buendía [22], como la de otros linajes bíblicos, poseía también su profecía fatídica: «El primero de la estirpe está amarrado en un árbol y al último se lo están comiendo las hormigas» (pág. 446), situada en un presente ahistórico. Como todas las dinastías hu-

---

[22] Véase *ob. cit.*, pág. 11.

manas tuvo su principio y su fin. Los novelistas del realismo de las *sagas* describen su nacimiento y decadencia (Romains, Mann, etc.). Aquí el ciclo histórico se cierra en el caos inicial y en el final.

El sentido cíclico de *Cien años de soledad* procede fundamentalmente por una reiteración de nombres nunca arbitraria. Las diferentes cualidades de los personajes se transmite por herencia. «Los hijos heredan las locuras de sus padres» (pág. 95), señala Úrsula a Aureliano. Y esta ley de la herencia está materialmente expresada por el temor del incesto que es capaz de producir en la estirpe seres con cola de cerdo. Pero los incestos no llegan a producirse salvo en el último descendiente. En todo caso se desean. Y el narrador, como el folletinista del siglo XIX, juega con ambivalencias. El terror hacia el incesto llega a consideraciones tan exageradas, potenciadas, como las de que «el matrimonio entre primos engendra iguanas» (pág. 77). También el tiempo, en el ámbito de la mítica, es capaz de detenerse. Incluso García Márquez aprovecha el habitual fenómeno psicológico en el individuo que imagina una situación adelantando el tiempo: «De este modo, la visita tanto tiempo esperada, para la que ambos habían preparado las preguntas e inclusive previsto las respuestas, fue otra vez la conversación cotidiana de siempre» (pág. 175). Úrsula y Aureliano viven una situación extraordinaria como habitual al haber sido ésta imaginada y prevista con anterioridad. Desde esta perspectiva podíamos señalar el carácter *determinista-naturalista* de la novela. Sus personajes no pueden escapar del *fatum* trágico que unas leyes superiores a su propia conducta les imponen. Pese al distanciamiento que implica el carácter goliardesco y el tono poético, la novela esconde en su último significante la incapacidad del hombre de superar el destino que se traza o que le han trazado.

Lo mágico y lo maravilloso

Entre las múltiples sorpresas que encierra *Cien años de soledad* una de las más evidentes es el tratamiento de lo mágico y lo maravilloso. El Renacimiento europeo quiso hacer frente con la fuerza de la razón al mundo medieval donde habían privado. Ya Cervantes en *Don Quijote* (I, 47) señala que «hanse de casar las fábulas mentirosas con el entendimiento de los que las leyeren, escribiéndose de suerte que facilitando los imposibles... admiren, suspendan, alborocen y entretengan». El mundo mágico pervive en numerosos elementos folclóricos que sobreviven prácticamente hasta nuestros días, principalmente en el mundo rural. Los embrujos, las hechicerías, los sortilegios forman parte de una cultura popular que tiene sus raíces en el medievo y que es fuertemente combatida, con éxito escaso, por la Inquisición, la Ilustración dieciochesca y finalmente el positivismo científico. Pero la atención hacia el oscuro mundo de la magia aparece aquí y allí, en la tradición literaria hispánica y en la que, entroncada con los mitos indígenas, apareció en la cultura mestiza americana. La nueva novela utiliza un sistema de referencias en las que no se halla ausente el mundo mágico. Alejo Carpentier, Miguel Ángel Asturias, el propio Jorge Luis Borges, entre otros, lo extraen de sus tradiciones nacionales o de lecturas. Cortázar muestra también una atención preferente hacia lo mágico situado en el mundo urbano. Pero García Márquez lo explicita y logra nuevos significados. Desde las primeras páginas alude a «los sabios alquimistas de Macedonia» (pág. 59), a la alquimia (pág. 65) y a sus mitos. A través de ella, por ejemplo, Melquiades recobra la juventud. Esta fáustica operación tiene mucho de burla. Melquiades aparece con una dentadura postiza que se extrae y muestra a sus sorprendidos espectadores. La magia, en ocasiones, no es sino engaño. En este contexto no puede extrañarnos la mención de Nostradamus (págs. 63 y 108). Úrsula, figura capital del relato, mujer que manifiesta su vinculación a la realidad, ante las pretendidas y fracasadas invenciones de su marido, parece advertir la oposición entre las actividades alquimistas y la verdadera ciencia que es el soporte del progreso: «Aquí nos hemos de pudrir en vida sin recibir los beneficios de la ciencia» (pág. 70) advierte desde el principio. Los muertos aparecen como seres vivos (pág. 79), así, Prudencio Aguilar, que murió de una lanzada de José Arcadio Buendía. No son sus espectros (los efectos románticos de la escena son indudables, sin embargo), sino figuras con las que puede dialogarse y que deambulan durante la noche y a plena luz. El matrimonio descubre a Prudencio hasta en su propio cuarto y ello les obliga a marcharse del pueblo (hemos aludido ya a los hechos biográficos y familiares en los que se inspira la escena). Aureliano posee una «rara intuición alquímica» (pág. 81). Por ello no parece extraño que los muertos convivan con los vivos y hasta reaparezcan de nuevo, como Melquiades (págs. 127 y 231). Cuando los personajes deliran acusan también en el reino del inconsciente los efectos mágicos del ambiente. José Arcadio Buendía (pág. 136) habla en latín, con un don de lenguas que sitúa lo maravilloso en un contexto religioso (los apóstoles) y el padre Nicanor muestra su capacidad de levitación. Pero la realidad no es menos mágica. Aureliano Triste descubre que el fantasma que parecía morar en «una casa de nadie» era Rebeca (pág. 263), olvidada ya de todos. El Judío Errante aparece en forma de monstruo y los pergaminos son también mágicos (pág. 404).

García Márquez demuestra en *Cien años de soledad* que lo maravilloso convive con lo cotidiano y, a través de un lenguaje evocador y preciso, es posible hacer vivir lo inverosímil y convertirlo en verídico y poético.

Porque la posibilidad de hacer compatibles lo cotidiano y lo poético es función de la poesía, cuando ésta brota como creación a través del lenguaje.

Elementos orales y folclóricos

La lectura de *Cien años de soledad* plantea al lector un variado cúmulo de impresiones presididas por la sensación de hallarse ante una novela «diferente». Tal diferencia procede no sólo de una sensación de totalidad sino también de una entonación que viene a distinguirla de aquella literatura que ha empleado exclusivamente los recursos de la letra escrita. Algunas fórmulas de *Cien años de soledad* derivan del relato oral (aunque intelectualizadas y perfectamente trabadas al material escrito, lo que las distingue del tratamiento de elementos parecidos en R. Güiraldes o R. Gallegos). Puede observarse, por ejemplo, la capacidad imaginativa derivada de una recurrencia de personajes o motivos que se abandonan aparentemente, aunque cobren más tarde todo su valor indicativo. García Márquez utiliza un punto de vista que hace del narrador un dios que conoce el principio y fin del mundo que narra, del que nos ofrece siempre partes, reservándose para sí o para más adelante la posibilidad de volver a reemprender el hilo para completarlos. Dicha técnica puede emparentarse con la de la novela policiaca. En *Crónica de una muerte anunciada* García Márquez lo sintetizará magistralmente. El narrador popular que cuenta historias de carácter tradicional o que inventa en parte un material nuevo detenta la «memoria colectiva». Los recitadores de una cultura literaria basada en lo tradicional (en forma de cuentos orales, romances o canciones) eran capaces de salvar del olvido un pasado histórico y heroico. Buena parte de la literatura oral africana se plantea todavía hoy tal problemática. La desaparición de estos narradores en las culturas «avanzadas» ha venido a suplirse por medios escritos (prensa, historia, literatura, novela). Una de las mayores tragedias de Macondo reside precisamente en la desaparición de la memoria: «en aquel Macondo *olvidado* hasta por los pájaros, donde el polvo y el calor se habían hecho tan tenaces que costaba trabajo respirar...» (pág. 436) o «en un pueblo que se hundía sin remedio en el tremedal del olvido» (pág. 104). La aparición de Melquiades significa poder vencer el olvido mediante el recuerdo. Éste había conocido ya la muerte (el olvido y la soledad) y decide precisamente buscar refugio en Macondo porque allí no se había descubierto todavía la muerte (pág. 104).

Se lucha también contra la muerte, a través de la imaginación, en una conocida muestra de literatura tradicional y popular, *Las mil y una noches.* Ante la posibilidad de su ejecución, Shahrazad hila un cuento cada noche. La narración supone, pues, continuidad y vida. Ciertos elementos narrativos de *Cien años de soledad* parecen derivar de los cuentos orientales (que fueron originariamente orales) de *Las mil y una noches:* el clima mágico, por ejemplo, de los «gitanos nuevos» y, concretamente, «el cofre mágico» (página 74). Macondo, el espacio novelesco, es una auténtica región encantada. En ella se producen hechos extraordinarios, que van más allá de las fuerzas de la naturaleza, auténticos «milagros», aunque despojados de sus connotaciones religiosas. Los recursos utilizados por el narrador derivan de elementos cultos y populares. Entre los últimos se incluyen relatos marcadamente tradicionales: «Se reunían a conversar sin tregua, a repetirse durante horas y horas los mismos chistes, a complicar hasta los límites de la exasperación el cuento del gallo capón, que era un juego infinito en que el narrador preguntaba si querían que les contara el cuento del gallo capón, y cuando contestaban que sí, el narrador decía que no había pedido que dijeran que sí, sino que si querían que les contara el cuento del gallo capón, y cuando se quedaban callados el narrador decía que no les había pedido que se quedaran callados, sino que si querían que les contara el cuento del gallo capón, y así sucesivamente, en un círculo vicioso que se prolongaba por noches enteras» (pág. 101). La estructura circular del relato —sin principio ni fin— puede compararse al «cuento de la buena pipa», utilizado también en la narrativa española actual por Camilo José Cela. La presencia de la literatura popular aparece también concretamente en la figura de Francisco el Hombre, quien «cantaba las noticias con su vieja voz descordada, acompañándose con el mismo acordeón arcaico que le regaló sir Walter Raleigh en la Guayana...» (pág. 106). La escena recuerda la figura del ciego cantor peninsular [23] o la del transmisor de la literatura de cordel, tan divulgada también en América desde los corridos mexicanos a las canciones gauchescas argentinas.

La exageración misma, constante recurso de *Cien años de soledad,* aparece con frecuencia en la literatura goliardesca, en las canciones de disparates, en los poemas carnavalescos. La exageración será también un recurso culto, propio de la literatura y del arte expresionista, pero viene a caracterizar no pocas muestras de arte primitivo. La denominación de algunos personajes, como *Gerineldo* Márquez, parece tener presente determinados héroes del *Romancero* hispánico, tan difundido en América. El tema del personaje que contempla o espera su propio entierro (utilizado por Espronceda en *El estudiante de Salamanca)* tiene también una raigambre popular y tradicional [24].

---

[23] Véase Joaquín Marco, *Literatura popular en España en los siglos XVIII y XIX,* Taurus, Madrid, I, págs. 48 y sigs.
[24] *Ob. cit.,* pág. 260.

El nombre de Fernanda del Carpio parece derivar del ciclo del *Romancero* dedicado a Bernardo del Carpio, héroe vinculado a la tradición carolingia. La fórmula de la *exageración* es un indicio de riqueza cuando Aureliano Segundo decide empapelar su casa con billetes (pág. 238), o de fecundidad, cuando se trata de los diecisiete hijos del coronel Aureliano Buendía. Puede convertirse también en un recurso con el que se prolonga el relato. José Arcadio Buendía aumenta de peso hasta el punto de que se requieren «siete hombres» para arrastrarlo hasta la cama (pág. 188) desde el tronco del castaño en el que se ha instalado. El dato se amplifica con algunas metamorfosis: «Un tufo de hongos tiernos, de flor de palo, de antigua y reconcentrada intemperie impregnó el aire del dormitorio cuando empezó a respirarlo el viejo colosal macerado por el sol y la lluvia» (pág. 188). La piel de Melquiades «se le cubrió de un musgo tierno» (página 125). La violencia absurda aparece en la *exageración* del belicista Aureliano Buendía, quien había tenido que promover «treinta y dos guerras» (pág. 217). Incluso la belleza femenina puede exagerarse hasta el punto de que Remedios la bella «no era un ser de este mundo» (pág. 242). La utilización aquí del epíteto definidor responde a la tradición de la épica (desde la *Ilíada* hasta el ciclo carolingio). También la lluvia tropical aparece exagerada, puesto que dura cuatro años, once meses y dos días (pág. 351). El autor utiliza un sistema de precisión numérica bien conocido ya por los surrealistas. El amor entre Amaranta Úrsula y Aureliano culmina en un estado enfebrecido durante el cual destruyen cuanto les rodea (págs. 436-37).

Cien años de soledad reúne multitud de historias. El narrador parece perderse por los laberintos de una tan compleja familia, de un territorio mágico, en el cual prácticamente todo es posible. Pero para ser un buen narrador, para poder ofrecernos el conjunto de todas ellas, se requiere un peculiar sentido de la memoria. García Márquez domina desde su peculiar sentido del tiempo la totalidad de Macondo. Sabe de su principio y de su fin y conoce, también, las complejas circunstancias por las que han transcurrido las vidas de sus personajes. Su dominio del tiempo y de sus recursos es también el dominio de la memoria colectiva. La *acumulación* de elementos narrativos produce una deliberada sensación de desorden. Al autor parece perdérsele de vez en cuando un personaje, abandonado en una determinada actitud. Pero más adelante lo recobrará y recargará de nuevos sentidos. Pocos de ellos lograrán superar el territorio conocido de Macondo. Salir del espacio acotado previamente resulta peligroso, como el mensajero que envía José Arcadio Buendía con dibujos de sus descubrimientos estratégicos. El mensajero «atravesó la sierra, se extravió en pantanos desmesurados, remontó ríos tormentosos y estuvo a punto de perecer bajo el azote de las fieras, la desesperación y la peste, antes de conseguir una ruta de enlace con las rutas del correo» (pág. 61). Durante años esperará la respuesta de unas autoridades inexcrutables.

El conocimiento directo del folclore colombiano le servirá al autor para adentrarse en las esencias. Sabemos de su primitivo interés de la mano del novelista y folclorista Manuel Zapata Olivella, quien lo utilizó en alguna de sus novelas como *En Chimá nace un santo* (1967). En un artículo de mayo de 1948 Gabriel García Márquez considerará que la esencia de la música costeña es de origen medieval. Gilard supone que el periodismo le sirvió para superar su atención al folclore, aunque sus huellas permanecen bien patentes en su madura obra narrativa. De otra parte, también la cultura tradicional le permite establecer el oportuno nexo entre la tradición hispánica (el mito del oro, de Eldorado, del galeón español) y su conciencia americana.

Elementos religiosos y literarios

Buena parte de los temas utilizados en la novela proceden de textos literarios. La *Biblia* es la fuente primera. Hallamos no sólo la presencia del Génesis (página 59) y del Éxodo (pág. 67), sino que el origen de Macondo tiene que ver con el mito del Paraíso Terrenal, donde la muerte era también desconocida. José Arcadio Buendía «nombra» las cosas en una constante lucha contra el olvido. Es a la vez un demiurgo y un patriarca bíblico. El pueblo de Macondo puede sugerirnos el papel de «pueblo elegido». Dispone de una historia diferenciada que comienza con los orígenes mismos de su naturaleza, orígenes que aparecen también en las crónicas históricas y fabulosas medievales. Algunos fenómenos, como la levitación del padre Nicanor, utilizada en el contexto para demostrar el «infinito poder de Dios» (pág. 136), pueden rastrearse en los textos bíblicos. El padre Antonio Isabel, al borde del delirio, enseña, a la vez, «cómo se le ocurrió a Dios en el segundo día de la creación que los pollos se formaran dentro del huevo» (pág. 232) y que «el diablo había ganado la rebelión contra Dios» (página 232). Aparecen abundantes elementos religiosos propios de la liturgia católica, como la ceremonia del Miércoles de Ceniza, mediante la cual se reconocerá a los hijos del coronel Buendía. Pero las influencias bíblicas podrán apreciarse también en temas como el del supuesto origen del hijo de Meme, aparecido en una canastilla, como Moisés. Las abundantes profecías, premoniciones de muerte u otros signos, surgen también con frecuencia en los textos bíblicos. Desprovista de una trascendencia religiosa, la novela se inscribe, sin embargo, en una religiosidad popular que asimila lo maravilloso y transcendentaliza las acciones humanas. La elevación de Remedios la bella (pág. 279) parece fácilmente relacionable con la Asunción de la

Virgen. Úrsula, una figura capital en el relato, muere el día de Jueves Santo. La ceremonia de la misa del padre Nicanor (pág. 136) responde a una comprensión mágica de los fenómenos religiosos, así como el respeto familiar por la vocación sacerdotal de José Arcadio (pág. 293) o la visión popular de los conventos de clausura, donde Fernanda recluye a Meme, en una ciudad «lúgubre en cuyos vericuetos de piedra resonaban los bronces funerarios de treinta y dos iglesias» (pág. 334). ¿No adivinamos, en la forzada entrada en el convento de clausura de Meme, tras la que se cierran los rastrillos de hierro, de quien se pierde el rastro hasta «la remota madrugada de otoño en que muriera de vejez, con sus nombres cambiados y sin haber dicho nunca una palabra, en un tenebroso hospital de Cracovia» (pág. 334), los rasgos de las canciones o romances tradicionales de las «malmonjadas»?

Se ha aludido con frecuencia a la influencia del *Amadís* en *Cien años de soledad*[25] y de *Tirant lo Blanc* destacado por Mario Vargas Llosa [26]. En el *Amadís* se da con mayor profusión la mezcla de lo real con lo maravilloso. Ésta es la tesis fundamental de Mario Vargas Llosa, quien señala que «la historia de los Buendía, como la de Amadís o Tirant lo Blanc, transcurre simultáneamente en varios órdenes de la realidad: el individual y el colectivo, el legendario y el histórico, el social y el psicológico, el cotidiano y el mítico, el objetivo y el subjetivo... *Cien años de soledad* significó, entre otras cosas, un desdeñoso desaire a siglos de pudor narrativo y la resurrección inesperada,

---

[25] Mario Vargas Llosa, «El Amadís en América», en *Recopilación de textos sobre Gabriel García Márquez,* Casa de las Américas, La Habana, 1969, págs. 113-118.
[26] Mario Vargas Llosa, «Carta de batalla por "Tirant lo Blanc"», prólogo a *Tirant lo Blanc,* Alianza Editorial, 1969, I, páginas 9-41.

en un novelista de la lengua, del ambicioso designio de los suplantadores de Dios medievales: competir con *toda* la realidad, incorporar a la ficción cuanto existe en la vida y en la fantasía del hombre» [27]. Sin embargo, la técnica narrativa del *Amadís* poco tiene que ver con *Cien años de soledad*. Gabriel García Márquez posee una capacidad goliárdica desconocida para los creadores de la novela de caballerías, presente ocasionalmente en Joanot Martorell. Los frecuentes recursos paródicos de *Cien años de soledad* parecen más próximos a Rabelais que a Cervantes. Cuando Gabriel resulta ser el único superviviente de Macondo (la referencia al nombre de García Márquez) es más que evidente «se fue a París con dos mudas de ropa, un par de zapatos y las obras completas de Rabelais» (página 435). Importa poco que el propio García Márquez declare que en realidad el libro que Gabriel se llevó a París «fue el *Diario del año de la peste,* de Daniel Defoe» [28] y que la sustitución fue una trampa para los críticos. Estimo más bien que la mención de Rabelais es más apropiada y que García Márquez hubiera cometido un error al mencionar aquí a Defoe. El mundo de Rabelais corresponde mejor a la inspiración de *Cien años de soledad* como trataré de mostrar. Considerado por los surrealistas como uno de sus precursores, Rabelais es un autor difícil. Como ya señaló Mijail Bajtin «su obra, descifrada convenientemente, permite iluminar la cultura cómica popular de varios milenios» [29]. Rabelais, como García Márquez, alcanza pronto un éxito popular que supera las rígidas clases sociales. «Los contemporáneos de Rabelais lo acogieron

---

[27] Mario Vargas Llosa, *García Márquez, historia de un deicidio,* página 177.
[28] Miguel Fernández Braso, *ob. cit.,* pág. 114.
[29] Mijail Bajtin, *La cultura popular en la Edad Media y en el Renacimiento. El contexto de François Rabelais,* Barral, Barcelona, 1974, página 9.

dentro del marco de una tradición todavía viva y potente, sorprendidos por la fuerza y la brillantez de Rabelais, pero no por el carácter de sus imágenes y estilo. Sus contemporáneos captaron la unidad del universo rabelaisiano y comprendieron el parentesco profundo y las relaciones recíprocas entre sus elementos constitutivos, que ya en el siglo XVII comienzan a parecer heterogéneos y, para el siglo XVIII, enteramente incompatibles: discusiones sobre problemas importantes, comicidad verbal de baja estofa, elementos de sabiduría y farsa»[30]. Hasta cierto punto la obra de García Márquez muestra el entronque con una tradición carnavalesca de la realidad. El descubrimiento de lo verídico debe realizarse tras una tarea de desciframiento sólo comparable a la tarea de Aureliano en descubrir la historia que precisamente se narra en *Cien años de soledad* (pág. 448). Es éste, además, un recurso tradicional (el del manuscrito encontrado) que hallamos incluso en el *Quijote*. El autor, sin embargo, ha roto la barrera que separaba lo verosímil de lo inverosímil a través del poder creativo de la imaginación. Ello sólo podía ser posible tras la modificación en la estética y el gusto moderno que supuso el surrealismo. Habíamos pasado por la aventura de la libertad creadora. Desde M. A. Asturias a Julio Cortázar se habían incorporado en la novela latinoamericana elementos derivados de la evolución estética surrealista. Los ejercicios espirituales que comportó la quiebra del realismo burgués permitieron la libertad juglaresca de una nueva clase de novela. En García Márquez, al tiempo que entraba en crisis una vez más el realismo entendido como fiel retrato de lo cotidiano, hacía su aparición el «arte del cuerpo», presente en la tradición rabelaisiana. En contraste con los «idealismos» de todo signo, *Cien años de soledad* exagera las presencias

---

[30] *Ob. cit.*, pág. 61.

corporales, desde la escatología al erotismo. El amor se materializa y hasta el filial necesita caracterizarse con el grotesco efecto del «cloc cloc de los huesos de sus padres» (pág. 164).

La fiesta popular del Carnaval se halla presente en la novela: «El carnaval había alcanzado su más alto nivel de locura, Aureliano Segundo había satisfecho por fin su sueño de disfrazarse de tigre y andaba feliz entre la muchedumbre desaforada, ronco de tanto roncar, cuando apareció por el camino de la ciénaga una comparsa multitudinaria llevando en andas doradas a la mujer más fascinante que hubiera podido concebir la imaginación» (pág. 245). La fiesta acaba en tragedia, pero la enumeración del resultado de la refriega posee las características del estilo carnavalesco: «Quedaron tendidos en la plaza, entre muertos y heridos, nueve payasos, cuatro colombinas, diecisiete reyes de baraja, un diablo, tres músicos, dos Pares de Francia, y tres emperatrices japonesas» (pág. 246). Las fórmulas del disfraz aparecen incluso en algunos detalles del juego erótico: «Ella jugaba a las muñecas con la portentosa criatura de Aureliano, y le pintaba los ojos de payaso con carmín de labios y bigotes de turco con carboncillo de las cejas, y le ponía corbatines de organza y sombreritos de papel plateado» (pág. 437). Bajtin señala un desconocido juego carnavalesco, el del «buey violado», al que se le adorna también de cintas multicolores [31], aunque la escena puede resultar también la parodia de un conocido pasaje de la novela de D. H. Lawrence *El amante de Lady Chatterley,* donde figura una escena semejante. Carnavalescos son, asimismo, los episodios en los que se relatan las competiciones gastronómicas de Aureliano Segundo (pág. 296), las fiestas de la boda de Aureliano Buendía y Remedios Moscote (pág. 133),

---

[31] *Ob. cit.,* pág. 182.

donde se parodia no sólo la ceremonia, sino los anteriores ritos de iniciación.

Algunos elementos míticos proceden de fuentes literarias, como el de las sirenas (pág. 68) o la mortaja de Amaranta (pág. 319), que teje durante cuatro años a la espera de la muerte, ambos procedentes de la *Odisea*. José Arcadio Buendía pierde la cabeza sumergido en el estudio de sus «novelerías» (pág. 71), pero aparecen otros muchos personajes que permanecen ajenos a la realidad que les circunda, trabajando en alquimias o extraños manuscritos. No resulta ajeno a esta situación el mito quijotesco. La consideración de la infancia como «insuficiencia mental» (pág. 72) coincide con el libro primero del *Émile,* de Rousseau, y con *Las noches lúgubres,* de Cadalso, quien alude a los comienzos de la vida humana «sus primeros años..., enfermedad, flaqueza, estupidez, molestia, asco...». Descubrimos también en *Cien años de soledad* abundantes rastros borgeanos. Así los orígenes de la familia (Úrsula Iguarán y José Arcadio Buendía) guardan cierta semejanza con el relato de Borges «El atroz redentor Lazarus Morell», de su *Historia Universal de la infamia* (1935). El resumen del ciclo vital de Aureliano Buendía (pág. 155) funciona con los esquemas de algunos relatos de Borges, especialmente en la exposición temporal y en las consecuencias de una serie de fracasos vitales que traen como resultado la fama póstuma e irónica de «una calle con su nombre». Algunas fórmulas simétricas de la estructura narrativa pueden emparentarse también con las de relatos de Borges, como el juego de los espejos (realidad convertida en imagen), bien conocida por su profusa utilización en el maestro argentino, o la laberíntica imagen de los aposentos iguales (pág. 189).

La referencia a Alejo Carpentier es precisa. Uno de sus personajes, Victor Hugues, es el personaje real y héroe de *El Siglo de las Luces* (1962). La represión policiaca, el terror y la arbitrariedad se testimonian en el episodio en el que un niño de siete años derrama por accidente su refresco sobre el uniforme de un cabo de la policía. Éste lo hace «picadillo a machetazos» y decapita al abuelo. La escena, signo de la arbitrariedad y del terror, puede enlazarse con aquélla en la que un viejo secretario derrama accidentalmente un tintero y éste lo hace apalear hasta morir, procedente de *El señor presidente,* de Miguel Ángel Asturias. La aparición de los norteamericanos (pág. 314) desencadenará el crecimiento y a la vez el desastre de Macondo. Su función indicativa puede relacionarse con el personaje de Míster Danger, en la novela *Doña Bárbara,* de Rómulo Gallegos. El coronel Lorenzo Gavilán (págs. 337 y 342) es un personaje de la novela de Carlos Fuentes *La muerte de Artemio Cruz* y Rocamadour (pág. 438) de la novela de Julio Cortázar, *Rayuela.*

La casa inundada en la que es necesario «excavar canales para desaguar la casa, y desembarazarla de sapos y caracoles...» (pág. 352), tiene su antecedente en la novela del uruguayo Felisberto Hernández *La casa inundada* (1960). Las relaciones incestuosas entre José Arcadio y Rebeca (pág. 145) poseen también un antecedente destacable: el romance de Federico García Lorca *Ammar y Tammón,* basado en un episodio bíblico, aunque aparezca también en un romance tradicional en el *Romancero* español. Conocemos la opinión que le merecía la obra lorquiana a García Márquez ya en época muy temprana. En marzo de 1951, en un artículo publicado en «La Jirafa» [32] señala que «en cualquier pueblo de la costa atlántica pueden encontrarse, arracimadas, estas mujeres patéticas que García Lorca puso a vivir y a morir en su última pieza teatral. Pero de todos modos, a pesar de

---

[32] Gabriel García Márquez, *Obra periodística,* I, pág. 692.

los indudables aciertos del dramaturgo local en su empeño por lograr un auténtico clima folclórico, la casa de doña Amaranta tiene mucho más de la de Bernarda Alba que la de la coronela Montero» [33]. La actitud de Petra Cotes que ayuda a Fernanda recuerda a *Fortunata y Jacinta,* de Pérez Galdós. El parecido entre el coronel Aureliano Buendía y el personaje Sartoris, de William Faulkner, ha sido ya evidenciado. Significativa es la presencia de algunos elementos del *Orlando,* de Virginia Woolf [34] (pág. 235). Sobre la relación entre *El gran Burundún Burundá ha muerto* (1952) [35], del colombiano Jorge Zalamea (1905-1969), y la obra de García Márquez, especialmente *Los funerales de Mamá Grande* se ha dicho ya lo más significativo (pág. 237).

La figura de «El Judío Errante» adquiere la forma de un mito. Fue un tema ampliamente divulgado en el siglo XIX no sólo por la novelización de Eugenio Sue, sino porque fue difundido en verso y prosa en la literatura de cordel [36]. Pero El Judío Errante, cuando pasa por Macondo, «provocó un calor tan intenso que los pájaros rompían las alambreras de las ventanas para morir en los dormitorios» (pág. 183). En otra ocasión (pág. 379) toma la figura de un monstruo y el pueblo acaba con él. En ambos casos las imágenes pueden relacionarse con el *Apocalipsis* bíblico. Aparecen también breves alusiones literarias poco significativas. El «vuelva mañana» (pág. 285), recuerdo de Larra, fórmula utilizada en un adecuado contexto;

---

[33] Mario Vargas Llosa, *García Márquez, historia de un deicidio,* página 149.

[34] Mario Vargas Llosa, *ob. cit.,* pág. 165.

[35] Véase Alfredo Iriarte, prólogo a Jorge Zalamea, *El gran Burundú ha muerto* y *La metamorfosis de su excelencia,* Bogotá, 1966, páginas 24-28.

[36] Véase Joaquín Marco, *La literatura popular en España en los siglos XVIII y XIX,* I, pág. 308.

cuando Aureliano Buendía pugna con la administración por las pensiones vitalicias de los militares combatientes. Se menciona, asimismo, *El puñal del Zorro* (en vez del *godo),* de José Zorrilla, una prueba más de la popularidad que alcanzara en América la obra del romántico español.

Los elementos literarios de la obra de García Márquez no responden a influencias. El autor los asimila e inscribe en el conjunto de la novela cuanto lo estima conveniente, aunque su técnica dista mucho del *collage.* Su capacidad transformadora, deicida, según Vargas Llosa, escapa a cualquier atracción de modos o fórmulas ajenas. En *Cien años de soledad* se inscribe, pues, lo real y lo literario (culto o popular), ya que la forma narrativa empleada es un mecanismo que actúa como pozo sin fondo. Aquí hemos expuesto sólo un repertorio que podría ampliarse considerablemente.

El amor y la muerte

El moverse entre las constantes sorpresas que nos depara el texto de García Márquez no impide que pueda observarse que aparecen en él dos temas recurrentes, tradicionales en el quehacer literario, porque constituyen los ejes de la vida humana: el amor y la muerte. Son temas que, desde los románticos, se transmiten a los decadentistas [37]. En *Cien años de soledad* podemos descubrir algunas de las páginas más bellas que sobre el amor y sus diversas manifestaciones se han escrito en lengua castellana. Los «síntomas del amor» que ya analizara Ovidio, aparecen en las relaciones entre Meme y Mauricio Babilonia. «Se volvió loca por él. Perdió el sueño y el apetito, y se

---

[37] Véase el repertorio del romanticismo decadente en Mario Praz, *La carne, la muerte y el diablo (en la literatura romántica),* Monte Ávila, Caracas, 1969.

hundió tan profundamente en la soledad, que hasta su padre se le convirtió en un estorbo» (pág. 327). Pilar Ternera actúa en mágica tercería celestinesca. También en *La Celestina* se manifiestan los elementos mágicos. Y el amor entre los jóvenes tiene como signo visible la aparición de las mariposas amarillas. Sin la persona amada los seres se debaten en la soledad. Mauricio Babilonia morirá «de viejo en la soledad», separado de su amante. Pero el episodio más declaradamente romántico de la narración es el suicidio por amor de Pietro Crespi. Amaranta se muestra dura y manifiesta su desprecio por su enamorado. «El día dos de noviembre, día de todos los muertos, su hemano abrió el almacén y encontró todas las lámparas encendidas y todas las cajas de música destapadas y todos los relojes trabados en una hora interminable, y en medio de aquel concierto disparatado encontró a Pietro Crespi en el escritorio de la trastienda, con las muñecas cortadas a navaja y las dos manos metidas en una palangana de benjuí» (pág. 161). Úrsula le considerará como un santo y se enfrentará al padre Nicanor que se niega a darle sepultura en tierra sagrada. El disparatado romanticismo es fruto de una sensibilidad exacerbada, porque se traducía en un «noviazgo crepuscular» (pág. 158). El signo de la fatalidad serán «las lluvias aciagas de octubre» (página 160). Y, en una manifestación clara de romanticismo, la Naturaleza acompañará la desgracia del corazón.

El repertorio amoroso se inicia con la novela misma, cuando Úrsula mantiene un año después de su matrimonio su virginidad. El temor al incesto, que se manifiesta materialmente con la aparición de una cola de cerdo (pág. 77), se supera con signos de violencia: «—Si has de parir iguanas, criaremos iguanas» (pág. 78), afirma José Arcadio Buendía y consuman el amor: «Era una buena noche de junio, fresca y con luna, y estuvieron despiertos y retozando en la cama hasta el amanecer.» José Arcadio y Pilar Ternera descubren conjuntamente el erotismo. Cuando su hermano Aureliano le pregunta por la naturaleza del amor, éste le responde: «Es como un temblor de tierra» (pág. 86), definición que no queda muy lejos del título del conocido libro de poemas de Vicente Aleixandre *La destrucción o el amor*. La pasión se desata entre José Arcadio y una gitana, «se besaron con una ansiedad desesperada mientras se iban quitando la ropa» (pág. 89), hasta el punto de que éste abandona a su familia y acompaña, siguiendo una clara tradición manifiesta ya en la novela romántica folletinesca, a la farándula y abandona Macondo. La frustración amorosa se manifiesta cuando Aureliano se acuesta con una mulata adolescente, a la que habían visitado sesenta y tres hombres aquella noche. Pese a sus esfuerzos «él se sintió cada vez más indiferente y terriblemente solo» (págs. 107-108). La ausencia del amor conduce inevitablemente a la soledad. De ahí que los personajes de *Cien años de soledad* busquen el complemento femenino que puede situarlos en otra realidad. Cuando Aureliano, más tarde, descubrirá a Remedios no sólo sentirá los efectos del amor, sino que de éste se derivarán manifestaciones literarias: «La casa se llenó de amor. Aureliano lo expresó en versos que no tenían principio ni fin. Los escribía en los ásperos pergaminos que le regalaba Melquiades, en las paredes del baño, en la piel de sus brazos, y en todos ellos aparecía Remedios transfigurada: Remedios en el aire soporífero de las dos de la tarde, Remedios en la callada respiración de las rosas, Remedios en el vapor del pan al amanecer, Remedios en todas partes y Remedios para siempre» (pág. 119). He aquí una manifestación del desbordamiento lírico de la novela, tan próxima al poema. Pero cuando el amor no es posible los seres de García Márquez, insatisfechos, aman a otra persona en la que imaginan al amante imposible. Aureliano recurre a Pilar Ternera y en ella transfiere su pasión: «Remedios convertida en un pantano sin horizontes, olorosa a animal crudo y a ropa recién planchada» (pág. 121).

El límite del incesto [38] se produce en el amor entre José Arcadio y Rebeca, quienes se creen hermanos. Pero su pasión es más fuerte que los tabúes: «Ella tuvo que hacer un esfuerzo sobrenatural para no morirse cuando una potencia ciclónica asombrosamente regulada la levantó por la cintura y la despojó de su intimidad con tres zarpazos, y la descuartizó como un pajarito. Alcanzó a dar gracias a Dios por haber nacido, antes de perder la conciencia en el placer inconcebible de aquel dolor insoportable, chapaleando en el pantano humeante de la hamaca que absorbió como un papel secante la explosión de su sangre» (pág. 145). Obsérvense las expresiones de la violencia que impregnan la escena amorosa y la reiterada manifestación de virginidad que acostumbra a figurar en las escenas amorosas, donde la conciencia del placer, del dolor y de la muerte se unen. El amor entre Aureliano José y su tía Amaranta nace en los dominios de un erotismo cómplice (pág. 192), pero cuando más adelante éste regresa después de desertar de los federalistas de Nicaragua se manifiesta como «un animal de campamento» (pág. 198). Estos amores incestuosos plantean el problema del matrimonio entre tía y sobrino. Los liberales, según estima un soldado, están haciendo la guerra «contra los curas para que uno se pueda casar con su propia madre» (pág. 198).

El coronel Aureliano Buendía es el más claro ejemplo de la incapacidad amorosa. Sólo sintió complicidad por su hermano José Arcadio y «las incontables

---

[38] Véase Suzanne Jill Levine, «La maldición del incesto en "Cien años de soledad"», en *Revista Iberoamericana,* 76-77, julio-diciembre de 1971, págs. 711-724.

mujeres que conoció en el desierto del amor, y que dispersaron su simiente en todo el litoral, no habían dejado rastro alguno en sus sentimientos» (pág. 220). La guerra es, pues, mala acompañante del amor. Y ni siquiera los héroes pueden amar. La sátira de la pudibundez sexual en el matrimonio se describe en el personaje de Fernanda, educada para ser reina, la cual tiene que competir con Petra Cotes, amante de Aureliano Segundo. «Fernanda llevaba un precioso calendario con llavecitas doradas en el que su director espiritual había marcado con tinta morada las fechas de abstinencia venérea. Descontando la Semana Santa, los domingos, las fiestas de guardar, los primeros viernes, los retiros, los sacrificios y los impedimentos cíclicos, su anuario útil quedaba reducido a cuarenta y dos días desperdigados en una araña de cruces moradas» (pág. 253). Este personaje se creerá más adelante entroncado con la casa ducal de Alba (pág. 359). Ya en la vejez, vestida con los atuendos de reina, acaba humanizándose en la soledad (pág. 398).

El amor entre Aureliano y Nigromanta responde al esquema de las relaciones mágicas. En el amor aparecen también las combinaciones extrañas que tienen mucho de imaginario. Pero en esta extraña figura los signos de la prostitución se mezclan con los de la ternura. Y Aureliano no consigue ni siquiera en el placer inventado y profesionalizado apagar su pasión por Amaranta Úrsula. Cuando el amor se materializa «una conmoción descomunal la inmovilizó en su centro de gravedad, la sembró en su sitio, y su voluntad defensiva fue demolida por la ansiedad irresistible de descubrir los silbos anaranjados y los globos invisibles que la esperaban al otro lado de la muerte» (pág. 430). En esta fiebre apasionada, los amantes consuman el amor, se consumen en él y se aproximan a la muerte.

Al tiempo que los seres de *Cien años de soledad* se

relacionan por el amor, intentan alejar la sombra de la muerte. Melquiades envejece más rápidamente que José Arcadio Buendía. Ha realizado ya varios viajes alrededor del mundo, como El Judío Errante. Y su capacidad de cambiar de espacio arrastra consigo la imagen de la muerte, ésta «lo seguía a todas partes, husmeándole los pantalones, pero sin decidirse a darle el zarpazo final» (pág. 63). El narrador no sólo conoce de forma omnisciente lo que piensan los vivos, sino también lo que sienten los muertos. Prudencio Aguilar es un espectro real y atormentado con «la inmensa desolación... la honda nostalgia con que añoraba los vivos, la ansiedad...» (pág. 79), características todas ellas de ser vivo. Para aplacarle José Arcadio Buendía recurre al sacrificio de los gallos, hacia quienes ambos habían sentido una gran afición. La fórmula mítica del sacrificio aparece en las religiones primitivas y llega al cristianismo. Responde a la inquietud de creer que los muertos siguen viviendo en un mundo real, de seres vivos. La soledad de los muertos es la absoluta soledad que Bécquer había definido en una de sus *Rimas*. Macondo no conoce inicialmente la muerte y es un pueblo tan poco pacífico que no ha descubierto todavía «la muerte natural» (pág. 111). La muerte de Melquiades aparece rodeada de signos sobrenaturales. El propio personaje afirma haber alcanzado la inmortalidad (pág. 126). Pero el cadáver se comporta como el de cualquier ser humano. Y es finalmente enterrado. Poco después se habla de su «deambular sigiloso» (pág. 127). La conciencia de la muerte supone un retorno a la infancia. José Arcadio, cuando va a ser fusilado, en una escena que repite otra en el comienzo de la novela en la que el fusilado es su hermano Aureliano (en un magistral juego de espejos), «vio a su padre en una tarde espléndida conduciéndolo al interior de la carpa, y vio el hielo» (pág. 179). Esta escena, cuyo desencadenante es la proximidad de la muerte, constituye uno de los núcleos fundamentales del relato. Corresponde, según declaraciones del propio García Márquez, a la inspiración inicial de *Cien años de soledad,* puesto que coincide con un recuerdo infantil en el que su abuelo le llevó a ver una representación de circo. La muerte se convierte en un simple trámite expeditivo cuando es resultado de la represión. La muerte del general Moncada aparece como un acto de venganza gratuita (págs. 207-208).

La belleza puede ser también un signo de muerte. Remedios la bella posee el poder de destruir a los hombres con sólo mirarles. Aparece como una mujer fatal, como *Doña Bárbara,* de Rómulo Gallegos, aunque aquélla tiene que usar de sortilegios para alcanzar sus deseos. Remedios la bella manifiesta su frigidez y su belleza, es también presagio de muerte (pág. 277), del mismo modo que la ceniza será el signo que identificará a los diecisiete hijos del coronel Buendía. Ni siquiera el último logra escapar a un destino fijado previamente, un destino de muerte violenta. Figuran numerosas premoniciones de muerte, pero el coronel Aureliano Buendía sabe que «uno no se muere cuando debe, sino cuando puede» (página 284). El culto a los muertos constituye un ritual que practica Amaranta con el cadáver de su padre (pág. 316), ante el estupor de Fernanda que refleja la actitud católica ortodoxa. Amaranta teje también la mortaja de Rebeca (pág. 317) y le es permitido contemplar su personificación: «Era una mujer vestida de azul, con el cabello largo, de aspecto un poco anticuado, y con un cierto parecido a Pilar Ternera en la época en que las ayudaba en los oficios de la cocina» (pág. 318). Aparece como una figura capaz de alternar con los mortales en un atuendo y forma parecidos a las representaciones románticas y simbolistas. La muerte le pide a Amaranta que le enhebre una aguja y le ordena tejer su propia mortaja. Conocedora de que llega la hora de su muerte, después de tejer y bordar su mortaja se convierte en una mensajera, una mediadora para los muertos del pueblo [39]. Sólo Fernanda se muestra aferrada a su intransigencia religiosa. La muerte es para Amaranta un destino aceptado. Los que mueren se comunican con los ya difuntos. Así, Úrsula le pide al cadáver del coronel Gerineldo Márquez cuando pasa camino del cementerio en un ataúd durante la lluvia: «Salúdame a mi gente y dile que nos vemos cuando escampe» (pág. 356). Los personajes pueden, de este modo, conocer con anticipación su propia muerte y comunicarse con aquellos que les precedieron.

Las muertes se producen también en fechas señaladas. Úrsula muere un día de Jueves Santo (página 378). Una vez más, signos naturales de muerte acompañan la desaparición de Úrsula, una de las claves del mundo de Macondo, cuando se despuebla. Los pájaros que mueren asfixiados por el calor, sin embargo, son interpretados por el padre Antonio Isabel como un indicio de la presencia del Judío Errante en forma de monstruo apocalíptico. La ambigüedad del signo parece relacionarse con la presencia de la muerte y la decadencia de las figuras más repre-

---

[39] Graciela Maturo analiza el papel mediador de la mujer que identifica con la Virgen: «Sólo así se hace plenamente inteligible la inserción de los numerosos detalles que se refieren a la Virgen, o a Remedios (y por extensión a Amaranta y a Meme, o a Amaranta Úrsula o Mercedes). Esas señales, gestos, situaciones, no pueden ser interpretados diacrónicamente sino en forma figurada, como referencias a María-mediadora dentro del esquema neoplatónico y cátaro que ha prevalecido en la poesía occidental, y que García Márquez completa y enriquece con la contraposición de la madre telúrica y fecunda que es Úrsula, cuidadora de la casa, y de Amaranta-Úrsula, la amante total, en que ambas se funden (como en la Virgen-Madre)», en *Claves simbólicas de Gabriel García Márquez,* páginas 144-145. Pese a su exageración, no caben dudas sobre el papel que el tema de la Virgen, en el pensamiento católico, ejerce sobre el planteamiento de las figuras femeninas de *Cien años de soledad.*

sentativas de la historia de Macondo. Porque a continuación se insiste en la muerte de Rebeca. Aureliano Segundo, antes de morir, después de lograr enviar a su hija a Bruselas, instruye a José Arcadio Segundo acerca del pasado de Macondo. Prepara así su muerte, que coincidirá con la del hermano gemelo. Pese a todas las precauciones los hombres confundieron sus cuerpos en el entierro. Ni siquiera la muerte fue capaz de romper el espejo encantado de su nacimiento. José Arcadio, sin embargo, muere asesinado por los niños que actúan como en «un asalto de militares» y le ahogan para robarle el tesoro. La muerte del «sabio catalán» se produce ya fuera de Macondo, tras su regreso a una Barcelona real (pág. 433), y la de Pilar Ternera, «vigilando la entrada de su paraíso» (pág. 431), parece representar el final de una historia que culminará en la muerte de Amaranta Úrsula de un parto que «le afiló el perfil, y los verdugones de su cara se le desvanecieron en una aurora de alabastro, y volvió a sonreír» (pág. 444). Aureliano, inscrito ya en los parámetros de la soledad, se iniciará en la lectura de la historia del manuscrito que es, a la vez, la novela misma. Y adivina que «no saldría jamás de este cuarto» (pág. 448), porque estaba ya prevista también su muerte, presente desde el comienzo en el proyecto del inventor de la historia.

La violencia, las luchas políticas y sociales

Los elementos sociopolíticos que conforman el mundo de Macondo transcriben la realidad colombiana, especialmente la que se produce tras el «bogotazo» en 1948. El país vive en un clima de violencia; es decir, ésta se hace habitual [40]. Ángel Rama apunta

---

[40] Gabriel García Márquez escribe a raíz de las nuevas elecciones de 1958 sobre «La violencia» que había soportado Colombia:

que «tiende a canalizarse de un solo modo en el plano de lo concreto: será a través de las manifestaciones políticas»[41]. La fundación de Macondo se inicia también con un acto de violencia individual. El sentido del «honor» —y de un honor con connotaciones claramente sexuales— implica una violencia que tiene sus raíces literarias en la España tradicional. El galeón abandonado no sólo significa un indicio de aquellos descubridores que dieron origen al Continente, sino que con ellos llegan también las formas hispánicas de comportamiento. Y el tema del «honor» será la clave del teatro del Siglo de Oro español, se manifestará hasta el mundo lorquiano y tendrá en García Márquez una prolongación más allá de *Cien años de soledad,* puesto que su novela, *Crónica de una muerte anunciada,* responderá, asimismo, al código de comportamiento basado en el «machismo» y en el «honor».

«Después de ocho años, nueve meses y once días sin elecciones, el pueblo colombiano volvió a las urnas para reintegrar un Congreso que fue disuelto el 12 de noviembre de 1949, por orden de Mariano Ospina Pérez, un presidente conservador que antes había sido un discreto multimillonario. Ese acto de fuerza inició, a las tres y treinta y cinco de un sábado, un período de tres dictaduras sucesivas que aún están costando al país 200.000 muertos y el más grave desajuste económico y social de toda la historia. La implacable persecución armada contra los liberales desfiguró la realidad electoral. El absolutismo de Rojas Pinilla acabó con las elecciones», en *Cuando era feliz e indocumentado,* pág. 96. Sobre esta base histórica, con innegables referencias a una dolorosa realidad, se elabora el testimonio inscrito en *Cien años de soledad.* Constituiría un craso error entender la novela como un relato marginal a la conciencia histórica. Su formulación narrativa escapa a la novela histórica tradicional, cuya historia en Colombia puede apreciarse en Donald McRady, *La novela histórica en Colombia (1844-1959),* The University of Texas, Austin, Editorial Kelly, Bogotá (s. a. p.). La conciencia histórica del escritor no necesariamente debe manifestarse a través de la novela enmarcada en un tiempo histórico.

[41] Ángel Rama, «Un novelista de la violencia americana», en *9 asedios a García Márquez,* pág. 111.

Pero la violencia se entroniza en la lucha política. El coronel Aureliano Buendía promovió treinta y dos levantamientos armados (pág. 155). La lucha política se centra en la oposición (una clave histórica fácilmente reconocible) entre liberales y conservadores. «Como Aureliano tenía en esta época nociones muy confusas sobre las diferencias entre conservadores y liberales, su suegro le daba lecciones esquemáticas. Los liberales, le decía, eran masones; gente de mala índole, partidarios de ahorcar a los curas, de implantar el matrimonio civil y el divorcio, de reconocer iguales derechos a los hijos naturales que a los legítimos, y de despedazar al país en un sistema federal que despojara de poderes a la autoridad suprema. Los conservadores, en cambio, que habían recibido el poder directamente de Dios, propugnaban por la estabilidad del orden público y la moral familiar; eran los defensores de la fe de Cristo, del principio de la autoridad, y no estaban dispuestos a permitir que el país fuera descuartizado por entidades autónomas» (pág. 148). Aureliano contempla la falsificación de las votaciones por parte de los conservadores (pág. 149). Su reacción responde a una ética rigurosa. Pero la descripción del doctor Alirio Noguera, calificado como «farsante» y «terrorista», sus ideas sobre el empleo de la violencia como «lo único eficaz» (pág. 150), su idea de «liquidar a los funcionarios del régimen con sus respectivas familias, sobre todo a los niños (otro elemento bíblico), para exterminar el conservatismo en la semilla» (página 151), supone una alternativa invalidada. La ley marcial, la guerra que ya imperaba en el país se desborda con detalles de violencia: el fusilamiento del doctor Noguera, los culatazos al padre Nicanor cuando muestra sus poderes de levitación.

Arcadio, gobernador de Macondo, utiliza el poder liberal con la misma violencia con la que la habían usado los conservadores. Dicta bandos, prohíbe, fusila «hasta convertirse en el más cruel de los gobernantes que hubo nunca en Macondo» (pág. 157). Sus vejaciones alcanzan al patriarca conservador Apolinar Moscote. Será Úrsula quien restablecerá el orden de gobierno. La victoria conservadora trae consigo la orden de fusilar a Aureliano Buendía, pero el capitán que manda el pelotón se fuga con el héroe liberal y emprenden una nueva guerra. El coronel cuenta ya con cinco mil hombres a sus órdenes, pero desconfía de los políticos: «Estaremos perdiendo el tiempo mientras los cabrones del partido estén mendigando un asiento en el Congreso» (pág. 184). Pese a la firma de la paz, Aureliano Buendía sigue combatiendo y la violencia prosigue (pág. 194). Su conciencia revolucionaria se incrementa y entiende el problema político como un problema del Continente. Una breve referencia a la revolución cubana parece explícita cuando se indica que «la primera noticia directa que Úrsula recibió de él, varios años después de haberse ido, fue una carta arrugada y borrosa que le llegó de mano en mano desde Santiago de Cuba» (pág. 195). Las simpatías de García Márquez hacia la revolución castrista nunca se han disimulado [42].

El general Moncada, pese a ser conservador, resulta un excelente *corregidor* de Macondo, pero su marcado antimilitarismo no impide que Aureliano Buendía le fusile: «Recuerda, compadre —le dijo—, que no te fusilo yo. Te fusila la revolución... / —Vete a la

---

[42] En enero de 1959 asiste al juicio de Sosa Blanco como parte de «la operación verdad» de Fidel Castro. Allí señala nuevamente su intención de escribir una novela sobre la dictadura, lo que realizará más tarde con *El otoño del patriarca,* en la que se mezclan elementos históricos de la época de Rojas Pinilla, en Colombia; de Fulgencio Batista, en Cuba; de Francisco Franco, en España, entre otras dictaduras que García Márquez ha conocido directamente. Vivió en Cuba en 1960. Ha viajado posteriormente a la isla en numerosas ocasiones.

mierda, compadre —replicó» (pág. 207). Los excesos de la violencia y la embriaguez del poder (pág. 214) alcanzan al antes moderado liberal. En su programa revolucionario figura como única acción positiva «revisar los títulos de propiedad de la tierra, hasta cien años atrás» (pág. 206). Con ello, no hace García Márquez sino aprovechar algunos de los ingredientes más destacados de la narrativa de la revolución mexicana, que integra y condensa en unas pocas páginas. Ya Azuela había señalado su pesimismo ante la transformación moral de la revolución agrarista. Úrsula, la fundadora de la dinastía, sigue representando la lucidez, en tanto que, «envejecido y desencantado» (pág. 244), el coronel Aureliano Buendía se limita a escuchar las noticias que le llegan del acuerdo entre liberales y conservadores. Los conservadores reforman incluso el calendario «para que cada presidente estuviera cien años en el poder» (pág. 244).

Pero *Cien años de soledad* no podía resultar ajena a la preocupación por el colonialismo norteamericano manifiesta en la literatura latinoamericana desde el modernismo. La atracción por el comercio del banano lleva consigo la aparición de los yanquis, de su tecnología y de las transformaciones: «Dotados de recursos que en otra época estuvieron reservados a la Divina Providencia, modificaron el régimen de lluvias, apresuraron el ciclo de las cosechas, y quitaron el río de donde estuvo siempre...» (pág. 270). La tradición de no mezclarse con la población indígena se destaca indirectamente cuando se alude a sus mujeres: «Los gringos, que después llevaron sus mujeres lánguidas con trajes de muselina y grandes sombreros de gasa, hicieron un pueblo aparte al otro lado de la línea del tren, con calles bordeadas de palmeras, casas con ventanas de redes metálicas...» (pág. 270). La transformación de la región operada por una cierta industrialización convierte a Macondo en un centro de agitación social e implica su definitivo hundimiento. José Arcadio Segundo incita a la huelga bananera (pág. 335).

La agitación social se traduce en la presencia de fuerzas policiales y militares. Existe una tensión en la población (pág. 335), y Fernanda, cuya concepción conservadora del mundo que la rodea se manifiesta continuamente, considera a José Arcadio Segundo como «un anarquista en la familia». Se detiene a los dirigentes sindicales, entre los que se halla José Arcadio Segundo y se pone de relieve un sistema de complicidades en el que intervienen diversos grupos sociales, en tanto que «los obreros de la compañía estaban hacinados en tambos miserables» (pág. 338). Médicos y abogados apoyan el sistema de opresión. El ejército intervendrá en forma represiva a favor de la clase dominante (págs. 339-340) y los trabajadores optan por la lucha armada y empezaron a «sabotear el sabotaje» (pág. 340). La concentración frente a la estación constituye uno de los núcleos significativos de la novela. La descripción de la represión contra los obreros surge como una muestra significativa de la apropiación, en el más claro sentido totalizador, de los recursos del relato social. Diversos puntos de vista sirven para mostrar cómo la multitud es ametrallada y «un tren interminable y silencioso» (pág. 344) —el tren de los heridos de Miguel Hernández— conducirá aquí los cadáveres hacia el mar. José Arcadio Segundo es un testigo de los tres mil muertos y es también un testimonio válido de la tergiversación de la historia, porque los habitantes de Macondo van a negarse a admitir que tal represión haya existido. Una muestra excelente y un efecto narrativo de la presencia del «miedo» (pág. 349) en la sociedad de Macondo. La lluvia torrencial que asolará la región fue convocada por el señor Brown, uno de los dirigentes norteamericanos. Pero llovió «cuatro años, once meses y dos días» (pág. 351) y ello supuso el principio del fin. A consecuencia de la lluvia, la compañía bananera desmantela las instalaciones (pág. 366) y de la ciudad de los extranjeros poco después «sólo quedaban los escombros» (pág. 366).

Elementos míticos

La conexión íntima del mundo expresado en *Cien años de soledad* con la *realidad profunda* se realiza a través del lenguaje mítico [43]. Los mitos conscientes e inconscientes forman parte de la estructura significativa. Emparentados con el mundo religioso en su más amplia manifestación, hemos ya dado cuenta de las fórmulas bíblicas y religiosas. El lenguaje de García Márquez en este libro que alcanza la tragedia colectiva es suficientemente indicativo para que no resulte críptico. Pueden descubrirse, sin embargo, los elementos míticos que lo integran. «Los tiempos que así evoca, mejor dicho, invoca el narrador se distinguen del nuestro, no de la manera como una época ya remota, si bien accesible a la verificación histórica se distingue del presente, sino primero que todo, por el hecho de representar una era similar a la edad de oro de Hesiodo o al *illu tempus* del cual habla Mircea Eliade en sus magistrales interpretaciones de la mentalidad arcaica», señala muy acertadamente Ernesto Volkening [44]. Como indica Graciela Maturo, «la historia de los Buendía funciona, sí, a nivel de la narración, como expresión esquematizada del desarrollo de la humanidad a lo largo del tiempo, y más restrictivamente, como historia del Pueblo Elegido desde su Alianza fundacional

---

[43] Un planteamiento estructuralista de la teoría mítica y de su aplicación en García Márquez, en Graciela Maturo, *Claves simbólicas de Gabriel García Márquez*, págs. 17 y sigs.

[44] Ernesto Volkening, *ob. cit.*, pág. 149.

hasta el Final profetizado. No obstante tal interpretación, hemos insistido en superponerle otra que no la excluye pero ofrece una visión completamente distinta. Para esta distinta interpretación, el clan Buendía, que algunos críticos han reconstruido trabajosamente indagando sus derivaciones, variantes y repeticiones, será objeto de una consideración no-cronológica y por lo tanto no-genealógica» [45]. La estructura se organiza así en un *presente absoluto* en el que los personajes se organizan en relaciones binarias o ternarias. Pero, además de la organización mítica de las relaciones personales, surgen en *Cien años de soledad* algunas de las fórmulas míticas tradicionales: la iniciación, la redención, el incesto, la fecundidad, la mediación, el viaje, la fundación, el sacrificio, el progreso, la virginidad. En gran medida muchos de los valores simbólicos y míticos se refieren a la mujer.

Otras formas míticas responden a inspiraciones literarias ya analizadas o personajes que constituyen otros mitos actualizados. Los que configuran los elementos básicos de la forma familiar, del valor, de la guerra permanecen perfectamente integrados en la concepción de una sociedad rural y tradicional. García Márquez posee una capacidad poética que reside no sólo en la plasmación del lenguaje, sino en la utilización y reducción de lo particular a lo colectivo. El paso a lo universal le permite construir desde una realidad perfectamente asimilada —la Colombia de su infancia y juventud— valores que trascienden lo particular y nacional. Como han demostrado los hechos sociológicos, su novela se ha convertido ya en un clásico de nuestros días, más allá de su lengua y de las fronteras. Porque los mitos —poesía de lo colectivo e inconsciente— responden a las coordenadas de una naturaleza humana común. La soledad contra la que se deba-

---

[45] *Ob. cit.*, págs. 167-168.

ten los miembros de una dinastía colombiana es también nuestra propia soledad y su tiempo es nuestro tiempo. *Cien años de soledad* es la hermosa creación de una común nostalgia.

«LA INCREÍBLE Y TRISTE HISTORIA DE LA CÁNDIDA ERÉNIDA Y DE SU ABUELA DESALMADA» (1972)

El libro de Gabriel García Márquez *La increíble y triste historia de la cándida Erénida y de su abuela desalmada* [46] fue publicado simultáneamente por cuatro editoriales de habla española (en España, México, Venezuela y Argentina). El hecho merece nuestra consideración porque presupone el prestigio alcanzado por el novelista colombiano y su extensa audiencia. Quizá García Márquez ejemplifica las posibilidades que sigue manteniendo la literatura sin renuncias, las posibilidades comerciales de una biografía literaria ejemplar. Una pregunta que debe, por el momento al menos, permanecer sin respuesta es: a qué se debe el éxito de *Cien años de soledad,* y su consecuencia lógica: cuáles son los ingredientes que han interesado al público. Si nos atenemos al atractivo de la imaginación desbordante, sin salir de la Península, encontramos ejemplos muy claros y eficaces de cultivo de lo imaginario: Joan Perucho y Álvaro Cunqueiro, según sus particulares sistemas. No es, pues, sólo lo imaginario lo que aporta García Márquez a la novela, ni siquiera el estilo, cuidado hasta el límite. Estilistas (si es que puede todavía utilizarse el calificativo sin irritar a nadie) de nivel los tiene la literatura en España y América, sin lograr alcanzar no a las multitudes, sino ni siquiera a la minoría. El tema de las relaciones

---

[46] Barral Editores, Barcelona, 1972.

entre el escritor y su público queda, por hoy, en las zonas brumosas de la sociología literaria, del fenómeno del «gusto», como lo calificaran antes. Y no poseemos los instrumentos adecuados para aquilatar el tema. Cualquier editor sabe cuándo una novela, tradicionalmente comercial, con sus dosis de sexo, romanticismo, violencia, intriga y efectos, puede resultar mínimamente comercial. De ahí la existencia de una literatura de consumo, cada vez más peligrosamente flanqueada por la televisión. Pero resulta difícil adivinar un éxito fulminante como el de Gabriel García Márquez. De ahí también la sorpresa de no pocos críticos que se vieron obligados a cambiar de rumbo y que todavía hoy, más atentos a sus esquemas que a la realidad objetiva de lo que existe en el mundo de la literatura, no atinan a comprender.

La serie de relatos que en este libro ofrece García Márquez posee un común denominador. En ellos priva lo imaginario desbordado, una peculiar utilización de lo imaginario. Los siete cuentos llevan distintas fechas de composición: «El mar del tiempo perdido» fue escrito en 1961 (fue publicado en México en 1962), cuatro relatos vienen fechados en 1968, un año después de la publicación de *Cien años de soledad.* «Muerte constante más allá del amor» fue escrito en 1970 y el relato que da título a la colección —el ensayo más ambicioso en extensión— corresponde a 1972. «La increíble y triste historia...» se inició, según refiere Mario Vargas Llosa en su completo *Gabriel Márquez, historia de un deicidio* [47] a manera de guión cinematográfico, pero en la historia (publicada con anterioridad fragmentariamente) es perceptible la vacilación —como en el resto de los relatos— entre un intento de experimentación con nuevos temas y el propósito, no sé si abandonado por completo hoy, de

---

[47] Barral Editores, Barcelona, 1971.

escribir cuentos infantiles. Así me lo confesó personalmente el propio Gabriel García Márquez poco después de su llegada a España, en 1969. Quizá, como apunta Mario Vargas Llosa (quien dispuso de los textos antes de que éstos vieran la luz en esta edición), el relato técnicamente más ambicioso es «El último viaje del buque fantasma», formado por una sola frase que alcanza tiempos diversos, integra diálogos e introduce personajes. El camino, sin embargo, ni es nuevo ni significa un campo abierto a posteriores obras. Aunque perfecto, acaba en sí mismo. Sin embargo, es notable la influencia de las versiones literarias tradicionales y, como en el conjunto de los últimos cuentos de Gabriel García Márquez, pueden observarse numerosos elementos procedentes de la novela caballeresca. Cervantes no acabó con la novela en la que lo extraordinario se mezclaba con lo real, donde el desafuero deliberado se contempló posteriormente como desatino. Y lo cierto es que en formas de transmisión populares los relatos caballerescos basados en el ciclo bretón perduraron hasta principios de nuestro siglo y siguieron alimentando las mentes sencillas en España y América incluso cuando privaba el Siglo de las Luces. Si Vargas Llosa utilizó y comentó el *Tirant,* García Márquez bebe en el *Amadís* y no lo disimula.

El reencuentro con la simbiosis entre lo inverosímil y lo real poético parece el tema más apasionante para García Márquez. Debería sumarse a ello la experimentación del novelista con fórmulas muy características de la tradición oral, como las empleadas por los vendedores populares, por ejemplo, que en otro orden habían sido integradas a ciertos experimentalismos poéticos, como en algunos poemas de Juan Ramón Jiménez o del Rafael Alberti neotradicional, donde encontramos, formando parte del poema, hasta pregones callejeros. Creo que es, en este sentido, donde las experiencias de los breves relatos obtienen mayor eficacia y resultan más innovadores, porque la técnica se alía al concepto mismo del fenómeno literario que posee García Márquez, integrador y adaptador, más que innovador. La oposición fundamental en el propio estilo la hallamos no en el conflicto realidad/irrealidad (o imaginación), sino en la oposición entre la realidad y su exageración. En no pocas ocasiones lo imaginario resulta fruto de esta misma exageración. García Márquez logra en intensidad y en extensión lo que Ramón Gómez de la Serna se propuso, en sus *greguerías,* en un solo elemento. «Les dolió el corazón de tanto usarlo» o «se asombró de que los ricos con hambre se parecieran tanto a los pobres» son *greguerías,* aunque funcionan en un contexto más amplio. Un hecho real es exagerado hasta alcanzar la irrealidad: «Voltearon el colchón, y el sudor salía del otro lado.» La utilización de elementos cotidianos exagerándolo hasta alcanzar efectos imaginativos (la exageración tan empleada por los surrealistas no es otra cosa que un camino más en lo imaginario) alcanza también los efectos psicológicos: «Era casi de noche y sólo quedábamos en el puerto los más perplejos, cuando él buscó con la mirada a alguno que tuviera cara de bobo para que lo ayudara a guardar los frascos, y por supuesto se fijó en mí. Aquélla fue como la mirada del destino, no sólo del mío, sino también del suyo, pues de eso hace más de un siglo y ambos nos acordamos todavía como si hubiera sido el domingo pasado.» ¿No parece este fragmento una irónica paráfrasis de Hemingway?

Pero la imaginación desbordante posee también peligros que el novelista tendrá que sortear. En ocasiones se enlazan los hechos y se contorsionan hasta el absurdo significativo: «Así era Blacamán, el malo, porque el bueno soy yo. Era capaz de convencer a un astrónomo de que el mes de febrero no era más que un rebaño de elefantes invisibles, pero cuando se le volteaba la suerte se volvía bruto del corazón. En sus tiempos de gloria había sido embalsamador de virreyes "y dicen que" les componía una cara de tanta autoridad que durante muchos años seguían gobernando mejor que cuando estaban vivos, y que nadie se atrevía a enterrarlos mientras él no volviera a ponerles su semblante de muertos, pero el prestigio se le descalabró con la invención de un ajedrez de nunca acabar que volvió loco a un capellán y provocó dos suicidios ilustres, y así fue decayendo de intérpretes de sueños en hipnotizador de cumpleaños, de sacador de muelas por sugestión en curandero de feria, de modo que por la época en que nos conocimos ya lo miraban de medio lado hasta los filibusteros.» En el párrafo transcrito puede observarse, además, la utilización del «y dicen que...» tan característico de la narración oral. La lógica del discurso constituye una seriación de temas que reflejan una degradación social. *Blacamán el bueno, vendedor de milagros* es, posiblemente, el intento narrativo más ambicioso y que ofrece mayores posibilidades en el futuro, ya que las narraciones han sido (como puede comprobarse por las fechas de composición) ejercicios que ofrecen «nuevas formas abiertas», experimentos que tal vez, en el futuro, culminen en otra obra de síntesis, como sucede con *Cien años de soledad* con respecto a las anteriores producciones del novelista colombiano. Blacamán, vendedor de los «supositorios de evasión que volvían transparentes a los contrabandistas...», requiere en la síntesis de su monólogo-narración-pregón la frase larga, compuesta de elementos diversos que amplifican el significado-eje de la narración. Aunque García Márquez mantiene el hilo central de sus relatos, éstos se enriquecen con acciones secundarias, atisbos, sugestiones, que abarrocan la narración. Los efectos simbólicos acostumbran a ser claros y se definen a lo largo de la misma obra. Así, por ejemplo, las naranjas del padre de Ulises, en el más largo de los relatos, «La increíble y triste...», que contienen diamantes. La abuela desalmada que lleva a su nieta a la prostitución para resarcirla de la pérdida de todos sus bienes a consecuencia de un incendio (distracción de la niña) resulta, a la larga, menos pérfida que la nieta. El relato comienza a la manera del cuento tradicional de Blancanieves y se incrusta a media narración el signo explícito del relato oral autobiográfico: «Las conocí por esa época, que fue la de más grande esplendor, aunque no había de escudriñar los pormenores de su vida sino muchos años después, cuando Rafael Escalona reveló en una canción el desenlace terrible del drama y me pareció que era bueno para contarlo. Yo andaba vendiendo enciclopedias y libros de medicina por la provincia de Riohacha...» El descubrimiento de la auténtica Eréndida, fruto de la abuela, no se produce hasta el fin, cuando instiga a Ulises al asesinato. García Márquez utiliza aquí los recursos del guiñol. Existe una «moralidad» inmersa en la historia, que es la exageración de unas posibilidades reales, del mismo modo que el paisaje, el desierto, en el que discurre la trama, no es sino una sublimación de los desiertos. La reiteración de las acciones torna irreal la misma realidad.

Los siete cuentos reunidos en este volumen constituyen una experiencia de perfección. Trabajados hasta el mínimo detalle, cuidados en el estilo y en la composición poseen, como sus piezas «mayores», la sugestión de lo exótico, lo maravilloso, lo sensual. Algunas de las pequeñas obras serán claves que permitirán comprender otras zonas de la obra de García Márquez. El atractivo de la fábula es casi irresistible. Y las coordenadas de la imaginación resultan tan poderosas como difíciles de analizar y exponer. «La increíble y triste historia de la cándida Eréndida y de su abuela desalmada», con los adjetivos tan reveladores y populares de su enunciado, adquiere resonancias de novela de caballerías, de relato popular, artísticamente popular.

«El olor de la guayaba» (1982)

A punto de ver la luz el segundo volumen de la recopilación de los artículos periodísticos de Gabriel García Márquez, Plinio Apuleyo Mendoza, en *El olor de la guayaba* [48] nos ofrece una extensa entrevista con uno de los más significativos mitos literarios de nuestro tiempo. Plinio Apuleyo Mendoza (nacido en Tunja, Colombia, en 1932) ha dirigido diversas revistas latinoamericanas, como *Elite* y *Momento*, significativas en el panorama del periodismo literario americano, y *Libre*, que, en París, sirvió de portavoz a la «nueva novela». Su relación con García Márquez viene de antiguo: algunas experiencias compartidas en el ámbito del periodismo y, especialmente, en la agencia cubana *Prensa Latina*. Excelente periodista (autor de la novela *Años de fuga*, que alcanzó el premio Plaza-Janés de novela colombiana en 1979), Plinio Apuleyo Mendoza sabe colocarse en segundo plano a lo largo de la extensa entrevista con García Márquez, dividida en catorce secciones. Cada una de ellas viene introducida por unas consideraciones de carácter biográfico —y en ocasiones autobiográficas (los momentos compartidos con el escritor)— que pueden ser de gran utilidad a los biógrafos del autor de *Cien años de soledad*.

No es ésta la primera vez que García Márquez utiliza la forma de la entrevista para desvelar sus concepciones sobre la literatura, la vida y sus actividades. En 1972, Miguel Fernández Braso publicó *La soledad de Gabriel García Márquez* utilizando el mismo recurso. Diez años más tarde, sin embargo, el contraste entre ambas conversaciones nos mostraría algunos

---

[48] Gabriel García Márquez, *El olor de la guayaba: Conversaciones con Plinio Apuleyo Mendoza*, Editorial Bruguera, Barcelona, 1982.

datos de interés. El narrador mantiene muchos de los puntos de vista, que ha repetido innumerables veces en otras entrevistas o artículos periodísticos. Pero ahora la solidez de sus convicciones aparecen teñidas por el aura de la «celebridad». Según nos confiesa, ya no escribe cartas desde que se enteró de que alguien había vendido las que le escribiera años atrás a una Universidad norteamericana. Se limita a llamar por teléfono a sus amigos o a viajar para poder hablar con ellos. Se siente, en cierto modo, distanciado del éxito alcanzado por *Cien años de soledad* y por su apabullante público: «Me parece muy peligroso descubrir por qué razones un libro que yo escribí pensando sólo en un grupo de amigos se vende en todas partes como salchichas calientes» (pág. 113), confiesa.

Para los lectores de Gabriel Márquez, *El olor de la guayaba* les permitirá descubrir algunas claves personales que no justifican, por sí, la obra, aunque iluminan la intencionalidad de su autor. A través de una confesión que nunca llega a ser íntima, manifiesta su preferencia por *El otoño del patriarca,* calificada como «un poema sobre la soledad del poder» (pág. 122). La obra de García Márquez alcanza en numerosos pasajes la belleza del poema, la intensidad lírica. Pero su reflexión sobre la estructura de *El otoño del patriarca* muestra a las claras su preocupación estructural, bien patente ya en *Cien años de soledad,* que en *Crónica de una muerte anunciada* se convierte en un artilugio de precisión.

Se señala a menudo que un autor es mal crítico de su obra, pero las observaciones de García Márquez sobre la «realidad objetiva» de sus textos son sugerentes. No siempre estaremos de acuerdo con ellas. Las «influencias» literarias recibidas son asumidas y no siempre confesadas. En cambio, ofrecen mayor interés las precisiones sobre personajes reales y su transformación en seres literarios, especialmente valiosas cuando aluden a recuerdos familiares. En gran medida la obra literaria procede de elementos vividos o de narraciones sentidas como propias y asimiladas. Las claves no siempre son reconocibles, ni siquiera tienen por qué serlo, pero una buena parte de la imaginación de García Márquez deriva de hechos reales exagerados por el autor de forma deliberada. A lo largo del diálogo el lector descubrirá algunas significativas fuentes. Sin embargo, nos sentiremos más atraídos por el personaje que por sus explicaciones literarias. Apuleyo Mendoza penetra en la intimidad de la creación y en la vida familiar del escritor. Sabemos ahora cómo escribe, cómo llegó a escribir. Utiliza una máquina de escribir eléctrica. Corrige en los últimos tiempos línea a línea sus párrafos. Escribe por las mañanas, antes lo hacía por la noche. Sabremos de sus residencias, sus casas en México, en París o en Bogotá. Su instinto y sus «manías», las flores amarillas, en especial, rosas. También su intimidad familiar —traducida en «orden»— nos es revelada, aunque de forma harto discreta.

Para muchos lectores sus actitudes frente a la política pueden ser un descubrimiento. Durante los últimos años, García Márquez ha intervenido como «diplomático secreto» en asuntos internacionales. Es amigo personal de Fidel Castro. Lo fue del general Torrijos, a quien acompañó durante las dramáticas negociaciones en torno al canal de Panamá. De todo ello da cuenta en sus confesiones, que, en parte, vienen a sustituir lo que denominaríamos una «autobiografía objetiva». Porque también a lo largo del libro sabemos que hay una enorme prudencia en sus apreciaciones. Nos damos cuenta de que el narrador siente, no sin cierta amargura, la «soledad de la fama». Parece resultarle difícil distinguir ya a quienes se acercan a él con ánimo de observar al «mito» de aquellos otros que constituyen el escaso número de sus amigos personales. *El olor de la guayaba* es, también, la añoranza del trópico; un clima que García Márquez recrea en sus residencias. Dicha añoranza viene mezclada con una peculiar concepción de la literatura sobre la que se manifiesta con mucha precaución. No teoriza apenas, sino que intuye. Su capacidad para recrear el lenguaje le lleva a consideraciones tan oportunas como la desconfianza manifiesta sobre la viabilidad de un diálogo en la novela en castellano. Su concepción de la literatura es de una seriedad casi dramática: «¿Cuántos años esperaste para escribir la *Crónica de una muerte anunciada?*» «Treinta años.» Nada puede parecerse menos a la improvisación. *El olor de la guayaba* es una guía útil para comprender al hombre y al escritor. El mito se confiesa..., aunque sin desvelarse por entero. Aparecen aquí significativos silencios. Y un gran pudor que, como lectores, también agradecemos.

«CRÓNICA DE UNA MUERTE ANUNCIADA» (1981)

Cuatro editoriales de lengua española han editado, al mismo tiempo, la novela del colombiano Gabriel García Márquez —ahora residente en México—, con una tirada inicial de (según se señala oportunamente por los mismos editores) un millón de ejemplares. Un lanzamiento semejante no había sido realizado con anterioridad y pasará algún tiempo, posiblemente, antes de que podamos ver repetido o superado tal grado de confianza. García Márquez, tras la publicación en 1967 de *Cien años de soledad,* ha pasado a ocupar el lugar de novelista más vendido en lengua castellana, más apreciado por la crítica especializada, más cotizado, en consecuencia, internacionalmente. Pero conviene señalar también que tras aquella novela (que no fue su primer libro) tan sólo en 1975 había publicado otra novela, *El otoño del patriarca*. Tres novelas en catorce años revelan el cuidado y el tiempo que se toma el escritor en ofrecer a la imprenta un nuevo libro. Durante este dilatado período, sin embargo, no ha cesado de publicar habitualmente en la prensa periódica. Como señalábamos al comentar la aparición del primer volumen de su *Obra Periodística, Textos costeños*, García Márquez no ha disimulado su deuda hacia el periodismo, género que sigue cultivando y en el que se compromete personalmente. Posiblemente el lector habitual de García Márquez pueda descubrir algunos elementos en aquella prehistoria periodística que han servido para elaborar la *Crónica de una muerte anunciada*. Sería fácil, por otra parte, observar otros temas en esta nueva novela presagiados, especialmente a nivel simbólico, en *Cien años de soledad*. Ésta va a ser una de las tentaciones de la crítica de la que procuraré abstenerme para mostrar únicamente algunos recursos que hoy vienen a configurar esta nueva y digamos, sin recatos, que espléndida novela del maestro colombiano, puesto que con ella supera, a nuestro juicio, su novela anterior sobre la dictadura y sitúa la narración en el tono y acierto de *Cien años de soledad*.

Nada en *Crónica de una muerte anunciada* está dejado al azar. El autor parte de un «suceso», un asesinato que se produce en una pequeña población de La Guajira colombiana y que es reconstruido por un «narrador», alguien perfectamente identificable con el propio García Márquez: «Mucho después, en una época incierta en que trataba de entender algo de mí mismo vendiendo enciclopedias y libros de medicina por los pueblos de La Guajira, me llegué por casualidad a aquel moridero de indios» (pág. 142). Allí identificará a Ángela Vicario, la causante del drama aparentemente pasional que se desató veintitrés años antes. Parte, pues, la narración de una historia sobre «la honra», porque «"la honra es el amor", le oía decir a mi madre» (pág. 155). Y como en la comedia española del Siglo de Oro (o en el teatro de García Lorca —*La casa de Bernarda Alba,* por ejemplo—) el desencadenante de la acción de la novela es un oscuro asunto de honra (de amor). Con todo, la trama principal no se aparta tampoco excesivamente de la literatura tradicional, con otros temas bien conocidos por el folclorista. García Lorca los utilizó en el «Romance del emplazado» (en el *Romancero gitano)* o en la «Muerte de Antoñito el Camborio». El asesinado Santiago Nasar ¿no recuerda en algunos aspectos a los gitanos lorquianos? La oscura venganza y el asesinato ¿no aparecen en algunas muestras del romancero oral? La protagonista —encerrada posteriormente por sus propios familiares—, ¿no recuerda la canción sobre el mismo tema de Alberti, de aquel Alberti de *El alba de alhelí* (1925-1926)? ¿Puede hablarse de influencias literarias? Creemos sinceramente que no. Unos y otros beben en la recurrente literatura oral. Y la nueva novela de García Márquez está impregnada de elementos del relato popular y oral, en cuya labor de recopilación en Colombia trabajan con éxito folcloristas como Manuel Zapata Olivella. El texto de García Márquez posee la musicalidad y la eficacia de las palabras dispuestas para ser oídas y no únicamente para ser leídas. Hablando con los asesinos aparece también claramente el recurso oral: «Ya casi viejo, tratando de explicarme su estado aquel día interminable, Pablo Vicario me dijo sin esfuerzo: "Era como estar despierto dos veces." Esa frase me hizo pensar que lo más insoportable para ellos en el calabozo debió haber sido la lucidez» (pág. 126).

La precisión estructural del relato de García Márquez puede recordar quizá el rompecabezas de una novela policiaca. Sin embargo, poco tiene que ver —salvo el hecho de que en ella se produce un crimen— con el relato de esta índole. García Márquez lo indica muy claramente en el mismo título de la novela al designarla como crónica, y alude nuevamente a ello en la novela misma: «En el curso de las indagaciones para esta crónica recobré numerosas vivencias marginales...» (pág. 72). El núcleo de relato lo constituye la oposición que establece el narrador entre el hombre que desconoce su próximo fin y la población entera que sabe que va a ser asesinado. La «muerte anunciada» responde así a la parábola del destino. Nadie era después capaz de explicarse cómo aquel hombre había podido ir a la muerte sin saberlo. Incluso su propia madre cierra la puerta de su casa, aquella puerta por la que Santiago hubiera podido salvarse. El aire de tragedia clásica —el *fatum*— viene disimulado por el juego humorístico que contrapuntea la precisión realista del cronista. A la hora de realizar la autopsia del cadáver «a los últimos curiosos asomados a las ventanas de la escalera se les acabó la curiosidad, el ayudante se desvaneció, y el coronel Lázaro Aponte, que había visto y causado tantas masacres de represión, terminó por ser vegetariano además de espiritista» (pág. 123).

Una vez más el talento de García Márquez discurre no sólo a través del mundo de la realidad cotidiana (no menos fantástica que el de la imaginación), sino que propone en poquísimas líneas excelentes sugestiones. «Santiago Nasar tenía un talento casi mágico para los disfraces, y su diversión predilecta era trastocar la identidad de las mulatas. Saqueaba los roperos de unas para disfrazar a las otras, de modo que todas terminaban por sentirse distintas de sí mismas e iguales a las que no eran. En cierta ocasión, una de ellas se vio repetida en otra con tal acierto, que sufrió una crisis de llanto. "Sentí que me había salido del espejo", dijo» (pág. 106). El sueño inicial de Santiago Nasar refleja la función que lo misterioso cobra en la novela. Y las premoniciones aparecen en el ámbito de lo cotidiano. Éste puede alcanzar la desmesura, como aquella bala disparada por el padre de Santiago (página 13) o por la muerte misma del protagonista (página 188) si puede calificársele como tal. La Naturaleza cobra en escasas ocasiones el papel mágico (y un tanto fácil) a que nos acostumbró el llamado «realismo mágico»: «Mi hermana Margot (...) me contó que habían comprado una casa de material con patio muy grande de vientos cruzados, cuyo único problema eran las noches de mareas altas, porque los retretes se desbordaban y los pescados amanecían dando saltos en los dormitorios» (pág. 141).

Crónica de una muerte anunciada no es una novela extensa. Por sus dimensiones debe situarse junto a obras de tan excelente factura como *El coronel no tiene quien le escriba* (1957). García Márquez ha logrado sabiamente una obra de dimensiones ajustadas a la «crónica» que inicialmente se propuso. No hubiera resultado fácil sin fatigar al lector mantener el ritmo de una prosa de tal calidad poética y sostener el sentido último de cada uno de los contrapuestos temas en una obra mucho más dilatada. Se trata de una novela densa, que gana en significaciones, que requiere tal vez más de una lectura rápida. En ningún caso resulta oscura. Por ello es fácil que la masiva difusión de la que es objeto consiga su esperado éxito. No es frecuente hallarse frente a un libro cuya lectura resulte apasionante por su construcción, por su lenguaje y estilo, por sus significados. Nos hallamos ante una obra extraordinaria que viene a confirmar el papel que García Márquez sigue ostentando en el ámbito de la literatura en castellano y su ya enorme difusión al margen incluso de su lengua originaria [49].

---

[49] Gabriel García Márquez, *Crónica de una muerte anunciada*, Bruguera, Barcelona, 1981.

AUGUSTO ROA BASTOS

«Yo el Supremo» (1974)

El paso por Barcelona (1976) del novelista paraguayo Augusto Roa Bastos (nacido en 1919) puso de actualidad su novela *Yo el Supremo*[1], que había sido distribuida con algún retraso sobre la fecha de publicación. No puede decirse, en justicia, que el nombre de Roa Bastos fuera un desconocido para el lector español, ya que *Hijo de Hombre*[2], su obra más importante hasta *Yo el Supremo,* había sido ya incluida en la colección que Eduardo Caballero Calderón dirigiera para *Revista de Occidente.* Sin embargo, el paso de una a otra novela supone, desde el punto de vista de la ambición técnica y del estilo, un salto considerable. Augusto Roa Bastos había permanecido en la penumbra que rodea a los novelistas latinoamericanos del *boom*, a pesar de que antes de radicarse en Europa (antes de dictar sus cursos en la Universidad de Toulouse) vivió algunos años en la República Argentina. Algunos críticos han mostrado la coincidencia temática que se produce entre esta novela del

---

[1] Augusto Roa Bastos, *Yo el Supremo,* Siglo XXI. Argentina Editores, Buenos Aires, 1974.
[2] Augusto Roa Bastos, *Hijo de Hombre,* Ediciones de la *Revista de Occidente,* Madrid, 1969.

escritor paraguayo y *El otoño del patriarca,* la novela del colombiano Gabriel García Márquez. Ambos, en efecto, se han sentido, al tiempo, atraídos por la figura del «dictador». Sin embargo, salvo en el barroquismo expresivo —donde habrá que marcar también las diferencias— la novela de Roa Bastos se encuentra más en la línea de *Señor presidente,* de Miguel Ángel Asturias, y ambas aprovechan algunos apuntes que descubrimos ya en *Tirano Banderas,* de Valle-Inclán. No es nuestro propósito entrar aquí a definir una línea inspiradora constante. Por desgracia, los escritores de habla española han encontrado y siguen hallando suficientes motivos de inspiración en la realidad de sus contextos sociales. Y, por descontado, Roa Bastos ha conseguido, al tiempo que definía un tipo literario, profundizar en los traumas de la sociedad paraguaya.

Yo el Supremo, a diferencia de *El otoño del patriarca,* de García Márquez, no sólo se encuentra situada en un espacio determinado (Paraguay) sino en una época concreta (durante la dictadura de José Gaspar Rodriguez de Francia, 1814-1840). Y, como en la novela del colombiano, la narración se realiza prácticamente desde los últimos momentos del dictador. Nos encontramos, pues, ante la decadencia de un poder omnímodo y populista en un país racialmente diverso, que lucha por su propia identificación frente a sus vecinos. «Redacté leyes iguales para el pobre, para el rico. Las hice contemplar sin contemplaciones. Para establecer leyes justas suspendí leyes injustas. Para crear el derecho suspendí los derechos que en tres siglos han funcionado invariablemente torcidos en estas colonias. Liquidé la impropiedad de la propiedad individual tornándola en propiedad colectiva, que es lo propio. Acabé con la injusta dominación y explotación de los criollos sobre los naturales, cosa la más natural del mundo...» (pág. 46). Este programa de gobierno, que parece justo, queda mancillado por el fundamento mismo del poder político que Roa cuestiona. La degradación de dicho poder absoluto culmina en la caricatura de la «dictadura vitalicia», calificada en la novela en el mismo título que sirve como título (valga el juego de palabras al que nos acostumbra el novelista) a la narración. *Yo el Supremo* sería, en consecuencia, una narración que, basada en elementos históricos (novela histórica), constituiría la respuesta a una cuestión fundamental, la del gobierno de un país. ¿Puede un hombre que gobierna con poder absoluto escapar a la corrupción que este poder mismo engendra? Las respuestas de García Márquez y de Roa Bastos son prácticamente idénticas. Y, en ambos casos, desde ángulos, técnicas y perspectivas distintas se ejemplifica la decadencia del poder con la decadencia física misma del dictador. La degeneración física del Supremo culmina en la confesión de la propia muerte: «Mi cuerpo se va hinchando, creciendo..., agitándose en el agua racial que los enemigos han creído atrancar con cadenas» (pág. 448). Aunque se encuentre la novela en coordenadas históricas reconocibles, va más allá de la mera narración y se inscribe en un planteamiento cuya identidad con la circunstancia histórica que ha vivido Paraguay es evidente.

Técnicamente el autor ha trazado su narración con múltiples efectos. Ha roto con la estructura lineal y progresiva tradicional, con abundantes saltos adelante y atrás. Hasta el punto de que, en un momento dado, el novelista reconoce su desarraigo temporal y confiesa: «Tacha esta palabra que todavía no se usa...» (página 39). El tiempo narrativo alcanza así más dimensiones —incluyendo la proyección contemporánea y el relato del pasado ajeno a la narración misma, aunque no ajeno al país— de las consideradas, incluso en la novela moderna, ya como convencionales. Parte de supuestos clásicos (la referencia aquí al *Quijote* sería casi necesaria), ya que la narración en buena parte figura como una copia de un manuscrito en el que se muestran lagunas y que el novelista anota con textos históricos. Ahora el juego intelectual es completo, ya que el Supremo anota y discute las anotaciones de su invisible anotador (pág. 106). Mientras se precisa el papel del escritor concreto (el Supremo): «Escribo y el tejido de las palabras ya está cruzado por la cadena de lo visible. ¡Carajo, no estoy hablando del Verbo ni del Espíritu Santo transverberado! ¡No es eso! ¡No es eso! Escribir dentro del lenguaje hace imposible todo objeto, presente, ausente o futuro. Estos apuntes, estas anotaciones espasmódicas, este discurso que no discurre, este parlante —visible fijado por artificio en la pluma; mas precisamente, este cristal de *acqua micans* empotrado en mi portapluma— recuerdo ofrece la redondez de un paisaje visible desde todos los puntos de la esfera» (pág. 219); se señala también que, en palabras del mismo protagonista: «Yo no escribo la historia, la hago» (pág. 210). Comprender la dualidad y la compleja perspectiva del narrador, que antes apuntaba el propio autor en boca del narrador-protagonista que se confiesa a lo largo de la dilatada novela, constituye un lento ejercicio que permite enriquecer la lectura de la novela. Roa Bastos, dentro del ya característico barroco latinoamericano contemporáneo, supone la aportación conceptista, cuya proximidad referencial —en el ámbito de la literatura castellana— será el jesuita Baltasar Gracián, y en tiempos más próximos, Unamuno. Roa Bastos opera con las palabras intentando vaciar su significado, mostrar los conceptos opuestos, quintaesenciar el estilo, resuelto muchas veces en breves frases. Se trabaja así por reducción. Ello obliga a una andadura lenta, que fuerza al lector a volver hacia atrás para comprender el complejo juego de palabras. Conviene decir que esta operación enriquece considerablemente la operación de la lectura, pero la oscuridad es mayor debido también a la compleja estructura narrativa, a la inclusión de los diálogos en el mismo cuerpo de lo narrado y a las frecuentes interrupciones o anotaciones, tan jugosas y ricas como lo narrado en primer tiempo y presentadas gráficamente aquéllas en un cuerpo de letra menor. *Yo el Supremo* es, por ello, una de las más atractivas, pero también más difíciles novelas de la nueva literatura latinoamericana.

Conviene precisar, asimismo, la vinculación de *Yo el Supremo* a la tradición folclórica del Paraguay. Por una parte, surgen los elementos míticos; por otra, características transformaciones naturales. El hombre se encuentra dentro del proceso de dichas fuerzas. Y la naturaleza humana latinoamericana participa de fórmulas mágicas y rituales, supersticiones, símbolos. La imaginación es también un factor determinante al que la literatura latinoamericana reciente nos tiene ya acostumbrados. Pero esta función («la imaginación al poder») que en *Yo el Supremo* podríamos identificar, por ejemplo, en el dialogo entre el Supremo y la calavera (pág. 163 y sigs.), aparece no sólo en la literatura clásica —en Shakespeare, por ejemplo—, sino en el poderoso despertar de las vanguardias europeas. La tradición imaginativa de Roa Bastos se encuentra, pues, a caballo de una tradición indígena, en la que indudablemente bebe, y de la literatura occidental. Su intelectualismo y, en consecuencia, sus nutridas fuentes de inspiración, son mucho más complejas que las del resto de los narradores que ocupan hoy los primeros puestos de la novela latinoamericana. La escritura en libertad, el extenso monólogo de *Yo el Supremo* viene justificado en sus mismas palabras: «... yo hago y escribo lo que se me antoja y del modo que se me antoja, puesto que sólo escribo para mí. Por qué entonces tanto espejo, escrituras jeroglíficas, tiesas, engomadas. Lateratología de antífonas y contraantífonas. Cópula de metáforas y metáforas...» (pág. 59). Y, con todo, el escritor no quiere desprenderse de la artificiosidad de lo escrito, no quiere abandonar la caudalosa fuente de la que manan las palabras y un mundo enfebrecido y agonizante. ¿Cómo recrearlo de otra forma? *Yo el Supremo* brota con la fuerza de las ideas y con la violencia de la pasión. Nos hallamos ante una difícil pieza barroca y magistral sobre la tiranía.

MARIO VARGAS LLOSA

VEINTE AÑOS DESPUÉS

El grupo de narradores que en la década de los sesenta irrumpe en el panorama de la literatura universal, conocido periodísticamente como «*boom* de la novela latinoamericana», veinte años más tarde no puede ser ya calificado como «nueva novela», «joven novela» ni siquiera como «novela del *boom*». Carlos Fuentes, Gabriel García Márquez, Julio Cortázar, José Donoso o Mario Vargas Llosa, entre otros, ocupan ya el primer plano de la actualidad literaria en lengua castellana. La crítica se ha ocupado ampliamente de su obra y un crítico tan ligado a los nombres antes citados como el uruguayo Ángel Rama publica en 1981 una antología con el título de *Novísimos narradores hispanoamericanos, 1964-1980.* Los nombres allí reunidos —y otros que justamente podríamos añadir— son los continuadores de la «generación del medio siglo». Su llegada a las letras coincide con la madurez de los escritores antes mencionados. Disponen, por consiguiente, de una tradición de ruptura significativa. Se encuentran con un «corpus» y un lenguaje narrativos ya elaborados, con unas vías de penetración establecidas, pero, en cambio, tropiezan con las expectativas de un público que espera de cada una de sus creaciones una obra maestra.

A fines de los años setenta parte de la crítica que venía arropando a la generación del medio siglo empieza a mostrarse impaciente. Se acusa a los nombres más significativos de esterilidad creadora. Apenas cruzado el umbral de la madurez se alude a la falta de creatividad y a la decadencia o silencio de sus componentes. Tales presagios y acusaciones alcanzan a Mario Vargas Llosa, quien en *Pantaleón y las visitadoras* (1973) y *La tía Julia y el escribidor* (1976) se adentra en un arte más oblicuo y reemplaza su habitual realismo psicológico, su novela de grandes alientos épicos por la ironía o el humor. La «tensión» crítica suscitada por la irrupción de la narrativa de los sesenta no parecía poder mantenerse durante más tiempo. Las maneras peculiares de avanzar en la obra personal iban distanciando una empresa común que, conviene decirlo, nunca tuvo caracteres estéticos afines. Contribuyeron a acrecentar la diferencia ciertos comportamientos políticos o actitudes cívico-morales y determinadas rupturas en las relaciones personales que algún día habrá que historiar para calibrar las zonas oscuras en las que hoy se mueven los narradores de aquel mal llamado *boom*. Pero *La guerra del fin del mundo* (1981), de Mario Vargas Llosa, y *Crónica de una muerte anunciada* (1981), de Gabriel García Márquez, los dos «monstruos sagrados» de la generación, vienen a confirmar la frescura creadora de ambos narradores. En 1970 escribíamos, quizá exageradamente que por vez primera el escritor latinoamericano tenía conciencia de estar escribiendo para un auditorio que, a través de editoriales que cabalgaban entre España y los países de habla española, tan sólo era limitado por la expresión lingüística. Ya Vallejo, Gallegos o Icaza, por citar tres nombres, habían publicado en España, pero las condiciones en las que se produjo el fenómeno editorial en la década de los años treinta eran completamente distintas. De otra parte, hoy vale decir que algunos de los autores de la generación del medio siglo han incrementado su auditorio desbordando el límite lingüístico. Sus producciones, como es el caso de Vargas Llosa, son traducidas a otros idiomas. Sus libros se difunden como auténticos *best-sellers,* sin renunciar, sin embargo, a unos planteamientos literarios originales. La novela latinoamericana ha sabido asimilar la vanguardia narrativa de Occidente. Sin Joyce, Faulkner, Hemingway, Woolf o Kafka su identidad sería distinta. Su criollismo vocacional le viene de una raíz cultural de aluvión que caracteriza al conjunto de las letras hispanoamericanas prácticamente desde sus albores. Crisol cultural, crisol de razas, de maneras de entender el mundo, se alza sobre las experiencias personales individualizadas. Se incorporan las nuevas corrientes, desde el clásico surrealismo al mundo *pop.* Y autores como Vargas Llosa se adentran en formas expresivas características de una Lima recobrada, fijada en los años de la adolescencia del autor. El descubrimiento de que las barreras de la ortodoxia lingüística son artificiales les permite renovar las formas expresivas. Pesa sobre ellos un exilio voluntario que no sólo no les aleja de su mundo juvenil, sino que por el contrario, les enraizaba en él a través de un recuerdo que permite recrear con entera libertad alejándose de los problemas cotidianos. El mismo acto de escribir puede ser para Vargas Llosa un «síndrome del expatriado», según la calificación de James W. Brown. Tal expatriación no significa únicamente el alejamiento físico del país de origen, sino la conciencia cierta de ser un «extraño» en el mundo que rodea al creador. Quizá sobre los orígenes de la creación en el narrador peruano sean esclarecedoras las palabras que escribiera en el breve prólogo a su pieza teatral en dos actos *La señorita de Tacna* (1981):

Siempre me ha fascinado ese curioso proceso que es el nacimiento de una ficción. Llevo ya bastantes años escribiéndolas y nunca ha dejado de intrigarme y sorprenderme el imprevisible, escurridizo camino que sigue la mente para, escarbando en los recuerdos, apelando a los más secretos deseos, impulsos, pálpitos, "inventar" una historia. Cuando escribía esta pieza de teatro en la que estaba seguro de recrear (con abundantes traiciones) la aventura de un personaje familiar al que estuvo atada mi infancia, no sospechaba que, con ese pretexto, estaba, más bien, tratando de atrapar en una historia aquella —inasible, cambiante, pasajera, eterna— manera de que están hechas las historias.» Para el lector que frecuenta la obra de Vargas Llosa tales afirmaciones pueden parecerle sorprendentes, puesto que salvo *La ciudad y los perros* (1962) y *La tía Julia y el escribidor* (1977) —dos maneras harto diferentes de acercarse al mundo narrado— la obra de Vargas Llosa parece lejos de adentrarse en experiencias personales o cercanas al mundo familiar. Pero como Vargas Llosa demostró palpablemente en su análisis sobre *Madame Bovary* (1975) el propio Flaubert es un autófago. Los caminos que conducen de la experiencia vivida (incluidas las experiencias literarias) a la obra literaria son múltiples y complejos. Incluso en *Conversación en la catedral* (1969) o en *La guerra del fin del mundo* podemos rastrear ciertos temas obsesivos, de índole peculiar, los «demonios» —como él mismo los califica— que caracterizan su obra o parte de ella. En el ensayo que escribiera Vargas Llosa sobre *Tirant lo Blanc,* la gran novela caballeresca catalana y «el mejor libro del mundo» según Cervantes, se refirió a lo que entendía que venía a ser la elaboración narrativa: «Seleccionar dentro de los materiales de la realidad aquellos que serán la materia prima de la realidad que creará con palabras, acentuar y opacar las propiedades de los materiales usurpados y

Vargas Llosa: un narrador y sus demonios

Boldori de Baldussi, Rosa

combinarlos de una manera singular para que esa realidad verbal resulte original, única, es el aspecto irracional de la creación de una novela, una operación condicionada por las obsesiones del novelista, el trabajo que realizan sus demonios personales. Hacer brotar la vida en el material seleccionado y preparado por los fantasmas de su vida interior es, en cambio, el aspecto racional de la creación, lo que depende únicamente de la inteligencia, la terquedad y la paciencia del novelista (esos dos aspectos de la creación no son, desde luego, separables en la práctica). La vida brota en la ficción gracias a una distribución, a un orden, a una manera de presentación de esa materia prima: es lo que se llama la "técnica" de un novelista, lo que el vocabulario de moda denomina la "estructura" de una novela.» En las novelas de Mario Vargas Llosa, *La ciudad y los perros La casa verde* (1965) *Conversación en la catedral* y *La guerra del fin del mundo,* hallamos bien patente esa preocupación por la «técnica o estructura» narrativas, la máxima atención hacia la selección de los materiales que la realidad le ofrece y la presencia de una realidad objetiva, ya en la novela, elaborada por medio de la palabra.

El peso irresistible de la novela del siglo XIX y los avances expresivos realizados en lo que va de siglo no han desanimado a los escritores latinoamericanos de hoy. Mario Vargas Llosa es quizá el más ambicioso a este respecto. Gusta de trabajar la narración en largas novelas en las que los episodios se combinan a manera de motivos que se equilibran, sin abandonar nunca el interés por la trama o argumento, que logra sostener mediante una estructura casi tradicional en la que cuenta también de modo importante el desenlace. El novelista quiere expresar una totalidad, cuando pueda de la historia, sin automutilaciones. No se detiene ante los comportamientos exteriores; se lanza en el buceo de las psicologías más complejas. Sus novelas se cierran generalmente cuando el mundo exterior ha golpeado una y otra vez a los personajes, que no llegan a encontrar su oportunidad. Seríamos injustos, sin embargo, si calificáramos la novela de Vargas Llosa de pesimista. El mal, tema literario por excelencia, vive agazapado en el cuerpo social, provoca lentas descomposiciones o erupciones volcánicas, preside y organiza, y en contadas excepciones es derrotado. Vargas Llosa es, básicamente, un crítico de la realidad, un novelista al que no escapan las sutiles telas de araña que los personajes tejen a su alrededor. La misión del novelista reside en hacer presentes las interrelaciones y crear un mundo literario cuya complejidad sea tan rica como la del real, donde nunca —o casi nunca— los sentimientos, las pasiones y las ideologías se dan químicamente puros.

A través de las novelas de Vargas Llosa circula un aliento poético, una justa comprensión de la capacidad humana para resistir la embestida de la sociedad en sus diversas manifestaciones. Lima, «Lima, la horrible» (Salazar Bondy, a quien Vargas Llosa dedicó *Los cachorros,* escribió un libro con este título), es a menudo la protagonista. Lima arrastra una curiosa tradición literaria de ciudad «maldita». Melville, en *Moby Dick,* escribió sobre ella: «Y no es enteramente el recuerdo de sus antiguos terremotos, ni la sequedad de sus cielos áridos, que nunca llueven; no son esas cosas las que hacen de la impasible Lima la ciudad más triste y extraña que se pueda imaginar. Sino que Lima ha tomado el velo blanco y así se acrecienta el horror de la angustia.» Con todo, la literatura de Vargas Llosa no cae en el costumbrismo y mucho menos en el realismo fotográfico. Lima es entrevista desde las perspectivas del adolescente *(La ciudad y los perros, Los jefes, Los cachorros),* desde la complejidad de una familia de la burguesía, aliada a los poderes políticos *(Conversación en la catedral),* o desde el mundo familiar *(La tía Julia y el escribidor)*. Según Carlos Fuentes, «de su novela se levanta esa tristeza y ese horror que simbolizan apenas la vida de esos peruanos de hoy —los cadetes del colegio militar Leoncio Prado: Alberto, el Esclavo, el Jaguar, el Boa, el Serrano Cava, el Rulos; los oficiales: Gamboa, Pitaluga, Huarina; el coronel director del plantel; la muchacha Teresa; el ladrón Higueras— que, al final de cuentas, viven un drama de todos los hombres: el de la justicia» *(La nueva novela hispanoamericana,* 1969).

«LOS CACHORROS» (1967)

No existe en castellano una voz que designe el tipo de narración que es *Los cachorros*. Por su longitud, *Los cachorros* no es una «novela», en el actual sentido del término, aunque sí lo sería en el sentido cervantino. Por sus características es mucho más que un «cuento». Por lo general, el escritor tiende a acomodarse al tipo de libro que consciente o inconscientemente se le exige, tiende a escribir libros que alcancen el número de páginas que requiere una edición normal de novela. Puede ser, incluso, más larga; pero difícilmente se le ocurrirá escribir una novela más breve, ya que no encajaría en la corriente. Quiérase o no, tal limitación viene a ser una limitación «retórica» que la fuerza de las circunstancias logra romper en contadas ocasiones. No hay que olvidar, sin embargo, que en su primera edición el texto iba acompañado por las excelentes fotografías de Xavier Miserachs.

Según José Miguel Oviedo, la primera versión de *Los cachorros* fue escrita en París, entre junio y diciembre de 1965; la definitiva, en Londres, a fines de 1966. El relato nace después de *La casa verde* y no es improbable que se deba a la querencia por el mundo limeño —y, más concretamente, miraflorino— del autor. *Los cachorros* es una experiencia formal, casi un experimento, pero también posee una estructura interna y una deliberada trascendencia en el tema —si es que el tema y sus diversas formas son separables— que convierten al relato en una pequeña obra maestra de la nueva literatura escrita en castellano.

El tema estaba basado en una noticia periodística. Mario Vargas leyó que en un pueblo peruano un perro había mordido a un niño de pocos meses, produciéndole la castración. El tema no es un tema novelesco. Por el contrario, el hecho carece de ambigüedad y de historia. Entre la noticia periodística y el relato de Vargas Llosa ha surgido un mundo entero, creación, «demonio personal» del autor. En su versión literaria, fue trasladado desde una región rural a la ciudad de Lima; el niño de pocos meses se transformó en un niño de «Tercero A». Con la ubicación del personaje volvió el recuerdo de una institución educatica, el pequeño y complejo mundo de un colegio. Esta vez el colegio Champagnat y los hermanos sustituyeron, con notables diferencias, al colegio militar de *La ciudad y los perros*. Nuevamente la adolescencia será el tema esencial, el abanico cronológico que enmarcará la historia. Ésta se inicia en «Tercero A» y finaliza cuando sus protagonistas «eran hombres hechos y derechos ya y teníamos todos mujer, carro, hijos que estudiaban en Champagnat, la Inmaculada o el Santa María, y se estaban construyendo una casita para el verano en Ancón, Santa Rosa o las playas del sur, y comenzábamos a engordar y a tener canas, barriguitas, cuerpos blandos, a usar anteojos para leer, a sentir malestares después de comer y de beber y aparecían ya en sus pieles algunas pequitas, ciertas arruguitas». Es decir, desde la infancia hasta la madurez; desde el albur del inicio de la vida hasta la adscripción a la burguesía limeña, porque el fin del grupo al que pertenece Pichula Cuéllar es integrarse a la burguesía como corresponde a los miembros del grupo estudiantil blanco y miraflorino. Según Roland Forgues existen seis grandes secuencias narrativas en *Los cachorros:* «1) Llegada de Cuéllar al colegio. Incorporación al grupo. Emasculación. 2) Convalecencia de Cuéllar. Cambio de actitud. Complicidad de los hermanos. 3) Nacimiento del apodo «Pichulita». Oposición de Cuéllar a la pequeña sociedad del colegio. Aceptación del apodo. 4) Desafío del grupo. Crisis sentimental de homosexualidad. Retraimiento de Cuéllar. 5) Transferencia del amor al grupo a Teresita Arrarte. Imposible declaración de amor a Teresita. Llegada de Cachito Arnilla. 6) Caída en la homosexualidad. Separación del grupo. Muerte de Cuéllar.»

El mayor hallazgo de la estructura de *Los cachorros* consiste precisamente en el estudio de las diversas reacciones de un grupo social frente a un individuo «extraño» y de las de éste frente al grupo. La evolución de Pichula Cuéllar va desde la normalidad de la entrada en el colegio hasta su definitiva destrucción por parte del grupo social que debería sostenerlo. La inflexión temporal es presumible por el desarrollo de la historia e incluso por determinadas referencias que nos sitúan perfectamente al personaje. «Cuando Pérez Prado llegó a Lima con su orquesta, fuimos a esperarlo a la Corpac», afirma al protagonista-grupo en determinado momento. La llegada de Pérez Prado puede fecharse en 1949, cuando Pichula Cuéllar cuenta quince o dieciséis años y el «mambo» priva en las fiestas dominicales. Quince o dieciséis años más tarde, Pichula Cuéllar habría entrado ya en los treinta años, aproximadamente la edad del novelista al escribir el relato, quien como narrador se sitúa en el «grupo» que describe. ¿Es de suponer, pues, que la obra sea deliberadamente un simbolismo, como ha afirmado algún crítico? ¿Sería la castración de Cuéllar el símbolo de la impotencia de aquella generación de escritores peruanos que Vargas Llosa representa?

¿Tal vez una parábola de la integración social? La coincidencia entre el tiempo del grupo y el tiempo del novelista no es otra cosa que el útil recurso con el cual Vargas Llosa recobra la adolescencia, su lenguaje, su propia adolescencia, refugiado y silencioso entre el grupo de Cuéllar.

Las reacciones del grupo frente a Cuéllar son complejas: incorporación, tras su entrada en el colegio; aceptación de éste; compasión tras el accidente; evolución de las burlas; aceptación e incluso admiración del «nuevo y extraño» Cuéllar; trauma de la adolescencia; aparición de las muchachas; afirmación individual y lenta integración del grupo a la clase —la burguesía media—; progresiva descomposición de Cuéllar, convertido en un ser marginado, extradado. Los matices que encierra la evolución del personaje constituyen una red que una enumeración esquemática como la expuesta puede desvirtuar, aunque la complejidad e interés de *Los cachorros* debe contemplarse desde esta perspectiva, sin trascendentalismos o simbolismos en otro plano. Hay, evidentemente, no un complejo de castración, como señalaba cierto crítico, sino una castración real y concreta. Y lo que interesa es precisamente la expulsión del individuo del grupo (que no se caracteriza precisamente ahora por su machismo, sino por su afán de parecerse cada vez más a la sociedad adulta). Porque la pequeña sociedad de *Los cachorros* tiene su equivalente en la otra de los adultos. Al fin y al cabo, la «educación», el proceso al que se someten los muchachos, debe conducir a la adscripción social, una vez maduros, como sucede. Se cumple un determinismo sociológico planteado desde el inicio de la novela, cuando el narrador —el novelista— habla, cuenta, instalado desde su confortable postura.

Pero, mucho más que en cualquier otra de las obras de Vargas Llosa, vemos aquí resuelta una problemática formal del mayor interés. En primer lugar, el tono, la forma de recitado que adquiere la narración en la que integran: senarración en primera persona (presente), en tercera (pasado) o en presente durativo (aparentemente en presente aunque sigue permaneciendo la acción), diálogos de unos y otros, onomatopeyas; todo ello expresado en una lengua que no sólo está repleta de localismos peruanos, sino que intenta reflejar la manera de hablar de un determinado grupo social en un determinado barrio (Miraflores). Vargas Llosa ha combinado de tal manera los recursos expresivos de la lengua, que el conjunto se asemeja al discurso de un adolescente narrando a unos compañeros. La cadencia expresiva, la distribución de las frases y el diálogo incorporado constituyen una experiencia narrativa en la que lo lírico se halla en función de lo épico. El propio Vargas Llosa comentó al respecto: «El relato está contado por una voz plural, que caprichosamente y sin aviso ondula de un personaje a otro, de una realidad objetiva (un acto) a otra subjetiva (una intención, un pensamiento), del pasado al presente o al futuro y, por momentos, en vez de contar, canta. "Caprichosamente", es un decir, claro. La idea es que esta voz colectiva, saltarina, serpentina, que marea al lector y (musicalmente) lo maltrata, vaya insensiblemente contaminándolo de la historia de Cuéllar, empapándolo con ella, no explicándosela» (1967). El lector no descubrirá en una primera lectura, mecido por la musicalidad de lo dicho, los matices de una narración plena de recursos, de atisbos y detalles. Según José Miguel Oviedo, el más eficaz comentarista de la obra de Vargas Llosa, «el autor presenta la vida de Cuéllar como una historieta» y percibe recursos que aproximan *Los cachorros* a «las formas narrativas del comic strip». Efectivamente, onomatopeyas y determinados recursos son comunes a las historietas y a *Los cachorros,* aunque no exista el deliberado propósito de utilizar conscientemente el lenguaje del *comic*.

Éste llega por la inconsciente incorporación del mundo adolescente; intento de plasmar una «totalidad» propuesta. Esa perspectiva adolescente no deja de ser curiosa cuando llegamos al final de la narración y el grupo se ha convertido ya en un grupo adulto, desde cuyo tiempo, lógicamente, debería narrarse. Tómese, como contraste, *El Lazarillo de Tormes,* cuyas aventuras de mocedad están narradas desde el tiempo de madurez, ya de vuelta. Pero Vargas Llosa ha prolongado deliberadamente el *tempo* narrativo. El tiempo del grupo-protagonista es intemporal, lo que produce la extraña sensación de que es «relativamente breve», cuando en las escasas páginas de *Los cachorros* transcurren casi veinte años. La relativa escabrosidad del tema es una lucha contra los convencionalismos (la masculinidad de la sociedad adolescente y juvenil) y también la posibilidad de obtener una compleja gama de recursos morales. ¿Es moral que Cuéllar sea «expulsado»? ¿Cabe otra solución? Situado el hecho en abstracto, reducido a «suceso», carecía de efectos morales. Se convierte en problema, precisamente, en el devenir histórico de la vida de Cuéllar. En una primera etapa no sólo es reconocido (tras su desgracia), sino que es también envidiado. Es el factor tiempo, la vida personal de Cuéllar, al margen de cualquier acontecimiento político o social, lo que transforma la mentalidad del individuo y la del grupo.

El suceso hubiera podido ser contemplado como un relato pseudohumorístico. Lo sexual se transforma en humor (la base del chiste) cuando se desprende de cualquier eco humano, cuando se destrascendentaliza. En Mario Vargas Llosa el humor es simple ironía —perspectiva—, recurso de ambigüedad. La acumulación de tiempo que existe en la novela —esos veinte años— en las pocas páginas esquematiza el argumento, que se enriquece precisamente por la gran riqueza formal, base del relato; pero incluye una deliberada deshumorización. El chiste fácil del «grupo», la denominación misma del personaje, choca con la tragedia social del individuo. Su misma muerte sería una farsa si no estuviera tocada por el halo trágico con que el autor lo rodea. ¿De dónde procede ese sentido trágico? De la misma condición del personaje, incapaz de desprenderse de una desgracia física imposible de ser superada. Cuéllar no logrará romper la barrera que le separa de los demás, que le hace distinto, «otro». En un solo momento siente la necesidad de lo femenino, y esta necesidad le viene dada, procede no tanto de sí mismo, sino de los demás. La figura femenina es para Cuéllar accesoria, no puede interesarle. Su única posibilidad de afirmación es el escape, el «gamberrismo», la desgracia, la muerte a la que indefectiblemente le arrastran los otros, a la que no tiene otro remedio que acudir. La imposibilidad de solucionar su limitación, la base física de ésta, hace que la narración de Vargas Llosa sea una tragedia determinista. Al plantear el personaje en las primeras páginas, está ya esbozando su final, como en la tragedia griega. Aquí el *fatum* ha sido sustituido por el código sexual de los jóvenes.

En *Los cachorros* se produce la completa adecuación de una forma innovadora a un tema. El tema sería inexistente sin las características formales y estructurales apuntadas, sin el rico lenguaje sectorial que las conforma. Para el lector quizá resulte un tanto extraño. Deberá intuir que *chauconcito* equivale a empollón, que *chumpita* equivale a amigo, viejo, que *chupetearse* equivale a besarse con cierto apasionamiento, etc. Tales expresiones no las enconcontrará el lector en los diccionarios. Son habla viva, creación colectiva de lenguaje. La novela latinoamericana, entre otras cosas, ha significado la evidencia de un español de recursos inimaginables al otro lado del Atlántico. Sin este lenguaje localista y evocador, *Los cachorros* no existiría.

Vargas Llosa acostumbra a utilizar localismos o peruanismos en sus novelas, pero la dosis ha sido notablemente acrecentada. Tales hallazgos expresivos no son corregidos *in situ*, sino extraídos del acervo lingüístico del autor, quien demuestra muy claramente que la residencia en países de otras lenguas: Francia, Inglaterra o Estados Unidos, no disminuye las posibilidades expresivas de una lengua de creación; por lo menos, en su caso.

«CONVERSACIÓN EN LA CATEDRAL» (1969)

La cita de Balzac que introduce al lector en el mundo de *Conversación en la catedral*[1], delimita el ambicioso proyecto de Mario Vargas Llosa. Escribió Balzac en *Pequeñas miserias de la vida conyugal,* que «es necesario haber hojeado toda la vida social para ser un verdadero novelista, haber visto que la novela es la historia privada de las naciones». A través de su nutrida acción Vargas Llosa elabora una novela histórica donde se revela la experiencia peruana reciente.

¿Nos hallamos frente a la historia privada del Perú? Si ello fuera cierto, sin más, esta novela sería paralela a la obra de Tolstoi, Galdós o Baroja. Sin embargo, ello no es así. Mario Vargas Llosa no parte de la historia para construir su novela, no hace servirse de ella como un marco de acción novelesca, no pretende tampoco «demostrar» el sentido histórico en el que se desarrolla su país, ni siquiera la evolución del contenido ideológico de sus masas populares. Todo ello, sin embargo, está en *Conversación en la catedral;* pero se desprende de la acción de unos personajes. La dictadura del general Manuel A. Odría, la podredumbre admi-

---

[1] Seix-Barral, «Nueva Narrativa Hispánica», 2 vols., Barcelona, 1969.

nistrativa, la lenta descomposición del partido revolucionario APRA (fundado en México, en 1924, por Víctor Raúl Haya de la Torre), su lento desplazamiento hacia actitudes reformistas y pactistas, la subida al poder de Manuel Prado (1956-1962), la Junta Militar de 1962-1963, la presencia de Belaúnde Terry, son las sombras de una tragedia más íntima, la de Zavalita, el más íntegro de los personajes, incapaz, sin embargo, de superar su ascendencia burguesa.

En este sentido, *Conversación en la catedral,* estructurada en dos volúmenes, que contienen dos libros cada uno, es la historia de una familia de la alta burguesía, conectada a los ambientes más diversos: la política, la vida prostibularia, la policía, el periodismo, el servicio doméstico, los matones profesionales, las aberraciones sexuales... y es, por todo ello, una novela antipolítica, una novela de desengaño político, aunque no de desengaño humano. Mario Vargas Llosa ha intentado compendiar no la política del Perú, sino la psicología colectiva del Perú, buscando quizá las razones, descubriendo los entresijos de la acción y los móviles de los personajes con lentitud, a la manera de un enorme juego de ejedrez, en el que no cabe victoria de nadie. Mucho le debe esta novela a la técnica policiaca. El lector se ve obligado a esforzarse por penetrar en la acción, que lentamente va desvelándose. La técnica de Vargas Llosa no pretende alcanzar el destello innovador. Sus recursos son más bien fáciles. El contrapunto de los diálogos alternados, por ejemplo, la duplicidad de puntos de vista al narrar un hecho, la lenta reconstrucción del rompecabezas que va completándose hacia el final. Tampoco *La ciudad y los perros* (1963) y *La casa verde* (1965) pretendieron desbrozar caminos formalistas. El novelista atiende con sobriedad al tema: equilibrio entre lenguaje, estructura y acción.

Conversación en la Catedral se plantea como un

monólogo-confesión de dos personajes: Zavalita, periodista de sucesos, prófugo de una familia de la alta burguesía limeña, y Ambrosio, ex chófer de su padre. Es éste el recurso más fácil de la novela, el más efectista y el pie forzado con que Vargas Llosa nos introduce en el mundo familiar de los Zavala, clan conectado con las esferas gubernamentales. Las primeras páginas de la novela denotan precisamente la vacilación del novelista ante el recurso utilizado. Sin embargo, poco después, cuando se describe la terrible matanza de los perros, el novelista ha tomado ya el pulso a la novela. Ya no volverá a escapársele. Su aportación máxima, que habíamos descubierto en *La ciudad y los perros,* es la extremada atención hacia la ambivalencia de los personajes que ofrecen perspectivas complementarias, contradictorias, inéditas en los caracteres. Generalmente, los héroes de *Conversación en la catedral* presentan zonas oscuras. Los fines de los comportamientos los vamos descubriendo con la propia acción de la novela, plena de saltos atrás, de detalles no enteramente desvelados. La imaginación creadora se halla al servicio de un racionalismo total, planteado en la acción y determinado por la psicología de los personajes. Por otro lado, las vidas de todos y cada uno de ellos se entrecruzan, constituyen un amasijo de propósitos que determinan la extensión misma de la novela. En las seiscientas cincuenta y pico de páginas, el interés decae en pocos instantes. Está sostenido por el ritmo de acontecimientos desarrollados en el doble plano: de orden privado y de orden colectivo. Unos y otros muestran el dominio de la técnica y la seguridad narrativa. Pueden ejemplificarse en las relaciones entre Queta y Ambrosio, plenas, en su desgarro, de riquezas y matices psicológicos, que bordean el naturalismo zolesco y el magnífico friso de la revuelta de Arequipa trazado desde el doble plano de los que participan y de los que la han planteado.

La complejidad de los caracteres de los personajes, de la acción misma, su ambivalencia, sus matizaciones, convierten a Vargas Llosa en un novelista que aparentemente resulta frío e imparcial. Esta imparcialidad es más aparente que real. No cabe duda de que al describir la formación de los comités de huelga estudiantil, la infiltración del PC peruano en la Universidad de San Marcos, de Lima, su actitud antiodriísta, Vargas Llosa se manifiesta antidictatorial, pero sin tomar partido previamente. Frente a la típica y casi tópica novela «contra la dictadura latinoamericana», descrita casi siempre a través de la ira, el sarcasmo, la caricatura, Vargas Llosa se muestra comprensivo, indaga, inquiere, analiza. Lo general es fruto de lo particular, de lo individual. Cayo Bermúdez, el siniestro jefe de la policía política, adquiere rasgos de humanidad. Sostiene al régimen, es lúcido en sus actuaciones, pero a su vez es fruto del mismo régimen que sostiene, que le abandona cuando es preciso. Si la novela sobre la dictadura latinoamericana nació en *Tirano Banderas,* de Valle-Inclán, Vargas Llosa ha intentado una fórmula que describiera no sólo la dictadura —fórmula política sólo accidental—, sino la sociedad que la tolera y los regímenes que solapadamente la sustituyen. *Conversación en la catedral,* es, en este aspecto, una novela sustancialmente política y social.

Su realismo Llosa bordea el naturalismo. Ello se produce no sólo por el determinismo social de los personajes, sino también por el comportamiento sexual, abiertamente descrito y analizado por Vargas Llosa. En una sociedad prácticamente sin metas religiosas o políticas, el sexo se convierte en el objetivo primero de no pocos seres. Las relaciones entre Musa y Queta, las relaciones entre Musa y Amalia, las de Amalia y Ambrosio, Ambrosio y Zavala, Zavala y Musa, Queta y Ambrosio; Musa, Amalia y Cayo, etc., sugieren las combinaciones de Sade. La aberración sexual se convierte en el lado oscuro del personaje, a veces aclara extrañas actuaciones; otras muestra una faz de comprensión, de humanidad extrema. Vargas Llosa baja hasta lo más hondo de sus personajes con comprensión, con lucidez; nada se justifica, pero casi todo se comprende.

Una de las características que distinguen la novela de Vargas Llosa es el sobrio uso del lenguaje. Aparentemente se ha disminuido la riqueza de *La ciudad y los perros,* aunque ello se produce sólo en la esfera de las descripciones. En los diálogos abundan las locuciones populares, el léxico trazado a diversas escalas según el narrador, el monologante. Tal vez las distinciones hubieran podido notarse todavía más dada la diversidad social de personajes. Sin embargo, el resultado es ya una experiencia considerable. *Conversación en la catedral* encierra un mundo que va más allá de unos años determinados (la novela histórica), el costumbrismo de una ciudad (Lima), puesto que escapa a su propia geografía o la simple exposición de la diferencia de clases (que es en su origen la verdadera novela social). El mundo de Vargas Llosa está cerrado, en cuanto a la novela se refiere, incluso en el intento de rebelión de Zavalita, que escapa a su clase social de origen, a un mundo que le es propio, que sitúa su orgullo por encima de las convenciones y del dinero. Por todo ello, la posición moral de Zavalita es también esencialmente la historia de un fracaso político, de un fracaso humano. Su rebelión contra el padre está teñida por la admiración y el cariño. Vacío de ideales, su sacrificio resultará inútil, mediocre, gris.

«García Márquez: historia
de un deicidio» (1968)

El libro de Mario Vargas Llosa *García Márquez: historia de un deicidio* [2] constituyó hasta los años setenta el estudio unitario más completo en la ya extensa bibliografía acumulada sobre el autor de *Cien años de soledad*. Se trata, pues, de una importante contribución crítica que acrecienta su valor, precisamente, por estar realizada por el novelista peruano Mario Vargas Llosa que el creador más «intelectual» de los narradores latinoamericanos de hoy, se sienta atraído por la obra de García Márquez. Ambos publicaron un diálogo, *La novela en América latina: diálogo* [3], interrogándose sobre los aspectos creadores personales. Ambos novelistas se conocen en 1967. Vargas Llosa recoge en su libro dicho encuentro: «Nos conocimos la noche de su llegada al aeropuerto de Caracas; yo venía de Londres y él de México y nuestros aviones aterrizaron casi al mismo tiempo. Antes habíamos cambiado algunas cartas, y hasta habíamos planeado escribir, alguna vez, una novela a cuatro manos —sobre la guerra tragicómica entre Colombia y Perú, en 1931—, pero ésta fue la primera vez que nos vimos las caras. Recuerdo la suya muy bien, esa noche: desencajada por el espanto reciente del avión —al que tiene un miedo cerval—, incómoda entre los fotógrafos y periodistas que la acosaban. Nos hicimos amigos y estuvimos juntos las dos semanas que duró el congreso, en esa Caracas que, con dignidad, enterada a sus muertos y removía los escombros del terremoto. El éxito recientísimo de *Cien años de soledad* lo había

---

[2] Barral Editores, «Breve Biblioteca de Respuesta», Barcelona, 1971.
[3] Carlos Milla Bartres, Ediciones UNI, Lima, 1968.

convertido en un personaje popular, y él se divertía a sus anchas: sus camisas polícromas cegaban a los sesudos profesores en las sesiones del congreso; a los periodistas les confesaba, con la cara de palo de su tía Petra, que sus novelas las escribía su mujer pero que él las firmaba porque eran muy malas y Mercedes no quería cargar con la responsabilidad...» La popularidad de Mario Vargas Llosa, por entonces, no era menor. José Miguel Oviedo en su estudio sobre Vargas Llosa la describe así: «El desbordante estilo caraqueño otorga al hecho consecuencias tempestuosas: Vargas Llosa es elevado a alturas insólitas para un escritor, en periódicos, radio y televisión. Cuando llega a Caracas a recibir el premio (se trata del premio Rómulo Gallegos), el afecto y el entusiasmo alcanzan temperaturas francamente cinematográficas. Gente que no lo ha leído (pero que lo va a leer, ahora que lo ha visto) participa del delirio. Las portadas de las revistas, la atención popular, los comentarios de todos se concentran en el triunfador de treinta y un años que casi no se explica qué está pasando» [4]. Años más tarde, en el clima más reposado, tras una larga meditación, Vargas Llosa se interroga sobre García Márquez y su mundo y lo hace —hasta cierto punto— desvelando su propia concepción de la novela.

El ambicioso título del estudio, *Historia de un deicidio* corresponde a la importancia que su amor concede a la novela en cuanto a género. Quizá sea Vargas Llosa el novelista contemporáneo que muestra una actitud más confiada en la novela como creación (mucho más que García Márquez, quien somete siempre sus intuiciones al ácido corrosivo de la ironía imaginativa), a la manera como los grandes narradores

---

[4] José Miguel Oviedo, Mario Vargas Llosa, *Mario Vargas Llosa, la invención de la realidad,* Barral Editores, «Breve Biblioteca de Respuesta», Barcelona, 1970.

del siglo pasado crearon sus vastos retablos (Balzac, Zola o Proust). La seriedad con que Vargas Llosa explicará su concepción «deicida» no admite réplica: «Escribir novelas es un acto de rebelión contra la realidad, contra Dios, contra la creación de Dios que es la realidad. Es una tentativa de corrección, cambio o abolición de la realidad real, de su sustitución por la realidad ficticia, que el novelista crea. Éste es un disidente: crea vida ilusoria, crea mundos verbales porque no acepta la vida y el mundo tal como son (o como cree que son). La raíz de su vocación es un sentimiento de insatisfacción contra la vida; cada novela es un deicidio secreto, un asesinato simbólico de la realidad.» Ésta es la tesis central del libro, aplicable, como se ve, a cualquier hecho novelístico, puesto que «siempre», con mayor o menor acierto, la creación narrativa es la creación de una realidad verbal. El segundo capítulo del libro que comentamos expone la concepción narrativa de Vargas Llosa aplicada a García Márquez, pero válida, por consiguiente, para sus propios esquemas. Dado que la relación entre el novelista y el mundo es una «relación viciada», puesto que el hecho de novelar supone una rebelión, cabe preguntarse dónde se produce, en qué plano mental o real dicho desequilibrio llevará a un ser humano a la creación de novelas. El proceso creador se origina durante «un solapado proceso», no es el fruto de un solo hecho. La creación de una novela supone la inconsciente acumulación de lo que Vargas Llosa denomina tradicionalmente «los demonios personales». Esta es la mayor aportación del autor a su concepción de la «novela»: «El "por qué" escribe un novelista está visceralmente mezclado con el "sobre qué" escribe: los "demonios" de su vida son los "temas" de su obra. Los "demonios": hechos, personas, sueños, mitos, cuya presencia o ausencia, cuya vida o cuya muerte lo enemistaron con la realidad, se grabaron con fuego en su memoria y atormentaron su espíritu, se convirtieron en los materiales de su empresa de reedificación de la realidad, y a los que tratará simultáneamente de recuperar o exorcizar, con las palabras y la fantasía, en el ejercicio de esa vocación que nació y se nutre de ellos, disfrazados o idénticos, omnipresentes o secretos, aparecen y reaparecen una y otra vez, convertidos en "temas"...» Nos hallamos, pues, ante la reafirmación del proceso creador que puede identificarse a través de un punteado de «signos» perceptibles en la obra, puesto que el creador —aunque en forma inconsciente— se ha visto obligado a exponerlos. El concepto de la creación, a esta luz, no difiere en absoluto de la elaboración poética, ya que se trata de ambos casos de la plasmación de mundos mediante la palabra. Ni el novelista ni el poeta son capaces de rechazar los impulsos creadores. La fuente romántica de tal concepción (el mundo de Dostoievski no anda lejos de esta conjetura) es evidente. Vargas Llosa distingue entre novelistas que poseen un solo tema y sus variaciones (siguiendo a Roland Barthes) y otros como Tolstoi, Dickens o Balzac. No cabe duda de que el novelista peruano, personalmente, parece situarse en este lado. También su obra se produce la recurrencia a los «demonios personales», que aparecen en sus diversos mundos, más atentos a la realidad objetiva que los de García Márquez, pero no menos obsesivos. Si García Márquez situó su mundo narrativo en Macondo —una desfiguración de cierta realidad pequeña en extensión, aunque intensa— Vargas Llosa, en la ambición desmesurada de los novelistas del siglo XIX, se propuso una serie de crónicas abiertas que configuran una realidad mayor. El mundo del colegio militar limeño, el barrio de Miraflores, la Universidad de San Marcos, la burguesía peruana en los últimos años, la naturaleza desbordada de *La casa verde,* etc., constituyen las piezas de un rompecabezas que se completará algún día.

García Márquez reunió las diversas piezas en su intensa *Cien años de soledad*. ¿No constituyen *Los cachorros,* hasta cierto punto, una concentración de determinados «demonios» dispersos en otras obras del novelista peruano?

El método de análisis de Vargas Llosa es «total»; el novelista crítico se plantea el descubrimiento de «todo» lo que es perceptible en «todas y cada una» de las obras de García Márquez (de ahí las 667 páginas del libro), de ahí, también, las reiteraciones en determinadas hipótesis y citas que se multiplican. Puesto que la obra de García Márquez constituye precisamente una concentración de temas, el análisis de «cada una» de las obras del colombiano debe mostrar también dicha reiteración. Así, al tratar de *Cien años de soledad* Vargas Llosa observa: «Aparentemente, en *Cien años de soledad* hay y pasan muchas cosas..., pero una lectura fría nos revela que pasan menos cosas de las que parece, pues pasan *las mismas cosas varias veces.*» El resultado de esta reiteración viene determinado por la concepción del «tiempo» en la novela: «El tiempo, desde el punto de vista de la historia social o individual, no es retroceso ni avance, sino movimiento en redondo.» Vargas Llosa, siguiendo a Cesare Segri, trata de la concepción del punto de vista temporal, el tiempo circular y los episodios que se muerden la cola, pero el propio García Márquez había dado la clave, en su momento, de dicha concepción al indicar precisamente en *Cien años de soledad* que «al decirlo, tuvo conciencia de estar dando la misma réplica que recibió el coronel Aureliano Buendía en su celda de sentenciado, y una vez más se estremeció con la comprobación de que el tiempo no pasaba, como ella lo acababa de admitir, sino que daba vueltas en redondo». Dicha concepción del tiempo tiene mucho que ver con la visión del mundo del autor —y que no coincide, naturalmente, con la de Vargas

Llosa—: «La voluntad humana no puede alterar lo que existe como potencialidad fatídica en cada hombre o pueblo desde antes de su nacimiento... Esta visión del mundo niega que los hombres y los pueblos sean responsables de su destino y la noción misma de libertad: eso explica el desdén hacia la política y la falta total de iniciativa de los personajes en este campo.» Una clave, pues, de la visión narrativa global de García Márquez es estructural, la determinación del tiempo en la novela modifica incluso el comportamiento moral y social de los personajes. Respecto a la estructura narrativa, Mario Vargas Llosa determina que existen «cuatro grandes principios estratégicos de organización de la materia narrativa que abarcan la infinita variedad de técnicas y procedimientos novelísticos: *los vasos comunicantes, la caja china, la muda o salto cualitativo y el dato escondido*». La aplicación de estas fórmulas permitirá identificar los recursos de que se vale García Márquez para desarrollar sus narraciones. El novelista recurre a unas determinadas «formas» para trazar el desarrollo de sus temas, dispersos en sus primeras obras, unificados en su «ópera magna», *Cien años de soledad*.

Siguiendo, en el principio, un esquema parecido al de José Miguel Oviedo al tratar de su propia obra, Vargas Llosa trata de acumular los datos necesarios para valerse de ellos posteriormente en el transcurso de la obra. Tales datos se dividen en fuentes personales y literarias. Los «demonios» proceden de un doble infierno y, en ocasiones, son difícilmente separables. El máximo problema —y, por consiguiente, las mayores libertades— del novelista latinoamericano es la falta de una tradición nacional. «Para el suplantador de Dios "bárbaro", al principio —escribe Mario Vargas Llosa— la falta de tradición cultural traerá sólo desventajas. Tener que "inventarse", librado a sus propias fuerzas, una cantera de la cual extraerá los materiales literarios e ideológicos útiles para su vocación es una empresa difícil y penosa, en la que, a cada paso, corre el riesgo de extraviarse. Sin una tradición propia, el "bárbaro" no tiene más remedio que sentirse dueño de la cultura universal.» El crítico se ve precisado, desde el principio, a correr el duro periplo de las fuentes en las que ha bebido con más o menos seguridad García Márquez. Entre ellas, las obras latinoamericanas pesan menos relativamente que otras de tradiciones bien diversas: ninguna tan clara, sin embargo, como la de William Faulkner y ya en segundo término, Hemingway. Pero, aunque necesaria y bien resuelta, esta parte resulta menos atrayente que el análisis de lo que el crítico denomina «la estrategia literaria». La imaginación, que priva en toda la obra de García Márquez —y que en Vargas Llosa pesa relativamente poco, si es entendida a la manera de los héroes de Macondo—, se desmenuza en algunas de sus posibles variantes. Lo que tradicionalmente ha venido denominándose «estilo» y que reúne una serie de recursos de bien diversa índole es puesto de relieve en el tratamiento de la «simetría retórica» y en la «repetición», figura de la que usa y abusa el novelista colombiano. El que dicha «forma» sea una «manera» de comunicarse con «lo oculto» tiene que ver, a mi entender, menos con su uso habitual por el novelista. Derivado de los recursos tradicionalmente métricos, sirve esencialmente para retener en la memoria, para intensificar el significado. Quizá si la novela de García Márquez y sus recursos narrativos hubieran sido considerados a la luz de determinadas «formas» poéticas se hubiera llegado a la iluminación de aspectos que desde las «formas narrativas» aparecen oscuros. Si consideramos que el mundo de García Márquez es, en primer lugar, un mundo creado desde el lenguaje y con un sistema prácticamente verbal, cerrado en sí mismo, comprenderemos cómo los últimos intentos de expresión tratan precisamente —en el autor colombiano— de abrirse en largos párrafos, en unidades significativas mayores que las tradicionalmente usadas.

García Márquez: historia de un deicidio constituye, por lo que venimos diciendo, un estudio apasionante. Dos sistemas novelescos dispares viven y se comunican sugiriendo, resaltando aspectos que permanecían en estado latente en los textos. Este libro va a marcar, sin duda, una etapa en el conjunto de los estudios surgidos alrededor de la literatura latinoamericana actual, que hasta hoy resulta una de las experiencias más atrayentes y válidas del panorama de la novela contemporánea.

«PANTALEÓN Y LAS VISITADORAS» (1973)

En la novela de Mario Vargas Llosa *Pantaleón y las visitadoras*[5], el humor juega un importante papel. Sin embargo, la fuente de inspiración del novelista peruano sigue siendo la de sus obras anteriores. Mario Vargas Llosa no se aparta del realismo e incluso avanza, en el campo del lenguaje, hasta una más amplia transcripción dialectal. El humor de Mario Vargas Llosa no deriva, tampoco, de la evasión de la realidad peruana, agobiante en *Conversación en la catedral* (1970). La función de *Pantaleón y las visitadoras,* en el conjunto de su obra, puede semejar la de un paréntesis. Algunos creerán que dicho paréntesis supone un deseo de comercialidad. Pero la comercialidad (la editorial española anunció una primera edición de 100.000 ejemplares) no significó renuncia alguna.

---

[5] Mario Vargas Llosa, *Pantaleón y las visitadoras,* Editorial Seix-Barral, Barcelona, 1973.

Tras el extenso estudio sobre Gabriel García Márquez (1971), el novelista retornó a la selva peruana, ambiente ya utilizado en *La casa verde* (1965), con un tema sorprendente. En este caso el personaje se integra también en la naturaleza y en unas coordenadas morales que, sin llegar a modificar su personalidad, provocarán una auténtica alteración del medio.

A un eficiente oficial de Intendencia del ejército peruano se le encarga una delicada misión. Se trata de satisfacer las necesidades sexuales de la tropa destacada en la selva mediante el reclutamiento de lo que eufemísticamente el capitán Pantaleón Pantoja denominará el Servicio de Visitadoras. La eficacia del protagonista es la clave del desarrollo temático. La organización montada constituye una auténtica bomba de relojería que de una u otra forma acaba por estallar. Paralelamente se produce en la región el desarrollo de una secta de iluminados que pondrá una nota trágico-cómica en el transcurso de la narración. Nos encontramos, pues, ante una novela cuyo eje está constituido por un solo personaje a cuyo alrededor giran una serie de mundos afines: el familiar (la esposa y la madre del capitán, ignorantes de la misión que le ha sido encomendada), el mundo militar, que si impulsa por una parte a Pantaleón, por otra le considera un auténtico peligro, y el bajo mundo de las prostitutas y terceros que acaba por absorber a Pantaleón. Las relaciones entre los tres mundos, situados en una naturaleza desbordante que acrecienta los impulsos eróticos, dibujan una red, verdadera clave de la novela. En el fondo, *Pantaleón y las visitadoras* pone de relieve la precaria moral convencional que los dos mundos, el de la burguesía peruana y el de sus militares, defienden. Pantaleón actúa con una gran rectitud y ejecuta simplemente las órdenes encomendadas. No juzga ni entra en razones, es pura eficacia. Y, sin embargo, su eficacia es, a la postre, demoledora.

Los recursos formales utilizados por Mario Vargas Llosa acentúan el esquematismo de las relaciones entre los mundos descritos. Pantaleón Pantoja (quien actúa en el máximo secreto, que será, naturalmente un secreto a voces) despacha informes regulares dirigidos al mando. Informes, cartas, descripciones, artículos periodísticos, textos radiofónicos y diálogos constituyen las formas de narración utilizadas en un mismo plano. La acción avanza en el tiempo hacia su desenlace. En este sentido, la novela es clásica y el resultado alcanzado, plenamente satisfactorio. *Pantaleón y las visitadoras* es una obra divertida, intrigante (la acción se dosifica sabiamente) y fácilmente asequible. Pero su acción demoledora es asimismo notable. La raíz del problema es fundamentalmente moral. La prostitución ni siquiera se pone en entredicho, simplemente se utiliza. Si el lector se sitúa con sus simpatías junto a Pantaleón y sus visitadoras y su mundo de prostíbulo es porque Vargas Llosa elige actitudes, orienta e inclina el fiel de la balanza. La contradicción que se establece entre la moral de los tabúes y la realidad es una contradicción íntima que escapa al individuo y se derrama sobre la sociedad entera. La sociedad permite una prostitución en manos de personajes de baja catadura porque las relaciones entre éstos y las autoridades se ponen de manifiesto, constituyen un mal tolerado. La sociedad admite la costumbre en los tabúes sociales y repudia el cambio, aunque el cambio suponga simplemente —claro es— la aceptación de la lacra y su entrada en la vida oficial de las instituciones. El error de Pantoja, según él mismo reconoce, es «una equivocada evaluación de las consecuencias». Al desencadenar con su eficacia (con su realismo y su racionalismo) una serie de acciones trastorna las rígidas instituciones sobre las que se basa la convivencia burguesa: la familia, el medio ciudadano, el ejército. Cuando el mando decide establecer un servicio de visitadoras introduce sin tener plena conciencia de ello en el cuerpo social una alteración que afectará a todas sus zonas. Es la gota de agua que hace rebosar el vaso y es, también, imprescindible que el agua se derrame. El equilibrio era inestable.

La novela de Mario Vargas Llosa no es un esperpento, ni supone una deformación de la realidad, ni siquiera una realidad «nueva». El bisturí del novelista opera con el más frío racionalismo, consigue sus mejores efectos con la simple traducción de una realidad que se nos antoja en todo momento viable, sin estridencias. De ahí que el humor surja como una veta natural. Las anécdotas en la realidad planteada por Vargas Llosa nada tienen de trágico. La muerte violenta de Olga Arellano Rosaura (a) Brasileña no se resuelve en tragedia. La acción de prestarle honores militares no es otra cosa que un acto de servicio. En nada interviene el sentimiento, que subyace, sin embargo. El capitán Pantoja es un auténtico héroe. La aplicación de ritos y ordenanzas, esquemas de conducta y organización a un tema en sí nada heroico resalta el esquematismo y el formulismo de unos comportamientos. El humor surge de forma espontánea por la naturaleza misma del plano en el que el novelista sitúa las contradicciones del protagonista. Valle-Inclán estimaba que el esperpento era la única forma viable para trasladar a la literatura la realidad hispánica de la Restauración. El esperpento es fundamentalmente dramático. El humor de Mario Vargas Llosa en cambio es, en esta novela, más amable, aunque igualmente corrosivo. En la esencia del humor existe siempre una acción corrosiva, crítica. El racionalismo de Vargas Llosa resulta aparentemente racionalista. Y las formas utilizadas en la narración le sirven en este propósito. Hay una tremenda corrupción latente, en la prensa, en las autoridades, un fariseísmo en el mismo ejército. Pero el novelista no trata de «denunciar» nada. Simplemente actúa a manera de un encuestador social recogiendo material para un informe. *Pantaleón y las visitadoras* es casi un informe. Reunir las técnicas y adaptarse a los convencionalismos de los informes oficiales, de la prensa de provincias, de las emisiones de radio, de las cartas cruzadas no es una técnica nueva. Tampoco lo es en Mario Vargas Llosa. Dicha técnica no se aparta, por otro lado, de los propósitos fabuladores del novelista. La técnica empleada, a manera de narración colectiva, es un intento de distanciar la misma acción y los personajes. El novelista se sitúa tan lejos como le es posible de su realidad. Para conseguir tales efectos, la labor de Vargas Llosa en la elaboración de los respectivos lenguajes ha resultado espléndida. El mayor esfuerzo radicó en dar a cada elemento de la narración su estilo diferenciado, un estilo que en ningún momento deja de ser brillante y que alcanza momentos magistrales, aunque a la novela le sobren algunas páginas. Nos encontramos ante uno de los mejores prosistas contemporáneos.

¿Qué ralación existe entre esta fabulación y la realidad peruana? En unas declaraciones a R. Cano Gaviria *(Conversaciones con Mario Vargas Llosa)* el novelista había dado ya referencias de esta novela: «Sí, una historia muy divertida. La primera vez (se refiere a los dos viajes que realizó a la selva en 1958 y en 1965) pasamos por una serie de pueblos y siempre, cuando conversábamos con los vecinos, en todas partes se nos quejaban de los soldados de las guarniciones de frontera. Los vecinos de esos pueblecitos se quejaban de que los soldados, el día de salida, se emborrachaban y abusaban de las mujeres... Era una queja corriente en los pueblos por donde pasamos el año 58 y el año 65, al pasar por los mismos pueblos, vimos que las quejas eran ahora distintas. El Ejército, en vista de que el problema había adquirido grandes proporciones, había dado instrucciones precisas para tratar de contener de alguna manera la impetuosidad sexual de los soldados y oficiales de las guarniciones de la selva. Bueno, no tanto de los oficiales, ya que a éstos se les permitía que llevaran familia, si la tenían. Para resolver el problema se había montado un servicio, que no sé si existe todavía: el *Servicio de Visitadoras.* Salía de las ciudades principales —de Iquitos sobre todo— una especie de brigada volante que recorría con periodicidad todas las guarniciones de frontera. De ese modo las visitadoras aplacaban el ardor de los soldados, a quienes se les descontaba por planillas, de acuerdo a los precios establecidos por la superioridad y por las visitadoras, las que además eran desplazadas por la selva en lanchas patrulleras de la Naval. Es decir, todo se hacía de una manera administrativa y burocratizada. Y ahora, en los pueblos —durante mi segundo viaje—, la gente se quejaba de nuevo; decían que era un abuso, que por qué esos privilegios, que por qué sólo los soldados, que por qué los vecinos no podían gozar también de esas prerrogativas, disfrutar del servicio de las visitadoras.» Las fuentes reales son, pues, precisas. Aquí la fabulación parte de la realidad, de una realidad chocante. La vida y la literatura no son antagónicas. Crónica y novela se complementan. Mario Vargas Llosa ha sido aquí el instrumento, el excelente escritor que nos transmite la historia.

«LA TÍA JULIA Y EL ESCRIBIDOR» (1977)

Un cierto sector de la crítica ha mostrado algunas reservas respecto a la novela del peruano Mario Vargas Llosa *La tía Julia y el escribidor.* Al margen de posibles consideraciones extraliterarias que pesan, sin embargo, siempre a la hora de las valoraciones, hay que tener presente la evolución misma de la obra de

Mario Vargas Llosa, quien desde su primera novela *La ciudad y los perros,* mostró una preocupación estructural que fue acentuándose en *La casa verde* y en *Conversación en la catedral.* Atentos al desarrollo de una obra que parecía enraizarse en una progresiva complejidad, quienes entienden la novela como «estructura» o «técnica» vieron cómo ya en *Pantaleón y las visitadoras* y mucho más en la novela que hoy comentamos, el novelista orientaba su obra hacia una narración que, sin abandonar los presupuestos realistas anteriores, tendía más hacia el humor y el análisis de la propia esencia novelesca. Quienes han visto la obra de Mario Vargas Llosa como una aventura personal en el mundo de la novela y no como un mero «receptor de realidad», tal evolución les habrá parecido normal y, aún más, tal vez necesaria si entendemos el quehacer creador como la expulsión de lo que Vargas Llosa ha denominado acertadamente «los demonios personales».

La inflexión en la obra de Mario Vargas Llosa comienza, a mi entender, a través del estudio profundizado de la obra de Flaubert, a quien el novelista dedicó un libro entero. Los temas novelescos de Vargas Llosa habían nacido siempre desde inspiraciones autográficas. Siempre, en alguna forma, en algún personaje de sus novelas, descubrimos parcelas de la personalidad de Vargas Llosa. El novelista aprovecha, vive de cierta autofagia más o menos disimulada. Pero para un novelista considerado como «realista» la tendencia «natural» (y lo cierto es que no existen «tendencias naturales» en la evolución de una obra auténticamente de creación) se esperaba que fuera el ensanchamiento del mundo objetivo y la reducción de los temas fruto de los «demonios personales» del escritor. Al tiempo, la estructuración de la novela hubiera oscurecerse más y más, complicándose en las infinitas posibilidades combinatorias que permite el desarrollo de una estructura. Todo ello no resultó así. Mario Vargas Llosa descubrió a tiempo, con la reflexión sobre el mismo fenómeno narrativo que le impuso el análisis de la obra de Flaubert y de García Márquez (a quien dedicó también un extenso estudio), que la esencia misma de la novela reside en la capacidad de fabulación, en lo que antes en las retóricas al uso se llamó «inventiva» y que tal inventiva residía casi pura en la literatura popular (floreciendo hoy día en las radionovelas y en las fotonovelas, herederas de la novela de folletín). Por otra parte, los esquemas del folletín, arteramente mistificados, eran reflejo de lo que no sin sentido del humor literario se califica como «la vida misma».

El argumento de *La tía Julia y el escribidor* resulta, pues, de la conjunción de dos temas de mucha importancia en el ámbito general de la creación y en la obra misma de Vargas Llosa: el proceso de fabulación y los «demonios personales» del novelista. En esta ocasión el narrador ha optado por jugar —en apariencia— muy limpiamente, puesto que ha decidido no disfrazar aquellos elementos autobiográficos que pretendía utilizar, por un lado, y por otro ha planteado con energía el proceso de la novela en la novela que tanto ha preocupado y preocupa a los narradores contemporáneos, desde Gide a Cortázar, desde el *Quijote* al argentino Manuel Puig. Sería fácil trazar un paralelo de *La tía Julia y el escribidor* con *Boquitas pintadas,* del ya citado escritor argentino, puesto que también en él se da la preocupación por enlazar la novela «culta» con las estructuras «populares» del folletín contemporáneo. Sin embargo, la diferencia esencial que separa a ambos narradores es el marcado carácter autobiográfico de la novela de Vargas Llosa, quien integra en propia carne no sólo el esquema argumental sino también la naturaleza de la novela.

Mientras en Manuel Puig la trama, no exenta tampoco de ciertas dosis de humor, adquiere una contextura dramática y política, en Vargas Llosa se acentúa la distanciación respecto a hechos que sin duda le afectan sensiblemente mediante un enfoque que, en apariencia, es mera diversión. Señalo la «apariencia» de tal enfoque porque es éste un nivel de lectura en el que posiblemente han permanecido algunos lectores. Sin embargo, no podemos olvidar que es el humor, precisamente, un medio novelesco capaz de dinamitar, desde dentro, los géneros literarios. Con el *Quijote,* novela humorística para sus contemporáneos, se derrumba el edificio de la novela de caballerías con tres siglos de existencia. Con su *Picwick,* Charles Dickens, ejemplo de novelista realista, impulsa un género que le sobrevive. El mérito de Vargas Llosa consiste precisamente en mostrarnos los orígenes, mirar hacia su juventud primera en la que se dieron con naturaleza idílica los sentimientos amorosos y la vocación de escritor. Vargas Llosa describe certeramente la vocación de «escribidor» —el autor de las radionovelas—. ¿Qué diferencia existe entre los autores de los diversos niveles literarios? ¿Qué influencia mutua se ejerce, qué vasos comunicantes se establecen entre la literatura popular y la realidad del medio? La sutil encuesta que nos transmite Vargas Llosa entre los miembros de su propia familia permite adivinar la naturaleza de la comunicación establecida entre la creación del «escribidor» y sus radioyentes. La realidad contemplada por el joven novelista se parece más a la creación del «escribidor» que a la de los «escritores». El buceo de su propia existencia permite comprobar los influjos de una «literatura» que tiene sus raíces en actitudes románticas folletinescas, que vive como un resabio del pasado.

Vargas Llosa utiliza también los mecanismos de la literatura folletinesca certeramente encuadrados. Mantiene el interés de una trama no exenta de peripecias de diversa índole, lo que permite una lectura fácil y en un plano asequible a cualquier lector. Con todo, en ella no desciende la creatividad de lenguaje ni ensaya menos «fórmulas» nuevas. Sus unidades sintácticas se han alargado buscando efectos estilísticos decimonónicos, pero el narrador no ha abandonado determinados presupuestos realistas —y hasta naturalistas— que le son propios. Véase, por ejemplo, la siguiente descripción en la que el determinismo y el realismo alcanzar el necesario humor hasta conseguir el efecto del *pastiche* deseado: «El hijo del estupro mostró para sobrevivir la misma terquedad que para vivir había demostrado cuando estaba en la barriga: fue capaz de alimentarse tragando todas las porquerías que recogía en los tachos de basura y que disputaba a los mendigos y perros. En tanto que sus medio hermanos morían como moscas, tuberculosos o intoxicados, o niños que llegaban a adultos aquejados de raquitismo y taras psíquicas, pasaban la prueba sólo a medias, Seferino Huanca Leyva creció sano, fuerte y mentalmente pasable...» (pág. 294).

La novela *La tía Julia y el escribidor,* pues, va más allá de lo que implica una lectura al margen de la obra de Vargas Llosa. Puede verse en relación con ella, como uno de los ejes de la reflexión sobre el fenómeno de la «escritura». Sin descender a la novela lírica, sin variar los elementos tradicionales de su propio sistema narrativo, el novelista problematiza el fenómeno literario. No sólo experimenta la novela en la novela, sino la literatura en la vida, como si ésta fuera, en parte, un resultado literario, como si todo, en definitiva, cuanto rodea a Mario Vargas Llosa sirviera de pretexto a una única pasión: la novela [6].

---

[6] Mario Vargas Llosa, *La tía Julia y el escribidor,* Editorial Seix-Barral, Barcelona, 1977.

La guerra del fin del mundo» (1981)

La guerra del fin del mundo, de Mario Vargas Llosa, merece una consideración particular. Se trata —y no es poco— de la obra más importante publicada por el novelista peruano. En el episodio de la historia de Canudos, en Brasil, ha encontrado Vargas Llosa la posibilidad de construir una gran novela cuyos ejes son la aventura, la historia y el destino humano. El desplazamiento del género narrativo hacia sus propios orígenes —la novela histórica y de aventuras— coincide aquí con el momento de madurez de un escritor que había dado pruebas suficientes de que su obra requería un gran escenario, efectos de composición y ardua labor documental. A lo largo de entrevistas que fue concediendo durante la elaboración de la novela y tras su publicación, Vargas Llosa definió sus intenciones. Atraído por este episodio de la guerra del Brasil decimonónico, por la entidad de sus personajes reales y por un significado profundo que incidía en la historia y en la realidad latinoamericana, se planteó una hazaña como narrador. Decidió regresar a la novela tradicional —podría fácilmente establecerse un paralelo entre algunos capítulos bélicos de *La guerra del fin del mundo* y *Guerra y Paz,* de L. Tolstoy—, aunque al construirla aparecieran en ella también cuantas técnicas más o menos innovadoras fueran necesarias.

No es fácil descubrir en un comentario ahora necesariamente breve la cantidad de recursos, la calidad del lenguaje, los efectos expresivos, la estructura y los puntos de vista cambiantes que se nos ofrecen en una novela cuya temática está profundamente enlazada con una forma que hace avanzar al lector sin desmayo desde la primera a la última línea. En un sertón recóndito del estado brasileño de Bahía aparece un apóstol, un iluminado, un Consejero austero y ascético. Al producirse la caída de la monarquía brasileña y al nacer la joven república laica y progresista, el iluminado siente en sus carnes la desaparición de un viejo mundo que se derrumba. La república significa la aparición del Can, el espíritu del mal, el inicio de un apocalipsis contra el que levanta a los pobres y desheredados. El Gobierno cree adivinar en dicho levantamiento una conspiración política, el amago de una intervención colonial extranjera. Y se inician una serie de campañas militares que acabarán finalmente con la sublevación. Dos mundos coinciden en esta perspectiva histórica. De un lado, los sublevados, inspirados en ideas religiosas ultramontanas y peregrinas (atacan a la república por haber implantado el matrimonio civil, por promover un censo de población, por cobrar impuestos, por intentar aplicar el sistema métrico decimal); de otro, el mundo urbano, dividido a su vez en partidarios de la república (el coronel Moreira César, un jacobino a la brasileña) y la aristocracia que añora el poder de la monarquía, representada en la novela por el barón de Cañabrava. Se trata, por consiguiente, de ofrecer un corte histórico en el que coetáneamente conviven, en Bahía, dos civilizaciones situadas en etapas históricas distintas.

La primera parte de *La guerra del fin del mundo* desvela la formación de los «apóstoles» del Consejero, reclutados entre bandidos (cangaceiros), comerciantes, pobres y hasta monstruos humanos. Porque, la historia de Canudos es el conjunto, la urdimbre de múltiples historias elaboradas con materiales narrativos bien definidos. Los personajes no aparecen tan sólo como signos de una tragedia colectiva, sino que sus aventuras personales son trazadas con una inmensa pasión por la naturaleza humana. Y, así, por ejemplo, Vargas Llosa consigue en el retrato del padre Joaquín, un cura de pueblo, uno de los más bellos ejemplos de contradicción vital. Alguien para quien —como en la mayoría de los personajes de la narración— la aparición del Consejero supone un quiebro vital. Este sacerdote amancebado tornará a la castidad y se sentirá atraído por la fuerza espiritual del heterodoxo. Caerá frente al coronel Moreira César en la traición. Volverá, sin embargo, a estar presente en Canudos hasta los últimos momentos. Más compleja es la personalidad del León de Natuba, un ser monstruoso, que anda como a cuatro patas, que aprende a leer mirando cómo leen en su aldea los pocos que lo hacen. Será el cronista del Consejero, el fiel transcriptor de sus discursos. Su personalidad derivará de la de un circo de mostruos humanos que recorren las pobres tierras y que constituye un ejemplo de que la realidad supera a la más desatada imaginación surrealista. La intencionalidad de Vargas Llosa no se apartará un ápice de esa vocación realista, verosímil y fiel al engranaje histórico. No es difícil establecer un paralelismo entre el cronista, el *escribidor,* para utilizar un término propio del narrador, y el periodista, un intelectual que acompaña al coronel Moreira César en su campaña y que, tras su muerte, asiste y analiza el fenómeno social que acaba de vivir. Éste será posiblemente el retrato deformado de aquel Euclides de Cunha (1866-1909) que escribiera *Os Sertoes* (1902) y que, como periodista, asistiera también a la guerra de Canudos. Frente al cronista iletrado y popular, el escritor culto y progresista. Ochenta años más tarde, Vargas Llosa intenta una visión sintetizadora del fenómeno.

Otra de las claves de la novela es un estrafalario anarquista y frenópata vinculado a Cataluña, seguidor de Mariano Cubí. Cree descubrir en la revuelta aquellos principios básicos del anarquismo primitivo, mezclados aquí con elementos cientifistas entresacados de los principios de la frenología. Pero este hombre disciplinado, fiel a sus principios, viola a Jurema, la mujer de un rastreador, quien, por vengar su honor, le seguirá por dos veces a lo largo y ancho del sertón y acabarán ambos dándose muerte en una escena que tiene mucho de «capricho» goyesco. Los grandes temas de nuestro tiempo y los rasgos de una cultura tradicional (en la que el «honor» mantiene su vigencia, como un código caballeresco) se superponen. El anarquista Gall tiene que morir a manos de un rastreador por el honor de una mujer hacia la que nada siente, para cumplir un rito, en lugar de luchar junto al iluminado Antonio Conselheiro, a quien no logra conocer. En los albores del siglo XX, donde «todas las armas valen», Vargas Llosa descubre los signos del tiempo, la falsificación de la realidad mediante las ideologías deformantes, sean éstas las progresistas o las conservadoras (el retrato del barón de Cañabrava es un modelo de civilización y de inteligencia hedonista en sus relaciones familiares y en sus posiciones acomodaticias). Frente a él —y en un continuo juego de dualidades— aparece Moreira César, progresista fanático, que tanto recuerda a aquel teniente Gamboa de *La ciudad y los perros*.

La naturaleza constituye un marco referencial preciso e indicativo a lo largo de la narración. Las largas distancias dificultan las comunicaciones, impiden el contacto civilizador. El desierto hace penosa cualquier incursión. Y el primitivismo de los progresistas se traduce en escenas de una gran violencia. El narrador es el atento, despiadado y lento cronista de una destrucción. La destrucción es, también, una de las claves de la literatura latinoamericana desde que fray Bartolomé de las Casas relatara la Conquista. Y en esta destrucción desaparecen no sólo los hombres sino las ideas, los fundamentos de una América primitiva, mal teñida por el catolicismo tradicional. Todos los seres de *La guerra del fin del mundo* caminan hacia su violenta desaparición. Es un mundo nuevo que nace sobre ruinas, absurdamente reducido a aniquilar y a aniquilarse en sus mismos orígenes. El papel del intelectual (un «demonio» familiar en las obras de Mario Vargas Llosa), la cultura, la idea de la patria, la ciencia, la tradición, la innovación, la guerra son aquellos temas que dramáticamente se ofrecen al lector en una densa narración, apretada de aventuras personales, donde con frecuencia la acción supera a la reflexión; aunque sería erróneo que el lector supusiera que se encuentra, en esta novela, ante una mera novela de aventuras. Es, una vez más, una indagación moral. Una investigación profunda sobre la esencialidad humana, cargada de pesimismo. Tras la obra, descubrimos la sugerente y compleja personalidad de su autor. Nos hallamos ante una de las novelas que marcan una etapa en la historia, ya apretada, de la novela latinoamericana, ante una novela de calidad y trascendencia, de las que sólo se dan ocasionalmente. Advertimos la paciente, ardua tarea de recomponer un mundo para ofrecérselo al lector, cargado de ideas y sentimientos, de signos, símbolos y reflexiones, amorosamente descrito, bellamente compuesto [7].

---

[7] Mario Vargas Llosa, *La guerra del fin del mundo,* Seix-Barral y Plaza-Janés, Barcelona, 1981.

GUILLERMO CABRERA INFANTE

«LA HABANA PARA UN INFANTE DIFUNTO» (1979)

La Habana para un infante difunto [1], de Guillermo Cabrera Infante, es, sin duda, la obra de mayor ambición de un escritor (nacido en Gibara, Oriente, Cuba, en 1929) que alcanzó su mayor éxito y una de las más importantes novelas del período del *boom* con *Tres tristes tigres* (premio Biblioteca Breve, 1964), publicada en 1965. Aquel mismo año el escritor cubano, que desde 1959 había sido uno de los máximos dirigentes de la cultura oficial en el ámbito del cine, posteriormente director del mítico semanario *Lunes de la Revolución,* que fue clausurado en 1961, visitó Cuba por última vez. Renunció a la diplomacia (había sido agregado cultural en Bélgica) y se estableció en Londres, donde ha proseguido su carrera literaria y cinematográfica. Desde la publicación de *Tres tristes tigres* hasta *Vista del amanecer en el Trópico* (1974) sólo publicó la reedición de *Un oficio del siglo XX* (1963, 1973), colección de críticas cinematográficas; pero, a partir de esta fecha, la obra de Cabrera Infante ha ido creciendo en

---

[1] G. Cabrera Infante, *La Habana para un infante difunto,* Seix-Barral, Barcelona, 1979.

el ámbito de la crítica y el ensayo experimental: *O* (1975), *Exorcismos de esti(l)o* (1976) y *Arcadia todas las noches* (1978) hasta llegar a la obra que hoy comentamos. A través de la mera enunciación de sus textos comprobamos la continua y acelerada producción de un autor que por su agudeza y estilo ha pasado a ser una de las más destacadas figuras de la nueva literatura latinoamericana.

Su último libro ha sido considerado como «un museo de mujeres», pero se trata de bastante más. Mediante una estructura autobiográfica, Cabrera Infante nos revela las parcelas soterradas de un erotismo personal, una educación libertina, ligado a dos grandes ejes, temas permanentes de su obra: el cine y La Habana. Cabrera Infante ha escrito aquí que él no se sentía cubano, sino habanero y, en efecto, su progresivo descubrimiento del placer erótico coincide con la pasión hacia la capital caribeña. En gran manera, *La Habana para un infante difunto* es la recuperación del pasado a través del sentimiento de la nostalgia. Pero, ¿puede ser también nostálgico el erotismo? Cabrera Infante hace lo posible para que no sea así. La búsqueda de las innumerables —excesivas— mujeres es, también, la búsqueda de un ideal femenino, que parece encontrar tan sólo en dos ocasiones. En el primer caso se trata de un auténtico descubrimiento a dúo. Julieta es —o parece— como la iniciadora de numerosos intelectaales: «Pero, pero, Julieta era bella: su belleza contradecía no sólo a Sócrates esteta, sino a Aristóteles ético, y yo, entonces, le perdonaba todas sus faltas morales por sus sobras físicas: con tal de que me miraran sus grandes ojos color caramelo crema y yo admirara su largo pelo rubio, sus dientes deleitosos en cualquiera de sus sonrisas...» (pág. 348). Pero hasta llegar al capítulo que encierra este amor «La muchacha más linda del mundo» hemos debido atravesar las lentas y más o menos audaces iniciaciones, casi rituales, del yo/Cabrera Infante. «La casa de las transfiguraciones» es un largo capítulo dedicado a la narración de la vida en una enorme colmena vecinal. Es aquí donde la narración parece a ratos casi tediosa, aunque el juego estilístico (barroco y conceptista) de Cabrera Infante nos facilita un largo peregrinaje que no tiene precedentes claro en la literatura en castellano. En cambio, me parece que fácilmente puede relacionarse con las anónimas memorias victorianas en dos volúmenes *My Secret Life (Mi vida secreta)* [2]. Fueron publicadas en una tirada de seis ejemplares a partir de 1882 y posiblemente hasta 1894. Sin nombre de autor conocido, han sido atribuidas a Henry Spencer Ashbey y constituyen uno de los más peregrinos textos eróticos occidentales y una rarísima concepción de lo que puede considerarse como «comunicación textual secreta», hasta que la editorial norteamericana Grove Press los difundió en 1962. Robert Phelps ha definido el libro como «el otro lado de la novela victoriana, lo que Dickens y Meredith, George Eliot y Thomas Hardy se vieron obligados a dejar fuera». Deberíamos preguntarnos si *La Habana para un infante difunto* es lo que el propio Cabrera Infante dejó fuera de *Tres tristes tigres.* Porque también aquí se trata de una confesión, aunque menos brutal, igualmente cínica. El repertorio de experiencias sexuales es amplio, variado y generalmente divertido; pero, como tiende a ocurrir con el complejo erotismo/pornografía, las posibilidades se agotan rápidamente y se tornan reiterativas.

La figura femenina de mayor importancia que aparece en la novela es Margarita, una actriz de televisión, que viene a configurar la madurez femenina. Las

---

[2] *Mi vida secreta,* introducción de Antonio Escohotado. «La sonrisa vertical», colección de erótica dirigida por Luis G. Berlanga, Tusquets Editores, Barcelona, 1978, 2 vols.

relaciones entre el protagonista y la mencionada actriz son adúlteras, pero no aparece, salvo en ocasiones muy veladas, ningún tipo de conciencia culpable en el autor-protagonista. Ni siquiera ante el posible y vago acto abortivo que finalmente le confiesa la mujer. Cabrera Infante ha alejado también cualquier tipo de coincidencia con el «donjuanismo». Sus diversos retratos más o menos fieles al original dan siempre el tópico personaje del intelectual más próximo a la timidez que el conquistador temerario. Pero los escenarios en los que se desarrollan las mencionadas aventuras tienen siempre un ámbito actual. El papel del cinematógrafo —la sala oscura— es el más apropiado para algunas escenas amorosas que culminan en un excelente y último capítulo de literatura erótica que linda con la literatura del absurdo y está elaborado con un feliz sistema de *collage*. La atención hacia las estrellas de Hollywood, las continuadas referencias al mundo del cine, constituyen las obsesiones visibles del libro. Otra preocupación constante es el juego idiomático, un estilo volcado hacia la búsqueda de una peculiar semántica: «Pero ella era una única en la tarde, una sola sombra sonora en mi cantar de los cantares. Habanidad de habanidades, todo es habanidad. La Habana es una fijación en mí mientras ella nunca fue mi movimiento perpetuo. Dos desmadres tengo yo, la ciudad y la noche. Recordar es abrir esa caja de Pandora de la que salen todos los dolores, todos los olores y esa música nocturna» (pag. 645). En muy pocas ocasiones el estilo funciona aisladamente. El fragmento citado forma parte de una curiosa excepción, pero altamente significativa, pues tal exageración de referencias nos permite contemplar la multiplicidad de recursos fónicos, semánticos, las frases hechas y desvirtuadas, las rupturas sintácticas, etc., que constituyen los engranajes mediante los que funciona el texto de Cabrera Infante. El libro, de más de setecientas páginas, resulta exageradamente dilatado, especialmente en los primeros capítulos. Cuando el autor se demora en el tratamiento en profundidad de algún personaje, hilando casi una narración corta y autónoma, integrada en el panorama general es cuando más plenamente acierta.

El erotismo de Cabrera Infante no es accidental, constituye el núcleo del texto. Justifica el discurso. Los personajes que rodean al yo/Cabrera Infante son reales. Así el repetidamente mencionado Carlos Franqui. Posiblemente la mayoría de los otros personajes resulten también familiares a quienes vivieron los años cuarenta y cincuenta en la Habana. Una alusión al poeta Luis Cernuda —no mencionado por su nombre, pero fácilmente reconocible— resulta despectiva y provocadora. En general, la novela es también una enorme provocación en diversos sentidos. Pero el extraordinario dominio de la lengua, la calidad del estilo, la estructura y la narración misma, así como algunos personajes perfectamente trazados, hacen de este relato una pieza clave de la narración latinoamericana, no sólo cubana, actual.

AUGUSTO MONTERROSO

«Lo demás es silencio» (1978)

El escritor guatemalteco Augusto Monterroso (nacido en 1921) reside en México desde 1944. La mayor parte de su obra se ha desarrollado en el exilio, donde ha cobrado unas resonancias peculiares. Su labor se inscribe en el ámbito narrativo, aunque, a diferencia del resto de los escritores del *boom* no ha cultivado la novela salvo en ocasiones. Su característico sentido del humor, de ribetes surrealistas (en sentido amplio) ha preferido el relato corto, el ensayo creativo, el ingenio. Gran parte de su obra ha visto la luz en periódicos y revistas y no se ha recatado de su carácter minoritario, característica en la que coincide con escritores de tanta resonancia en Latinoamérica como Jorge Luis Borges, Julio Cortázar y José Lezama Lima, por citar tres ejemplos diversos y significativos, aunque más tarde estos últimos hayan alcanzado la máxima popularidad. En *La oveja negra y demás fábulas* (1969, edición española de 1981), por ejemplo, descubrimos una excelente muestra de texto irónico-moral, emparentada con la *fábula* clásica, como Monterroso en el título mismo de la obra hace notar: «En un lejano país existió hace muchos años una oveja negra. / Fue fusilada. / Un siglo después, el rebaño arrepentido le levantó una estatua ecuestre que quedó muy bien en el parque. / Así, en lo sucesivo, cada vez que aparecían ovejas negras eran rápidamente pasadas por las armas para que las futuras generaciones de ovejas comunes y corrientes pudieran ejercitarse también en la escultura» *(La oveja negra).*

En el texto antes reproducido y siguiendo la técnica fabulista según la cual los animales alcanzan formas de comportamiento y sentimientos humanos, Monterroso parte de una «idea moral» e ironiza sobre ella. El individuo es víctima de la colectividad (el rebaño) y se distingue de ella (en este caso, mediante un rasgo distintivo muy tradicional de color: *blanco* frente a *negro).* El lector participa aquí del mecanismo arbitrario de la fábula, en la que el lenguaje que es distintivo de una sociedad violenta *(fusilar, pasar por las armas).* En *Lo demás es silencio (La vida y la obra de Eduardo Torres,* 1978; edición española de 1982) descubriremos también fórmulas parecidas. Los *aforismos* del imaginario Eduardo Torres desarrollan, a través de la ironía, una determinada concepción crítica del mundo en que vivimos.

En *Cristianismo e Iglesia,* por ejemplo, apunta: «Las ideas que Cristo nos legó son tan buenas que hubo necesidad de crear toda la organización de la Iglesia para combatirlas.» Parafraseando la sentencia de Ed. ardo Torres podríamos considerar que las «ideas» de su autor justifican aquí una concepción novelesca. A diferencia de otros libros de Monterroso, como *El concierto y el eclipse* (1952), *Obras Completas (y otros cuentos)* (1959, edición española de 1981), *Movimiento perpetuo* (1972, edición española de 1981); *Lo demás es silencio* podría considerarse como una biografía ficticia, algo semejante a una novela; aunque carezca de sus principales signos distintivos. Pero ¿cómo descartar del género un libro en prosa narrativa, aunque carezca de tiempo interno y constituya una multiplicidad de voces? Monterroso se inventa a un escritor caracterizado por el provincianismo que es fruto de una sociedad anclada en el pasado. Deberíamos mencionar aquí otra novela paralela, *Jusep Torres Campalans* (1958), de Max Aub, otro exiliado en México. Pero Torres Campalans era un pintor y, en su coordenada histórica, cosmopolita. Eduardo Torres, especialmente por su obra literaria, puede contemplarse como *alter ego,* próximo a las intencionalidades (decimonónicas por vocación) de un *Abel Martín* o un *Juan de Mairena* machadianos, para no citar el repertorio portugués de Fernando Pessoa. Monterroso entiende a Eduardo Torres como resultado de un imaginario San Blas, una ciudad de provincias: «San Blas», ciudad grande con los encantos de un pueblo chico y al revés.»

El libro, dividido en cuatro partes, consta de una serie de testimonios que permiten definir no sólo al escritor sino también la vida de provincias (bien distinta en cuanto a su naturaleza de la que Flaubert trazó en su *Madame Bovary* y Clarín se propuso en *La Regenta).* Ha desaparecido ahora cualquier veleidad realista o naturalista. La literatura de Monterroso prefiere antes la ironía del Dickens de *Pickwick.* Los diversos testimonios que aporta serán otros tantos *puntos de vista,* nada rígidos, en función de estilos que permiten definir otros tantos personajes (un amigo, un hermano, la esposa, un discípulo). La novela no los entrecruza, no disimula el esfuerzo perspectivista. No se trata, por tanto, de trazar el puente verbal de una determinada realidad. Ni siquiera se busca la verosimilitud. Y, sin embargo, pese a la aparente abstracción, puede considerarse que San Blas con sus rencillas, envidias y enemistades personales y de grupo existe y vive todavía junto a nosotros.

La segunda parte de la obra la constituyen las obras «selectas» del finado. Esta falsa y múltiple erudición trae a nuestro recuerdo el relato *Pierre Menard, autor del Quijote,* de J. L. Borges, aunque Monterroso huya de cualquier trascendentalismo y tome de esta curiosa mezcla de ensayos cuanto suponga futilidad. No faltan ni el cervantismo —tradición castiza—, que debe entenderse como mera ridiculez, ni el ensayo gongorino (de la oscuridad a la oscuridad), ni las reflexiones sobre la propia literatura. La tercera parte la integran los aforismos y dichos. A mi juicio son éstas las fórmulas más originales de Torres/Monterroso, ya que aquí aparece en plena libertad el ingenio que se desborda en un estilo incisivo y cáustico. La cuarta parte está formada por el poema «El burro de San Blas (pero siempre hay algo más)» y el comentario de un Alivio Gutiérrez, personalidad que se encuentra al nivel de la zafia obra. El «Punto final» arroja más confusión y problematiza (en un nuevo rasgo borgeano) el conjunto. Todo ello le ha permitido a Monterroso un complejo transformismo estilístico.

La ordenación del conjunto es absolutamente arbitraria, como de *puzzle*. La utilización de textos puede entenderse en su conjunto como una «broma» literaria. Porque, al margen de otras intenciones más serias, Monterroso es un heredero de la tradición lúdica, tan escasa en la literatura en lengua castellana. Su humor hereda las fórmulas de Ramón Gómez de la Serna, y al tiempo escapa del humor negro, definido por André Breton, enraizado en la literatura esperpéntica barroca española. El mundo de Monterroso no es un mundo trágico; es esencialmente libresco. Su ironía se desarrolla eficazmente en el juego de palabras: «Digan lo que dijeren, el escritor nace, no se hace. Puede ser que finalmente algunos nunca mueran; pero desde la antigüedad es raro encontrar a alguno que no haya nacido.»

La obra de Monterroso constituye, pues, el reverso del esfuerzo creativo de los grandes novelistas de los años cincuenta y sesenta. Su obra no busca la trascendencia de Rulfo, ni el «realismo mágico» de Carpentier, ni los frescos históricos de Vargas Llosa, ni la originalidad del Macondo de García Márquez. Monterroso, frente a todos ellos, se manifiesta como un miniaturista, atento al detallismo. En este sentido su creación queda aislada y ajena a cuanto tienen de común los novelistas que decididamente optaron por la imaginación. Sin embargo, la vocación por el estilo le identifica; es suya la preocupación por la literatura como arte. No parece Monterroso partidario de una literatura trascendente. Como Morelli en *Rayuela,* de Julio Cortázar, Eduardo Torres valora el papel activo del lector: «Trata de decir las cosas de manera que el lector sienta siempre que en el fondo es tanto o más inteligente que tú. De vez en cuando procura que efectivamente lo sea; pero para lograr eso tendrás que ser más inteligente que él.» Subyace en la obra de Monterroso la comunicación mediante la inteligencia antes que por la emoción o el enfoque político. Su obra, en conjunto, viene planeada como un ejercicio de sorpresas y azares. Sólo la lectura despaciosa de *Lo demás es silencio* permite captar los matices de ese constante fuego de artificio.

La sugestión que la prosa de Monterroso ejerce sobre sus lectores deriva del trato habitual con el «ingenio», artificio barroco de cualidades antibarrocas (al respecto vale uno de los títulos más significativos de Baltasar Gracián). El hecho de que el pensamiento de su autor derive hacia un aparente pesimismo, ribeteado de aires cínicos, podría llevarnos a inscribir a Monterroso en el seno del tópicamente reconocido «barroco latinoamericano», una de las «señas de identidad» que se vienen justificando. Tal consideración, sin embargo, puede resultar también la mera aplicación de unos esquemas tópicos previos que subyacen en una buena parte de la crítica de la actual literatura latinoamericana. Pueden consultarse, por ejemplo, entre los aforismos o dichos de Eduardo Torres las voces *Comunismo* o *Relaciones obrero-patronales.* En ningún caso tales observaciones pueden ser tachadas de partidistas; pero mediante su inteligente ironía propone revulsivos sobre zonas concretas de una problemática sociopolítica que constituye el eje del planteamiento ideológico de nuestro tiempo. Su pesimismo es el resultado de un enfoque crítico sobre particularidades aparentemente obvias. El humor es, en principio, un medio que viene a plantear, cuando actúa en profundidad, una subversión en todas direcciones. El humorismo/humanismo así entendido sería ácrata si su autor no dejara entrever, a través de la selección que opera, una concepción del mundo subyacente.

Pero podemos descubrir, asimismo, un cierto halo poético tras *Lo demás es silencio.* No en vano la frase shakesperiana sugiere tanto como dice. Nada sabemos sobre *lo demás.* Bajo la superficialidad y el provincianismo de San Blas ¿subyace *algo más* que no nos es revelado? En todo caso hay un cariño patético por este mundo apenas sin valor, el de los falsos valores. Existe también la poesía de lo vulgar *(primores de lo vulgar,* los llamaba el «pequeño filósofo» *Azorín).* Monterroso huye de ellos. Pero utiliza los mecanismos poéticos. En «Imaginación y destino» parafrasea el estilo de Borges que, a su vez, se basaba en fórmulas expresivas tradicionales en la estructura poemática. Su interés por el fenómeno poético es constante en *Lo demás es silencio;* pero su «poesía» —la que se deriva de su prosa— resulta próxima a los antipoemas que proclamara V. Huidobro y popularizara Nicanor Parra. En todo caso, el mundo de Monterroso gira alrededor de una concepción de la literatura como forma de arte. El ingenuismo de los dibujos que acompañan el texto es mera apariencia. Todo sigue siendo parte del juego de la ilusión, de la inteligencia mágica de la realidad / irrealidad. Y en este juego de su literatura comprometida con un mundo de revelaciones, Monterroso siempre nos sorprende.

VI

NUEVAS FORMAS, VIEJOS ÁMBITOS

NICANOR PARRA

«ANTIPOEMAS» (1972)

Bertrand Russell, en su discurso de recepción del premio Nobel declaró «que la cosa más importante y necesaria para que el mundo sea feliz es la inteligencia. Y ésta es, después de todo, una conclusión optimista, porque la inteligencia es algo que puede ser desarrollado por métodos de educación conocidos». Estas palabras de Russell tienen algo que ver con la obra de Nicanor Parra. Nacido en 1914, como Octavio Paz, el poeta mexicano, su obra constituye ya una de las más enriquecedoras y sugestivas experiencias de la poesía contemporánea en lengua española; tal vez, desde su original concepción, la más revolucionaria, la más provocativa. Parra ha aplicado al soterrado romanticismo, que se adivina, la acerada crítica racionalista. Con ello ha conseguido aunar los contrarios. Ha proclamado, en los poemas, los antipoemas. Y bajo este título se nos ofrece una antología de su obra [1]. No sé si la racionalización que presenta su experiencia poética deriva de la formación intelectual de Parra, graduado en Matemáticas y Física (entre 1943 y 1945 estudió mecánica avanzada en la Universidad de Brown, en Rhode

---

[1] Nicanor Parra, *Antipoemas,* Editorial Seix-Barral, Barcelona, 1972.

Island EE. UU., discípulo en Oxford del cosmólogo E. A. Milner, profesor de la Universidad de Luisiana y de mecánica teórica en la Universidad de Chile).

No es que las fórmulas utilizadas por la creación de una poesía «desmitificada» resulten absolutamente originales. José M. Ibáñez-Langlois, en un prólogo que no agota, ni siquiera determina, las características de la experiencia de Nicanor Parra, relaciona sus experiencias con el «Manifiesto» de Pablo Neruda en el primer número de la revista española *Caballo Verde Para la Poesía,* que no se cita correctamente. El famoso «Manifiesto» es de octubre de 1935. *Residencia en la tierra* fue publicada en 1934 en la editorial chilena Nascimiento en tirada de 100 ejemplares, en formato de gran tamaño, y reúne, en esta primera parte, poemas escritos entre 1925 y 1931. El «Manifiesto» nerudiano es, por consiguiente, posterior a la experiencia poética. La poesía no sale del «Manifiesto», sino al revés, no puede ser considerado, como viene haciéndose tradicionalmente, como una mera réplica a la poesía pura de Juan Ramón Jiménez. El tema es mucho más complejo y no es ésta ocasión de detenernos en él. No cabe duda de que Nicanor Parra coincide en algunos puntos —por lo menos básicamente— con la tesis de Neruda de una poesía sin pureza. Pero Neruda plantea «una poesía impura como un traje, como un cuerpo, con manchas de nutrición, y actitudes (no actividades, como cita Ibáñez-Langlois) vergonzosas, con arrugas, observaciones, sueños, vigilias, profecías, declaraciones de amor y de odio, bestias, sacudidas, idilios, creencias políticas, negaciones, dudas, afirmaciones, impuestos». Pero no se produce en el premio Nobel una vacilación, ni siquiera una duda sobre la seriedad de todo ello. La poesía deviene materia, pero materia sacralizada. Por el contrario, en Parra se está continuamente poniendo en duda la efectividad del «hacer» poético. Parra está mucho más cerca del dadaísmo que del surrealismo. Su actitud es corrosiva en extremo, no así la poesía de Neruda que juega —de otra forma— la actitud misma de Juan Ramón Jiménez. En la «Advertencia al lector *(Poemas y antipoema»,* 1954) Parra había escrito:

> Mi poesía puede perfectamente no conducir a ninguna parte:
> «¡Las risas de este libro son falsas!», argumentarán
>   mis detractores
> «¡Sus lágrimas, artificiales!»
> «En vez de suspirar, en estas páginas se bosteza.»
> «Se patalea como un niño de pecho.»
> «El autor se da a entender a estornudos.»
>
> Cuidado, yo no desprestigio nada
> ó, mejor dicho, yo exalto mi punto de vista,
> me vanaglorio de mis lamentaciones.

Nicanor Parra no intenta compendiar un mundo en caos, como Neruda en sus «Residencias»; se limita a exaltar al individuo frente a la civilización que le agobia. Estima el poeta con ello que la mera descripción de la realidad es suficiente. Cuando escribe «Yo soy una cámara fotográfica que se pasea por el desierto» («Mil novecientos treinta», Otros poemas) parodia la repetida fórmula de Stendhal, pero define, a la vez, su poesía. Su concepción del mundo coincide con Beckett. Toda su obra queda más cerca del absurdo, cercana a la concepción de Vicente Huidobro, quien había alcanzado el «antipoema» partiendo del creacionismo y había logrado *Altazor* una obra maestra y un obligado punto de referencia en la poesía en castellano. Lejos de Kafka y de la poesía *beatnik* norteamericana, citada por Ibáñez-Langlois como inmediata referencia: la desolada visión del mundo, la exaltación del individuo, la falta de esperanza: «Pero no; la vida no tiene sentido» («Soliloquio del individuo», Poemas y antipoemas).

El poeta quiere ser un hombre de la calle. Su obra social:

> Contra la poesía de las nubes
> nosotros oponemos
> la poesía de la tierra firme.
> —Cabeza firme, corazón caliente.
> Somos tierrafirmistas decididos—.
> Contra la poesía de café
> la poesía de la naturaleza
> contra la poesía de salón
> la poesía de la plaza pública
> la poesía de protesta social.
>
> Los poetas bajaron del Olimpo.

Si buscamos un paralelo en la poesía de Nicanor Parra en España es evidente que debemos encontrarlo, por un lado, en Carlos Edmundo de Ory; por otro, y menos paradójicamente de lo que pudiera parecer a primera vista, en Gabriel Celaya. Este último se planteó también el reducir la operación poética que surgía del surrealismo a la depuración de un poeta de la calle, del poeta «de protesta social». En sus *Baladas y decires vascos* escribe:

> Ser poeta no es vivir
> a toda sombra, intimista.
> Ser poeta es encontrar
> en otros la propia vida.

Pero lo que parece exigir un esfuerzo en Celaya, se da en Parra naturalmente. Su prosaísmo, su deliberado juego en las frases hechas, con los modismos, calcos idiomáticos, referencias literarias, son utilizados como factor distanciador, deliberadamente, en el juego de la ironía poética corrosiva que disimula la carga sentimental. Su prosaísmo no es nuevo. El camino del prosaísmo se produce casi a la vez en la poesía española de la mano de un Rafael Alberti, en la obra que sigue a *Sobre los ángeles;* en la poesía latinoamericana en César Vallejo, en *Poemas en prosa* y *Poemas humanos.* Pero me temo que la referencia a don Ramón de Campoamor es también obligada. En efecto, Campoamor cultiva ya, a fines del siglo XIX, el lenguaje coloquial, la ironía distanciadora, sus *Humoradas* las califica de «rasgos intencionados».

> que aunque no hay nada inútil en toda ella
> no hay cosa más inútil que la vida.

El localismo de Parra e incluso su utilización de las formas populares, a las que carga de ironía, ¿no están ya contenidas en Campoamor, poeta al que se habrá de recurrir en el futuro?

> Que es corto sastre preveo
> para el hombre la mujer,
> pues siempre corta el placer
> estrecho para el deseo.

En La cueca larga (1958), brevemente representada en esta antología, Nicanor Parra ensaya con pleno acierto el popularismo:

> No hay mujer que no tenga
> dice mi abuelo
> un lunar en la tierra
> y otro en el cielo.
>
> Otro en el cielo, mi alma
> por un vistazo
> me pegara dos tiros
> y tres balazos.

El poeta ensaya la incorporación en el poema de elementos cotidianos: el lenguaje en primer lugar, pero también, como la cámara fotográfica que citamos, cuanto le llega: reclamos publicitarios, noticias de prensa, aforismos y, lógicamente, su objetivo capta la vida chilena, el lenguaje chileno. Su poesía resulta vocacionalmente objetiva. Pese a las referencias apuntadas constituye principalmente la expresión de la vida chilena, aunque sus objetivos escapen a la poesía nacional e incluso a la poesía en lengua española. Sus ideas sobre el fenómeno poético resultan una meditación plena de sugerencias. Sin embargo, la excesiva importancia que se da al concepto de los «antipoemas» puede llegar a disimular la realidad de una poesía al margen de propósitos doctrinales, peligro al que Campoamor no supo escapar. Si «en poesía se permite todo», como señala en «Cartas del poeta que duerme en una silla», *(Otros poemas)*, cualquier experiencia libre sobre la poesía es aceptable. Nicanor Parra se encuentra situado en el justo medio del experimentalismo poético con vertiente social. Cuando Ibáñez-Langlois analiza «el sentido religioso de los antipoemas» deforma unos subtemas, de importancia secundaria, en el propósito central de Parra. *Antipoemas* es una antología que, pese a todo, no llega a cubrir el necesario conocimiento del poeta antologizado. Esta obra, publicada tras una extensa y significativa selección titulada *Obra gruesa* (1969), en la editorial de la Universidad, en ciento ochenta y tantas páginas no consigue cubrir un buen conocimiento del poeta. Pero *Obra gruesa* resulta por ahora prácticamente inencontrable en España. Y el lector español deberá entrar en el conocimiento de Nicanor Parra por este camino insuficiente. La experiencia, con todo, no le defraudará.

No quisiera terminar este comentario sin aludir, aunque sea una mera referencia, a la personalidad de Violeta Parra, hermana del poeta (1917-1967), muerta en trágicas circunstancias, exponente de una de las más interesantes muestras de canción folclórica latinoamericana, además de cultivar el tapiz, la cerámica y la pintura. Sus *Décimas*,[2] son una verdadera maravilla de utilización del lenguaje y los modos populares, y las relaciones y la influencia mutua entre Nicanor y Violeta Parra merecían más espacio del que disponemos. Ella escribió:

> A mí no me den la muerte
> ni envuelta en papel de seda,
> del cementerio albaceda
> da el arañazo muy fuerte.
> Graciosa, no quiero verte
> ni pa' la resurrección,
> yo t' echo la maldición
> que habría de cortarle el pelo.
> Con Lucifer en los cielos,
> y en su feroz fundición.

---

[2] Violeta Parra, *Décimas,* Ediciones Nueva Universidad, Universidad Católica de Chile, Editorial Pomatre, 1970. Introducida por Pablo Neruda, Nicanor Parra y Pablo de Rokha.

REINALDO ARENAS

«Cantando en el pozo» (1965, 1982)

El novelista cubano Reinaldo Arenas (nacido en 1943) publicó *Cantando en el pozo* en 1965. Con este libro se inicia una *pentagonía* que continúa con *El palacio de las blanquísimas mofetas* (editada inicialmente en Francia en 1975 y publicada posteriormente en España), *Otra vez el mar, El color del verano* y *El asalto.* El proyecto abarca el proceso vital del protagonista que, simboliza la trayectoria de una generación que completa el proceso político que va de la dictadura de Batista al régimen castrista y su alineación en el bloque socialista. Culminará en 1980, cuando se asalta la Embajada peruana en La Habana y abandonan el país un gran número de opositores y marginados que se establecerán en los EE. UU. Entre ellos se encontraba el propio autor, quien obtuvo poco después las becas Guggenheim y Cintas y ejercer el profesorado en el Center for Inter American Relations, en Nueva York. En 1969 había publicado su libro más popular, *El mundo alucinante,* inspirado en las memorias del fraile mexicano Servando Teresa de Mier, y en 1972 un libro de relatos, *Con los ojos cerrados.* La nota editorial que acompaña la aparición de *Cantando en el*

---

[1] Reinaldo Arenas, *Cantando en el pozo,* Argos-Vergara, Barcelona, 1982.

pozo, señala que «las múltiples ediciones piratas de esta novela y las numerosas erratas y distorsiones sufridas por su texto han motivado al autor a hacer una versión definitiva de ella». El libro en su primera edición había alcanzado «la primera mención» de un jurado presidido por Alejo Carpentier y pese a que la primera edición se agotó en sólo una semana, no se reeditó posteriormente en Cuba.

Su reaparición —en un texto definitivo— nos mueve, pues, al comentario, aunque sabemos que no vamos a descubrirle al lector un autor desconocido. *Un mundo alucinante* fue designada en 1969 por el diario *Le Monde* como la mejor novela publicada en Francia en aquel año Sin embargo, Reinaldo Arenas no ha alcanzado todavía en España una difusión paralela a la del país vecino. Su presencia en la actual literatura cubana plantea, asimismo, el problema de una literatura cubana en el exilio. No se trata ya de aquellos escritores que abandonaron Cuba al iniciarse el proceso revolucionario, sino de otra generación, marcada por el desencanto y el escepticismo, que cuenta, entre otras, con la obra de Guillermo Cabrera Infante o Severo Sarduy. La revista *Escandalar* dedicó un número monográfico a considerar la literatura cubana fuera de Cuba. Pese a instituciones como *Casa de las Américas,* las ediciones de los libros de éxito en Cuba se agotan rápidamente y en muchos casos no vuelven a reeditarse. El análisis en profundidad de obras como de la de Arenas nos llevaría rápidamente a consideraciones globales como el ejercicio literario en la Cuba de hoy, tema complejo que escapa a las dimensiones propias de este comentario. Pero es un hecho de sociología literaria que no resulta ajeno a las implicaciones políticas que estimamos necesario apuntar. Nuestra memoria colectiva no ha olvidado todavía aquella anómala situación que obligaba a la crítica a tratar de la «literatura española fuera de España», evitando así el mencionar directamente el exilio, siempre doloroso.

Cantando en el pozo es una novela poética que cuenta con dos personajes clave, dos primos que viven la infancia, en el campo. Reinaldo Arenas reconstruye, de este modo, su propia infancia ya que nació «en un lugar situado entre Holguin y Gibara». El centro de una vivienda mísera es el pozo, hacia el que el protagonista siente una peculiar atracción. Una vez más, dentro de una tradición hispánica que arranca de la picaresca, la condición infantil se ve violentada por el mundo de los adultos. Los niños son despojados de su condición imaginativa, son acosados por el hambre, son objeto de violencia. La figura de la madre aparece como un enigma a caballo entre la dulzura y el cariño y la rudeza propia de una mujer frustrada por su condición campesina. La figura paterna viene sustituida por la del abuelo, *pater familias,* implacable, violento e incapaz de compartir, salvo en muy contadas ocasiones, el mundo infantil. La utilización del punto de vista del niño-narrador permite a su autor el inclinarse hacia una ambigüedad de comportamiento, donde el mundo imaginario alterna con la cruda realidad. El cierre mismo de la novela equivale a esta ambigua dualidad: «Y me quedé dormido. / Y en sueños dicen que fui hasta el pozo y que me asomé por sobre el brocal. Y que allí me quedé, esperando a que mi madre me agarra. / Pero, según me acaba de decir ahora, mi madre, esta noche, no pudo llegar a tiempo. Aunque yo tengo mis sospechas y pienso que seguramente ella llegó demasiado temprano» (pág. 215). ¿Se trata, pues, de un hecho doble? ¿De un accidente y de un suicidio? La protesta contra el angustioso medio se manifiesta en la constante amenaza de quitarse la vida que expresan algunos personajes adultos. El bello paisaje campesino parece hallarse en contradicción con la infelicidad de los personajes.

Pero Reinaldo Arenas dispone la narración con lirismo, a veces empalagoso, dulzón y exageradamente reiterativo. Lo salva con un peculiar sentido del humor, de un humor de raíz campesina: «Mis tías dejan de bailar. ¡Qué cómico!: todas mis tías bailan porque ninguna tiene marido. Es que a ellas no hay hombre que las resista, y las pocas que se casaron lo hicieron de puro milagro; pero en cuanto los maridos se dieron cuenta de la clase de mujeres que habían cargado desaparecieron, y no dejaron rastro...» (página 171). Este duro mundo de la infancia —la referencia a Huck Finn y a Tom Sawyer resulta casi imprescindible— tiene su evasión en una comunicación imaginativa con los animales y las plantas que les rodean. Hasta los rayos hablan con los niños. El narrador, de peculiar sensibilidad, se permite el retrato de su compañero de juegos, de desdichas, su primo Celestino. La figura de éste crece a medida que avanza el relato, va cobrando vida propia, porque Celestino es ajeno al mundo familiar, es un refugiado que se asombra de la violencia ambiental y se evade hacia la escritura (la poesía o las malas palabras). El mundo permanece cuajado de interrogantes y el tema de la muerte preside las preocupaciones de este aprendizaje desolado. Reinaldo Arenas utiliza una lengua dúctil y sustanciosa. Los efectos poéticos de la misma se manifiestan en ocasiones a través de recursos primarios como la reiteración: «Se nos está muriendo el pichón de pitirre. Yo sé que se nos está muriendo. / Se nos muere./Se nos muere. / Se nos muere. / Yo le di agua, pero nada. Le di papitas bien maduras, pero nada. Le di pan con leche, pero nada.» Dichos recursos dificultan el seguimiento de la narración. que se entrecruza en meandros de lirismo. Pero *Cantando en el pozo* es un primer libro y revela las excelentes dotes de un escritor primoroso, fecundo [1].

HOMERO ARIDJIS

«MIRÁNDOLA DORMIR» (1964) Y «NOCHE DE INDEPENDENCIA» (1977)

Una buena parte de la nueva literatura occidental, en la que, con sus características propias, hay que situar la original de Latinoamérica, sigue desarrollándose hoy entre las ruinas de la vanguardia de entreguerras. La desaparición de los ya históricos movimientos de vanguardia, con sus míticos héroes y manifiestos, no significó la sustitución de aquellos programas por otros, sino al contrario, éstos nacieron de la liberación expresiva de formas diversas, de aspectos que configurarán, tras la segunda guerra mundial, unas corrientes estéticas que supondrán la tradicionalidad de lo aceptado como nuevo. Pese a su juventud, Homero Aridjis y su obra serían inexplicables si no lográramos situarlos en el camino que va desde aquella vanguardia hacia lo desconocido de mañana. Guillermo Sucre ha escrito certeramente que «Aridjis escribe sin telarañas verbales, con ojos limpios; practica esa fórmula que Breton fue uno de los primeros en inscribir en la poética moderna: "lo maravilloso contra el misterio": la visibilidad del mundo como el verdadero absoluto, ¿no?» Se trata, pues, de un escritor que dispone de intencionalidades puras, que va a abarcar cuanto le rodea con una reflexiva ingenuidad, con el festivo aire del descubrimiento. Viajero de sí mismo —¿quién no lo es?—, trabajará con el noble material de la palabra, confiriendo misterios a lo cotidiano. Desde Marcel Duchamp los objetos se han tornado también inquietantes para el artista, quien, sin embargo, practica el ejercicio, siempre repetido, de volver a ver. En un poema de *El poeta niño* (1971) escribe:

«Sobre las sombras de la mañana sagrada se ejercecitaban mis ojos, y aprendía a distinguirlas según su oscuridad y su luz.»

Intentar distinguir las sombras, precisar los cuerpos, aferrarse a ellos: he aquí una tarea digna de un poeta. Mucho más si éste se halla frente a «la mañana sagrada». Pierre Mabille escribió un *Espejo de lo maravilloso*. Aridjis descubrirá lo maravilloso también, lo vivo, lo eternamente en celo, entre las sombras que van a permitirle, como aprendiz de brujo, ejercitar los ojos.

Quién es Homero Aridjis

1940 Nace en Contepec, Mich., el 6 de abril. Estudios en la escuela primaria «José María Morelos».
1954 Estudios secundarios en Toluca y Morelia, con los maristas.
1957 Estudios de Periodismo en México D. F.
1958 Asiste al taller literario de Juan José Arreola.
1960 Publica *Los ojos desdoblados,* que escribió gracias a una beca del Centro Mexicano de Escritores concedida el año anterior.
1961 Publica *La tumba de Filidor* (250 ejemplares).
1963 Encuentro con la que va a ser su esposa, Betty Ferber. Publica *La difícil ceremonia* y *Antes del reino*.

1964 Publica *Mirándola dormir,* libro que obtiene el premio «Xavier Villaurrutia».
1965 Profesor de Literatura Mexicana en la Universidad Iberoamericana (durante el verano). Jefe de redacción de la revista *Diálogos.*
1966 Dicta conferencias en diversas universidades norteamericanas (George Washington, Yale, Wesleyan, Fordham, etc.). Edita, en México, la revista de poesía *Correspondencias.* Obtiene la beca Guggenheim. En octubre se traslada a Europa.
1967 Francia, Grecia, Italia.
1968 Inglaterra, España, Portugal, Italia, Francia, Estados Unidos.
1969 Profesor de Literatura en la Universidad de Indiana. Profesor de la Universidad de Nueva York. Publica *Los espacios azules* (iniciado en 1967) y *Ajedrez-Navegaciones* (escrito en 1968).
1970 Publica *Perséfone* (Editions Gallimard), iniciado en 1963.
1971 Participa en el International Poetry Festival, de la Universidad de Texas, en Austin. Publica *El poeta niño* (escrito en 1970).
1972 Consejero cultural de la Embajada de México en los Países Bajos.
1973 Publica *El encantador solitario.*
1975 Publica en los EE.UU. *Blue Spaces,* traducción de *Los espacios azules.* Publica en México *Quemar las naves* (escrito en 1970). Conferencias en Leiden, Amsterdam, Bristol. Participa en el Festival de Struga (Yugoslavia). Viaja a Estocolmo, invitado por el Instituto Sueco.
1976 Publica en Barcelona una *Antología* y *Sobre una ausencia,* textos antológicos en prosa. Participa en el Poetry International, de Rotterdam, y en la Bienal de Poesía de Knokke. Embajador de México en Suiza.

1977 Publica, en Madrid, *Antología poética* y, en México, *Vivir para ver.* Embajador de México en los Países Bajos.

Poesía y prosa

La poesía ha estado con frecuencia unida a la evolución del verso. Escribir poesía fue durante siglos escribir versos. Pero, ya mucho antes de las vanguardias, el Romanticismo acaba con algunas normas que parecen definitivas. La rima, la estrofa, el metro, el acento dispuesto van a ser heridos de muerte. Los poetas alcanzan también la inspiración en la prosa. Martí, Julián del Casal, Darío, Valle-Inclán, Pío Baroja rescatan una inspiración más libre. Aridjis, en *El poeta niño,* ensaya el recuerdo. El poeta se abandona a una prosa filtrada en los recuerdos personales, deja a un lado la imagen y nos narra con una curiosa y elaborada técnica detalles de la infancia, como, por ejemplo, su accidente con una escopeta que le llevó a las puertas de la muerte (1951). ¿Cómo verá el escritor de 1970 lo que le ocurriera a aquel niño casi veinte años antes? ¿Libro de recuerdos? Emerge el ayer como un sueño, pero el escritor trabaja con hechos, no con sueños. En todo caso, elabora los hechos como si los sueños fueran. «Camino a Toluca», la prosa en la que se narra el accidente, comienza como el relato de un niño obligado por su maestra a contar lo sucedido en el último fin de semana: «Hacia las doce de la noche de un sábado de enero de 1951, tres amigos y yo, después de jugar al fútbol, emprendimos el regreso a nuestras casas...» La técnica del *naïf* puede ser engañosa. No, no estamos frente al barroquismo exuberante de *Mirándola dormir.* El poeta pretende, nada menos, que transmitirnos la realidad misma, una parcela de su propia existencia, pero ese niño herido, casi moribundo, es también el «yo» narrador. Emergen las figuras paternas. El padre «viéndolo allí, solitario —en compañía de mi madre, también solitaria—, bajando por la noche, subiendo por el día, detrás de su amor, de su sombra mortal, imaginaba la realidad y el misterio del Padre». Figuras principales éstas, tejidas con retazos de sentimientos, envueltos por el afecto, a un paso de la confesión. ¿Vería el niño herido «o bien, un aire dorado, en columnas diagonales, entraba en el cuarto, fijándose sobre el suelo, como si sobre ellas mi día fuera a edificarse o mi noche a reposar, según fuera a amanecer o a anochecer...»? Ésta es ya la elaboración del artista, la manipulación, por la palabra, del recuerdo, la traducción a prosa de una belleza entrevista. ¿Estuvo o no estuvo el padre Felipe rezando por el herido? ¿Levantó su cáliz, le visitó en su cuarto, hubo como un milagro? Homero Aridjis sabe que lo que importa no es que el «hecho» acaeciera. La realidad de las palabras y su ambigüedad —¿estuvo o no estuvo?— constituyen elementos del misterio que cualquier poeta se reserva y al que pretende introducirnos. He aquí la magia de lo cotidiano, la belleza de lo que sólo el poeta sabe, o de lo que el poeta ignora, pero desea que no sepamos e ignoremos. Otro relato del mismo volumen, «La sardina», puede ilustrarnos más y aún mejor acerca de los orígenes de esta *Noche de Independencia* La cita inicial de Garcilaso constituye el contrapunto de la realidad —drama pasional— «en una de las casas de las Vizcaínas». Pero tampoco en este caso el poeta, el «yo» narrador, anda lejos: «... mientras, en el bar, ya beborroteaba un vaso de vino con dos estudiantes colombianos». La escena (*«en la hermosa tela se vayen, / entretexidas, las silvestres diosas»*) surge casi de la crónica de la prensa amarilla. La muerte de una joven a manos de su amante ocasional. Pero al fondo se divisa la bulliciosa vida de los jóvenes, la ciudad. La realidad es transmitida aquí sin los signos casi indescifrables de *Perséfone. Ahora nadie desciende a los infiernos. Como en Mirándola dormir, Noche de Independencia* tiene también por escenario la noche, una noche de gritos y de violencia, una noche susceptible de ser transformada en un «corrido» o en un romance popular. El policía «gordo, calvo, con cara de luna», que en «La sardina» interroga al narrador introduce sus anotaciones con significativas leyendas latinas. La muerte aparece casual, pero distanciada por una ironía reservona. No faltan tampoco los elementos del humor que, en alguna forma, hallará también el lector en *Noche de Independencia*. «La sardina» no cabe dentro de lo que tradicionalmente se entiende por «relato breve». Porque es como en un sueño cuando emergen esos personajes sacudidos por una tragedia de base lúdica y erótica. Fortalecen el sentimiento de vida que acompañará siempre la temática de Aridjis. El agradecimiento por la vida gratuita, su crónica, el testimonio, en cuya base, sustentándolo todo —eje y motor—, se halla el instinto erótico, el refinamiento de los cuerpos. El poeta no va en busca de la nostalgia, de la melancolía o del fracaso, sino de la plenitud del goce. Bajo la *Noche de Independencia* la búsqueda del amante, una fugaz tañedora de milagros, Helena, se concreta. Testigo de la fiesta popular, alguien pretende distinguir entre sombras, embriagados y melancólicos. El carnaval o la fiesta de Carol nada tiene que ver con Burroughs y su *The Naked Lunch,* pese a la marihuana y el sexo o, por decirlo de otra forma, *Noche de Independencia* queda íntimamente situado en el México del bullicio, la fiesta colectiva, los mitos y la muerte. La realidad misma es entraña de barroquismo y nos aproxima el «ojo inocente» al artista mixtificador. Todo puede ser integrado ahora, incluso los héroes de la Revolución: «Para elogiar dignamente a nuestras heroínas, las palabras son pocas, las frases pálidas, los hechos mismos pregonan su grandeza.»

Mirándola dormir constituye la otra forma de «mirar» de Homero Aridjis. En sí mismo, como ya señaló José Miguel Oviedo, «es un extenso canto al amor físico, un lujoso tributo al erotismo». El poeta recurre al «transformacionismo» que ya ensayara Oviedo en sus *Metamorfosis,* aunque con otro sentido, y que constituye uno de los elementos míticos de la esencialidad mexica. La amada es a la vez Eva, Perséfone, Lautenia o «B»; es, en ella misma, el resumen del ser femenino. El barroquismo del texto procede de la ambición totalizadora del intento, al modo como los surrealistas lo buscaron y, en castellano, dio como fruto en *La destrucción o el amor,* del andaluz Vicente Aleixandre. En el cuerpo tendido, durante el sueño, descrito en mil formas y posiciones, atento al detallismo erótico, *Mirándola dormir* surge como una navegación. La rutilante imaginería permite adentrarse en la identificación amorosa entre los amantes. El «yo» se reconoce en la multiformidad, en la multiplicidad femenina, que puede ser no sólo Eva o Berenice, sino también Eva-Berenice. El impulso amoroso viene decantado en una exquisita elaboración verbal, donde surgen multitud de «signos». El narrador, aquí, a diferencia de los textos antes señalados, forma una unidad con el verbo; es, al tiempo, indicador y voz. Parcialmente podría hablarse de un cierto automatismo dirigido, como en los textos del último surrealismo; pero parece más relevante la comunicación del impulso amoroso con el acto mismo de «nombrar» la variedad del mundo natural, los seres conocidos e intuidos, los restos literarios. El poeta-narrador es un cronista de aquella navegación.

El «sueño erótico» equivale a «penetrar en lo dormido» y, a la vez, «orgullo de mujer deslindado del cuerpo». Lo femenino viene a ser lo misterioso. La mujer encierra una geografía, una topografía bien conocida, pero ingenuamente descubierta por el amante. Esta multitud de mujeres que constituye el objeto de la persecución del «voyeur» produce continuos milagros: «Al fondo de ti todo es posible...», escribió en «Pavana para la amada presente», de *El poeta niño,* al modo como apuntaba Pedro Salinas.

Hay una teoría del amor, pues, en el sustrato de *Mirándola dormir,* del amor-comunión-posesión-vida, del amor entre amantes, de aquel proceso que constituye el motor de la Naturaleza, que permite comunicar al hombre con cuanto le rodea. Pero hay, a diferencia del panteísmo tradicional, una identificación que sólo el amor permite. Los monólogos de Berenice son reveladores al respecto. Aridjis no disimula los actos sexuales, transcritos con morosidad, convertidos en vida, transformados en pleno conocimiento de los cuerpos. A ellos deben sumarse las delicias de la imaginación, aquella que reclamaba ya el surrealismo y que aquí se aferra a lo cotidiano. Porque el amor de *Mirándola dormir* no es tan excepcional. Verdaderamente, nace de una liberación de impulsos amorosos que cualquier ser humano conoce, que cualquiera puede transmitir, pero que sólo un poeta es capaz de convertir en palabra.

Aridjis dispone de un natural instinto para la creación fónica. Su encendido trajinar en el idioma no nos confunde. Bien es verdad que algunas partes de *Mirándola dormir* resultan irracionalmente enlazadas con aquella magia del surrealismo, y que otras, ambivalentes, requieren lecturas a diversos niveles. El lector de Aridjis debe avanzar en el texto sin oponer resistencia. No hay más lógica que la que dicta el texto mismo y la que nos otorga el creador. Es así como, lanzado por el discurso entre las imágenes desbordadas, se situará en el camino.

MANUEL PUIG

«Pubis angelical» (1979)

Pubis angelical[1], de Manuel Puig, escritor argentino nacido en General Villegas (1932) y residente en Nueva York, es posiblemente la novela más ambiciosa de un narrador cuyos métodos creadores se encuentran en gran parte ligados a la técnica propiamente cinematográfica. No en vano Puig asistió a los cursos del Centro Sperimentale di Cinematografia que dictaba Cesare Zavattini, creador con Vittorio de Sica de lo que vino a denominarse «neorrealismo». La primera novela de Puig, *La traición de Rita Hayworth* (1968), indica, incluso en su título, dicha vinculación cinematográfica. En *Pubis angelical,* su quinta novela publicada, tras la ya mencionada *Boquitas pintadas* (1969), *The Buenos Aires Affair* (1973) y *El beso de la mujer araña* (1976), detectamos en el entrecruzamiento de temas una serie de mundos que derivan de concepciones imaginativas muy próximas al cine popular de los años treinta. Arranca la narración en el ambiente centroeuropeo en el que la decadencia aparece ligada a

---

[1] Manuel Puig, *Pubis angelical,* Seix-Barral, Barcelona, Caracas, México, 1979.

la suma riqueza y al poder, al erotismo sofisticado y al mundo de la intriga, y se centra posteriormente en la lucha contra una enfermedad maligna que una actriz argentina soporta en un hospital mexicano. Pero la novela de Puig escapa a tales ambientes y se prolonga en otra narración de ciencia-ficción, en la que la condición femenina, el tema de la mujer-objeto, se implica en las anteriores narraciones. He aquí, pues, una novela cuya simplicidad estructural encierra una subterránea complicidad temática. La mujer que recobra el pasado es víctima, como otras figuras semejantes que aparecen como «ensueño», de ciertas complicaciones sentimentales.

La novela de Manuel Puig no avanza, pues, en una dirección lineal o tradicional en la que el presente es consecuencia del pasado y el tiempo narrativo es acumulación. La enfermedad de Anita parece cerrar el tiempo. Y éste se diluye a través de otras aventuras imaginarias, como delirios, que nacen a raíz de una inserción realista y verídica resuelta generalmente en forma de monólogos interiores, de diarios o de diálogos, en los que Puig consigue plasmar la comunicación popular, el rasgo idiomático que es también una de las claves de la novela. Curiosamente, el centro de atención narrativo que podría circular en un plano o en diversos planos de carácter eminentemente evocador se inscribe en una realidad dramática (la cercanía de la muerte nunca expresa así lo requiere), a la que se añade un tema que se ha tornado habitual en la narrativa argentina: el condicionado político que ha hecho del «ser» argentino una afirmación plena de interrogantes. Así lo encontrábamos ya en *Rayuela,* de Julio Cortázar. Hoy la definición de lo «argentino» pasa por el análisis de la violencia, del peronismo y no sabemos a ciencia cierta qué es causa y qué es efecto. Ni siquiera en su cama de hospital, Ana puede quedar al margen de tales problematizaciones. Tozzi, que actúa como abogado laboralista, como defensor de presos políticos, sirve de pretexto a unas lúcidas páginas mediante las que Puig ancla la novela en el tiempo dramático del hoy con todas sus consecuencias. La visión nacional impregna el conjunto de la novela: «Entonces, pensándolo bien, puede ser un gran hallazgo de los argentinos, o de las argentinas, mejor dicho, meterse en los espectáculos, ya que no se puede tener en la vida esas historias de amor tan fantásticas, por lo menos en la imaginación» (pág. 193).

Y en la inclinación de cualquier obra literaria hacia el símbolo, en Ana descubrimos el «vicio» nacional, la tendencia a «imaginar» las situaciones, la huida de la realidad hacia el ensueño. Y ello se da con toda claridad en la vertiente erótica de la novela, toda ella veteada de escenas lúdicas, de seres que no llegan a participar. Y en este punto se inscribe también la tendencia de Puig a utilizar géneros eminentemente populares que son aparentemente fórmulas de escapismo: la novela rosa, la de ciencia-ficción, la de espionaje, mediante los que seres que subliman sus insatisfacciones habituales se refugian en la imaginación como droga, en vidas ficticias. De ahí que *Pubis angelical* sea, a la vez, quintaesencia literaria y símbolo del «ser» literario del hombre (o de la mujer) de hoy. Y en esta «literatura» que no necesariamente debe ser escrita aparece jugando un papel preponderante el erotismo. En Puig brota siempre mezclado con la imaginación y la «representación». El erotismo es también «ensueño» o parte de él, símbolo. El título de Puig es ya significativo, como puede serlo, por ejemplo, el siguiente pasaje: «Cuando se besaron, ella se mantuvo alerta y no cerró los ojos, y fue así que en los ojos de él se vio reflejada ella misma, color rosa. Como si se las distanciasen al oído, ella repitió palabras que ya había oído en alguna copla...» (pág. 133). La capacidad de transformar lo vivido se da no sólo en Ana; sino en cada mujer o personaje que busca siempre el «ideal» masculino y, ante el fracaso, se refugia en una permanente reinvención de realidades. En definitiva, cada individuo intenta encontrar en el otro su propia identidad.

Con todo, Puig trabaja con materiales psicológicos endebles o simples. Nunca llega a profundizar en las situaciones, puesto que la esencia misma de la narración se encuentra precisamente en la evasión y en la diversión. Puig nos enfrenta a una realidad que se transforma siguiendo los módulos imaginativos. Y la capacidad de transformar una determinada realidad se encuentra en el mismo inconsciente humano. En ello descubriremos una vertiente parafilosófica lacaniana que surge a través de la discusión que mantienen Ana y Tozzi: «Por esto según estas teorías nunca se está solo, porque dentro de uno mismo hay siempre un diálogo, una tensión. Entre el yo consciente y lo Otro, que es, diríamos, el Universo» (pág. 172). *Pubis angelical* no es, por consiguiente, una novela de simplificaciones, que rehúya lo fundamental, pese a que superficialmente aparezca trivializado. Una deliberada sencillez expositiva, una acumulación de factores popularizantes no disimulan la carga intelectual que contiene. Es, sin duda, la novela más compleja de Puig y, a la vez, síntesis de sus temas recurrentes. En el ámbito de la novela latinoamericana de hoy una prueba del enriquecimiento de un género, del que Puig es también un maestro.

JORGE EDWARDS

«Persona non grata» (1973)

Persona non grata[1], del escritor chileno Jorge Edwards, estuvo destinado a convertirse en un libro polémico, Jorge Edwards (nacido en 1931), autor de diversos libros, dos de ellos publicados en España, vino a relatarnos una experiencia apasionante, desde el doble punto de vista literario y político: sus problemas durante su permanencia en Cuba como representante del Gobierno de Unidad Popular del presidente Allende. La estancia del escritor y diplomático en La Habana coincide con lo que un personaje de *Persona non grata* califica como cuello de botella de la política interna cubana. Edwards, por otra parte, será un testigo excepcional en el espinoso asunto de la detención y posterior «autocrítica» del poeta Heberto Padilla. El libro de Edwards traduce un problema esencial durante el período relatado: las contradicciones entre un diplomático y un escritor. El propio autor es consciente de ello. En su entrevista con Fidel Castro, auténtico plato fuerte del libro, le habría dicho al primer ministro cubano: «Es probable que haya actuado más

---

[1] Jorge Edwards, *Persona non grata*, Barral Editores, Barcelona, 1973.

como escritor que como diplomático. Es muy posible que después de esta experiencia y de esta conversación, que para mí quedará como algo muy importante, deje la diplomacia y me dedique a la literatura. En todo caso reconozco que en Cuba he sido un mal diplomático.» En efecto, tras la lectura de *Persona non grata* cualquier lector puede juzgar con imparcialidad la conducta como diplomático de Edwards, quien aun intentando conscientemente separar su cargo de representante del de escritor, inconscientemente se ve traicionado por su aplastante vocación.

Por otra parte, parece también clara una concepción elitista del escritor en Cuba que ya no se correspondía con la realidad. Cuando Fidel Castro en la conversación citada le indica a Edwards que «ustedes se hacían una idea utópica y frívola de la Revolución. Ahora han sufrido algunas decepciones y han perdido el entusiasmo, se han convertido en críticos. Pues bien, ¡sepa que la adhesión de los intelectuales como usted y sus amigos ya no nos interesa para nada!» no hace sino constatar el fin de una etapa en la que se produjo una sobrevaloración del papel de los escritores revolucionarios en el proceso político. La política es un arte pragmático y las críticas de Edwards proceden siempre de una postura ética. La ética y la praxis se contradicen, como puede fácilmente comprobarse. El error fundamental radica en la consideración misma del escritor al servicio de la diplomacia. La tradición latinoamericana es rica en muestras de escritores-diplomáticos. No es necesario remontarnos a los años de Rubén Darío: los poetas Octavio Paz y Pablo Neruda son ejemplos recientes de una contradicción quizá insuperable. Una tercera observación general se desprende de las páginas vividas por Edwards. El novelista chileno no actúa en una misión diplomática en un país extraño, sino en Cuba. Nunca, ni Edwards ni los propios cubanos, dan la sensación de que los acontecimientos se producen en una realidad nacional determinada. La comunidad latinoamericana es aparentemente más fuerte que la distinción nacional. Y ni Edwards ni el propio Castro disimulan el hecho de que las críticas y los posibles inconvenientes del escritor reflejan una experiencia revolucionaria casi común. Si Edwards no hubiera sido, desde un principio, un defensor de la revolución cubana, la distanciación misma del cargo hubiera impedido sus actitudes equívocas.

La acción del relato se inicia a comienzos de 1970 y finaliza en octubre de 1973 en Calafell, desde una perspectiva radicalmente distinta, puesto que ya se había desencadenado el golpe militar chileno. Edwards no disimula sus admiraciones y su pensamiento político, ni disimula tampoco los errores —a su juicio— que acabaron final y trágicamente con la Unidad Popular y el presidente Allende. El libro, sin embargo, queda centrado en la experiencia cubana, relatada con gran lujo de detalles, y es mucho más esquemático en la actividad diplomática parisina, junto al poeta Pablo Neruda. La actitud del escritor es altamente crítica hacia los dogmatismos que adivina en el mundo intelectual cubano. Sus zonas de observación son fundamentalmente el mundo intelectual, el diplomático, el oficial de la política cubana y sólo en contadas ocasiones se ofrecen detalles de la realidad popular. Se habla de la vigilancia ejercida por la policía y elementos de seguridad sobre políticos e intelectuales, pero *Persona non grata* no es un informe político sobre la isla. Edwards narra su caso personal y sus experiencias son, en consecuencia, vividas. El interés del relato radica, pues, en las excelentes dotes de observación, en lo que significa cada uno de los detalles (la diplomacia se ve así como un arte de detalles), que a la postre resultarán significativos. El hecho de que a su llegada no acudieran a recibirle y el Gobierno pareciera no hallarse informado, ¿era verdaderamente un descuido o significaba algo? Cuando Fidel Castro en un acto oficial se mostró frío y distante, ¿era una actitud accidental o deliberada? Vemos, a lo largo de estas páginas, cómo estos detalles adquieren su pleno significado, tras la conversación con Fidel Castro y la detención de Padilla. Pero el grupo de los intelectuales cubanos reflejado se creía protagonista de una política que crecía sin su intervención. Habrá que estudiar objetivamente dentro de unos años —y si ello es posible— el papel de la intelectualidad en el fenómeno político de la revolución cubana. El documento de Jorge Edwards adquirirá el valor de un testimonio real y ciertamente audaz. No era fácil publicar este libro que rompe definitivamente, por el momento al menos, el quehacer diplomático con la actividad de un escritor. En conjunto, *Persona non grata* posee observaciones inteligentes, recreaciones de ambientes técnicamente bien resueltas y en ningún momento decae el interés de la narración. Es un relato político, pero la política juega aquí un papel fundamentalmente moral.

Otra perspectiva de la realidad cubana nos la ofrece el análisis del poeta y escritor alemán tan enraizado en el mundo hispánico Hans Magnus Enzensberger, *El interrogatorio de La Habana. Autorretrato de la contrarrevolución* y *otros ensayos políticos*[2]. Especialmente el ensayo que da título a la colección es una muestra de un eficaz analista lúcido. Enzensberger utiliza las declaraciones públicas de los protagonistas de la invasión de Bahía Cochinos para descubrir que la incoherencia política de sus componentes y sus contradicciones respondían a un pensamiento político profundo. El análisis del escritor alemán parte de un supuesto eficaz:

---

[2] Hans Magnus Enzensberger, *El interrogatorio de La Habana*, Editorial Anagrama, Barcelona, 1973.

«Las respuestas de los invasores pueden parecer de vez en cuando ingenuas hasta la necedad. Sin embargo, el aparato que los lanza está altamente evolucionado y resulta muy seguro. Podemos distinguir en él tres componentes que se entrelazan entre sí: un mecanismo intelectual, otro psíquico y uno social.» La presencia entre los interrogados de un ex torturador del régimen de Batista pone un acento dramático en el análisis político. Enzensberger simplifica, al poner en claro la participación de este elemento y las relaciones entre el resto de los interrogados y el asesino: «Los demás se defienden, acusándolo; él los acusa defendiéndose. De este modo, la dialéctica de individuo y colectividad no consigue el descargo, sino que desemboca en la denuncia mutua. Pero el asesino atónito, al que se aniquila en ese juego, mantiene al mismo tiempo la supremacía. Restablece de nuevo la totalidad que todos los demás intentan eliminar. El solo pone al descubierto la lógica del sistema, al que todos deben su poder y al que todos sirven. Gracias al asesino, aparece en escena la oculta verdad.» Verdad que Enzensberger descubre incógnita incluso para los participantes en el desembarco. Pero la invasión que acabó en desastre se produjo en 1961, cuando todavía el socialismo cubano parecía responder a unos esquemas originales. No menos clarificador es el estudio titulado *Imagen de un partido: Antecedentes, estructura e ideología del Partido Comunista de Cuba,* donde tras hacer una incursión histórica concluye: «Fidel nacesita al Partido, pero no lo puede soportar. Le resulta molesto. Apenas le hacen falta sus sesiones de trabajo. No puede renunciar a su aparato, pero lo teme como una rueda de molino colgada al cuello... Por ello el Partido Comunista de Cuba es un partido sin comités electos, sin congresos, sin estatutos, sin programa político, sin competencias bien fijadas; un Partido sin raíces históricas, sin sustancia teórica; un Partido sin poder; la sombra de un Partido que quizá nunca llegue a existir.» ¿No responde el análisis de Enzensberger a la realidad vivida por Edwards? Nos hallamos ante dos críticas, inteligentes, audaces y comprometidas, dada la personalidad de sus autores, realizadas desde perspectivas distintas y tras bagajes culturales diversos. Responden a una crítica intelectual, idealista y ética de una realidad política compleja, mucho más compleja quizá de lo que ambos testimonios nos muestran.

«LOS CONVIDADOS DE PIEDRA» (1978)

Jorge Edwards que expulsado de la carrera diplomática por la Junta Militar en 1973, pasó unos años en Barcelona y regresó al Chile de Pinochet. En 1977 se le concedió el premio Mundo por su libro de ensayos *Desde la cola del dragón,* y sus principales libros han sido inicialmente editados por firmas barcelonesas (como su novela *El peso de la noche,* 1964; que obtuviera el premio Atenea de la Universidad de Concepción, en Chile). *Los convidados de piedra*[3] constituye el intento más ambicioso de Jorge Edwards en el ámbito de la novela y, por otra parte, es, por el momento, la más seria reflexión a nivel narrativo de la experiencia traumática del proceso que llevó desde la designación de Salvador Allende al establecimiento de la Junta Militar del general Pinochet. Cabe advertir, dada la naturaleza del relato que comentamos, que el proceso chileno será durante años —lo está siendo y lo será mayormente en el futuro— una referencia obligada a cualquier meditación seria sobre la realidad latinoamericana y en él incidirán no pocos escritores de creación.

---

[3] Jorge Edwards, *Los convidados de piedra,* Seix-Barral, Barcelona, 1978.

El autor de *Los convidados de piedra* se ha visto obligado a encabezar la novela con unas significativas frases: «En la escritura procuré respetar el trasfondo histórico y utilicé materiales que me proporcionaba la memoria personal o ajena, pero éstos fueron trasformados por el tiempo y por los sueños, por la distancia de los años y por el deliberado exilio. La novela se presenta con las apariencias de una crónica, pero la crónica, y también su cronista, no son más que una invención literaria.» Con ello, al margen del propósito de enmascarar esos materiales —propósito respetable y normal en cualquier escritor de ficción—, descubrimos también las claves de la narración. De un lado, la calificación de *crónica* y de *cronista* que el propio autor se otorga; de otro, el trasfondo histórico» que constituye precisamente la base del relato. Tal vez, si nuestro conocimiento de la sociedad chilena fuera mayor advertiríamos que ciertos personajes o situaciones se parecen a personas o hechos bien conocidos del «medio» en el que la novela se desarrolla —la alta burguesía—. Hablaríamos, entonces, de una «novela de clave»; pero ya el novelista en su advertencia inicial sale al paso de esta tentación, a pesar de que reconoce —incluso en su dedicatoria— que la base argumental o algunas de las abundantes historias menores que componen el friso novelesco está formado por historias verdaderas.

Dudemos o no del paralelo ficción/realidad, no cabe olvidar que nos hallamos ante una novela histórica, aunque resulta en forma muy distinta de cómo se resolvieron en su día las novelas así calificadas. El novelista aquí, por ejemplo, ha alterado la evolución del tiempo narrativo. Se narra siempre desde el recuerdo, trenzado en diversas fases o saltos atrás y hacia adelante que permiten obtener el movimiento de la imagen —una imagen generacional o de grupo social— y de la que el narrador (personajecronista-crítico) posee los resortes necesarios para que ésta avance o retroceda a su aire. Es, pues, el tiempo el factor globalizador de la novela y en él se plantea como punto de referencia necesario el período allendista y el golpe. Pero ni siquiera el cronista es un ser neutro. Los personajes de Edwards disponen de recursos variados y hasta contradictorios. «El impávido espectador, prematuro hombre de orden, morigeraba los arrestos románticos de su otro personaje. Así nos preservamos en vida hasta girar la primera curva de la edad. Así nos preservamos para ser pasto del tiempo. Fuimos convirtiéndonos, sin darnos demasiada cuenta, en profesionales de voz pausada, cabellos ralos, rostros que la edad había redondeado y deformado con terco disimulo, pacientemente, sin provocar transiciones bruscas que nos pusieran en guardia, aun cuando hubiera sido perfectamente inútil estar en guardia. La evocación desde la madurez de la locura juvenil nos permitía darnos ideas aceptablemente modernas, un dejo de ironía, cierta tolerancia.» Este juego de oposiciones: juventud/madurez; derecha/izquierda; pasado/presente aparece siempre tiñendo los personajes que son fruto de su evolución y de las circunstancias del ambiente y que lo son, en muchos sentidos, ambiguamente. El novelista se ha esforzado en difuminar los contrastes, en traducir a fórmulas textuales las claves generacionales, los *tics* lingüísticos, las fórmulas y maneras de modo que el lector no obtenga sino oblicuamente una concepción ideológica, y que ésta aparezca ricamente matizada en el contexto.

La fiesta de cumpleaños de Sebastián Agüero, con la que se inicia la novela, es una recopilación. De ella —y a través del recuerdo— surgen los personajes que configuran la actuación de un grupo social determinado en un proceso revolucionario: «El Gordo explicó que ambos se habían evadido y habían traicionado, en alguna forma, a su clase...» Las traiciones y responsabilidades, las desapariciones y los que logran refugiarse en las embajadas durante el golpe son vistos con la ironía del que recapitula habiendo estado dentro —sin estarlo del todo—, habiendo contemplado los resultados, pasada la juventud, como se configura a través del personaje cronista. Por todo ello, *Los convidados de piedra* no es exactamente una crónica social del proceso allendista sin dejar de serlo. No es tampoco una novela histórica, en la que los personajes deambulan a través de hechos bien conocidos. Pretende ser una creación narrativa —una novela básicamente— a través de la cual el proceso, pre-allendista y post-allendista aparezca claro como fruto de su contexto. Y el resultado decepcionará, sin duda, a quienes busquen el escándalo que supuso *Persona non grata* o la mera reflexión política de *Desde la cola del dragón*. Los propósitos de Jorge Edwards, a mi entender, han ido bastante más lejos, han sido mucho más ambiciosos, puesto que el novelista, para operar fríamente en «su propia clase», «en su propio medio», se ha visto obligado a ejercer sobre ella un proceso complejo de frío análisis intelectual. No es que la novela carezca de pasión, pero el novelista ha sopesado con tanta precisión los materiales que nos ha alejado sus propósitos.

Los convidados de piedra, por otro lado, tiene como destinatario natural al público chileno. La infinidad de matices que se pierden en una lectura a la española de esta novela viene a complicar más aún si cabe el proceso —nada fácil— de lectura. Edwards ha utilizado para su confección una lengua depuradísima. Sin lugar a dudas, *Los convidados de piedra* es una de las novelas mejor escritas del panorama actual de los «grandes» latinoamericanos. La lengua aparece aquí domeñada, preñada de matices y elegantemente manejada. Funciona como un reloj de precisión, sin que a su través el novelista se permita una transgresión. El tema fundamental: el drama chileno, es observado, pues, por

Edwards con una pasión deliberantemente contenida. Sus puntos de vista son esclarecedores y nada simples. Si tuviéramos que definirla negativamente diríamos que resulta una novela antipanfletaria, una narración que evita el desmelenamiento y la exaltación. Desde su exilio barcelonés, Jorge Edwards emprendió una seria meditación novelesca y, a la vez, entrañadamente política y crítica.

ALFREDO BRYCE ECHENIQUE

«LA VIDA EXAGERADA DE MARTÍN ROMAÑA» (1981)

Alfredo Bryce Echenique (Lima, 1939), se adentra en *La vida exagerada de Martín Romaña,* subtitulada como *Cuaderno de navegación en un sillón Voltaire,* en los peligrosos terrenos del humor. Peligrosos, porque cuando su compatriota Mario Vargas Llosa publicó *Pantaleón y las visitadoras* (1973) parte de la crítica reprochó al narrador precisamente el «humor» de la novela. El distanciamiento que impone el recurso humorístico tropieza con una tradición «dramática» que impregna la narrativa contemporánea. Y, sin embargo, desde Defoe a Joyce, para no acudir a tradiciones más antiguas, el planteamiento humorístico de la novela no ha empequeñecido la obra. Al fin y al cabo, la obra maestra en la novela de todos los tiempos, el *Quijote,* se escribió como una novela de humor. Y sus contemporáneos así lo entendieron. Nada más lejos de mi intención que plantear, al inicio de un comentario sobre la de Bryce Echenique, una problemática que, sin embargo, queda como tema de posibles investigaciones literarias: qué es y qué supone en el ámbito de la novela moderna una aproximación humorística al relato.

Alfredo Bryce Echenique había tratado el reportaje, con no poco ingenio y sentido del humor en un libro que, a mi entender, supone un claro antecedente de esta novela. *A vuelo de buen cubero* (1977, ed. Anagrama), un libro periodístico brillantemente escrito, en el que el autor trataba con distanciamiento y abundantes dosis de ironía un género que parecían haber descubierto los norteamericanos en la década de los sesenta y que se atrevieron a calificar de «nuevo periodismo». Ni fue descubrimiento, ni supuso otra cosa sino que algunos escritores de oficio empezaron a practicar de nuevo un periodismo que otros nunca habían abandonado. Desde que *Un mundo para Julius* (1970) situó a Bryce Echenique en los aledaños de los grandes maestros de la nueva narrativa latinoamericana, ésta no se había propuesto una obra de tanta ambición. Porque *La vida exagerada de Martín Romaña* se anuncia como la primera parte de un díptico. No es difícil establecer un paralelo entre el propio autor y el protagonista de la novela: Martín Romaña abandona el Perú, hijo de una familia adinerada, y se instala en París en 1964; Bryce Echenique cursó estudios secundarios en «instituciones regidas por profesorado norteamericano e inglés», estudió abogacía y se doctoró en Letras en la Universidad de San Marcos, trasladándose también a París en 1964. Martín Romaña viaja a Italia y Grecia; Bryce Echenique viajó a Italia, Grecia y Alemania; Martín Romaña vivió los acontecimientos político-sociales que convulsionaron Francia en mayo de 1968; Bryce Echenique estaba allí por aquel entonces. No es difícil, además, advertir diversas consideraciones ideológicas que permiten establecer también ciertos paralelismos entre el autor y su criatura. ¿Se trata, por consiguiente de una novela autobiográfica? La retórica pregunta merecería otra retórica respuesta. ¿Qué novela no lo es totalmente o en buena medida? En todo caso, no parece que pueda interesar exactamente al lector el que la obra sea o no fruto de una experiencia personal. El novelista utiliza los recursos propios del género para conseguir esta impresión. La narración se sirve del punto de vista en la primera persona, introduce elementos literarios (como la pasión por Hemingway o Henry Miller) que suponen un guiño de complicidad. No se desdeñan explicaciones, referencias a una historia que el narrador conoce en su totalidad y de la que se ofrecen solamente algunos materiales.

El autor utiliza con frecuencia otros recursos propios de la «novela de experiencia»: «Pero faltaba mucho para que yo aprendiera tantas cosas de la vida...» (página 91). No faltan tampoco abundantes muestras críticas a los conceptos fundamentales de la indiosincrasia latinoamericana. Escepticismo hacia una pretendida izquierda revolucionaria formada por hijos de la burguesía en el exilio que, finalmente, se integran nuevamente a su regreso. Problemas de carácter racial: «Era cholo, ese era su problema, cholo de la Victoria, cholo de barrio de negros, además. Y en el Perú lo habían choleado cuando regresó, nadie le había dado crédito...» (pág. 61). Pero el ambiente latinoamericano de los estudiantes que juegan a la política y a la progresía nos había sido relatado ya por Julio Cortázar en *Rayuela* y hasta en *Libro de Manuel*. La diferencia entre tales obras y *La vida exagerada de Martín Romaña* consiste en que éste toma la voz de uno de sus partícipes, uno de los actores. «Lectura del *Capital* entre celestes y flamantes sábanas. ¡Cómo te recuerdo! No entendíamos nada, por supuesto, pero estábamos descubriendo el mundo...» (pág. 115). Descubrir el significado del mundo, andar entre los prolegómenos de una utópica revuelta estudiantil, aparece aquí confundido con otro descubrimiento que convierte esta novela en una novela de amor. Teñida de sentimentalismo, culmina en el capítulo en el que Martín e Inés no consiguen despedirse en el aeropuerto de París. Una clave cultural bien conocida sirve de referencia irónica: la despedida de los protagonistas del filme *Casablanca*. Una reflexión sobre las circunstancias que sirven de marco al relato posiblemente pueda darnos la clave de la necesidad de que la novela de Bryce Echenique transcurra entre juegos de humor. Tras *Casablanca* hay una guerra de verdad, en la que las personas históricas mueren de verdad. ¿Qué vino a ser mayo del 68? «Pero lo que no logro comprender hasta hoy es por qué, terminada la fiesta, la gran borrachera verbal, intuitiva, hermosa y poética, más tirada a lo Rimbaud que a lo Verlaine, eso sí, haya tenido que ser tan larga la perseguidora, tan horrible para muchos. Todavía hay gente que huye, que sufre, que se ha quedado callada para siempre, enferma, neurótica, y no hay nada tan enternecedor ni tan triste como el gochista viejo. Esconde barbas, pelambres y atuendos que un día fueron de orgullo, fueron arrogantes, en granjas, en comunidades erótico-yerberas, en charters de incompleta huida, qué sé yo. Es un viejo combatiente sin carnet alguno, un viejo lobo de mar pero con seguridad social, y por donde va cae cansado, cansado de buscar y de no encontrar el territorio de pasión, el único que habría podido recompensarlo por el generosísimo tinglado que armó, increíble tener que decirlo así, allá por el 68, con ayuda de la primavera y de la masa amorfa que lo envolvía incómodamente con el nombre de sociedad de consumo... Lo cierto es que después llegó el verano y todo el mundo necesitaba partir de vacaciones» (pág. 313).

El contexto, una noción de reflexivo fracaso, lleva al héroe (otro antihéroe) a distanciarse de cualquier acontecimiento. Bryce utiliza los recursos del lenguaje narrativo en la empresa de intentar un psicoanálisis de la situación. En ella, los personajes se mueven empujados por una cierta dosis de absurdo, un absurdo al que el surrealismo nos acostumbró. El sentido del humor puede llegar al humorismo puro, como en los capítulos dedicados a las hemorroides de Martín y a su peripecia en Logroño. Aquí, nuevamente, el papel del lenguaje narrativo crece y se desborda positivamente. Bryce dispone de una manera propia de enfrentarse al texto. Es dueño de un estilo. La novela es excelente, aunque quizá hubiera mejorado aligerándola un poco, especialmente en los capítulos centrales, pero en ningún momento resulta fatigosa. Y ya es decir mucho. Su trascendencia es mayor de lo que aparentemente permite suponer. Bryce Echenique, que va más allá de la anécdota y describe bien, traza buenos diálogos, conduce la narración con eficacia. Se trata, pues, de un libro que hay que tomar en serio, porque nada hay tan serio, en nuestra vida cotidiana, como la sonrisa inteligente.

HEBERTO PADILLA

«EN MI JARDÍN PASTAN LOS HÉROES» (1981)

No existe ninguna razón objetiva que permita afirma que la literatura producida en un sistema de libertades democráticas tenga que ser necesariamente más conseguida que la nacida en regímenes en los que la libertad expresiva se ve coartada. La experiencia de la España del franquismo es una prueba de ello. Y hasta el momento cuando se ha producido en los países del Este (en el apogeo del «realismo socialista») puede ser otra demostración de que el escritor integrado en las Uniones de Escritores, pese a crear en mejores condiciones objetivas, no pasa de ser un burócrata literario, salvo alguna muy contada excepción. El sistema de vida del escritor, sin embargo, debe influir en la obra, aunque no existan estudios que permitan analizar con precisión los canales por los que circula la fiebre creadora, cuando existe. La literatura no deja de ser, afortunadamente, hasta hoy, una creación absolutamente individual, la más arbitraria. La novela del cubano Heberto Padilla (nacido en Pinar del Río, en 1932), es un excelente ejemplo de las relaciones entre el escritor y el poder político; entre la libertad creadora y la imaginación; entre la heterodoxia y el engranaje social.

Heberto Padilla, residente hoy en los Estados Unidos, publicó su primer libro a los dieciséis años, *Las rosas audaces*. El decenio 1949-1959 lo pasó en América del Norte, desempeñando trabajos diversos, desde obrero a profesor de idiomas en las escuelas Berlitz de Nueva York. En 1959 regresó a Cuba, donde colaboró en los «Lunes» del periódico *Revolución,* y en 1960 fue jefe de corresponsales, en Londres, de la agencia *Prensa Latina*. En 1962, corresponsal en la URSS. Publicó algunos libros de poemas: *El justo tiempo humano* (1962), editado en España en 1970, en la colección «Ocnos»; *La hora* (1964) y *Fuera de juego* (1968), premiado por Casa de las Américas, que por sus posiciones críticas respecto al fenómeno castrista se convirtió en un «caso» político. En 1971 estalló un escándalo en el que intervinieron escritores latinoamericanos y europeos hasta entonces defensores a ultranza del sistema cubano y que llegó a provocar una escisión en los escritores del mal llamado *boom*. Padilla se vio obligado a retractarse públicamente de sus posiciones y permaneció en Cuba, ejerciendo como traductor, hasta que el propio Fidel Castro le permitió abandonar el país, gracias a la intervención de personalidades de diverso signo, entre las que destaca por su significación el propio Gabriel García Márquez.

Cuando Padilla abandonó La Habana, lo hizo, según narra en las primeras páginas de esta novela de logrado título, *En mi jardín pastan los héroes,* con el manuscrito en el equipaje, sorteando la —por lo que parece— no muy eficaz aduana cubana. *La novela inconclusa,* como él mismo la denomina, es un relato simbólico y confuso de su experiencia en Cuba. No se trata de una novela autobiográfica lineal. El lector puede ser llevado a engaño por la publicidad que nuevamente ha venido a invadir la prensa con motivo de la aparición del libro. Salvo en las páginas iniciales, en las que Padilla narra los avatares del manuscrito, nada hace suponer que el personaje protagonista de la narración tenga que ver con el poeta. Sin embargo, el relato es el claro resultado de un desengaño revolucionario. Es prácticamente la denuncia de un sistema nunca nombrado, pero suficientemente explícito. Los intelectuales que en él se describen practican una aparente lucidez amparada por el alcohol. Y desde sus actitudes críticas ponen en solfa no sólo los vicios de un sistema político altamente burocratizado, sino las bases ideológicas —el marxismo— en las que se sostiene.

Cuando, en el prólogo al libro, Padilla cita la novela de Soljenitzin y la del checo Milan Kundera viene a situar a su novela en el contexto de la literatura heterodoxa al sistema socialista que ampara escritores europeos o asiáticos y, merced a la experiencia cubana, latinoamericanos. Lamentablemente, sin embargo, los resultados estéticos, salvo en aquellas páginas en las que el narrador experimenta con una prosa rayana en la eficacia de la poesía (que son contadas), no alcanza un nivel deseable. La narración es confusa, inconclusa —como él mismo dice—, los personajes deambulan por la acción sin convencer al lector, como actores que recitaran un papel previamente convenido. El clima obsesivo de persecución y de opresión intelectual, objetivo fundamental del relato, no llega a convertirse en realidad literaria, pese a algunos símbolos como la naturaleza del jardín, donde viene a coincidir, curiosamente, con una conocida novela de Miguel Delibes. Ello no quiere decir que los temas esenciales no existan objetivamente, históricamente, sino que Padilla no ha logrado traducirlos en experiencia estética. El simbólico anciano del final de la novela, cuando Padilla se reconoce en la figura de un adolescente, se dirige al protagonista y le indica: «... te gusta hacer composiciones, escribir. Si insistes, te auguro, contra mi voluntad, un destino difícil. El hombre es un loco, Gregorio, y quieres unir ese loco al universo... Tu vida será siempre gritar, forcejear y sufrir» (pág. 227).

Pesa sobre el relato el «yo» del narrador, la mirada excesivamente atenta a su circunstancia, sin alcanzar una trascendencia significativa. La novela de Padilla es una autobiografía elíptica. Es un relato escrito, tal vez, bajo el peso de circunstancias difíciles, pero el narrador parece incapaz de librarse de ellas, de adecuar una obra objetiva a una trama que resulta más lírica que épica. La observación de un mulato que intenta seducir a una extranjera provoca en Raimundo —otro Padilla— una observación como «¿Dónde estaba el hombre nuevo?» (pág. 172). El problema de adaptación del intelectual a las circunstancias se convierte en un problema de alcoba (págs. 146 y sigs., por ejemplo), que, pese a su extensión, parece derivar hacia otra novela. Porque aquí también las relaciones de la pareja ni son claras, ni suficientemente simbólicas, ni pretenden resultados realistas. La figura de Ona, que resalta en varias partes de la novela, no pasa de ser el retrato tópico, resultado de una perspectiva unidireccional, sin contrastes, de Padilla, quien opina: «Los visitantes franceses e italianos, que son los primeros en otorgar el desdén o el aprecio a los nuevos procesos revolucionarios. Sólo después que ellos dan su visto bueno comienza el oleaje de suecos y alemanes. Las copas de daiquiri se vaciaban y se volvían a llenar» (pág. 114), observación esta, que no deja de parecer una *boutade* (aun siendo aparentemente brillante) en el contexto.

Creo que, al margen de sus valores literarios, inferiores en todo caso a su producción poética, el libro de Padilla ofrece la posibilidad de enfrentarse al disidente de un régimen socialista que escribe en castellano. Al margen de su «caso», sobre el que han pasado ya algunos años, es ésta la novela de un escritor que participó activamente en un proceso revolucionario y que logró situarse en los vestíbulos del poder intelectual. Su «caída», tal como se describe en las breves páginas de la introducción, parece más el resultado del choque entre dos personalidades (Fidel Castro contra Padilla o el aparato del partido contra el individuo) que una decepción profunda. Ésta, sin embargo, se trasluce del texto. No es, desde luego, una gran novela, ni siquiera una buena novela; aunque resulte un índice sociológico que puede interesar. Mucho menos, suponemos, que las memorias que ya anuncia [1].

---

[1] Heberto Padilla, *En mi jardín pastan los héroes,* Argos-Vergara, Barcelona, 1981.

ENRIQUE LIHN

«El arte de la palabra»)1980)

Varios libros de poemas, *Algunos poemas* (antología, 1972) y *Por fuerza mayor* (1974) habían sido publicados en España con anterioridad a *El arte de la palabra* [1], «novela» —como señala su autor— como *La comedia humana* o las poesías completas de José Santos Chocano, Jorge Luis Borges o Pablo Neruda; es decir, formalmente en prosa (aunque contiene también versos), expuesta su anécdota a través de personajes y mediante recursos que permitirían que algunas de sus páginas fueran consideradas tan novelescas como *M. Teste*, de Paul Valéry, Enrique Lihn (nacido en 1929) es un escritor chileno de nutrida biografía *(Nada se escurre*, 1949; *Poemas de este tiempo y de otro*, 1955; *La pieza oscura*, 1963; *Agua de arroz*, 1964, 1969; *Poesía de paso*, 1966; *Escrito en Cuba*, 1968; *La musiquilla de las pobres esferas*, 1969; *This Endiers Malice* (veinticinco poemas), 1969; *La Chambre Noire*, 1972; *Batman en Chile*, 1973; *La orquesta de cristal* (novela), 1976; *París, situación irregular*, 1977; *Lihn and Pompier*, 1978; *The Dark Room and Other Poems*, 1978, y *A*

---

[1] Enrique Lihn, *El arte de la palabra*, Pomaire, 1980.

partir de Manhattan, 1979), fundador, junto a Germán Marín, de la influyente revista *Cormorán* (1969) y profesor-investigador del Departamento de Estudios Humanísticos de la Universidad de Chile, en la Facultad de Ciencias Físicas y Matemáticas. Lihn forma parte de aquellos intelectuales como Nicanor Parra, que permanecieron en su país tras el derrocamiento del Gobierno constitucional de Salvador Allende. Su literatura se produce, pues, en las condiciones de censura que obligan a la ambigüedad expresiva, aunque en nada llegan a modificar los esfuerzos por alcanzar «el arte de la palabra».

La trama argumental de la narración (aunque el término «narración» no sea posiblemente el más adecuado al referirnos a *El arte de la palabra)* discurre en el imaginario país latinoamericano de la República Independiente de Miranda, nombre que procede de uno de los filmes de Luis Buñuel, con cuyos planteamientos resultaría fácil establecer paralelismos. Allí, invitados por su Gobierno dictatorial, se reúne un Congreso de la Cultura. Miranda posee una extraña geografía fantástica, en algunos de cuyos rasgos —la lluvia, por ejemplo— descubriremos a Chile y, a la vez, referencias al Caribe. Son estas páginas iniciales del libro algunas de las más logradas de Lihn por su imaginación y por el tratamiento estilístico de su prosa: «Tampoco los insectos de gran tamaño parecen agresivos; pueden volar a gran altura hasta chocar con los helicópteros pero prefieren, en la ciudad, el paseo despacioso como para hacerse notar y no sorprender a nadie con su desaforado volumen y el número y disposición de sus antenas, pinzas mandibulares y otros útiles de trabajo. Es cierto que en casos de verdadero peligro, las grandes boas se limitan a los abrazos efusivos y a las mordeduras superficiales y que a los mosquitos que luchan por dejarse caer en estas tierras...» (pág. 19). Algunos elementos de la «novela» son «claves», aluden a personajes reales o a situaciones conocidas, pero no vamos ahora, ni podemos, contemplar el libro como un jeroglífico que es necesario descifrar. Sin embargo, tal vez dispongamos de algunos signos que puedan servirle al lector español como referencias. El congreso de Miranda tiene connotaciones cubanas. En Miranda, por ejemplo, existen «granjas de reeducación» (pág. 55), una de sus avenidas tiene por nombre el del poeta Lezama (Lima) (pág. 69), se alude a Miranda con un eslogan bien conocido de la revolución cubana «la Primera República Independiente de América» (pág. 107), etc. La desaparición de Juan Meka, uno de los congresistas, recuerda la defenestración por parte del Gobierno castrista del poeta Heberto Padilla, que provocó en los integrantes de los numerosos jurados del premio Casa de las Américas documentos de protesta y supuso un alejamiento, e. algunos casos definitivo, de algunos intelectuales de izquierda respecto del proceso político en Cuba.

Tales connotaciones políticas son meras referencias indicativas, puesto que la base de *El arte de la palabra* constituye una profunda meditación sobre el fenómeno literario. Los personajes que desfilan por sus páginas son designados con nombres humorísticos. Sobre su protagonista, Gerardo de Pompier, nos ofrece el autor un sabrosísimo colofón, en el que narra la «vida» literaria de este *alter ego* de Enrique Lihn. (Gerardo deriva de la novela folletinesca y Pompier posee las connotaciones derivadas de su sentido figurado en francés.) Otros personajes son fácilmente identificables como Otto Federico Hitler o el político Inocencio Pícaro Matamoros o la poetisa —volcánica para asentar el tópico— Urbana Concha de la Andrade o el argentino Bonifacio Negrus del Carril. Se sirve el escritor de toda suerte de fórmulas que permiten disfrazar la realidad con retórica dieciochesca, utilizando especialmente el género epistolar; aunque recurre también al discurso, al poema satírico y a la narración. Juega con efectos temporales y con la ambigüedad: «El dominio de la actualidad no se limita al momento pre-disfrutado de una atención esmerada que quizá dura aún, aunque se haya visto momentáneamente suspendida, y que quizá se ha reanudado ya parcialmente» (pág. 67).

La figura del dictador es fundamental, aunque secundaria. Ha tejido el sistema de relaciones, pero el congreso constituye una unidad ajena, apenas vinculada a la realidad social. Y Lihn prefiere adentrarse en la crítica de los «pedantes», de ahí el sabor vagamente «ilustrado» que adquiere la narración, porque no reside en la exaltación a la diosa Razón la clave de *El arte de la palabra*. El fenómeno más sugerente que se descubre en el horizonte del pasado inmediato es el movimiento surrealista. Así se reproduce una entrevista figurada de Pompier en la revista *Clarté* (que tanta influencia tuvo en la politización del movimiento surrealista francés) o se incluye más adelante otra entrevista bajo el título de «Rodolfo Albornoz y el Surrealismo» que nos recordará las declaraciones que A. Breton realizó para la radio y que, posteriormente, recopiladas en forma de libro, constituyen hoy una referencia obligada a la hora de valorar el movimiento. Nos encontramos con fragmentos de reflexión literaria como las consideraciones sobre la «poesía pura»: «El valor formal de la poesía pura —según la vacía inteligencia de un Houdini de la palabra— debía ser inversamente proporcional al número de ideas que transmitiera y directamente proporcional al grado de su aislamiento en su propia esencia de cualesquiera otras que no fuera la de esa poesía inodora e insípida, un precipitado de la nada, químicamente puro» (pág. 111). Pero, a la vez, Lihn profundiza en la función de la palabra producida en un entorno carente de libertad: «Suspendida la libertad de palabra, el hablante individual, que siempre es a la par colectivo, debe elegir entre el silencio o la cháchara. Pues si el lenguaje no dialoga, esto es, si no discrepa, se convierte en un mero sistema de señales como el de las abejas. La disfuncionalidad de un lenguaje muerto atrae a las moscas de la retórica» (pág. 347). Sería ingenuo suponer que la libertad de palabra se suspende radicalmente mediante un determinado sistema político. El escritor es capaz de superar el sistema. Es capaz, como en este caso, de elaborar un lenguaje retóricamente artificial que, sin embargo, emite señales lúcidas al lector que practica la inteligencia de la lectura y de la comprensión. No se trata, en este caso, de un libro fácil; tampoco de un libro deliberante oscuro. Son abundantes las claves que ofrece Enrique Lihn para avanzar en este sumidero que es el diálogo-monólogo intelectual. Una sabrosa tergiversación lingüística acompaña aquella lucidez y esta imaginación.

MAURICIO WACQUEZ

«Frente a un hombre armado» (1981)

La presencia de la literatura latinoamericana en España no se limita al fenómeno y exaltación del *boom,* del grupo de narradores que alcanzan a través de las editoriales españolas una mayor audiencia en Europa y EE.UU. Durante los años sesenta Barcelona se convierte en una ciudad-clave para la comprensión de un determinado momento literario. Ya posteriormente, tras el alejamiento de García Márquez, de Vargas Llosa o de Donoso (por citar sólo tres nombres significativos), tras la crisis del «grupo» —porque así debería designarse el fenómeno antes que utilizar el término *boom* que nada tiene que ver con la literatura—, algunos escritores latinoamericanos acuden a Barcelona tal vez con el afán de encontrar las formas, las voces que aquel grupo supo transmitir y que, en ocasiones, utilizando la fórmula machadiana, resultaron ecos antes que voces. Mauricio Wacquez, el escritor chileno nacido en la provincia de Colchagua en 1939, llegó a la Ciudad Condal en 1972. De origen francochileno, se había licenciado en la Facultad de Filosofía de la Universidad de Santiago y posteriormente siguió sus estudios en la Sorbona, donde se graduó con una tesis sobre el lenguaje en

San Anselmo. Permaneció en París hasta 1969, años en los que pudo vivir el significativo fenómeno del mayo del 68 francés. Pasó a la Universidad de La Habana en 1970 y de allí al Chile de la Unidad Popular hasta 1972, cuando se instaló en España. En 1963 publicó *Cinco y una ficciones* y, también en Chile, *Toda la luz del mediodía* (1965). En 1975 editó, ya en España, *Paréntesis* y en 1976, *Excesos,* un excelente libro de cuentos, donde fácilmente descubriremos los temas («los demonios») de sus libros posteriores y su exquisito tratamiento del lenguaje. *Paréntesis,* finalista del premio Barral de Novela en 1974, patentizaba ya su preocupación por la construcción narrativa.

Con su novela *Frente a un hombre armado (Cacerías de 1848)* [1] Wacquez patentiza su capacidad para fabular y para eludir la simple narración. En su nueva novela descubrirá el lector algunas de las mejores páginas de la narrativa latinoamericana, pero para alcanzarlas deberá atravesar una complicada, deliberadamente confusa trama, donde el tiempo se confunde, donde los personajes son ellos mismos en su infancia y en sus ascendientes, sujetos a leyes del pasado como determinaron los naturalistas respecto a la ley de la herencia.

Como en *Rayuela,* de Cortázar, uno se siente tentado a recomendar una guía de lectura, unas muletas capaces de facilitar el acceso a una confusa historia, porque la confusión alcanza a la mezcla de tiempos históricos distintos (1846, 1848, 1946, etc.). No se trata aquí del «salto atrás», que hoy puede parecer ya un «juego de niños», sino de una elaborada matización de tiempos y de personajes que vienen a confundirse en una memoria histórica individual que descubrimos en el planteamiento general del novelista. Re-

---

[1] Mauricio Wacquez, *Frente a un hombre armado (Cacerías de 1848),* Bruguera, Barcelona, 1981.

comendaríamos quizá que se leyera previamente el capítulo final (II). Allí Wacquez confiesa sin reparos que «no hay ficción inocente» (pág. 241) y más adelante insiste en lo mismo: «Como siempre, soy la conciencia omnisciente de su curiosidad, y para bien o para mal, tendrá que contar conmigo. Aunque a estas alturas es de esperar que el lector y el héroe sean uno solo, que juntos hayan mordido los mismos anzuelos.» El diálogo entre el autor y el lector al final de la novela nos recuerda una tradición narrativa ya clásica y, a la vez, moderna. Porque el lector cómplice es el único lector posible. Juan de Warni, reconoce el novelista, es un modelo romántico (pág. 244). Tras la compleja trama, de la que más adelante descubriremos tan sólo algunos resortes, el protagonista, Juan de Warni, configura el modelo del héroe folletinesco. «El folletín revienta las costuras del texto» (pág. 245), nos confiesa Wacquez. Sin embargo, el narrador se esfuerza por disimular tales efectos.

Como tantas novelas de hoy, la reflexión que priva en la novela es el comportamiento homosexual. A este respecto debemos decir que descubriremos en ella páginas excelentes descripciones audaces, impensables años atrás. La crudeza de algunas situaciones llega a provocar al lector con una audacia mostrativa que algunos podrán tachar de pornográfica. Los límites del erotismo han superado ya lo ordinario y alcanzan la escatología. Pero es fácil descubrir también que tales audacias no son gratuitas, que constituyen precisamente el meollo de un comportamiento que había sido eludido en la literatura, que se enlaza aquí con el tema del poder personal, del dominio individual del placer derivado de la oposición entre dominante y dominado, que ya el marqués de Sade y los escritores libertinos del siglo XVIII habían definido. Los propósitos aparecen con claridad: «Hay algún secreto en el hecho de dominar y ser dominado. El hecho de dominar o su contrario deben provocar un placer que no se aclara del todo en mi cabeza. La docilidad del sometido ¿se debe sólo a una disposición del que lo somete? ¿No hay también un consentimiento previo aparejado a un goce secreto? Más allá de cualquier rebeldía ¿no hay una justificada sumisión en los ojos que aman y se deleitan permaneciendo bajos?» (pág. 72). Una y otra vez los personajes de Wacquez atraviesan los límites del texto literario para formularse preguntas que proceden de la literatura moralista francesa. Y conviene aquí puntualizar que no debe confundirse la literatura moralista con la moralizante. No existen coordenadas éticas en un texto en plena libertad, en el tiempo y en la historia.

Frente a un hombre armado (el título resulta ya significativo) es también un regreso a la infancia, otra de las características de la «modernidad» literaria. Descubrimos algunas escenas de la novela casi idénticas a algún cuento de *Excesos*. En uno y otro caso la infancia se relata no como el paraíso perdido, ni como la inocencia perdida, antes como el origen de las complejidades anímicas de los protagonistas. Una vez más el escritor pretende mostrar los demonios en la inocencia. «Cuando la fiebre decreció y pude ver las cosas sensibles como cosas y no como estados de ánimo, resolví que, puesto que nada había pasado, podía entregarme al bárbaro oficio de la inocencia. En el amanecer de aquel día oí cerrarse las puertas del infierno» (pág. 53). La capacidad para pasar de la realidad al sueño o a la pesadilla (una realidad obsesiva) se ofrece como natural en el relato, en la «crónica» —como prefiere designarla el narrador—; de modo que cuando se describe el disfraz femenino (uno de ellos) de Juan de Warni, éste confiesa: «Pero hay que aclarar que no iba disfrazado de mujer. Yo era una mujer» (pág. 132). Y a esta realidad-ficción debe acostumbrarse el lector, incapaz en muchas ocasiones de descifrar si el relato anda en un estrato real o bien es una pesadilla imaginativa o ambas posibilidades se confunden.

Frente a un hombre armado no ofrece facilidades de lectura, a menos que el lector entienda y acepte el placer de deleitarse con lo que hoy se denomina «escritura»; es decir, con un lenguaje, unas formas literarias que alcanzan momentos de gran intensidad; una constante reflexión moral que sobrepasa las descripciones que algunos podrán considerar irritantes, pero que convierten esta novela en un signo de nuestro tiempo. Como muestra de las posibilidades de narración liberada del complejo tiempo/espacio, citaría las páginas en las que el héroe, en los fragores de la Revolución (¿francesa?) asesina a un criado, se disfraza con sus ropas y pasa a convertirse, a mostrarse como portavoz de la nueva clase. Porque también en *Frente a un hombre armado* surge con claridad el tema revolucionario, los tránsfugas de clase y la meditación sobre el significado de la violencia.

AUSTRAL

Ramón del Valle-Inclán
1. **Luces de bohemia**
   Edición de Alonso Zamora Vicente

   Juan Vernet
2. **Mahoma**

   Pío Baroja
3. **Zalacaín el aventurero**
   Edición de Ricardo Senabre

   Antonio Gala
4. **Séneca**
   Prólogo de José María de Areilza y Javier Sádaba

   Fernand Braudel
5. **El Mediterráneo**
   Traducción de J. Ignacio San Martín

   Gustavo Adolfo Bécquer
6. **Rimas y declaraciones poéticas**
   Edición de Francisco López Estrada y María Teresa López García-Berdoy

   Carlos Gómez Amat
7. **Notas para conciertos imaginarios**
   Prólogo de Cristóbal Halffter
8. **Antología de los poetas del 27**
   Selección e introducción de José Luis Cano

   Arcipreste de Hita
9. **Libro de buen amor**
   Introducción y notas de Nicasio Salvador

Antonio Buero Vallejo
10. **Historia de una escalera/Las meninas**
Introducción de Ricardo Doménech

Enrique Rojas
11. **El laberinto de la afectividad**

Anónimo
12. **Lazarillo de Tormes**
Edición de Víctor García de la Concha

José Ortega y Gasset
13. **La deshumanización del arte**
Prólogo de Valeriano Bozal

William Faulkner
14. **Santuario**
Introducción y notas de Javier Coy
Traducción de Lino Novás Calvo

Julien Green
15. **Naufragios**
Introducción de Rafael Conte
Traducción de Emma Calatayud

Charles Darwin
16. **El origen de las especies**
Edición de Jaume Josa
Traducción de Antonio de Zulueta

Joaquín Marco
17. **Literatura hispanoamericana: del modernismo a nuestros días**

Fernando Arrabal
18. **Teatro bufo (Róbame un billoncito/Apertura Orangután/Punk y punk y Colegram)**
Edición de Francisco Torres Monreal

Juan Rof Carballo
19. **Violencia y ternura**

Anónimo
20. **Cantar de Mio Cid**
Texto antiguo de Ramón Menéndez Pidal
Versión moderna de Alfonso Reyes
Introducción de Martín de Riquer

Don Juan Manuel
21. **El conde Lucanor**
Edición de María Jesús Lacarra

Platón
22. **Diálogos (Gorgias/Fedón/El banquete)**
Introducción de Carlos García Gual
Traducción de Luis Roig de Lluis

Gregorio Marañón
23. **Amiel**
Prólogo de Juan Rof Carballo

Angus Wilson
24. **La madurez de la Sra. Eliot**
Introducción y notas de Pilar Hidalgo
Traducción de Maribel de Juan

Emilia Pardo Bazán
25. **Insolación**
Introducción de Marina Mayoral

Federico García Lorca
26. **Bodas de sangre**
Introducción de Fernando Lázaro Carreter

Aristóteles
27. **La metafísica**
Edición de Miguel Candel
Traducción de Patricio de Azcárate

José Ortega y Gasset
28. **El tema de nuestro tiempo**
Introducción de Manuel Granell

Antonio Buero Vallejo
29. **Lázaro en el laberinto**
Edición de Mariano de Paco

Pedro Muñoz Seca
30. **La venganza de don Mendo**
Prólogo de Alfonso Ussía